河南省哲学社会科学规划办公室资助课题：河南不同区域发展定位与区域协调发展研究（课题批准号：2014BJJ091）

河南省政府决策研究课题招标办公室课题：加强河南省与周边省份合作研究（课题批准号：2012B475）

河南省科技厅软科学研究计划课题：河南省与周边毗邻地区联动发展机制问题研究（课题批准号：132400410512）

省际边界毗邻地区市域经济发展若干问题实证研究

——基于河南省南阳市的面板数据

周青浮　范荣华◉著

西南交通大学出版社

·成　都·

图书在版编目（ＣＩＰ）数据

省际边界毗邻地区市域经济发展若干问题实证研究：基于河南省南阳市的面板数据 / 周青浮，范荣华著. ——成都：西南交通大学出版社，2015.9
ISBN 978-7-5643-4209-8

Ⅰ . ①省… Ⅱ . ①周… ②范… Ⅲ . ①城市经济－经济发展－研究－南阳市 Ⅳ . ①F299.276.13

中国版本图书馆 CIP 数据核字（2015）第 195906 号

省际边界毗邻地区市域经济发展若干问题实证研究
——基于河南省南阳市的面板数据

周青浮　范荣华　著

责 任 编 辑	陈　斌
封 面 设 计	何东琳设计工作室
出 版 发 行	西南交通大学出版社 （四川省成都市金牛区交大路 146 号）
发 行 部 电 话	028-87600564　028-87600533
邮 政 编 码	610031
网　　　　址	http://www.xnjdcbs.com
印　　　　刷	成都中铁二局永经堂印务有限责任公司
成 品 尺 寸	185 mm×260 mm
印　　　　张	17.75
字　　　　数	445 千
版　　　　次	2015 年 9 月第 1 版
印　　　　次	2015 年 9 月第 1 次
书　　　　号	ISBN 978-7-5643-4209-8
定　　　　价	68.00 元

前　言

　　省际边界区位于我国各省、直辖市、自治区的交界处，与本区域的其他部位相比而言，其经济发展往往容易被忽视。历史和过去的事实表明，这却是影响一个国家经济发展和社会稳定的一个大问题，亟需得到关注和解决。

　　我国幅员辽阔，省际边界线漫长，边界地区面积巨大。目前，我国共勘定省界68条，总长6.2万多千米。其中陆路边界线总长5.2万千米，分布着849个县（市），占全国总县数的39%。绝大多数省市自治区均与其他省市自治区毗邻，如山东省有8个地级市与外省毗邻，浙江省有13个县（市）与外省交界，湖北省边界地区涉及37个县（市、林区）的144个乡镇。笔者在调查中发现，省际边界地区存在着诸多的问题，主要表现为：

　　省际边界地区发展慢，实力弱。2010年，我国省会城市所在地区与人均GDP最低的省内边缘地区的平均差距为6.13倍。山东省省际边界地区的面积和人口均占全省总量的50%左右，但GDP总量却仅占30%。湘鄂边界20个县市区，2011年GDP总量为1 134.9亿元，财政收入为80.23亿元，分别约占两省县市区GDP的10.4%以及财政收入的7.6%。就河南省而言，地处中原，与周边6个兄弟省相邻，共有沿边县（市）43个，占全省县份的36.4%。由于地理位置偏僻，远离经济中心，基础设施条件较差，生态环境脆弱，可持续发展能力较低，特别是受边界地区行政分割和经济贸易壁垒这种边界经济负效应等的严重影响，使经济发展迟滞，目前仍比较贫困。据统计，全省现有34个贫困县，有一半分布在边界地区。为此，这引起省委、省政府的高度重视，并已采取了有效的措施，使边界地区经济发展有了新的转折。

　　省际边界地区较为偏远，发展边缘化。区域划分的准则是行政管理区域与自然单元的吻合，而界线常常是较为偏远的山地分水岭或河流，从而使其往往处于各省区经济发展的边缘。就豫鄂陕三省而言，郑州、武汉、西安省会经济及其城市经济圈，将永立区域经济的潮头；三省的国家级贫困县大多集中在交界的伏牛山区和桐柏山区。

　　省际边界地区是资源富集区、革命根据地、少数民族聚居区。据统计，省际边界地区煤炭储量至少有3 000亿吨，占全国总量的40%以上。不少旅游产业密集带大都跨越了省级行政边界，如大三峡旅游区、黄河壶口瀑布旅游区、大香格里拉旅游区等。湘赣边界地区、闽浙赣地区、鄂豫皖地区、湘鄂川黔地区、太行山区、陕甘宁边区等，都是革命根据地。西藏、四川、云南三省间是藏彝走廊，瑶族、侗族主要聚居在湖南、广西、贵州交界地区，鄂湘黔渝四省市交界处聚集着以土家族、苗族为主的30多个少数民族。

　　上述问题的存在，与党的十八大以来提出的全面建成小康社会的目标显然是不相符合的。因此，缩小区域发展的差异，尽快实现省际边界地区经济的崛起、稳定和可持续发展，使上述地区的人民和全国人民一道共同分享改革的丰硕成果，共筑"中国梦"，已成为广大学者和各级相关部门的当务之急。笔者近年来结合自身的研究方向，以河南省省际边界地区，特别是豫西南的南阳市市域经济发展为核心，以实证研究的视角，在省际边界地区经济的发展、次区域经济合作等方面进行了一些较为深入的研究，发现了若干发展中存在的问题，就其研究现状、相关理论、发展现状进行了分析，并提出了相应的意见和建议。这些意见和建议也得到了一些相关单位的认同，但由于时间仓促和自身能力所限，文中所涉及的有关研究也存在着一定的不足之处，恳请各位同仁及读者批评指正。

笔者
2015. 02. 20

目　录

第一篇　区域协作发展问题 ··· 1

1　问题的提出 ··· 1

　　1.1　问题产生的背景 ··· 1

　　1.2　选题的意义 ··· 2

2　研究现状述评 ··· 3

　　2.1　国外对次区域经济合作理论的研究 ······························· 3

　　2.2　国内对于次区域经济合作理论的研究 ····························· 3

3　相关理论 ··· 4

　　3.1　次区域含义及其特征 ··· 4

　　3.2　多层治理理论 ··· 6

　　3.3　区域一体化理论 ··· 8

4　次区域合作成功的典范 ··· 10

　　4.1　欧盟经验 ·· 10

　　4.2　新－柔－廖成长三角 ··· 11

5　河南省及其周边概述 ··· 12

　　5.1　河南省经济发展概况 ··· 12

　　5.2　周边经济区（圈）概况 ··· 12

　　5.3　河南省与周边省份区域合作的历史 ······························· 13

　　5.4　河南省与周边次区域合作的新特征 ······························· 14

6　河南省与周边区域协作机制的方针及内容 ······························· 15

　　6.1　与周边省份的联动发展 ··· 15

　　6.2　构建多层次区域合作治理体系 ··································· 19

　　6.3　创新政府在次区域公共管理中的主要职能 ························· 20

7　案例分析：南阳市与周边省份的合作 ··································· 22

　　7.1　南阳市呈现"政策凹地"的发展态势 ····························· 22

　　7.2　南阳市在区域一体化中的定位 ··································· 23

　　7.3　当前合作中存在的主要问题 ····································· 27

　　7.4　构建汉江淮河中上游区域一体化的现实基础 ······················· 29

　　7.5　与周边省份合作的对策 ··· 31

8　结论 ··· 35

　　参考文献 ··· 36

第二篇　产业集群发展问题 ··· 40

第一章　社会资本与产业集群 ··· 40

1 问题的提出 ··· 40
  1.1 研究背景与意义 ··· 40
  1.2 国内外研究现状 ··· 41
  1.3 论文研究目标与内容 ··· 44
  1.4 研究方法及技术路线 ··· 45
2 社会资本与产业集群的相关理论探讨 ··· 45
  2.1 社会资本的内涵界定 ··· 45
  2.2 用社会资本网络与信任两纬度分析产业集群的必要性 ·················· 48
  2.3 产业集群背景下社会资本与产业集群的互动关系 ························· 49
3 网络与信任对促进产业集群升级的传导机制分析 ······························· 51
  3.1 信任对促进产业集群升级的传导机制 ·· 51
  3.2 网络对促进产业集群升级的传导机制 ·· 53
4 镇平县玉器加工业集群中社会资本与集群发展的关系分析 ·················· 54
  4.1 镇平县玉器加工业产业的发展背景及总体状况 ···························· 54
  4.2 镇平县玉器加工业集群的企业社会资本因素 ······························· 55
  4.3 镇平县玉器加工业企业基于网络与信任的社会资本实证分析 ········· 58
  4.4 镇平县玉器加工业集群发展实证分析的总体结论 ························· 61
5 对促进镇平县玉器加工业集群发展与升级的建议 ······························· 61
  5.1 镇平县玉器加工业集群发展还存在的问题 ··································· 61
  5.2 对积累社会资本、促进镇平县玉器加工业集群发展的建议 ············ 63
6 结论与展望 ··· 65
  6.1 研究结论 ·· 65
  6.2 研究的不足之处 ··· 65
  6.3 对进一步研究的展望 ··· 66
参考文献 ·· 66
附　录 ·· 68

第二章　网络结构与产业集群 ·· 70
1 问题的提出 ··· 70
  1.1 问题产生的背景 ··· 70
  1.2 研究的目的和意义 ··· 71
  1.3 国内外关于产业集群及网络组织研究的文献综述 ························· 71
  1.4 本部分研究的思路、方法、内容、技术路线与创新之处 ··············· 79
2 研究的相关理论述评 ·· 81
  2.1 产业集聚与产业集群概念辨析 ·· 81
  2.2 产业集群理论的运用与实践 ·· 81
  2.3 产业集群的概念内涵 ··· 82
  2.4 产业集群网络的界定和解析 ·· 82
  2.5 产业集群的网络特性及其效应 ··· 83
3 镇平县玉器加工产业集群及其网络结构基本情况 ····························· 85

　　3.1　镇平县玉器加工产业集群的基本情况 ·················· 85
　　3.2　镇平县玉器加工产业集群网络结构的基本情况 ·········· 92
4　镇平县玉器加工业产业集群的产业网络结构 ················ 94
　　4.1　玉器加工产业集群产业网络结构的基本情况 ············ 94
　　4.2　玉器加工产业集群内部的产业网络结构 ················ 94
　　4.3　玉器加工业产业集群同一产业链网络结构 ·············· 95
5　镇平县玉器加工产业集群的市场网络结构分析 ·············· 98
　　5.1　玉器加工产业集群的市场主体 ······················ 98
　　5.2　玉器加工产业集群的市场网络结构 ···················· 98
　　5.3　玉器加工产业集群市场网络结构的效益分析 ············ 99
　　5.4　玉器加工产品专业市场 ···························· 101
6　镇平县玉器加工业产业集群的社会网络结构 ··············· 102
　　6.1　玉器加工产业集群社会网络基本情况 ················· 102
　　6.2　镇平县玉器加工产业集群社会关系网络的作用机制 ····· 102
　　6.3　玉器加工产业集群社会网络作用强度演化 ············· 104
7　镇平县玉器加工产业集群网络结构培育的对策研究 ·········· 105
　　7.1　强化网络协作功能，营造良好的玉器加工产业集聚氛围 ·· 105
　　7.2　激励企业创新协作，推动企业有机整合、协调发展 ····· 105
　　7.3　积极培育大企业、大集团公司，打造区域品牌 ········· 106
　　7.4　引导玉器加工企业进一步密切与大学、科研机构的联系协作 106
　　7.5　加强行业协会等组织的服务功能，完善服务体系 ······· 107
　　7.6　引导玉器加工企业拓展融资渠道 ····················· 107
8　结　论 ··· 108
　参考文献 ··· 108
第三章　地方政府与产业集群 ····························· 112
1　问题的提出 ··· 112
　　1.1　问题产生的背景及意义 ···························· 112
　　1.2　国内外相关文献综述 ······························ 113
　　1.3　研究主题和内容框架、方法和思路 ·················· 118
　　1.4　可能的创新点 ·································· 119
2　地方政府与产业集群发展理论分析 ······················ 119
　　2.1　几个基本概念 ·································· 119
　　2.2　政府管理集群的必要性 ···························· 123
　　2.3　政府管理产业集群的适度性 ························ 125
　　2.4　政府管理与产业集群发展之间的关系 ················ 126
3　在产业集群发展不同阶段的产业集群政策变迁 ············· 127
　　3.1　地方政府在产业集群发展中发挥作用的条件及优势 ····· 127
　　3.2　地方政府在集群发展不同阶段的集群政策变迁 ········· 130
4　案例：镇平县地方政府的政策在玉器加工产业集群发展中的作用 ····· 133

4.1　镇平县玉器加工产业的发展简史、镇平县玉器加工产业的现状 ············ 133

4.2　政府投入与集群发展之间的相互关系 ················· 134

4.3　对镇平县玉器加工产业集群政府投入与产出的数据分析 ········ 135

4.4　从集群政策看地方政府在镇平县玉器加工制造业集群发展中的作用 ···· 136

4.5　镇平县玉器加工制造业目前存在的问题和下一步发展的政策 ······ 137

5　结论与展望 ································ 139

5.1　本部分研究的主要观点 ····················· 139

5.2　需进一步研究的问题 ······················ 139

参考文献 ·································· 140

第三篇　科技创新与人力资源发展 ················· 142

第一章　科技创新 ····························· 142

1　问题的提出 ······························ 142

1.1　研究的背景和意义 ······················· 142

1.2　国内外研究现状述评 ······················ 143

1.3　研究方法 ···························· 144

2　产业集群式技术创新的相关基本概念与理论 ············· 144

2.1　产业集群与技术创新 ······················ 144

2.2　产业集群创新的含义和特点 ··················· 151

3　南阳市中医药企业技术创新集群类型及模式的现状分析 ······· 155

3.1　中医药产业发展现状 ······················ 155

3.2　南阳市中医药企业技术创新集群类型 ··············· 155

3.3　企业技术创新集群模式与省内外比较 ··············· 156

3.4　实施集群式创新战略的对策建议 ················· 159

参考文献 ·································· 168

第二章　人力资本问题 ························· 171

1　人力资本与经济持续增长的内在机制分析 ·············· 171

1.1　人力资本的概念及类型 ····················· 171

1.2　人力资本在现代经济增长中的作用 ················ 172

1.3　对经济增长理论的理性分析 ··················· 173

1.4　经济可持续增长的内生机制 ··················· 174

2　河南省区域经济体经济发展现状分析 ················ 177

2.1　河南经济发展现状 ······················· 177

2.2　经济增长的综合因素分析 ···················· 179

2.3　加大人力资本投入，实现经济增长方式转变 ············ 180

3　人力资本投入与河南经济持续增长的实证分析 ············ 181

3.1　结构转换与经济增长 ······················ 181

3.2　技术进步与内涵式增长 ····················· 185

4　河南省基于人力资本的人力资源开发战略思考 ············ 189

4.1　人力资源开发的性质 ······················ 190

　　4.2　人口转变对经济增长的影响 ………………………………… 190
　　4.3　河南人力资源现状分析 …………………………………… 191
　　4.4　河南省人力资源向人力资本转化中存在的问题 ……… 193
　　4.5　人力资本投资不足的衍生后果和原因分析 …………… 195
　　4.6　河南省人力资源向人力资本转化的对策 ……………… 196
　5　案例：南阳市农村富裕人力资源转移问题 ………………… 198
　　5.1　南阳市农村人力资源基本情况及转移现状调查分析 … 198
　　5.2　南阳市农村人力资源转移中存在的问题及其原因分析 … 202
　　5.3　南阳市农村人力资源转移的战略与对策建议 ………… 205
　6　河南农村人力资源投资的战略对策 ………………………… 214
　　6.1　农村人力资本投资的概念界定 ………………………… 214
　　6.2　河南省农村人力资源投资的现状 ……………………… 214
　　6.3　河南省农村人力资源投资所面临的问题 ……………… 215
　　6.4　农村人力资源投资的战略对策 ………………………… 216
　7　结　论 ………………………………………………………… 217
第四篇　农业结构转型问题 …………………………………………… 219
　1　提出问题 …………………………………………………… 219
　　1.1　问题产生的背景及意义 ………………………………… 219
　　1.2　研究方法 ………………………………………………… 220
　　1.3　研究问题 ………………………………………………… 221
　　1.4　研究框架 ………………………………………………… 222
　2　理论基础 …………………………………………………… 222
　　2.1　农业产业化理论 ………………………………………… 222
　　2.2　区域经济发展的比较理论 ……………………………… 223
　　2.3　区域经济可持续发展理论 ……………………………… 223
　　2.4　区域经济干预理论 ……………………………………… 224
　　2.5　技术创新理论 …………………………………………… 225
　　2.6　需求理论 ………………………………………………… 225
　3　找子庄村农业结构转型状况 ……………………………… 225
　　3.1　案例村选择 ……………………………………………… 225
　　3.2　找子庄村农业结构现状 ………………………………… 226
　　3.3　找子庄村农业结构演变 ………………………………… 227
　　3.4　农业结构转型对农民收入的影响 ……………………… 228
　4　找子庄村农业结构转型的动力机制 ……………………… 230
　　4.1　农民自身的趋利行为是促使农业结构转型的原动力 … 231
　　4.2　政府支持为农业结构转型提供了外在保障 …………… 231
　　4.3　技术进步推动农业结构转型 …………………………… 232
　　4.4　现代市场要求农业结构转型 …………………………… 235

    4.5 消费需求变化迫使农业结构转型 ····················· 236
    4.6 村落精英引领农业结构转型 ······················· 237
  5 找子庄村农业结构转型中存在的主要问题及对策 ··········· 238
    5.1 找子庄村农业结构转型中存在的主要问题 ··········· 238
    5.2 促进农业结构有益转型的途径及措施 ··············· 240
  6 结论与讨论 ·· 243
    6.1 研究的主要结论 ······························· 243
    6.2 本研究尚存在的主要问题 ······················· 243
  参考文献 ·· 244

第五篇　县域经济发展问题 ···························· 247
  1 问题的提出 ······································· 247
    1.1 问题产生的背景、目的及研究意义 ················ 247
    1.2 国内外研究动态 ······························· 248
    1.3 研究的思路、方法、技术路线与创新之处 ··········· 250
  2 相关理论述评 ····································· 251
    2.1 区域发展模式相关理论 ························· 251
    2.2 县域经济相关理论 ····························· 253
  3 西峡县县域经济发展现状 ·························· 258
    3.1 西峡县自然、人文环境概况 ····················· 258
    3.2 西峡县县域经济发展现状 ······················· 259
    3.3 西峡县县域经济发展变化情况 ··················· 264
  4 西峡县县域经济发展模式界定 ······················ 268
    4.1 西峡县与条件相近的县域发展比较 ················ 268
    4.2 西峡县县域经济发展的独特之处 ················· 269
    4.3 西峡县县域经济发展模式界定 ··················· 270
  5 制约西峡县县域经济进一步发展的因素及成因分析 ········ 270
    5.1 制约西峡县县域经济进一步发展的因素 ············ 270
    5.2 成因分析 ···································· 272
  6 西峡县县域经济进一步发展的对策分析 ················ 273
    6.1 产业结构布局与调整对策 ······················· 273
    6.2 农业产业化发展对策 ··························· 273
    6.3 城镇化水平提升对策 ··························· 274
    6.4 区域协调发展对策 ····························· 274
    6.5 环境与可持续发展对策 ························· 274
  7 结　论 ·· 275
  参考文献 ·· 275

第一篇　区域协作发展问题

1　问题的提出

1.1　问题产生的背景

经济全球化和区域经济一体化是第二次世界大战后世界经济发展的两大趋势，特别是近10多年来，随着经济全球化的加速发展，各国纷纷通过区域经济合作组织形式维护本国或本地区的利益，各种区域合作组织不断建立，区域经济一体化趋势日益加强。世界各国尤其是众多的发展中国家，为了促进本国经济的发展，都具有强烈的经济合作需求与愿望。但是，在存在较大差异或者说异质的国家之间开展经济合作，建立具有排他性的经济一体化组织的难度较大，次区域经济合作（Sub‐regional Economic Cooperation）方式是一种符合实际的必然选择。一种观点认为，次区域经济合作是东亚地区在实践中产生的一种适合于各有关经济体的共同发展方式[1]。从经济学观点看，其实质就是通过生产要素在次区域地缘范围内的自由流动，实现生产资源的有效配置，从而给合作的各方带来共同的经济利益。次区域经济合作是20世纪80年代末、90年代初出现的一种新型区域合作方式，这种合作方式在东亚地区表现得尤为明显。大图们江流域、大湄公河流域、东盟北部地区、东盟东部地区的经济合作就属于上述范畴。应该看到，次区域经济合作是一种新的经济合作形式，尚处于发展阶段，即便是在概念上也无公认的界定，因此，对于次区域经济合作理论与实践的研究和探讨就显得特别重要。

放眼全球，次区域经济合作的实践方兴未艾，但我们应当看到，次区域经济合作组织还处于经济发展水平较低、合作目标分散化、非制度性、欠稳定等状态，即便是一些基本范畴问题也未形成十分一致的观点[2]。因此，有必要对次区域经济合作的种种现象加以研究，找出具有一般意义的结论和对策，进而更好地服务于次区域经济合作的实践。本书的一个重要目的，就是要研究和探索次区域经济合作的理论，界定其基本范畴，并寻求次区域经济合作与区域经济一体化理论相互衔接或过渡的载体。因此，笔者将在界定次区域经济合作研究框架的前提下，通过分析和研究国内外主要次区域经济合作组织的实践问题，并以河南省与周边省份的次区域经济合作为中心，借鉴当今重要的次区域经济合作形式的经验，进一步探究次区域经济合作的难点、路径等一般规律。

随着中国加入WTO、对内对外开放和市场经济体制的初步确立、全面树立和落实科学发展观、统筹区域协调发展，中国区域合作越来越紧密，其范围和领域不断拓展、规模不断增大，形成了长江三角洲、珠江三角洲、环渤海地区、中原经济区等重要的经济区域。

长期以来，中央政府一直倾向于让各省进行独自资金运作，以此作为维护国家统一的一条途径。地区经济的发展，基本上是按省考虑的，通过各个省的计划，把全国的生产力布局具体化。这种做法，在经济规模还比较小、生产力发展水平还不高的情况下，能够起到指导地区经济发展的作用。现在，全国和每个省区的经济都有了相当大的规模，经济模式已转到社会主义市场经济的框架上。在这种情况下，仍然按过去的方法做，就极不适应了。由于我国地域辽阔，地区之间的经济发展不平衡，在全国统一市场格局下，仍然可能出现各个区域市场相对独立的不同层次的区域经济一体化。由于经济发展不平衡规律的作用，区域经济发展表现出有重点的推进态势，形成各类有特色的经济区，区域经济一体化正在助推中国特色社会主义事业飞速发展。

1.2 选题的意义

河南省地处我国中部腹地，是我国目前已存在的较大经济区划中原经济区筹建的发起者，也是中原经济区的核心组成部分，属次区域发展的范畴。河南省在全国区域经济发展中起着承东启西、连接南北的重要作用，作为全国重要的能源和原材料基地之一，对我国的现代化建设起着重要的基础作用。区域物产和劳动力资源以及巨大的购买力市场，对东部沿海的发展起着重要的支撑作用。这里处于我国由东向西的技术梯度和由西向东的资源梯度交汇区以及南北沟通的交通枢纽地区，对我国东西部发展起着重要的协调作用。由于地处中部腹地，又是我国冬小麦主产区，对全国的稳定起着不可替代的作用。

河南省自中原经济区筹划以来，在融资渠道、人才、技术、信息交流、企业的联合与协作、双边多边联合项目等方面做了一定的工作，取得了显著成果。但省内各地市的经济发展水平不一，研究与周边毗邻地区的联动发展机制，对于进一步整合区域资源、提升区域整体实力，具有现实意义。

南阳市地处豫西南，属中部地区，毗邻陕西、湖北两省，地跨长江、淮河两大水系，位于中原城市群、关中城市群、武汉大都市圈的外围结合部。辖区北、西为秦岭支脉伏牛山地，南部为红色革命根据地大别山桐柏山地，属典型的盆地地形构造。由于历史和地理的原因，在东部率先发展、西部大开发中处于落后位置；在中部崛起中，由于远离中原城市群，处于被边缘化的境地。如何实现"政策凹地"的突破，避免在中部崛起与东西部发展中不被边缘化，力争成为周边三大都市圈间城市新星和中原经济区建设的南端"领头羊"，已成为一千万南阳人民的美好愿望，同时也是目前关注此类问题的专家学者的研究课题。纵观南阳市周边毗邻区域，与其经济区位相似的还包括湖北的襄阳、十堰、随州，陕西的安康、商洛和本省的信阳等地市，这七个地市同处汉江淮河中上游地区，均处于东引西进、南北沟通的中枢位置；周边环境类同，都远离中心城市，处于三大都市圈结合部、省际边界地区；同处于鄂豫陕、鄂豫皖革命老区；经济与社会发展水平接近；自然资源丰富，互补性强。因此，在求解区域内部发展策略的同时，联络带动周边地市，建立汉江淮河流域中上游经济一体化经济协作区，依托协作机制，实施跨越式发展，是实现南阳市以"政策凹地"突破、带动经济发展腾飞的有效途径之一。

笔者以次区域经济合作理论为基础，对河南省与周边毗邻地区的次区域经济合作、联动发展机制展开深入的研究，这对加速推进该地区的经济合作、促进我国中部地区的崛起具有十分重要的意义。

2　研究现状述评

2.1　国外对次区域经济合作理论的研究

世界经济的发展，促进了分工与专业化的飞速发展，理论研究也是如此。随着经济的发展，学术研究的分类更为细化，研究范围更为专业化。由于研究的范畴越来越小而具体，这样使次区域经济从区域经济的研究中分化出来，以次区域经济理论研究地方或局部区域经济合作问题，显得更为具体和必要，次区域经济合作理论日渐发展和充实起来。可以说，区域经济发展的实践催生了次区域理论，反过来，次区域理论的完善，又推动了区域经济的发展。

次区域经济合作是 20 世纪 80 年代末、90 年代初出现在东亚地区的一种经济现象。在过去的研究中，次区域经济合作又被称为增长三角（成长三角）、自然的经济领土或扩展性都市区域。首先出现的次区域经济合作是在 1989 年 12 月，由新加坡总理吴作栋倡议，在新加坡、马来西亚的柔佛州、印度尼西亚的廖内群岛之间的三角地带建立经济开发区，并称之为增长三角（成长三角，Growth Triangle）[3]。1993 年，亚洲开发银行的经济学家曾指出：次区域经济合作是包括三个或三个以上国家的、精心界定的、地理毗邻的跨国经济区，通过利用成员国之间生产要素禀赋的不同来促进外向型的贸易和投资。该概念被用来具体指称图们江地区、澜沧江－湄公河地区、东盟北部地区、东盟东部地区的区域经济合作行为[4]。可见，亚行的这一概念着重强调三个或三个以上主权国家部分相邻领土构建次区域经济合作组织，它强调了地理区域性和局部性。

有的学者把次区域经济看作是自然的经济领土的范畴[5]。美国的罗伯特．斯卡拉皮诺（Robert Scalapino）于 1992 年提出了自然的经济领土（Natural Economic Territories）这一概念，其缩写为 NETS。罗伯特．斯卡拉皮诺指出，自然的经济区域指的就是跨越政治边疆的自然的经济互补性。这里所谓的自然，并不是说政府不参与其中，而是指政府为促进该区域内的要素自由流动而做出的相关干预，即为实现自然的经济领土内的经济合作需要政府的宏观管理[6]。一些学者从城市扩展的角度研究次区域经济。T．G．麦克吉（T．G．MaGee）和斯科特．麦克劳德（Scott Macleod）1992 年通过对新柔廖增长三角的研究，撰文提出了扩展的大城市地区（Extended Metropolitan Regions）的概念，认为新加坡的周边地区——马来西亚的柔佛州和印度尼西亚的廖内群岛，可以通过与新加坡的经济合作而成为都市新加坡的扩大部分。

2.2　国内对于次区域经济合作理论的研究

1998 年，魏燕慎主编的《亚洲增长三角经济合作区研究》一书，是国内对增长三角进行研究的一部代表性著作。该书在世界区域经济不断发展的背景下，对亚洲增长三角经济合作区展开相关研究，不仅仅研究了中国的相关增长三角，只是没有明确以次区域的概念进行相关的表述和说明[7]。陈才等学者认为，次区域经济合作是相对于区域经济合作而言的，指若干国家和地区接壤地区之间的跨国界的自然人或法人，基于平等互利的原则，在生产领域内，通过各种生产要素的流动而开展的较长时期的经济协作活动，在经济范畴上，它属于区域经济一体化范畴。

余晷雕认为，要成为某种形式的成长三角，至少要具备地理上的邻近性、经济上的互补性、政府间相互协调的可能性等。在能够考虑到的诸多因素中，有两点显得尤为重要：一是该成长三角地区的对外资金的吸引力；另一个则是各点、腹地对成长三角地区的潜在与现实的支持程度[8]。王胜今认为，在经济一体化发展的阶段中还存在着更低级的形式和阶段，其并没有纳入到以发达国家为分析对象的区域经济一体化理论框架之中。增长三角模式就是低级经济一体化的一种模式。其本质表明，次区域经济合作阶段属于更为低级的区域经济一体化阶段，即区域经济一体化发展的低级阶段或准备阶段。李玉潭在对东北亚区域经济发展与合作机制创新研究过程中，论述了关于东北亚地区的次区域经济合作问题，并将图们江地区国际合作开发、环日本海开发、环渤海地区开发列为次区域开发范畴。施本植认为，次区域经济合作还是属于区域经济一体化进程的特定阶段，推动这一进程的宗旨是消除区域内生产要素自由流动的种种障碍，实现要素流动和优化配置所带来的高效生产以及成本降低这样的目的。贺圣达等指出，从经济发展的角度看，其实质就是生产要素在次区域这个地缘范围内的趋向自由化的流动，从而带来生产要素的有效配置和生产效率的相应提高，主要表现为在这个地缘范围内的贸易和投资自由化，因而，在经济范畴上，它属于区域经济一体化范畴。地理位置上的相邻性和经济资源的互补性共同形成了对次区域经济合作的必要性。

中国社会科学院亚太研究所刘均胜认为，对次区域经济合作的理解不能局限于地理范围的限定，他认为在一个大的区域经济合作组织下的各种经济合作安排都属于次区域经济合作，其具体形式划分为国家之间自由贸易区、以地方政府为主体的经济合作、增长三角和目前达成的将来有希望演变为国家间自由贸易区的双边贸易协定，等等。丁斗给出了狭义的定义，他认为次区域经济合作是指小范围的，被认可为一个单独经济区域的跨国界或跨境的多边经济合作，它依赖于边界双方一定的制度建设。张兵在其博士论文中，对次区域经济合作的地域基础、合作机制等次区域问题进行了探讨，尤其是对澜沧江－湄公河的次区域经济合作进行了详细的研究。李铁力在其博士论文中，对次区域问题进行了详细研究，指出次区域经济合作是在边界由屏蔽效应向中介效应转化过程中出现的经济合作现象，并对次区域经济合作的边界问题进行了详细论述。

3 相关理论

3.1 次区域含义及其特征

3.1.1 次区域的含义

次区域，又称亚区域，是指相对于某一地域范围而言，涉及多个国家（地区）的，因一定的关系而联结起来并被一致认可的较小地区。次区域的范围可大可小，主要看相对于哪一区域[9]。比如，相对于几个大洲而言，在一洲之内，涉及范围较大的组织（非洲统一组织、欧盟、北美自由贸易区等）可以称为次区域；一国之内的几个地区组成的共同体（如华南经济圈、长江流域经济圈等）也可称为次区域。

从次区域所涵盖的成分来看，有以下几种组成形式：多个国家组成的次区域（或可称为纯国家结构的次区域）、多个或一个国家和地区组成的次区域（或可称为国家与地区混合结构的次区域）、多个地区组成的次区域（或可称为纯地区结构的次区域）[10]。多个国家组成的次区域，组成为一体的是独立的几个国家，其内外协定和政策措施都是分别从各自国家的角度和层面来完成的。这种类型的次区域有南方共同市场（阿根廷、巴西、巴拉圭和乌拉圭）、安第斯集团（玻利维亚、哥伦比亚、厄瓜多尔、秘鲁和委内瑞拉）、澳大利亚－新西兰经济联盟等。多个或一个国家和地区组成的次区域是指参与主体中既有国家，又有其他国家的一个或几个地区，其对内对外协定和政策是由国家和地区两个不同层次的合作方共同完成的。这种类型的次区域有新－柔－廖成长三角（新加坡、马来西亚的柔佛州和印尼的廖内群岛）、环日本海次区域（中国的东北地区、俄罗斯的远东地区、朝鲜、韩国和日本组成）、澜沧江－湄公河经济区（中国云南省、泰国、老挝、越南的北部地区、缅甸的东部地区）等。多个地区组成的次区域是指不同国家或同一国家的几个地区组成的合作体，其对内对外协定和政策是其内部组成地区之间共同完成的。这种类型的次区域有环黄渤海次区域（中国的辽东半岛、环渤海沿岸地区和山东半岛、朝鲜半岛西海岸、日本的北九州及西南地区）、东南亚北成长三角（马来西亚的槟城、印度尼西亚的棉兰、泰国南部的普吉岛）等[10-11]。

3.1.2　次区域的特征

无论何种组成形式，次区域都具有以下一些特征：

（1）相对性。

次区域是相对于其上一级区域而言的较小地区。如相对于亚太地区而言，东盟即为次区域；相对于东盟而言，新－柔－廖成长三角即为次区域；相对于新－柔－廖成长三角而言，廖内群岛即为次区域。相对性是次区域的基本属性，因此，在不同的场合，适应不同的需要，它也可被称为区域或地区。

（2）关联性。

次区域之所以被认可，是因为它在地理、政治、经济、文化等一个或几个方面具有关联性。如，同在珠江流域，并且在经济、政治和文化上具有极大联系的珠江三角洲经济圈；因为政治、经济原因和地理因素而组建的东盟；虽然被国界隔断，但因为有共同的文化传统，甚至还共同编撰历史教科书的跨越意大利和奥地利的蒂罗尔地区、跨越法国和西班牙的巴斯克地区、跨越比利时和荷兰的布拉克曼地区，等等。

（3）互补性。

次区域作为一种区域，其各个构成部分必然具有某种程度的互补，包括各种资源的互补、技术和管理的互补、利益的互补等。一般来说，由发达国家（或其某一地区）和发展中国家（或其某一地区）组成的次区域，往往是发达国家利用发展中国家的丰富的自然资源、廉价的劳动力，而发展中国家又需要发达国家的先进的技术和管理经验及资金优势。如环日本海经济圈，日本和韩国的资金、技术和管理经验，俄罗斯和中国的丰富的自然资源，中国的廉价劳动力，就能够形成非常好的互补[12]。

（4）整体性。

整体性不仅表现为当以区域的名义行为时，各个构成部分必须以整体的名称出现，更多的是表现在其对内对外政策上的整体性和统一性。为了各自的利益，实现各种资源的优化组合，次区域必须要在对内对外政策上进行多方面的探讨、协商并最终达成统一[13]。如在贸易政策上各成员国之间统一关税或者关税互利，但对次区域外部的国家则实行一定程度的关税壁垒；在一些重大的涉及共同利益问题上努力用一个声音说话。

3.2 多层治理理论

多层治理理论是在经济全球化、区域经济一体化高速发展的时代背景下，以欧洲过去分合的历史和当代欧洲一体化的发展实践为依据提出来的，从治理模式的角度揭示欧洲联盟内部国家间如何协调利益冲突，以至形成一个运作有序的共同发展整体的理论。

3.2.1 多层治理的基本内涵

多层治理的思想源于治理理论，在某种程度上可以把多层治理看作是治理理论在国际合作或区域合作中的运用。在政治学领域，治理定义为一系列活动领域里的管理机制，它们虽未得到正式授权，却能有效发挥作用。与统治不同，治理指的是一种由共同的目标支持的活动，这些管理活动的主体未必是政府，也无须依靠国家的强制力量来实现[14]。在区域经济学领域，治理被定义为：内生于一个有共同利益的群体的正式或非正式的制度安排，通过这些制度安排，形成群体的正式或非正式组织，实现组织主体的集体活动，设定并实现组织的功能和目标。从上述治理的定义中我们可以发现，治理主体间的协调主要局限于横向协调，而缺乏纵向协调。欧盟的多层治理模式则是兼有横向和纵向的双维度的治理模式，因此，多层治理理论除了具有一般治理思想的基本内涵外，还具有自己特定的内涵。

多层治理最初是盖里·马克斯（Gary·Marks）于1993年在对欧洲共同体的结构政策进行分析时提出的，随后经过马克斯本人和里斯贝特·胡奇（Liesbet·Hooghe）、贝阿特·科勒·科赫（BeateKohler－Koch）彼特斯和皮埃尔（G. B. Peters and J. Pierre）、艾德伽·葛兰德（Edgar Grande）、弗里茨沙普夫（Fritz W. Scharpf）等多位学者的发展，该理论日臻完善[15]。他们把多层治理定义为：多层级治理是在以地域划分的不同层级上，相互独立而又相互依存的诸多行为体之间所形成的通过持续协商、审议和执行等方式做出有约束力的决策的过程。这些行为体中没有一个拥有专断的决策能力，它们之间也不存在固定的政治等级关系。

3.2.2 多层治理的特征

从定义中我们可以发现多层治理具有以下特征：

第一，参与行为主体的多元性和决策主体的多层级性。在多层治理这一治理模式构架下，有多种行为体共同参与。在多种行为体共同参与的情况下，决策权限由不同层面的行为体共享，而不是由成员国政府垄断，治理的进程也不再排外性地由国家来引导。从决策权分布的领域来看，欧洲治理并非仅仅局限于国家政府或某个超国家机构手中，而是散布于以地域为界的不同层级之中，超国家行为体、国家政府、区域行为体（如地方各州政府）以及拥有执行权力的代理机构等都可以成为决策主体，直接参与决策。尽管不同层面的行为体、影响力和决策方式不尽相同，但是各个层面之间并不是彼此分离，而是在功能上相互补充、在职权上交叉重叠、在行动上相互依赖、在目标上协调一致的，由此形成了一种新的集体决策模式。

第二，各个行为体之间的关系是非等级的。也就是说，超国家机构并不凌驾于成员国之上，并且成员国、次国家政府与超国家机构之间不存在隶属关系。虽然像欧洲中央银行、欧洲法院这样的超国家机构在其政策管辖范围内具有特定权限，但这种权限的效力范围毕竟是十分有限的，同时，各成员国对欧盟决策的影响是通过集体决策机制体现出来的[16]。在此过程中，单个成员国对决策的控制能力正在逐渐下降。此外，欧洲一体化的发展模糊了国内与国际的界限，许多欧盟成员国甚至直接将欧盟政治看作是国内政治而不是单纯的外交政策。尽管如此，欧洲政治和国内政治不是相互隶属的关系。各成员国政府既不能垄断欧盟政治，也不能垄断国内各政党和利益集团等非国家行为体与欧盟政治的联系。也就是说，多层治理强调权力非集中的、开放的运用。

第三，多层级治理体系具有动态性。我们不能准确界定各层级在欧洲治理中的功能，因为它会随着时间和政策领域的不同而变化。也就是说，多层级治理的参与主体和层级会因为它们所面临的政策任务和治理形式的不同而有所变化。在不同层级进行协商时，多层级治理体系采用的是非多数同意的谈判协商体系[17]。由于体系具有非等级特性，不同等级的行为体之间显然缺乏实行多数表决机制的条件，而一个非多数同意表决机制有助于多层治理形成一个灵活的动态的协商体系。即多层治理是一种新的区域合作协调机制。

传统意义上的区域合作协调机制主要有市场机制、治理和等级制（政府）三种，其中市场机制是最为常见的区域合作协调机制，也最为自由主义倡导者所推崇[18]。他们认为市场机制通过无形之手，可以对资源进行有效配置。但是外部性、垄断、公共产品和信息不对称的存在，表明了市场机制作用的局限性，人们也逐渐意识到仅凭市场并不能确保资源配置的效率和社会福利的改进。自从马克思和凯恩斯以来，政府计划的调节作用日益受到重视，人们对政府在矫正市场失灵方面给予了厚望。但是，政治腐败、权力寻租和低效率现象，在一定程度上使得政府由人们所期望的援助之手变成了掠夺之手，鉴于存在着市场和政府双失灵现象，越来越多的人期待着以治理机制来更有效地协调社会、经济等领域的事务。但是正如鲍勃·杰索普所说的那样：虽然以治理机制对付市场或国家协调存在失败，我们仍不应当忽视一种可能：以治理取代市场或等级统治有时也会是失败的，这是因为治理替代市场并不能消除影响资本主义顺利运行的深层次障碍，原因是治理没有用非资本主义原则取代市场原则；杰索普还认为，治理机制与现行政治体制之间存在着兼容问题，治理机制与政府机制在一定程度上是可以相互替代的，其协调效果往往取决于人们对政府的评价。另外，治理机制本身也存在着诸如治理对象界定不清等问题。如此种种原因导致了治理失灵。在上述几种区域合作协调模式中，虽然它们各有优缺点，但是人们对治理协调机制却偏爱有加，因为人们常常将治理失灵的大多数原因归咎于市场和政府的作用，或许正是对治理协调机制的偏爱，促使人们继续完善和修正治理协调机制的不足和薄弱之处。对于欧洲联盟这个高层次的区域合作，有关专家学者虽然从各个角度，运用各种理论（如政府间主义、超国家主义、功能主义和联邦主义等）对此进行解释，但是均未获得一个完全令人信服的结果。不过自从盖里·马克斯提出多层治理理论以来，这一理论不仅在大多数学者中间引起了巨大反响，而且还被欧盟的官方机构所认可和采纳，成为欧盟的官方语言[19]。这种现象表明，多层治理已经成为了区域合作的一种新的协调机制。基于上述分析，可以认为，多层治理作为区域合作的一种新的协调机制，承载了超越传统意义上的治理的内涵，它在本质上是一个意图解构和软化政府的概念，即针对僵硬的国家机器和官僚组织进行制度设计的改造。多层治理超越传统意义上的治理的内涵，为我们讨论区域合作构建一套灵活的协调机制安排提供了一个理论平台。区域经济合作伴随着越来越多的人、货物和资本在区域间流动和交易，如何发展没有政府的治理，来协调不同国家、不同区域、不同行为体间的利益关系，促进经济合作成为重要的命题。

多层治理范式适宜于协调区域合作中的矛盾，而采取政府或者市场机制来协调将面临诸多困难。在这种情况下，多层治理便是特别适宜的协调方式[20]。它们的典型逻辑是进行谈判和协商，谋求通过谈判和协商实现共同目标。目前，有的学者将多层治理理论广泛应用于欧洲一体化、新型民主模式的形成等方面的研究，并形成了一个以多层治理理论为支持系统的区域合作协调机制的建构过程。相对而言，本文所谓的多层治理主要是针对区域经济合作中，政策形成、运用及资源配置跨越行政区划边界的问题而提出的，是一种区域合作层面的多层治理引入。这一概念旨在强调：区域经济合作要打破行政区划的约束，突破不同行政区划的政府各自为政的囚徒困境；建立一种软化行政区划政府的超政府合作管理组织协调机制。在这方面，欧盟一体化就是应用多层治理协调机制的一个成功范例。

3.3 区域一体化理论

3.3.1 区域一体化的基本原则

区域分工的深化使各区域经济发展的专业化倾向日益突出，同时，也导致了区域之间相互依赖程度的加深。出于各自发展利益的需要，区域之间的分工的基础上开始寻求一体化发展。因此，区域一体化是伴随分工而产生的，是区域之间相互依赖的必然结果。由于各个区域都是相对独立的利益主体，在经济发展过程中，相互竞争是经济发展的主流[21]。在此背景下，区域之间要实行一体化，就必然要遵循一定的原则，否则，合作就无从产生和继续。一般而言，区域一体化需要遵循以下三条原则：一是自愿平等，互利互惠；二是优势互补，互相协调；三是区域之间在空间上尽量相连。

3.3.2 区域一体化的主要内容

区域一体化的内容主要是从要素配置的角度来考察，实质上就是要素在区域之间有意识、有目的、有计划的优化配置。因此，区域一体化包括了区之间的要素自由流动、建立共同市场、建立经济联合组织、协调资源开发、合理保护环境、协调经济发展政策、共同维护经济秩序、保持经济的稳定性、对外采取一致的经济政策和行动以增强竞争力等。通过这些方面的协作，可以促进相关区域共同的经济发展。区域经济一体化可分为四个层次：一是城乡一体化，即城市与周边区域的一体化；二是地区一体化，即在一个民族国家的领土范围内，各地区的一体化；三是国际经济一体化，是指世界区域集团内，各个国家的一体化；四是世界经济一体化，则指全球规模的同一现象。

区域经济一体化首先体现在区域共同市场的形成，即参与一体化组织的各个区域之间实行要素自由流动，没有商品市场进入壁垒，对外采取一致的区际贸易策略和措施，这样，内部各区域之间能够更好地互通有无，实现资源优化配置，保护其经济利益[22]。其次，在一般性区域分工与合作的基础上，实现投资自由化，建立稳定的分工与合作关系，促进专业化生产，又通过合作来互补，在一体化组织内部化解单一专业化生产的市场风险。再次，建立经济协调机构和经济联盟，对内协调资源配置、要素流动、经济政策，解决可能产生的矛盾和冲突，保持经济发展的和谐；对外采取统一的经济和贸易政策，共同保护组织内各区域的经济利益。最后，通过经济的一体化推进社会的一体化，达到经济发展与社会进步的相互协调、相互促进。在区域经济一体化的进程中，城乡一体化起着重要作用。

城乡一体化是在一定地域范围内，以城市为中心，在城市与农村之间发生资源与要素的集聚和扩散，逐步在自愿合作、优势互补的基础上建立起多样化、多层次的较为稳定的经济联系，从而形成城乡之间经济发展上的相互联系、相互促进与约束的内在机制，使城乡经济渐趋一体化。城乡一体化具有生产一体化、流通一体化、交通一体化、金融一体化和经济管理一体化等许多形式。而且，随着城乡之间经济上的一体化，往往会出现文化和社会环境的一体化。反过来，文化和社会环境的趋同，又十分有利于城乡经济一体化的进一步发展。所以，城乡一体化虽然是以经济发展为主要内容，但它往往是与文化、社会等一体化相交融的。城乡一体化可以有效地发挥城市对农村经济改革与发展的组织、推动和示范作用，并通过农村经济发展来支持、促进城市经济发展。城乡经济一体化的深化和规模的扩张有力地推动了区域经济一体化进程。

3.3.3　区域一体化的形式

区域一体化的形式主要有部门（行业）合作、区域全面合作。部门一体化是指区域之间同一经济部门或几个经济部门的相关企业按照一定的组织原则与方式相结合，优势互补、共同发展。具体来说，部门一体化包括了区域性生产合作、区域性商业合作、区域性运输合作、区域性物质合作、区域性金融合作和区域性综合行业合作[23]。区域全面合作是指区域之间在有关政府的推动下，相互之间开展多方面或全面的经济合作。区域全面合作代表了区域合作的大趋势，区域全面合作的开展要由有关政府的推动和协调，需要建立相应的组织协调机构和制定相应的政策，对区域的经济发展还要进行必要的重组[24]。区域全面合作的功能有以下几个方面：①在原有经济联系的基础上，通过举办上市交易活动，建立各种大型交易市场，形成多形式、多层次、多渠道的商品流通网络，互通有无，平抑物价，稳定市场；②联合开发资源，利用各区域的自然资源、技术、资金、人力等，进行联合开发，加工增值，使多方受益，提高资源利用效率；③联合改善区域交通条件，修建、扩建区域的交通干线和通信设施，为方便相互间要素流动、信息传递提供保障；④进行内部资金横向融通，依靠各区域的金融机构，形成多渠道、多形式的金融合作网，开展横向业务，为大型工程建设、重点企业发展提供资金，这样，就可以在各区域之间调节资金余缺，加快资金周转；⑤建立信息网络，即通过各区域之间相关行业的横向合作沟通信息，建立综合信息中心来传递信息；⑥共同解决跨区域的环境保护问题。从区域层次看，区域全面合作有三种类型：即若干省（区）之间的全面经济合作、省（区）毗邻地区之间的全面经济合作、省（区）内部部分地区之间的全面经济合作。

3.3.4　区域一体化的动力机制

区域经济一体化是区域分工与合作的高级形式。其动力来源于以下几个方面：

面对日趋激烈的区域经济发展竞争，为了保护自身的经济利益，避免相互间的竞争造成内耗，有关区域就迫切需要进行联合，结成由共同利益所维系的群体，依靠群体的力量共同增强竞争力，实现对外的经济扩张[25]。这样，势单力薄的各个区域就可以共享到一体化的好处：科学技术的进步、经济体制的改革、社会制度的进步等使妨碍区域之间增强经济联系的制度障碍和空间障碍不断削弱、消失，区域经济联系和趋同的力量越来越强大；世界范围的工业化和城市化进程，推动各区域相互开放，在对外开放中获得新的更多的发展机会，其结果是加深区域之间的相互联系和相互依赖，进而强化了各区域的联合意识，产生一体化的内在需求。区域经济一体化的最大好处，是可以统一区内的市场、机制和政策环境，优化资源配置，以及减少不必要的重复建设，大大提高整个社会的效率[26]。

4 次区域合作成功的典范

4.1 欧盟经验

4.1.1 引进和构建多层治理协调机制

当今世界区域合作的成功范例莫过于欧洲联盟。在纵向上，欧盟区域合作的组织体系形成了超国家、国家、跨境区域、地方等多个等级层次，实现了各个层次的权利平衡和利益表达机制的畅通；在横向上，欧盟的区域协调组织机构名目繁多，在整个区域合作政策的制定、执行和反馈过程中担当着重要的角色，日益彰显出公共部门私营机构与第三部门的合力作用。在这些组织群体中，区域协会、银行、利益团体、政策联盟、政党、公共舆论等成为协调区域合作利益冲突的几股重要的力量。总结欧盟区域合作经验，有利于我们在区域合作中引进和构建多层治理协调机制。

第一，决策过程的多层次性兼顾了各方的利益，有效地破解了区域合作中存在的集体行动困境。

从国际关系理论政府间主义的视角来看，欧洲联盟呈现出一种政府间国际组织的特征，这一国际组织是为了实现成员国之间共同的特定目标而成立的，其行动的合法性来源于成员国之间共同达成的协议和政策。欧盟政策的创议和形成过程都有多层行为体的参与和介入，协议和政策的形成采取相互调整模式。在这一模式中，各层级和各个成员间没有共同行动的义务，每个层级和成员都根据自身的情况自主地支配自己的行为。然而，每个层级和成员的政策选择都是在判断其他层级和成员的行为后作出的，各层级和成员的政策也会因其他层级和成员政策的调整而不断调整，并最终达成各方都能接受的政策。这种多层互动决策模式兼顾了各方各层级的利益，使得每个层级和成员的利益在集体行动中均能得到保障。

第二，完善而严密的多层协商制度保证了信息的通达，有效地破解了区域合作中存在的"囚徒博弈"困境。

欧盟在协调各方利益时，为了确保各行为体的意见及利益诉求及时准确地在参与者之间进行传递，他们采用了公开协调方式。这种协调方式最早应用于《阿姆斯特丹条约》中有关就业问题的条款的制定。其主要做法是：首先在综合考虑各方利益要求的基础上，确定一个共同的政策目标，并将这一共同目标以国家行动计划的形式加以确定，然后由委员会组织评估各国的行动结果并由理事会向各国传达，再根据成员国的客观要求确定执行标准，对各国行为起指示和约束作用。通过制定具体目标和适应不同国家地区差异的措施，将指导路线转化为国家或地区政策。最后由监督机构对成员国的执行情况进行监测、定期评估并组织成员国之间相互学习。公开协调方法是一项更加具有分散性和多元性的治理协调机制。由于成员国在不同政策领域采取不同措施，而在欧洲层次上进行一致的政策协调，从而使得各种分散的政策能够有效衔接，避免随经济一体化发展而带来的政策摩擦；同时，它还能拓展成员国的活动空间、增进它们之间的密切合作，并使成员国各自的国内政策有机结合起来。总之，顺畅的信息沟通机制，避免了区域合作过程中囚徒博弈困境的出现[27]。

第三，完善的法律制度框架约束了成员行为的随意性，有效地破解了区域合作中存在的"公地悲剧"困境。

相关的政策制度不仅是行为主体制定的，而且还对行为主体的行为构成制约。在欧洲一体化的渐进性发展过程中逐渐形成了一整套欧盟法律体系，多层治理的法律保障体现在欧盟法律对超国家机构和主权国家在欧盟治理中权力分配（立法、行政和司法）的界定，以及欧盟法律在欧盟整体层次、成员国国家层次和地方政府层次的适用性。欧盟法律的直接效力和优先性原则保证了欧盟超国家机制的行为能力，欧洲法院是欧盟多层治理法律保障的实施主体。

国家层次和次国家层次是欧盟政策执行的主要行为体，但要受欧盟委员会和欧洲法院的监督，欧盟层次的治理也受制于成员国层次的约束，从而形成了一种新型的行政权力制衡关系。欧盟多层治理的法律保障机制为欧盟的制度表述和制度实践的统一提供了基础，有效地约束了行为体决策和行动的随意性，并成为推动欧盟多层治理发展的重要前提。

4.1.2　对我们的启示

第一，在区域合作中需要广泛的参与。目前我国的区域合作大多限于政府层面，居民和企业只能在政府间达成的协议框架内被动参与。其实政府并没有足够的力量来获取全部居民和企业的真实信息，也就是说，在区域合作中居民和企业的利益仅仅通过政府是无法得以充分表达的。实际上，居民和企业不仅仅和政府一样是区域合作的重要的参与者，在某种意义上说，居民和企业才是区域合作逻辑起点和微观基础，政府只是他们公共利益的代表。另外，居民和企业通过主动参与区域合作的方式表达他们的利益诉求，也改变了过去那种区域合作政策——自上而下，单一通道。因此，在区域合作中，拓展居民和企业的参与范围，充分体现他们的利益，将会提高区域合作的效果。

第二，建立区域合作协调机制。区域合作的参与者既掌握不同的资源和权利，也受到不同的约束，他们之间便形成了各种各样的关系。这些关系中既包括一致利益，也有利益冲突，建立协调机制便成为必要了。由于区域合作参与者之间所存在的持续、复杂的利益关系，产生于合作的终极目标，合作目标又是经过所有参与者共同认可的[28]。因此，当参与者之间出现利益冲突时，不应通过频繁地修改总体目标来协调利益冲突，而应通过设立协调机制来时时协调这种冲突。

第三，建立健全法律法规。现代市场经济作为一种有效运作体制的条件是法治，而法治则是通过其两个经济作用来为市场经济提供制度保障的。法治的第一个经济作用是约束政府，约束的是政府对经济活动的任意干预；法治的第二个经济作用是约束经济人行为，其中包括产权界定和保护合同和法律的执行、公平裁判、维护市场竞争等。法治的这两个作用在区域经济合作问题上不仅存在，而且它还增加了一些特别的内涵，即约束参与合作的地方政府对经济合作的任意干预，约束参与者行为，减少甚至杜绝合作成员搭便车的行为，以及合作组织机构偏离公平原则的权力运用行为。因此，法治是确保区域经济合作稳固与发展的基础。

4.2　新－柔－廖成长三角

新－柔－廖成长三角以新加坡为中心，占地面积约2万平方千米，人口500余万。新加坡与柔佛州邻接。从新加坡到廖内群岛的巴淡岛乘船也只需一个小时。由于地理上的便利，三方面之间的经济往来有着悠久的历史。1979年，印尼政府首先提出区域间经济合作的设想。在整个80年代，由于劳动力的短缺及工资上涨，不少新加坡的企业把工厂转移到了马来西亚的柔佛州。然而直到1990年，三方政府才正式签署了经济合作区的协议。新－柔

-廖成长三角有如下几个特点：第一，经济互利性强。新加坡拥有先进的技术，完善的通讯、港口设施，发达的金融市场以及充足的资金，但缺乏劳动力和市场。而柔佛州和廖内群岛有着廉价劳动和以整个印尼、马来西亚为后盾的庞大的市场，但缺乏开发的资金和技术。三者的结合达到了取长补短，发挥规模经济的优势。第二，各国之间有着广泛的政策协调。整个三角区的发展计划从一开始就得到各国中央和地方政府从人力、物力到政策上的支持。政府间有专门的协定和中长期发展规划，各国都有专门政府机构来筹划、协调三角区的发展。第三，经济成果显著。在短短的几年时间里，新-柔-廖成长三角取得了巨大的经济效益。有将近30%的新加坡厂商在柔佛州或廖内群岛设厂。三角区的建立不但吸引了三角区成员国内部的投资，也吸引了包括日本、韩国等国家以及中国台湾地区的大量投资。

5 河南省及其周边概述

5.1 河南省经济发展概况

河南省地处我国内陆腹地，是全国重要的交通、通信枢纽和物资集散地，战略地位非常突出；是我国人口最为稠密和劳动力资源最为富集的地区之一；是全国重要的粮食主产区，粮食产量占全国的1/6，夏粮占1/2；还是全国重要的矿产资源富集区域；同时，作为中华文明的重要发源地，历史文化资源也极为丰富。目前河南省以中原经济区为依托正在探索一条不以牺牲农业和粮食、生态和环境为代价的"三化"协调科学发展的新路子。

据统计，2011河南省全年生产总值27 232.04亿元，比上年增长11.6%。其中：第一产业增加值3 512.06亿元，增长3.7%；第二产业增加值15 887.39亿元，增长15.1%；第三产业增加值7 832.59亿元，增长8.4%。三种产业结构为12.9:58.3:28.8。经济总量居于中部六省第一位。

从地理位置上看，河南省与周边河北、山东、安徽、湖北、陕西、山西接壤，周边分布着长三角、京津冀、山东半岛、关中-天水、武汉城市圈以及晋陕豫黄河金三角等六个或大或小的经济区（圈），它们与河南省空间相邻，经济、文化等联系较为密切，这些经济区（圈）联动发展，实现合作共赢，是推进中原经济区快速健康发展的又一重要内容。

5.2 周边经济区（圈）概况

5.2.1 长三角经济圈

长三角经济圈由原来的上海、南京、苏州、宁波、杭州、绍兴、台州、湖州、舟山、嘉兴、无锡、常州、镇江、南通、扬州和泰州16个城市扩大为上海市、江苏省、浙江省两省一市。这一地区发展历史悠久，产业基础雄厚，是中国综合实力最强的经济中心，是亚太地区重要的国际门户，是全球重要的先进制造业基地，其发展目标是在保持原有优势的基础上，成为中国率先实现新型工业化的先行区域。同时它是中国产业升级和自主创新的基地、沿海和长江经济带的产业带动和辐射源、服务长江中下游乃至全国的现代服务业集聚区、发展循环经济体系的示范区。

5.2.2 京津冀都市圈

京津冀都市圈按照8+20的模式制定，地域范围涵盖北京、天津两个直辖市和河北省的石家庄、秦皇岛、唐山、廊坊、保定、沧州、张家口、承德八个地市。据了解，即将出台的京津冀都市圈区域规划对三地未来发展方向有明确定位：北京市重点发展第三产业，以交通运输及邮电通信业、金融保险业、房地产业和批发零售及餐饮业为主；同时，充分发挥大学、科研机构林立，人才高度密集的优势，与高新技术产业园区、大型企业相结合，积极发展高新产业，以发展高端服务业为主，逐步向外转移低端制造业。天津市的功能定位是构建国际港口城市、北方经济中心和宜居生态城市，主要发展航空航天、石油化工、装备制造、电子信息、生物医药、新能源新材料、国防科技和轻工纺织等先进制造业和现代物流、现代商贸、金融保险、中介服务等现代服务业，并适当发展大运量的临港重化工业。

5.2.3　关中－天水经济区

关中－天水经济区包括陕西省的西安、铜川、宝鸡、咸阳、渭南、杨凌、商洛（部分区县）和甘肃省天水所辖行政区域。经济区地处亚欧大陆桥中心，处于承东启西、连接南北的战略要地，是我国西部地区经济基础好、自然条件优越、人文历史深厚、科教实力雄厚、发展潜力较大的地区之一。

5.2.4　武汉城市圈

武汉城市圈是以武汉市为中心，由武汉及周边 100 千米范围内的黄石、鄂州、孝感、黄冈、咸宁、仙桃、天门和潜江九市构成的区域经济联合体。该圈域城市密集度较高，经济基础较好，环境及自然条件优越，是湖北省乃至长江中游最大的城市圈域，被确定为全国资源节约型和环境友好型社会建设综合改革配套实验区（即两型社会）。

5.2.5　山东半岛蓝色经济区

山东半岛蓝色经济区计划依托山东省沿海七市（青岛、烟台、威海、潍坊、日照、东营和滨州）优化涉海生产力布局，在黄河三角洲着力打造沿海高效生态产业带，在胶东半岛着力打造沿海高端产业带，以及构建以日照钢铁精品基地为重点的鲁南临港产业带。围绕这三个特色产业带，形成青岛－潍坊－日照、烟台－威海、东营－滨州三个城镇组群。山东半岛蓝色经济区的战略定位是：黄河流域出海大通道经济引擎、环渤海经济圈南部隆起带、贯通东北老工业基地与长三角经济区的枢纽、中日韩自由贸易先行区。

5.2.6　晋陕豫黄河金三角区域协调发展综合试验区

晋陕豫黄河金三角包括河南省的三门峡市、陕西省的渭南市、山西省的运城市和临汾市。该区域位于黄河中游，地处我国中西部结合带，是华北、西北、中原的结合部，也是山西、陕西、河南三省的接壤地区，还处在陇海经济带中段，与中原经济区及关中－天水经济区在空间上又相互契合，能源、矿产、特色农业和旅游资源十分丰富，相关产业已形成一定规模，为共同打造我国重要的能源、原材料、特色农产品生产加工基地和精品旅游目的地及文化产业集聚地奠定了良好基础。

5.3　河南省与周边省份区域合作的历史

20 世纪 80 年代中后期，随着我国改革开放步伐的加快和市场经济的推进，全国各地区逐渐认识到加强区域合作、建立一体化市场的重要性。为了促进区域经济的蓬勃发展，河南省与周边地区先后建立了不同层面、涵盖不同区域的合作机制。一是 1985 年成立的中原地区经济技术协调会，包括山西省长治市、晋城市；河北省邯郸市、邢台市；山东省聊城市、菏泽市、临清市；河南省新乡市、安阳市、焦作市、濮阳市、鹤壁市、济源市 13 市。二是 1986 年成立的淮海经济区。由鲁南的泰安、莱芜、济宁、菏泽、临沂、日照、枣庄，苏北的徐州、淮安、连云港、盐城、宿迁，豫东的开封、商丘、周口，皖北的淮北、蚌埠、亳州、阜阳、宿州 20 个地级城市及所辖范围组成。三是 1988 年成立的黄河经济协作区。由山东、河南、山西、陕西、内蒙古、宁夏、甘肃、青海、新疆、新疆生产建设兵团和黄河水利委员会等 9 省区 11 方组成。这些经济区域的划分仍然具有明显的行政区划特点，地区之间的产业联系薄弱，分割严重，重复面较大，竞争激烈。各地区产业集群形成速度慢，区域经济的集群特征仍不明显。但是，区域合作组织的建立和运行，推动了中原地区区域合作的纵深发展，取得了具有长远意义的积极成效，特别是在一定程度上打破了行政分割的体制性顽症，促进了区域经济的发展。

总体来看，区域合作推进的历史经验，主要在于三个方面：一是合作区域多是历史自然形成的经济区域，山水相连、习俗相似、道路相接、商旅相通，自古以来区域内就保持和延续着密切的人际交往、经济贸易、文化往来和社会联系。二是率先成立制度性的协调推进机构。建立了由政府主导，包括战略研究、政策指导、组织协调、监督执行在内的推进机构，定期不定期地开展协调会议，有重点地推进经济、社会、文化、科技、基础设施等工作的协调和衔接。三是积极争取国家政策扶持。区域合作组织成立之前和成立之后，都积极要求国家在资金、政策、舆论等方面给予明确的支持。

5.4 河南省与周边次区域合作的新特征

在经济全球化的背景下，世界经济的发展、国家间的竞争，越来越多地体现在国家的下一个层面——区域的发展和竞争上。以区域、次区域为代表的多维空间载体，正以多种复杂的方式进行着全球资源、市场、生存和发展空间与发展机会的争夺与较量，充当了国家乃至全球经济发展的引擎，成为参与全球竞争的重要战略实体，并且这个战略实体，多以区域合作形式构建的经济区、城市群或者大都市区的形式出现，基本形成以大中城市为核心、以经济圈或经济区为支撑区域竞争与合作格局。

5.4.1 区域合作与竞争要素的变化

在传统区域竞争要素中，资源禀赋、地理区位、政治因素为主要构成部分，单一的竞争要素就可以使区域在全国格局中占据有利地位。但是，在市场全球化、生产全球化和资源全球化的背景下，区域竞争不仅仅是针对要素资源的直接争夺，已经演变发展成为受多种因素制约和影响的复合系统。其中，除原有的资源环境、基础设施等构成要素外，完善的金融市场体系、发达的金融服务业、强大的科技创新能力、有效的企业制度、成熟的市场制度、合理的监管制度和健全的法制环境、绿色生态以及经济活动的聚集形成的规模经济、范围经济、效率，这些日益成为维系区域比较优势和竞争优势的关键因素。

5.4.2 区域合作与竞争模式的变化

在改革开放后的一个时期内，区域竞争可以概括为是以让利竞争为主的模式。让利竞争主要是指在招商引资中，地区之间竞相出让好处或利益给投资商的一种竞争方式。这种好处或利益包括：以低于成本的价格出让土地、减免所得税、增值税地方留成部分先征后返、高耗能企业的电价补贴、免除应交的各种规费。从区域竞争的阶段和层次看，让利竞争与企业的削价竞争相似，是一种初级的、低层次的竞争模式。按照新时期科学发展观的要求，区域竞争的模式将向新型的服务竞争模式转型，特别是沿海发达地区已经成为率先转型的典范。区域之间的竞争从招商引资的让利竞争向改善综合环境的服务竞争转变，这是中国区域竞争不断深化、走向成熟的趋势和要求。

5.4.3　区域合作与竞争手段的变化

原有的区域竞争手段一般包括鼓励类和限制类两个方面的措施。在鼓励类方面，主要是实施土地、税收、租金、水电等优惠政策，以争取外商及区外投资者进入，并采取待遇留人、事业留人、感情留人等措施，吸引并留住各类专业技术和管理人才。在限制类方面，则主要通过设置一定的技术标准或政策壁垒，限制外地产品、外协件以及建筑、商贸等服务型企业的进入，以保护本地产品和服务市场（以往还有采取封关设卡限制紧俏物资和原材料流出，以及利用户籍和档案管理限制专业技术人才流出等做法）。但是近年来，根据已经批复的区域经济发展规划，包括长三角、珠三角、北部湾、环渤海、海峡西岸、东北三省、中部和西部、黄三角、皖江城市带、成渝特、中原经济区等区域发展规划相继上升为国家战略，在我国新的区域经济版图逐渐成型的同时，也反映出区域竞争手段开始向区域的主题竞争、文化竞争、功能竞争、载体竞争的转变。

5.4.4　区域合作与竞争理念的变化

区域竞争载体的变化主要是区域竞争政府化发展的产物。在中国现有区域竞争中，各行政区政府围绕改善投资环境、吸引可流动的生产要素而展开竞争，目的在于通过吸引资本、劳动和其他生产要素以及争取上级特殊政策，以尽可能提高本行政区内居民的福利和人均收入。在政府主导的行政区竞争格局下，地方政府试图通过改善基础设施、强化城市集聚和辐射能力、承接产业转移、提高文化软实力支撑的措施来打造区域竞争的新载体，借以形成差别化的竞争手段，明确自身定位，在国家区域发展规划部署中寻求突破，将发展理念、发展模式、发展路径印在区域发展的名片上。从中国目前已有的国家战略区域规划看，主要分为几类：一是提出外向型经济的发展和大开放战略的实施，主要以沿海、沿边、沿江城市为核心载体，如长吉图开放合作区定位为带动和辐射大图们经济圈及东北亚区域的引擎。二是注重与科学发展观、与国家宏观发展思路的对接，如循环经济、两型社会示范区等，国务院相继批准了成渝统筹城乡综合配套改革试验区、长株潭城市群、武汉城市圈综合配套改革试验区等。三是强调区域功能的提升与拓展，主要是长三角、珠三角等沿海发展基础较好的区域。这些区域规划和发展战略中，进一步凸显出城市群、城市带、大都市区在区域竞争中的核心地位。

6　河南省与周边区域协作机制的方针及内容

6.1　与周边省份的联动发展

6.1.1　总体思路

河南省与周边省份的联动发展，要适应建立社会主义市场经济体制的要求和新的对外开放的环境，充分考虑国内外市场需求的变化，按照市场经济规律和科学的方法，遵循优势互补、互惠互利，讲求实效和共同发展的原则，立足于中原经济区，从各自的实际情况，以市场为导向，以政府联合推进为依托，先从条件最成熟的领域入手，然后由浅入深地实施全方位、多层次、宽领域的合作联动。

6.1.1.1　以市场为导向，大力加强企业间的合作

市场经济体制下，区域间的联动发展、互动合作不再是由行政指令控制，而是建立在优

势互补和对利益的共同追求基础上的一种战略行动。因此，区域联动发展必然需要从市场的角度充分挖掘合作的基础。市场导向具有内在的冲破区域分割、实现区域资源和产业优化配置的功能，作为市场经济活动的主体，企业也必将成为实施区域经济合作和联动发展的主体。对于企业来说，组合何处、何种资源，完全由市场信号尤其是价格信号来决定，企业出于资本增值动机和适应市场需求会加以合理选择。因此，以市场为导向，加强企业间的合作是促进区域互动合作发展的重要途径。

6.1.1.2 以政府联合推进为依托，优化区域联动发展的环境

区域间的联动发展、互动合作虽以市场为导向，但离不开政府的作用。民间或半官方的组织，如跨地区的商会和行业协会等，具有一定的协调作用，但它们对政府的行为和该商会、协会之外的其他组织，难以形成约束。企业是市场组织构架的微观基础，也不可能完全承担区域协调的功能。因此，政府仍然是区域发展中最有效的协调主体，特别是在我国目前市场机制还不够健全的情况下，市场经济体制下政府的任务应是做好发起者、服务员、协调员和监督员的角色，从对微观经济领域和一般竞争性领域的直接干预中退出，建立适应市场经济要求的职能体系，维护市场秩序，并把规划和政策导向同市场机制结合起来，通过引导、服务和监管，为企业提供服务和创造良好的、公平竞争的发展环境，促进区域互动合作、联动发展。当然，在区域联动发展中，政府的退出应当是一种共同的退出，否则有的地方政府退出，而有的地方政府继续充当运动员的角色，必然会导致新的不公平竞争，区域合作也就难以继续下去。

6.1.1.3 由浅入深、循序渐进地开展互动合作

区域间的联动发展、互动合作不可能一步到位，需要有一个双方逐步认识和磨合的过程，即是一个由浅入深、由简单到复杂的渐进过程。因此，要先从有基础的领域入手，再逐步拓展合作的范围和深度，最终实现全方位、多层次、宽领域的合作联动与协调发展。一是从单一领域、具体项目合作开始，逐步转向多领域合作；具体可以首先从投资办厂等生产性合作项目开始，然后逐步拓展到技术管理、市场拓展、教育培训、咨询信息，以及金融等各种生产性服务领域，从而实现资金、人才、技术和信息等双向流动、互补和联动发展。二是从短期项目合作逐渐过渡到长期资产纽带型合作互动。通过兼并、收购、参股、控股、合资合作等方式，促进资产跨地区的流动和优化组合，拓展资源优化配置的空间。三是从松散的合作逐渐向紧密有序的联动发展推进。市场经济体制下的互动合作发展不能搞行政命令式的拉郎配，因此，在起步阶段区域间的互动合作主要表现为个别企业在个别项目上的合作。随着互动的深入，必然会出现各种矛盾和问题，这就需要制定统一的规划和形成完善的协调管理机制来规范、约束各互动主体的行为，从而形成紧密有序的区域联动发展格局。并且，这种规划和协调管理机制不是从一开始就能形成，而必然是在互动发展的实践中逐步摸索出来，并将在未来的实践中继续得到改进[30-31]。

6.1.1.4 重视边界地区建设，开展多边界多层级协作

依据河南省省际边界地区地理分布状况和当前合作的现状，从空间结构优化的角度，以中原经济区规划中的"米"字形骨架为依托，构建多边界、多层级、多个区域性中心城市为特色的省际边界发展协作区，并针对每个协作区的经济发展与对外协作现状进行分析，提出有针对性的一区一策建设策略。具体来讲，多边界就是将中原经济区省际边界区依据地域分布及现有协作区划划分为六大协作区：鄂豫陕伏牛山－汉江中上游协作区、鄂豫皖大别

山－淮源协作区、苏鲁豫皖黄淮经济协作区、冀鲁豫冀中平原－沿黄协作区、豫晋太行山－沿黄协作区、晋陕豫黄河金三角协作区。同时，依据现有协作区的建设情况，分别确立各个协作区为国家、中原经济区或所在省的试验区或示范区。多层级是指每个协作区均包含国家级、协作区级、所属省级、所在地市级、所在县市级、边界口子镇级六个层级自上而下完善的政府指导或管理部门。多个区域性中心城市是指在每一个协作区均按照有关指标分析计算，确定一个城市为该协作区的区域性中心城市，以改变以往单一建设省会中心城市为区域性中心城市的做法，突出强化边界城市的辐射带动能力。

6.1.2 协作的重点领域

按照上述的总体思路，依据河南省与周边省份的实际情况，笔者认为，河南省与周边互动合作发展可以首先从以下几方面着手，进而构筑区域经济联动发展新格局。

6.1.2.1 对接交通物流网络

交通物流领域的交流与合作，既是区域互动合作发展的重要领域，也是区域互动合作发展的助推器。因此，河南省与周边省份的互动合作，首先要依托现有交通资源，搞好交通规划，加强对接，协调河南省与周边省份的铁路、公路、水运、航空等多种现代化运输方式，最终组成高效便捷的交通运输网络。在此基础上，各省份应加快物流领域的交流与合作，按照政府引导、市场导向、企业运作的原则，以公路、铁路主枢纽建设为依托，以货运信息网络为纽带，健全货运站网络系统，构筑物流服务平台，促进传统运输方式向专业化、信息化、标准化的现代物流转变[32]。目前首要的是要加快郑州航空港综合试验区的物流信息建设步伐，尽快形成与周边省份城市的对接与辐射，吸纳周边省份物流借道郑州航空港出境，助推中国中部物流中心的形成。其次，借助天津、上海、青岛、日照、连云港等各大港口实现与海外的畅通，如此既有利于河南省进出口业务的拓展，又支持了周边省份港口的发展。

6.1.2.2 承接产业转移

产业跨地区转移是发达地区保持竞争力和进行产业结构调整的客观需要；而产业转移往往伴随着大量的资本、技术、设备及其他无形要素的整体转移[33-34]。因此，欠发达地区能够通过承接产业转移迅速积累起相对稀缺的生产要素，为区域经济的跨越发展创造条件。长三角经济圈作为我国发达地区，未来的发展重点是调整经济增长结构，优先发展现代服务业及高新技术产业；同时为中西部经济发展让路，为中原经济区承接其产业转移创造良好机遇。对于河南省而言，要紧密结合区域内产业的优势和未来发展方向，充分考虑生态成本和经济成本，有选择、有重点地承接来自环渤海、山东半岛、长三角等发达地区的产业转移，以夯实产业基础、提升产业层次，实现区域经济跨越式发展。

6.1.2.3 共同开发资源

河南省自然资源富集，尤其是各种矿产和农副产品资源储量和产量都很大，但资金短缺、开发力量薄弱，导致这些资源尚未得到更有效合理的开发与利用。河南省可以积极引进长三角、京津冀经济圈等发达地区的资金和先进工艺技术，合作实施资源开发和深加工，把资源优势转化为产业优势，从卖资源转变为卖产品，拉长本地产业链条，提升产业层次；而长三角、京津冀经济圈等发达地区的企业，亦能够借助这样的方式有效降低成本，更好地拓展内地广大市场[35-36]。

6.1.2.4 接轨现代服务业

河南省周边的几大经济区（圈），科教资源十分丰富，像北京、天津、上海、南京、杭州、武汉、西安等城市是全国重要的高等教育和科研基地，人才高度密集；北京、上海作为全国的核心城市，现代服务业特别是其中的生产性服务业已经较为发达，上海有比较完备的金融市场体系、金融机构体系和金融业务体系，有先进的现代航运基础设施网络，未来的功能定位是成为全球重要的现代服务业中心；北京生产性服务业发展强劲，以生产性服务业为主导的经济格局已经形成，其中金融服务、信息服务、科技研发服务、商务服务等行业发展尤为突出，未来的功能定位也是以发展高端服务业为主。这些恰是河南省的弱项所在，因此，应当积极采取接受辐射、资源共享等方式，大力开展与这些地区的科技交流与合作，加快现代服务业接轨，积极吸引北京、上海、天津等城市的金融、物流、信息咨询、教育培训、商务服务等行业到河南省来开办分支机构，共享服务资源[37-39]。而对于这些地区和城市而言，发展现代服务业，亦需要广阔的经济腹地作为支撑。双方互惠互利，合作前景广阔。

6.1.2.5 合作推进旅游文化产业发展

河南省与周边省份空间相邻，在历史文化、地理文化、古国文化、古都文化、军事文化、生态文化、交通文化、旅游文化等资源上都有共生、同一的领域，同时也是互为重要的旅游客源市场；再加上沿海发达地区在旅游文化开发利用方面的先进经验，这些都为河南省与周边省份共同推进旅游文化产业发展提供了坚实的资源基础和广阔的合作平台[40-43]。以旅游业为例，合作推进区域旅游业可以分阶段进行。第一阶段，应是共同协调规划和开发各地的旅游资源，突破现有范围，联手共建旅游圈，并突出重点和特色，相互推荐和宣传区域内的特色旅游景点。第二阶段，应把无障碍旅游推进到合作领域。第三阶段，可以共同开发旅游景点，合作建设旅游基础设施、旅游度假区，联手共建一批符合现代休闲、娱乐、养生的旅游项目。

6.1.2.6 联合共建基础设施项目

在当前市场经济日趋发育的情况下，河南省除极少数重大高新技术和基础设施项目由国家投资兴建外，其余都需要通过各种渠道吸引社会资本。作为欠发达地区，河南省建设资金尚不充足，而长三角、京津冀经济圈等发达地区经过多年的快速发展，已经积聚了大量的金融资本和产业资本；另外，还有大量的民间游资需要寻求出路。如果能够引导这些资本投入本省建设，既可以解决其基础设施建设过程中的资金不足问题，又可以为这些发达地区的资本寻找到新的投资渠道；同时，这些发达地区还有着设计、施工和管理等方面的经验及优势，可以充分利用这一有利条件，参与重大基础设施项目的建设和管理，与河南省携手联建一批能够产生较好经济效益和社会效益的重大基础设施项目，互取所需，合作共赢。

6.1.2.7 探索政府层面的协作与联动

以我国的现实国情而言，行政区政府对区域互动合作发展仍然有着深刻的影响。因此，必须加强政府层面上的协作与联动，这是河南省与周边省份互动合作发展顺利推进的重要保障[44-46]。但是，要在政府联动、资源共享、利益分配等问题上形成有效的合作协调机制，不是一蹴而就的事情，需要在实践中不断探索和尝试。国家已经在晋陕豫黄河金三角设立区域协调发展综合试验区，探索省际边缘区协调发展的机制和对策。该经济区处于三省交界处，仅包括四市，范围较小，利于各类政策的争取和运用；同时，它又是中原经济区和关中-天水经济区之间的过渡地带，与两大经济区相互牵连。因此，这一地区的合作经验对于指导中原经济区同周边经济区（圈）开展区域合作，具有十分重要的现实意义和实践价值。

河南省政府应当高度重视，大力支持这一地区作为先导区，开展试验并及时总结经验，以在中原经济区的建设发展及其与周边省份联动发展中加以推广。

6.2 构建多层次区域合作治理体系

根据欧盟一体化的成功经验，我们认为区域合作的多层治理体系应该包括：各级参与合作的地方政府及中央政府、区域合作组织机构和相应的法律基础设施等。欧盟经验表明，中央政府、地方政府、区域协会、利益集团、政策联盟、居民和企业在多层治理协调机制中都发挥了无可替代的作用。因为就目前全球经济形势来说，区域合作已经不是单纯的政府行为，已经不是紧紧依靠政府指令就能完成的事情，它需要多方共同参与沟通和协调。因此，针对不同层次、不同类型的区域合作问题，必须借助于等级制、市场机制、自组织制等混合机制来对其进行，多中心、多层次治理，形成纵向政府间以及政府、企业、民间组织等通力合作的组织间网络机制[47]。

6.2.1 制定一套完善的法律法规

欧盟在一体化的每个阶段都制定相关法律，成员国依此实施了一致的对外政策，既加强了内部的合作与交流，又使一体化不断地向更高的形式发展。省区与省区之间或城市与城市之间的经济合作更应如此。

在国家宏观的地区政策框架下，通过制定与合作省份相应的规范性法律法规，一方面有助于加强合作的基础和相互间的利益协调；另一方面，也有助于加强对外合作，尤其是推动我国东中西部地区的协调发展。需要指出的是，与周边省份的经济合作的法律法规应着力于双方的资源利用和区位优势。规范的这一法律体系应该包括它所要界定的利益主体及其所协调的范围、区域协调的总体规划与进度、区域协调发展基金的来源及其使用标准、专门的区域合作协调与促进机构的职责与任务、区域协调效果的评判与纠正等。这些对河南省与周边省份的区域合作具有长远意义。

6.2.2 设立一个区域合作的协调和促进机构

以谈判机制为基础而建立的区域经济合作，客观上需要有一套紧密的制度性组织机构为各成员提供一个经常性的谈判和仲裁场所。欧洲经济一体化制度性合作色彩较浓，因而其组织化程度和规范强度较强。为保证制度性组织机构行使权力，欧盟要求各成员让渡部分经济主权，由超国家机构统一调控。从关税同盟开始，随着一体化的深化，各成员让渡的主权相应增加，欧盟已逐步建立起了一套结构紧密的超国家共同体机构。

为实现一体化的目标，可以尝试成立一个在中央政府协调下的跨行政区的协调管理机构，该机构负责使用河南省与周边区域合作协调与发展基金（即类似于欧盟的聚合基金和结构基金）。中央政府对区域内大型建设项目的拨款可直接拨至该机构管理。二是中央政府明令区域内地方政府以地方财政收入的一定比例上缴协调管理机构。

6.2.3 改革地方政府及官员的政绩考核机制

发展是硬道理，是经过无数次实践检验了的真理。然而，在部分地区这一观点却被曲解为经济增长是硬道理，少数地区甚至简单化地将增长率作为领导干部考核的核心，在考核的价值取向上更是以经济为绝对主导。因此，区域内各地区首先考虑本地区的利益最大化，而整个区域的可持续发展和竞争力的提高则被搁置在次要的位置，导致区域的协调发展水平滞后。因此，必须修正对官员的考评体系，使之与区域经济合作联系起来，考核方式应由主要以数量指标为主，向以质量指标为主转变。区域内各级政府及领导应该树立局部利益服从区域整体利益的决策意识，实现由单一的物资合作向商品、要素和服务全方位的合作转变，由单纯注重本地经济发展向谋求地区间经济协调发展转变，由以政府行为为主向市场引导下的企业主动参与和政府推动相结合转变，由对内联合合作为主向对内、对外两个开放并重转变。

6.2.4 明确协作的路径

在河南省近年来的发展中，各地重复投资和重复建设情况比较严重，区域产业结构相似度高、互补性差，分工协作、联动发展的难度较大，并且传统工业、重化工业所占比重偏大，而先进制造业、高新技术产业规模相对偏小，产业集中度低。因此，当务之急是从更大的空间来考虑产业结构调整，利用好河南省作为经济技术由东向西梯度转移和资源要素由西向东梯度转移交汇区的优势，做大做强具有比较优势的产业，加快区域产业集聚，增强区域经济优势和影响力。要进一步加快生产要素集聚，强化郑汴新区的核心地位，加快发展洛阳新区，发展壮大郑汴洛工业走廊；要依托陇海和京广两大交通干线，建设两大产业带，促进生产要素向交通节点城市集聚。要搞好区域合作功能集聚区的基础设施和公共服务平台建设，不断加大区域之间的招商引资力度，引导要素资源和项目向功能集聚区集中。各功能集聚区要形成清晰的功能定位，实现错位发展、互补合作，形成和扩大规模效应。

6.3 创新政府在次区域公共管理中的主要职能

6.3.1 为次区域的形成提供良好的基础

区域合作并不是总能够为地区的发展带来利益，如果协调不好可能会起反作用。因此，政府在区域形成之前应该宏观调控以下几个方面的内容。

6.3.1.1 合作地区之间是否有相关性

相关性是地区合作的必要条件，如果没有任何相关性，那么最好不要合作。相关性体现在文化传统的相关性、经济发展的相关性、政治上的相关性和地理上的相关性等方面。

6.3.1.2 合作地区之间是否具备互补性

没有互补性的同质要素之间可能就会相排斥。合作区域之间在经济发展、自然资源和人力资源、产业结构和市场政策等方面要有一定的互补性。

6.3.1.3 合作地区之间是否能够在各项政策措施上达成一致

因各地政策运作环境及行政环境不一样，为了各自的利益必须要在很多方面协调一致，如果没有协调的可能，那么合作是不能够实现的。

6.3.1.4 地方政府是否做好了准备

区域合作相当的比例是政府推动并由政府制定的政策来运行的，政府必须在区域合作中起主导作用，缺少地区政府的支持，合作是不可能的。因此，地方政府必须为区域合作做好前期的准备工作，如果地方政府不作为或者不能作为，那么最好不要合作。

6.3.1.5 各地是否能够在适当的时候对利益进行取舍

区域合作不只是能够获得利益，有的时候也要牺牲利益，那么，各合作方是否都能够为了区域的利益和各自的潜在或长远利益做出牺牲呢？如果没有放弃部分利益的心理准备，区域合作是不可能实现的。

6.3.1.6 当地的各种组织，特别是经济组织和公民是否对区域合作持积极态度

区域合作的目的是促进地区的发展，如果公民和组织认为合作不能促进地区的发展，那

么合作各方政府就应该考虑是否应该合作了。

6.3.2　中央政府和地方政府分别承担的具体职能

结合前面次区域合作的范例，中央政府的职能应该体现在以下几个方面。

6.3.2.1　审核地区合作的必要性和可能性

这样做能够尽量减少盲目的区域合作行为，也是中央政府的一项特权。

6.3.2.2　推动可能或有必要合作的区域尽快完成

中央政府因为处于比较高的位置，掌握了区域合作所必需的政策资源，所以它能够通过行政手段或经济手段，甚至领导人的权威来推动必需的区域合作。

6.3.2.3　为区域合作提供政策和环境保障

中央政府在区域合作完成以后，就应该着手制定有利于区域合作的政策，并为区域合作提供必要的环境保障。如促进市场完善的法规、公平竞争的法规、产业结构的政策法规等，甚至居民迁移政策、人力资源流动政策等。

6.3.2.4　协调地区之间的矛盾

地方政府之间因为处于一个层次，双方在利益发生冲突时往往不能进一步协商，这时中央政府就应该出面。此时的中央政府是处于高位的，它要根据国家发展的总体目标，以有利于整个国家发展的战略眼光来处理地区之间的矛盾。其协调的手段可能是强制性的。地方政府在区域合作中扮演了相对直接的角色。其一，地方政府可能是直接参与者。地方政府如果直接参与区域的组建，那么，它就要与其他地方政府进行谈判，协商地区合作的主要问题。另外，作为政策制定者，区域内的政策法规、区域发展的整体规划都可能由地方政府来直接完成。其二，设立相应的组织来配合区域的成立和管理区域内的相关问题。地方政府在区域发展中的主导性使其必须要为区域的发展承担相应的职能，这些职能又要体现在各种相关组织的设立和正常规范地运行。其三，区域发展所需公共设施的提供者。地方政府可以不直接建设公共设施，但必须组织和发动本地方和区域内其他组织和单位参与区域公共设施的建设，为区域发展提供比较好的环境。其四，区域安全的直接维护者。区域的发展要有稳定和安全的社会环境，地方政府要自觉提供和维护，这是其政府职责的必要前提。另外，区域的安全还应表现在其政策的安全上，区域内的政策不能朝令夕改，要让区域内的每一个组织和个人都能感受到政策的安全性，以更积极和更有预见性地工作。其五，区域公共问题的应对者。地方政府对属于本地方的公共问题，如环境保护、社会治安等应积极面对，采取切实可行的措施予以解决。其六，区域的宣传者。地方政府应把合作的区域作为一个品牌在不同的场合进行宣传，特别是要宣传因区域合作而发挥效益的组织和企业，要让区域内的组织和企业有成就感。要为区域内的组织和企业与区域外的组织和企业，甚至国外的组织和企业的合作提供机会，为它们的发展提供一个好的形象和机遇。

6.3.3　正确处理次区域合作中的中央政府与地方政府的关系

无论是地区与地区之间的合作，还是城市与城市之间的合作，都必须正确认识和认真处理地方政府与中央政府之间的关系。在我国，地方政府的权力从根本上来说是中央政府赋予的，没有中央政府的支持，地方政府有很多的事情无法完成。具体来说，在区域公共管理问题上，地方政府和中央政府之间关系处理的原则是：①中央政府仅宏观协调，把握区域发展的总体方向，使之不至于偏离国家的整体发展目标过远。地方政府则具体运作，在不损害国家其他地区发展的基础上开展区域合作以促进发展。②中央政府的宏观调控主要限定在政策法规的制定，而不能干预区域内部的事务。地方政府在中央宏观政策法规的基础上制定本区域内部的政策规范。③中央政府与地方政府在涉及国家整体发展的问题上要进行协商。中央不能直接要求地方政府的公共事务不作为。

6.3.4　正确设置各种区域内部的组织及运作机制

区域内部的事务要由区域组织来完成，因此就必须设立相应的区域组织承担相应的职能。区域组织可以是由区域内各相关组织（包括政府）协商建立的。区域性组织机构可以是超越地区政府之上的，在解决区域范围的问题时起主导作用，也可以是由地方政府相关成员组织的，受地方政府的影响。区域组织机构的运作机制主要应该是协商式的，这种协商应该有明确的时间、地点、主持人、议题和议程。协商的方式可以是双边的，也可以是多边的。无论何种组织和机制，都必须在政府的统一指挥和规范下设置和运行。

7　案例分析：南阳市与周边省份的合作

7.1　南阳市呈现"政策凹地"的发展态势

大量研究表明，区域经济运行中的距离衰减规律，严重制约了边界地区的经济发展。这一规律和中心城市的辐射力有关，也和边缘地区与中心地区的距离有关，多数边缘地区距离省会城市太远，难以接受中心城市的辐射。省会城市多数首位度很高，其规模已经很大，但其本身半径仅能覆盖本省一小部分地区，大部分地区难以接受省会城市的辐射，成为阳光照不到的边缘地区，和中心地区的经济发展差距越拉越大。

由于我国还未形成一个成熟的市场经济体系，市场一体化的水平还处在探索与初步形成阶段，因此，市场的全要素流动遇到诸多体制性障碍，导致地区专业化水平仍然不高。资本投入与产业集群的分布明显集中在省会城市或区域性中心城市，致使其他城市的发展与之呈现日益扩大态势。

南阳市地处河南省西南边缘地带，远离省会城市郑州，居于中原城市群、关中城市群、武汉都市圈的几何中心，难以受到三大都市圈的辐射。近年来诸多专家学者的研究也表明，南阳市与其周边省会城市的产业集聚还未到达顶点[48-49]。由于地方保护主义和地区财政分权的副作用导致了南阳周边三大省会城市及其紧邻城市的产业集聚呈现低水平、高集聚状态，因此并没有出现向居于外围层南阳梯度转移的明显迹象，仍然表现出较强的吸纳态势，地区差距并未出现缩小趋势，"俱乐部收敛"现象没有减弱。

综上所述，改革开放近三十年来，南阳市市域经济近年来虽然获得了较大的发展，但由于身居全国人口最多的地级市，人均经济指标同周边地市、周边三大省会相比，均存在一定的差距，且周边省会城市加快发展继续对其呈现吸纳之势，市域内部的发展也呈现出极大地不平衡性，南阳所面临的发展环境是非常严峻的，呈现内外双重"经济凹地"的发展态势。这种发展过程中凸显出来的区域整体的凹陷性、内部的差异性、生产要素的有限性、其省会城市对它的吸纳性、周边城市群对它的挤压性、行政区划的壁垒性，是历史遗留、自身发展与制度供给等多重因素长期复杂相互作用的结果。因此，南阳依靠自身的力量实现快速突破"政策凹地"难度非同小可，深层次探究南阳市市域经济发展落后的原因，寻求破解"政策凹地"局面，进而实现经济腾飞的需求迫在眉睫。

笔者在仔细地考察了我国珠三角、长三角等地区的发展经验后发现，这些区域在其发展的过程中都经历了从最初的抓住历史机遇借助政府制度支持，依靠自身努力发展到后来通过区域协作联动，走一体化发展壮大的奋斗历程。因此，居于我国中部核心地带、拥有得天独厚资源优势的南阳市应首先立足本区域域情，在产业集群发展、产业结构调整、城市化水平提升等区域发展途径上，搞好调研，查找发展的不足，对症下药，寻求发展的对策，练好内功。其次，放眼周边区域，寻求合作伙伴，加强发展协作，在制度创设、产业布局、城市化发展、区域贸易等方面走区域一体化发展道路，实现跨区域发展，做好外功。

南阳市周边毗邻区域，包括湖北的襄阳、十堰、随州，陕西的安康、商洛和本省的信阳等地市，它们同处汉江淮河中上游地区，处于东引西进、南北沟通的中枢位置；周边环境类同，都远离中心城市，处于三大都市圈结合部和省际边界地区；同处于鄂豫陕、鄂豫皖革命老区；经济与社会发展水平接近；自然资源丰富，互补性强。南阳市应当与周边毗邻地区共同构建区域经济一体化发展战略，迅速突破"发展凹地"。结合本课题，以下主要论述与周边省份的合作发展问题。

7.2 南阳市在区域一体化中的定位

7.2.1 南阳的比较优势

地理位置优势明显。从区位交通条件看，南阳地处承东启西、连南贯北的优越地理位置。焦枝铁路纵贯南北，宁西铁路横穿 7 个县市区；国道 312 线、207 线、209 线和省道豫 01 线、豫 02 线分别从全市纵横穿过；许平南、沪陕、南邓高速公路建成通车，宁西铁路复线及电气化开通，郑万高铁开工在即，南阳将成为普通铁路、高铁、高速公路双"十"字架交叉的交通枢纽。南阳飞机场为河南三大民用飞机场之一，与京沪穗蓉杭郑等大型航空港实现直航。南阳的国家级通信光缆干线和二级光缆线路达 3 000 多千米，本地网长度达 17 000 千米，覆盖全市各乡镇。已初步形成了以铁路为依托，高速公路为骨架，航空为支脉，通信网略为脉络的立体交通通信网络，中国中部地区交通枢纽城市地位已经确立。

经济实力较为雄厚。从产业基础看，南阳素有"中州粮仓"之称，是全国粮、棉、油、烟集中产地。正常年景，粮食总产约占全省的 11%、全国的 1%；棉花占全省的 20%、全国的 4%；油料占全省的 13%、全国的 2%。有 6 个县市区是国家商品粮、棉基地，3 个县市区为国家优质棉基地。南阳黄牛居全国 5 大优良品系之首。2011 年南阳市域工业增加值达 612 亿元，增长 15.9%，全市工业经济总量位居全省第二位，仅次于省会郑州。已初步形成机械电子、石油、化工、光电、冶金建材、纺织、医药和轻工食品等主要行业，拥有各类工业企业 13 万多家，河南天冠集团、金冠电气集团、普康制药集团、南阳纺织集团、新野棉纺集团、河南油田、乐凯胶片厂等企业已进入全国 520 家主要企业行列。酒精、石油、胶片、中西药、纺织品、防爆电机、卷烟、水泥、天然碱、汽车配件、光学镜片和 LCoS 光学引擎等产品在全省乃至全国占有重要位置。4 家企业入选"全国创新能力行业十强"，6 家企业跻身全省工业百强，10 家企业荣获全省百家优秀民营企业称号，2 个产品被评为"中国名牌"。光电、电力、生物质能等产业开始兴起，成为南阳工业新亮点。

自然资源异常丰富。从综合资源看，南阳是资源丰富的综合经济体，自然资源、旅游资源、水资源、生物资源异常丰富。南阳是南水北调中线工程水源地和渠首所在地。市内河流众多，分属长江、淮河两大水系，长度在 100 千米以上的河流有 10 条。全市主要河流有丹江、唐河、白河、淮河、湍河、刁河、灌河等，水资源总量 70.35 亿立方米，水储量、亩均水量及人均水量均居全省第一位。全市林地面积1 451万亩，森林覆盖率达34.3%，拥有植物资源1 500多种，森林野生动物50多种。南阳是全国中药材的主产区之一，药用植物资源丰富，具有种植、加工中草药的自然条件优势和传统习惯，盛产中药材2 340种，产量达2.5亿千克，其中地道名优药材30余种，山茱萸产量约占全国的80%，居全国之冠；辛夷花产量占全国总产量的70%以上；杜仲有2 000多万株。南阳是中国矿产品最为密集的地区之一，已探明各类矿产84余种、452处。其中银、红柱石、矽线石、蓝晶石、金红石矿藏居全国储量之最，重质固体天然碱储量居亚洲之最。南阳独玉是中国四大名玉之一，素有"东方翡翠"之称。黄金、石油储量居全省第二，且分布集中，组合良好，具有较高的开采价值。目前已开发利用46种，矿业总产值28.6亿元。

历史文化精深博大。从历史文化上看，南阳历史悠久，山川秀丽，拥有众多具有深厚文化底蕴的人文景观和引人入胜的自然景观。南阳是中国首批对外开放的历史文化名城，是中华文明发源地之一，早在四五十万年前，"南召猿人"就在这里生息繁衍，南阳故城（宛城）始建于西周宣王时期，距今已有2 800余年的历史。战国时期成为全国著名的冶铁中心，西汉时已经"商遍天下，冠富海内"，由于东汉光武帝刘秀发迹于此，并留下了许多动人故事，由此获得了"南都""帝乡"之美誉，与洛阳、长安、成都、临淄并列为当时全国五大都市，成为被历代文人墨客广为赋写的三都之一。在这块厚重的土地上，历史上曾孕育出"科圣"张衡、"医圣"张仲景、"商圣"范蠡及"智圣"诸葛亮，更滋养了哲学家冯友兰、军事家彭雪枫、文学家姚雪垠、科技发明家王永民、作家二月河等当代名人。

现有国家级重点文物保护单位8处，省级64处，不同专题的博物院馆14处。其中南阳府衙、内乡县衙是中国封建社会官衙建筑中保存最为完好的两级衙门。南阳境内发现的大面积恐龙蛋化石群轰动世界，楚始都丹阳春秋墓群出土的稀世珍宝闻名遐迩，被誉为"中国长城之父"的楚长城遗址引人关注。现有国家级自然保护区2处，国家森林公园1处，省级自然保护区1处。其中，宝天曼和老界岭国家自然保护区地貌独特，植被良好，风景如画；2001年宝天曼被列入世界人与自然生物圈保护区；丹江口水库风景区以亚洲第一大水库和南水北调的渠首源头为世人关注；西峡恐龙蛋生物遗迹博物馆成为不可多得的科普教育基地。

南阳中心城市相继获得"中国优秀旅游城市""国家园林城市"称号。南阳伏牛山2006年被联合国教科文组织评为世界地质公园，内乡县衙、西峡灌河漂流、卧龙岗被命名为国家4A级景区。

能源供应较为充沛。南阳处在华中电网覆盖之下，境内装机70万千瓦的鸭河口火电厂、装机25万千瓦的蒲山电厂已经建成发电，鸭电二期工程、热电一期、全国首条1 000千伏特高压开关站等重点项目开工建设，这将为南阳经济发展提供充足的电力保证，使南阳成为全国商品电力基地之一。

科教资源比较丰富。南阳还是汉江淮河中上游区域主要的科教资源密集区之一，2011年末，全市共有中等专业以上学校89所，16个科研院所，在许多高新技术如LCoS光学引擎等方面居国内领先水平。文化事业健康有序，现有艺术表演团体17个，文化馆16个，公共图书馆13个，博物馆13个，档案馆1个，广播电台14个，中、短波广播发射台和转播台1座，全市广播人口覆盖率99%，电视人口覆盖率96%，有线电视用户30.30万户。

城市发展潜力巨大。从城市发展看，南阳是汉江淮河中上游区域的最大城市，是带动区域发展的战略制高点。南阳在汉江淮河中上游区域具有经济、信息、交通、金融、文化上极强的凝聚、配套、集散、辐射能力；是全国少有的集铁路、公路、水运、航空、邮政、电信于一体的重要交通通信枢纽。而以南阳市为中心，在周边150千米半径范围内的西峡、淅川、内乡、镇平、方城、社旗、南召、唐河、桐柏、新野10县，卧龙、宛城2区和邓州1个县级市，13个县市区构成的南阳城市圈，总面积2.66万平方千米，总人口1 080万。在河南省18个省辖市中南阳地域面积最大、人口最多，是汉江淮河中上游区域最具有发展潜力的区域之一。

7.2.2　汉江淮河中上游七地市竞争力比较

城市竞争力，是一个城市在国内外市场上与其他城市相比所具有的积聚和转化资源、创造财富、提供服务以及辐射带动周边地区发展的现实和潜在的能力，是城市经济、社会、科技、金融、文化、管理等水平和能力的综合体现。

首先，建立城市竞争力定量分析指标体系。依据系统性、层次性、稳定性、可操作性、潜力性原则，并且结合指标数据的客观性、可搜集性，选择城市3个方面构建指标体系[29]。具体如下：

（1）城市经济实力：国内生产总值（X_1）、人均GDP（X_2）、第二产业占GDP比重（X_3）、第三产业占GDP比重（X_4）、工业生产总值（X_5）、固定资产投资总额（X_6）、社会消费品零售额（X_7）、职工年平均工资（X_8）。

（2）城市资金实力：城镇居民人均可支配收入（X_9）、农村居民人均纯收入（X_{10}）、地方一般预算内财政收入（X_{11}）、银行储蓄年末余额（X_{12}）。

（3）城市开放集散能力：客运周转总量（X_{13}）、货运周转总量（X_{14}）、邮电业务总量（X_{15}）、当年实际使用外资金额（X_{16}）。

其次，确定汉江淮河中上游七地市竞争力得分。运用南阳市各县市区经济实力主成分分析综合评价法，从区域角度出发，为评价南阳在汉江淮河中上游七地市竞争力地位，查阅《中国城市统计年鉴》（2011年）[50-54]，采集数据（部分指标值经过简单的计算），建立主成分分析数学模型，运用SPSS for windows（15.0）对汉江淮河中上游7地市选取的各个指标数据进行处理，得到各主成分特征值、贡献率和累计贡献率（如表1.1所示）。由表1.1可知，前3个主成分的累计贡献率达到91.213%，足以满足表示原始因子代表的全部信息，从而取前3个主成分特征值计算相应各指标因子在主成分中的载荷（如表1.2所示）。

表1.1　主成分特征值（λ）及方差贡献率

主成分	特征值（λ）	方差贡献率（%）	累计方差贡献率（%）
1	10.16146833	63.50917704	63.50917704
2	2.843444004	17.77152502	81.28070207
3	1.589120441	9.932002756	91.21270482
4	0.702202140	2.092480490	95.60146820
5	0.576986865	−5.747041777	99.20763610
6	0.126778224	0.792363898	100.00000000
7	6.62990E−16	4.14369E−15	100.00000000
8	2.47932E−16	1.54957E−15	100.00000000

主成分	特征值（λ）	方差贡献率（%）	累计方差贡献率（%）
9	-2.813914655	1.23719E-15	100.00000000
10	-3.883673468	7.99318E-16	100.00000000
11	-4.953432280	3.50300E-16	100.00000000
12	-6.023191092	3.14365E-17	100.00000000
13	-1.80685E-16	-1.12928E-15	100.00000000
14	-2.91763E-16	-1.82352E-15	100.00000000
15	-4.06354E-16	-2.53971E-15	100.00000000
16	-4.21472E-16	-2.63420E-15	100.00000000

表 1.2　各指标因子在主成分中的载荷

指标	主成分		
	1	2	3
X_1	0.985	-0.119	0.122
X_2	0.815	0.481	-0.276
X_3	0.695	0.686	-0.080
X_4	-0.821	0.187	0.230
X_5	0.926	0.034	0.228
X_6	0.899	-0.290	0.270
X_7	0.995	-0.072	0.047
X_8	-0.001	0.799	0.564
X_9	0.270	0.935	0.132
X_{10}	0.637	-0.032	-0.732
X_{11}	0.985	0.001	0.141
X_{12}	0.847	-0.323	0.058
X_{13}	0.592	-0.514	0.552
X_{14}	0.856	-0.248	-0.027
X_{15}	0.834	0.072	0.086
X_{16}	0.877	0.229	-0.324

通过各主成分的载荷计算，我们即可用这 3 个主成分反映原始指标，这 3 个主成分的表达式为：

$$F_1 = 0.31X_1 + 0.26X_2 + 0.22X_3 - 0.26X_4 + 0.29X_5 + 0.28X_6$$
$$+ 0.31X_7 + 0X_8 + 0.08X_9 + 0.2X_{10} + 0.31X_{11} + 0.27X_{12}$$
$$+ 0.19X_{13} + 0.27X_{14} + 0.26X_{15} + 0.28X_{16}$$

$$F_2 = -0.07X_1 + 0.29X_2 + 0.41X_3 + 0.11X_4 + 0.02X_5 - 0.17X_6$$
$$- 0.04X_7 + 0.47X_8 + 0.55X_9 - 0.02X_{10} + 0.00X_{11} - 0.19X_{12}$$

$$-0.3X_{13} - 0.15X_{14} + 0.04X_{15} + 0.14X_{16}$$

$$F_3 = 0.1X_1 - 0.22X_2 - 0.06X_3 + 0.18X_4 + 0.18X_5 + 0.21X_6$$
$$+ 0.04X_7 + 0.45X_8 + 0.1X_9 - 0.58X_{10} + 0.11X_{11}$$
$$+ 0.05X_{12} + 0.44X_{13} - 0.02X_{14} + 0.07X_{15} - 0.26X_{16}$$

利用这 3 个主成分各自的方差贡献率，加权合成构造汉江淮河中上游七地市 2011 年经济发展综合评价模型。

$$W = 0.70F_1 + 0.19F_2 + 0.11F_3 \text{ 或者}$$

$$W = 0.21X_1 + 0.21X_2 + 0.22X_3 - 0.14X_4 + 0.23X_5 + 0.19X_6$$
$$+ 0.21X_7 + 0.14X_8 + 0.18X_9 + 0.07X_{10} + 0.23X_{11}$$
$$+ 0.15X_{12} + 0.12X_{13} + 0.16X_{14} + 0.2X_{15} + 0.19X_{16}$$

根据主成分综合模型即可计算综合主成分值，并对其按综合主成分值进行排序。2011年区域经济综合差异评价值为正，高于平均水平有 4 个区域，分别为南阳、襄阳、十堰、信阳；评价值为负，低于平均水平的有 3 个区域，分别为随州、安康、商洛；南阳综合评价值达到 3.921 79 分，是唯一得分过 2 分的区域，比第二位的襄阳高出 2.468 684 分，比最后一位商洛高出 6.386 754 分（如表 1.3 所示）。

表 1.3　2011 年汉江淮河中上游地区七地市区域经济综合差异评价值

区域	序位	综合评价值
南阳市	1	3.921791469
襄阳市	2	1.453107113
十堰市	3	0.445481242
信阳市	4	0.041949640
随州市	5	-1.074540075
安康市	6	-2.322825775
商洛市	7	-2.464962649

由上述分析发现，南阳的城市综合竞争力在汉江淮河中上游地区相对较强，作为汉江淮河中上游地区的中心城市，对汉江淮河中上游地区的发展能够产生巨大的辐射带动作用[55-57]。结合南阳市自身的比较优势，南阳作为汉江淮河中上游地区城市群发展的龙头，是汉江淮河中上游地区先进制造业和高新技术产业基地、能源动力基地、现代服务业中心、现代农业示范区及经济社会的核心增长极，能带动汉江淮河中上游地区经济发展和推动汉江淮河中上游地区城市群经济隆起，实现汉江淮河中上游地区崛起。

明确南阳在汉江淮河中上游七地市区域中的定位，有利于从南阳实际出发，加快发展步伐；也有利于发挥南阳的比较优势，强化服务功能，为促进汉江淮河中上游区域崛起做出更大的贡献。

7.3　当前合作中存在的主要问题

7.3.1　合作现状

"过分追求局部利益而忽视甚至破坏整体持续发展"是当前我国区域与城市发展中存在的突出问题之一[58-59]。在世界经济日益走向区域化、集团化的今天，区域间、区域内部的次区域间，特别是区域内城市间各自独立互不联系的发展模式，不但严重制约了城市与区域经济自身的发展，也影响了相关区域的发展。因此，开展区域经济合作与区际协调，逐步改革区域发展的市场调节机制与行政管理体制，建立区域发展的合作机制，推行区域一体化战略，就成为当前区域经济实现跨越式发展的关键环节。南阳市与其周边的十堰、襄阳、随州、信阳、商洛、安康同属鄂豫陕省际边界地市，距离各自的省会城市都较远，同处于关中都市圈、中原城市群、武汉都市圈之外，经济发展水平均比较落后，历史上这几个地市之间经济往来一直比较频繁，具备相互协作，最终实现一体化的可能性。早在2005年，汉江中上游地区的十堰、襄阳、神农架林区、南阳、安康、商洛三省六市就签署了《汉江中上游地区人才合作协议》，开始了由政府牵头的跨区域人才开发合作步伐。但这种合作无论是在地域范围上，还是在合作内容上都存在一定的局限性，这种合作对于探求进一步繁荣跨行政区的更大层面的区域经济，缩小与三大都市圈的差距的途径，虽具有参考价值，但却远远不够。因此，深入考虑跨区域一体化发展战略，寻求理想的协作伙伴，探究南阳市与周边地市现行协作中存在的问题，寻求解决问题的对策显得尤为迫切[60-62]。

7.3.2　合作中存在的主要问题

目前南阳市与周边地市在经济协作联动发展中存在的问题主要有：①经济体制和行政体制产生排他性，缺少协调协作的聚合力，行政分割，体制自身缺乏机制创新张力；南阳作为区域性经济中心的辐射作用还远远不够。②相互间技术协作有限，高新技术交流处于空白；人才交流局限于中低层次。③社会经济发展战略、规划各自独立，缺乏与周边地市整体开发与发展的规划思路与政策。④区域内低水平重复建设严重。⑤各地市间交通网络不足、内河航运效能发挥不够充分，整体布局效益未能发挥。⑥信息各自独立，缺少沟通与互用。⑦产业结构趋同，低层次重复现象严重，市场壁垒仍存。在相近的7个主要城市中，有4个城市选择汽车零配件制造业、有4个城市选择了中医药生产加工、3个城市选择通信产业为主导支柱产业。

造成上述问题的原因是复杂的，归纳起来主要有：

一是中央与地方的分权化，各级地方政府对经济的干预能力较大[63]。20世纪80年代开始的中央与地方的分权，虽然推动了地方经济的发展，但在其区域合作方面出现了一些障碍，如为片面追求地方产值进行重复建设与重复投资导致的地方保护与恶性竞争、竞相招商引资导致土地资源"透支"等；当地区间产业出现同构时即造成市场的地方割据与无序竞争。由于重复建设与重复投资，为了保护本地区企业的生存与发展，地方政府一般保护本地市场。市场的狭小导致企业规模过小、产品库存积压和生产能力大量闲置[64-66]。企业规模过小又限制了企业新产品、新技术的开发与应用。如此叠加循环，即是经济发展陷入了相互冲撞直至衰退的怪圈。

二是发展战略存在较大差异，思想观念及文化冲突比较明显。在与周边区域合作与发展中，关于区域性中心城市的选定、定位和作用具有重要的环节。目前，存在着南阳与襄阳的争论。

三是合作模式缺乏创新。改革开放以来，南阳市与周边地区的经济合作所形成的制度创新，在很大程度上是通过非正式的要素流动，是以民间的方式来推动的，是以企业为导向的一种合作模式。

四是在对外开放不断深入的情况下，各地都是从本地封闭环境来发展经济，没有从区域分工协作关系上考虑如何有机耦合成一个整体参与国内大市场竞争或与国际经济接轨，参与国际经济大循环，而是在引资和产业布局上展开过度竞争[67]。

7.4 构建汉江淮河中上游区域一体化的现实基础

7.4.1 独特的地理位置

汉江淮河中上游七地市，位居我国中部中心地带，地处我国东西南北结合部，关中、武汉、中原三大都市圈几何中心，承东启西，纵贯南北，在国家实施西部大开发、中部崛起战略中起着重要的作用，是东西经济合作的桥梁和纽带。

独特的区位优势，使该区域成为东引西进的"二传手"，可以较早、较快地接受到东部和南部沿海辐射和生产力传递，实现资金对接、技术对接、管理对接、信息对接、人才对接；人口和经济总量分别占全国的 2.71% 和 1.57%，是我国重要的粮食主产区，又是国家综合运输网络的中心区域和重要的能源、原材料基地，在我国经济社会发展全局中占有重要地位；临近近年来中国经济率先活跃起来的长江三角洲地区，凭借其强劲的辐射带动能量，其经济辐射地域正在不断扩大，并沿宁西、京广铁路，沪陕、二广高速、长江、淮河进一步向中西部腹地地区拓展，又进一步强化了汉江淮河中上游的区位整体优势。

7.4.2 丰富的资源禀赋

汉江淮河中上游地区地势西北高，东南低，秦岭、伏牛山、桐柏山、大洪山呈西北至东南方向分布，西部为秦巴和伏牛山地，北部为南阳盆地，南部与东部分属汉江中游、淮河中上游冲积平原，东南部为桐柏山大洪山山地，地质构造复杂，成矿条件优越。迄今已发现各类矿产 90 余种，产地 1 400 余处，且大部分矿床集中、品位度高，具有开采价值。其中储量大、品质优、市场前景好、开发潜力较大的特色矿产有金、铜、铁、贡等金属矿，石油、天然碱等非金属矿，如商洛柞水大西沟铁矿储量 3.02 亿吨、随州重晶石储量丰富，质量居全国之冠，信阳珍珠岩储量 1.2 亿吨，占全国 50% 以上，南阳天然碱、红柱石储量为亚洲之冠，蓝晶石、金红石居全国第一。

汉江淮河中上游七地市区域位于东经 108°01′~114°61′，北纬 31°19′~33°02′，属我国南北气候的过渡带，兼具南北气候特征，堪称南北荟萃之地，生物资源极为丰富，有"生物资源基因库"之称，拥有各种生物物种 3 300 多种，栽培作物 60 多种，各类动物 430 种，为全国罕见。各类树种 2 157 种，连树、香桦、七叶树、鹅掌楸、枫香树、黄杨、红豆杉、银杏、水杉、三尖杉、樟、楠、檀等为我国稀有或独有。中药材品种极为丰富，品种达 2 400 多种，其中国家挂牌收购的有 600 多种，蚕茧、茶叶、生漆、麝香、桐油、木耳、杜仲、板栗、山茱萸、辛夷等传统大宗林特产品产量较大，其中生漆、山茱萸、辛夷产量在全国驰名。该地区亦是我国发展林渔畜牧业的重要基地，平均森林覆盖率超过 30%；境内河流密布，水力资源十分丰富，境内河流分属长江和淮河流域，长江第一大支流汉江穿境而过，淮河发源于桐柏山中，境内水能蕴藏量异常丰富，汉江干流建成 7 座电站，淮河干流建成水电站 3 座。素有"世界水都、亚洲天池"之美誉的丹江口水库，是南水北调中线工程的调水源头和核心水源区，自然水质达到国家二类标准，2014 年全线建成后年可调水 100 亿立方米润泽京、津及华北广大地区。

7.4.3 近似的人文与生态环境

长江中上游七地市文化独具特色，有秦汉文化之刚阳，兼楚文化之柔美。在我国古代的文明史中，汉文化与楚文化的发展与融合共同铸就了伟大的中华文明，这一点在南阳的汉代画像石和随州的曾乙侯编钟中可见一斑。相近地，兼容并蓄的文化背景使得这一区域的人们具备了相互交流感知的人文基础。

随着我国倡导保护淮河母亲河行动的开展，以及南水北调中线工程的实施，作为淮河源头和南水北调中线工程水源保护地、调水渠首地区，该区域肩负着为淮河下游和京津人民提供清洁安全水源的重大历史使命。

7.4.4 相似的经济区位

将 2011 年汉江淮河中上游其他六地市人均 GDP 与其省会城市比较，得出以下数据：信阳市：郑州市（1：3.70）、商洛：西安市（1：3.84）、安康：西安市（1：3.34）、十堰：武汉（1：3.07）、襄阳：武汉（1：2.71）、随州：武汉（1：3.69）。以上比值与 1：1.5 这一适度梯度比均存在相当大的距离。2011 年，汉江淮河中上游其他六地市的人均 GDP、城镇居民人均可支配收入、农民人均纯收入与各省省会城市比较情况见下表 1.4。

以上分析可以看出：汉江淮河中上游其他六地市与各自周边城市群的核心增长极差距是相当大的，并没有出现向中部梯度转移的明显迹象，仍然表现出较强的吸纳态势，地区差距并未出现缩小趋势。同时，国家扶贫办的统计资料显示，截止到 2011 年底，汉江淮河中上游其他六地市与南阳市一样，国家级贫困县数量较多，合计有 30 个，整个七地市国家级贫困县个数占全部县市区总数的比例高达 50.84%，其中商州市辖下 7 个县市区均为国家级贫困县，多年来区域内各县市间发展的差异改观不大①。

表 1.4 2011 年汉江淮河中上游六地市三项经济指标与其省会城市比较表

城市	人均 GDP（元）	城镇居民人均可支配收入（元）	农民人均纯收入（元）
襄阳	11 665	8 690	4 024
十堰	10 309	10 963	2 200
安康	5 329	6 860	1 953
商洛	4 636	7 770	1 609
信阳	7 517	7 759	3 153
随州	8 581	7 919	3 433
郑州	27 798	11 822	6 559
西安	17 794	10 905	3 809
武汉	31 630	12 360	4 748

7.4.5 初具规模的经济发展状况

经过改革以来的发展，长江中上游七地市经济发展无论是总量，还是结构上已经初具规模，具备了区域影响与竞争的基本条件。以 2011 年为例：区域总面积 13.8 万平方千米，总人口 3 567.44 万，实现 GDP 总量 3 297.87 亿元，人均 GDP 产出 9 244 元。以占全国 1.43%、占中部 13.52% 的土地，承载了占全国 2.71%、占中部 8.89% 的人口（具体数据见下表

---

① 汉江淮河中上游七地市共计辖下县市区 59 个，其中国家级贫困县 30 个。具体为：商洛市 7 个：商州区、洛南县、丹凤县、商南县、山阳县、镇安县、柞水县；安康市 8 个：汉滨区、汉阴县、宁陕县、紫阳县、岚皋县、镇坪县、旬阳县、白河县；十堰市 6 个：丹江口市、郧县、郧西县、竹山县、竹溪县、房县；信阳市 5 个：淮滨县、新县、商城县、固始县、光山县；南阳 4 个（具体县属前已述及）。

1.5、表 1.6）。GDP 总量约等于当年贵州、宁夏、青海三省之和，人均 GDP 指标均低于鄂豫陕三省及中部，与全国相比差异尤为明显。该区域和中部六省区一样，属于我国传统的粮食主产区和矿产资源供应区，三次产业结构中，总体上以工业为主，农业所占比例较大，呈现二一三格局。农业以农产品种植业为主，林畜产品为辅；工业主要的主导产业为采掘、汽车制造及配件加工、纺织、中医药加工；第三产业以旅游业为主。

表 1.5　汉江淮河中上游七地市及周边三大中心城市 2011 年四项主要经济指标明细表

地市	国内生产总值（亿元）	城镇居民人均可支配收入（元）	农民人均纯收入（元）	人均生产总值（元）
襄阳	674.24	8 690	4 024	11 665
十堰	350.52	10 963	2 200	10 309
南阳	1 201.17	8 913	3 386	11 149
安康	157.20	6 860	1 953	5 329
商洛	112.20	7 770	1 609	4 636
信阳	586.30	7 759	3 153	7 517
随州	216.24	7 919	3 433	8 581
郑州	2 001.50	11 822	6 559	27 798
武汉	2 590.00	12 360	4 748	31 630
西安	1 450.02	10 905	3 809	17 794

表 1.6　汉江淮河中上游七地市与周边区域 2011 年面积、人口、人均 GDP 比较一览表

区域	面积（万 km²）	面积占以下各区域比例（%）	人口（万人）	人口占以下各区域比例（%）	GDP（亿元）	人均 GDP（元）	人均 GDP 占以下区域比例（%）
七地市	13.80		3 567.44		3 297.87	9 244	
河南	16.70	82.64	9 256.00	38.54	12 464.09	13 465	68.65
湖北	18.59	74.23	6 050.00	58.96	7 497.17	12 392	74.59
陕西	20.56	67.12	3 735.50	95.50	4 383.91	11 735	78.77
鄂豫陕	55.85	24.70	19 041.50	18.73	24 345.17	12 785	72.30
中部	102.00	13.52	40 116.78	8.89	47 345.54	11 801	78.33
全国	960.00	1.43	131 448.00	2.71	209 407.00	15 930	58.02

7.5　与周边省份合作的对策

依据区域一体化原理，汉江中上游七地市在目前民间协作为主、官方协作层面有限的局面下，一体化经济应当从经济政策、要素流动、资源共享发展战略等方面考虑在以下几个方面，推行官民联动，加大合作力度，实现区域一体化跨越式发展：一是立足国家及所属省域经济政策，通过制度创新，实现制度供给一体化；二是着眼要素流动、资源共享与发展战略，在基础设施规划、产业布局调整、城市化建设和区域贸易发展方面，统筹规划，协调发展，实施一体化运作。

7.5.1 实施制度创新，完善区域协调机制

7.5.1.1 完善制度基础，构建法律保障体系

加快制度与政策一体化建设步伐。制度与政策一体化，是区域经济一体化发展的重要推动力量，是政府协调作用充分有效发挥的重要基础和前提，也是市场机制发挥作用的根本保障。因此，加强七地市政策和制度的规范、协调与统一，将为区域经济一体化发展提供制度规范和保障条件。汉江淮河中上游地区要从区域整体利益出发，认真梳理各城市现有的政策和法规，要在户籍制度、就业制度、住房制度、教育制度、医疗制度、社会保障制度等方面加快改革创新步伐，通过行政协调与制度创新，消除区域内部的矛盾和冲突，实现区域制度架构与规则的整合[68-69]。

7.5.1.2 优化内外宏观管理，加大区域政策供给

汉江淮河中上游七地市要着眼于区域协作，制定一体化发展战略，从宏观管理的层面，在七地市所在省、各地市内部和整个区域范围内，从项目立项审批、财政、税收、工商管理、人才流动、信贷等诸方面，加大政策供给，搭建可供运作的政策平台，鼓励各个产业、各类企业实现跨地市发展。

7.5.1.3 立足政府职能转变，打破行政区划壁垒

政府推动是地区合作与发展必不可少的重要途径，其主要作用有：在推动和促进企业跨地区合作方面发挥积极作用；在区域产业发展的统一规划、交通等基础设施的网络化、市场建设的整体性，以及社会和环境问题的协调治理等方面采取积极措施。从区域经济未来发展趋势出发，树立区域经营与经营区域的理念。长江淮河中上游地区经济一体化发展首要问题是一个观念问题，即扫除观念方面的障碍。要打破传统的以"零合"和"竞争"为基础的区域竞争思想，建立以"共赢"和"协同"发展为核心的区域经营理念和经营区域的新思想，树立"打破藩篱，加速融合；放大产业版图，做大区域经营"的新理念，将汉江淮河中上游七地市区域作一个整体，认真规划、经营与管理。

7.5.1.4 建立健全组织机构，构筑区域协调平台

推进体制创新，建立区域性权威管理机构。据有关学者调查，当区域系统内的"经济单元"处于自然状态下，各个城市间若没有人为地创造条件，其协同效率最大值仅为40%，因此，推进体制创新，在区域内尽快建立区域性权威管理机构，是区域经济迈向一体化的关键。

为了在一个高起点、高层次、多方位、新模式的框架内开展地区的经济协作与联动发展，必须建立和完善相应的协调机制。协调机制必须建立在统一市场和区域经济一体化的基础上，必须充分发挥市场机制在促进地区经济协作联动发展中的基础性作用。不仅是指企业的跨区域扩张，而且包括产业结构的合理化、基础设施建设的网络化，甚至环境治理等公共品事业的发展，都可以通过市场机制的作用来进行商业化运作。前提条件是市场发展、企业协作、各类中介服务以及管理技术等方面都非常完善和规范。从目前情况看，显然还达不到这样的要求。为此，必须进一步深化体制改革，培育和发展市场机制，规范市场主体之间的交易行为，增强企业的市场交易能力，尤其是跨地区的投资经营和组织管理能力，提高各类市场中介机构的服务水平。

区域之间经济协作联动发展的协调机制有两种类型：一是制度化的协调机制；二是非制度化的协调机制[65]。如果选择制度化的区域协调机制，通常要考虑建立一个跨省市的行政

机构，统一领导和规划区域的协调发展。制度化的协调机制更有利于推进区域紧密型合作与发展，但这需要具备相应的条件，如中央与地方的关系、行政体制框架、外部竞争环境、内部经济关联等。从目前实际情况看，实行制度化协调机制尚未完全具备，比较可行的办法是从非制度化的协调机制开始，积极创造条件，最终过渡到制度化协调机制。具体而言就是：

（1）强化和完善七城市市长联席会议制度。在完善"城市经济协调会"的基础上，进一步强化七城市市长联席会议制度，定期进行高级别领导的互访和发展思路的对接，制定共同发展章程，形成规范的对话与协商制度，从目前的对话协商方式逐步向有约束力的协议方式转变。

（2）建立和完善由国家有关部门牵头、七地市所在省搭线、七地市政府共同参与的专业职能管理机构。主要负责经济协作发展中涉及各专业领域的统筹规划、协调合作与联动发展事宜。应进一步强化其协调管理职能，延伸管理业务，并赋予新的管理协调权威，与市长联席会议各专题职能管理机构工作相配套和衔接。

（3）鼓励建立各类半官方及民间的跨省市合作组织，广泛推进联动发展。如建立政府主导下的城市联合商会和行业协会、大企业联合会、经济联合体企业联谊会和产权交易联合中心，以及汉江淮河中上游地区发展研究院和汉江淮河中上游地区研究中心等。

（4）建议成立七地市合作与发展委员会。在条件成熟时，建议成立由中央政府牵头、三省及七地市参加的"汉江淮河中上游地区城市合作与发展委员会"，其主要职能包括：编制区域发展规划，制定区域发展政策，指导区域合作重大项目建设与重大任务的推进，协调解决涉及区域内部以及与其他地区发展的重要问题等。

7.5.2 统筹规划基础设施，实现一体化建设运作

区域交通与通信一体化是区域经济一体化的基础。交通与信息渠道是区域一体化中必不可少的两种最基本的"互补"手段，现代经济的发展决定了交通与信息一体化在区域经济一体化整合中的地位和作用越来越大。汉江淮河中上游地区交通设施一体化的关键是建设和完善区域内以调整公路、轨道交通、内河航运、机场为主的区域交通体系，构建区域大交通体系。汉江淮河中上游地区通信设施一体化的关键是打破信息封锁和阻碍，畅通信息流，以电子政务和企业信用信息资源共享为重点和切入点，共同开发建设综合性或专门的共同信息交换平台，建设覆盖整个汉江淮河中上游地区的信息网络平台，包括建设区域一体化的个人与企业征信平台，建立区域信息交互网络，完善信息传输机制，建立符合国际规范的区域社会化信息服务体系，实现区域信息资源共享等。这样，既有利于共同市场的形成，又能有效地降低社会交易成本，提高整个区域的综合竞争力[70-71]。

根据汉江淮河中上游地区各地社会经济发展的总体规划和全国交通运输总体布局的要求，按照统筹规划、配套协调、分步实施、综合发展的原则，建设以南阳机场为核心、多种运输方式相互衔接、协同发展的综合运输体系，以促进本区域的经济协作联动发展。为此，近期内必须抓好以下几项工作：①内河港口建设。初步形成以襄阳港为核心，其他沿江沿河港口为两翼的航运中心的基本框架。②公路建设。力争三淅高速公路早日通车。③铁路建设。全线启动宁西铁路增建二线工程，建设做好郑万、蒙西至华中等铁路及南阳火车站改扩建工程前期工作，力争宁西铁路、焦枝铁路提速，尤其是郑渝高铁前期设计及尽早开工建设。④航空建设。积极推动南阳机场与郑州航空港经济综合实验区的联系互动，力争加密至北京、广州航班，争取开通北京—南阳—昆明航线。启动南阳机场飞行员训练基地建设。

7.5.3 调整优化产业布局，实施一体化产业战略

首先是针对国际国内市场的激烈竞争，一些重要的基础性产业或主导性产业，一定要按照相对集中的原则布局，加强区域联合与企业联合。①根据各个城市的产业化发展水平，形成垂直与水平分工的产业整合。②根据区内中心城市的功能定位，形成以南阳为主中心，襄阳、安康、信阳为次中心的大产业整合格局。增加现代服务业在经济中的比重是未来产业结构调整的方向。③以产品、资产为联系纽带，把组建超大型企业集团作为区域内产业整合的重要手段。跨地区企业集团的组建要严格按现代企业制度的要求展开，通过产权纽带，在集团公司和集团成员企业之间建立合理的产权关系。考虑到各地的企业集团仍然从属于当地政府，因此鄂豫陕三省先需要在各地政府之间取得共识，围绕共同的目标，共同培育可以在全国同行业中占有相当市场份额的巨型企业集团。④加快以十堰襄阳汽车工业、南阳安康中医药种植与加工、南阳随州机电、南阳信阳安康采掘与加工业等行业的跨地区重组。⑤通过市场来推动汽车、电子通讯、中医药、光学等高技术构成行业的企业兼并活动，提高行业集中度。其次是建立汉江淮河中上游七地市地区大旅游资源开发创新体系，构建区域内"环状旅游经济合作圈"。汉江淮河中上游七地市地区旅游资源丰富，优势突出，应当围绕南水北调水源地保护、淮河母亲河保护两大生态概念，规划以全区域为整体的旅游体系，构建地区一体化的"环状旅游经济合作圈"，形成旅游业发展中的名牌效应、联动效应和规模效应。因此，相关景点应统一规划协调开发，形成旅游市场联合促销机制、旅游资源开发规划的协调机制、旅游企业的连锁机制、旅游线路的网络化经营机制、旅游教育和科研的联合协作机制。这样既可以减少浪费和重复建设，又可以形成新的组合资源体系。

7.5.4 围绕区域性中心城市，制定一体化城市战略

增强中心城市集聚、扩散功能，提高城市化水平。汉江淮河中上游七地市各类城市目前还处在集聚为主的阶段，各级城市都在通过多种途径吸引资金，加强其集聚过程。产业结构调整、城市功能由生产型转向经营服务型、产业的现代化和高度化、开发区建设和投资环境改善，以及扩大的城市（镇）集聚多与本区内的人口、土地、资源和区外各生产要素相结合，因此是一种分散式的集中，而不是集聚后的扩散，各级中心城镇之间的集合与扩散关系微弱，在县城和镇的集聚中主要接受中心城市的扩散[72]。为此，迫切需要加快中心城市的发展，加快中心城市的集聚、扩散功能，在强化支柱产业的基础上，发展新型主导产业，带动所辖市县配套产业。

以产业结构调整为主线，优化产业结构、提升产业高度、完善城市功能、强调城市个性，促进城市主导产业及其空间布局的合理化[73]。针对区域内当前存在的条块分割、各自为政、"诸侯经济"等突出问题和产业结构趋同、区域生产力布局不合理、城市个性不鲜明等严重问题，要优化产业结构，提升产业高度，促进合理布局，形成有分有合、有主有次、综合配套、相对协调的城市产业体系。

汉江淮河中上游七地市，除随州市所在的中心城区建市较晚、规模较小外，其他六市的中心城区均历史悠久，都经历了系统的发展过程，城市功能比较完备，城市产业体系完整，区域性中心城市辐射能力均较强，属较大城市。因此，科学地确定汉江淮河中上游七地市所在区域的区域性中心城市，依托区域性中心城市，制定区域一体化城市发展战略应当成为区域一体化的重要环节。七地市中南阳市经济总量最大，虽然中心城区人口、人均GDP、工业总量均少于襄阳，但由于南阳市辖区人口众多，在七地市中区位尤为独特，产业门类较

为齐全，且轻重工业比重优于襄阳，以新能源、光电为代表的新兴朝阳产业发展迅猛，石油、煤炭、电力等能源供应便捷充沛，经济发展后劲充足，潜力巨大。长期以来一直坚持以区域性中心城市建设为目标，在汉江淮河中上游地区的核心城市地位是不容置疑的。因此，确定以南阳为本区域区域性中心城市，以襄阳、安康、信阳为次区域性中心城市，以商洛、十堰、随州为中心城市，以邓州、丹江口、宜城、老河口、枣阳市为小城市，各县城及中心集镇为基层城镇组建城市（镇）化网络比较合理。

建设南阳－襄阳城市和工业走廊，带动汉江淮河中上游地区崛起。南阳城市竞争力列汉江淮河中上游地区七地市第一，襄阳列第二，并且大大高于区内其他城市，因此，建设南阳－襄阳城市和工业走廊，发展以南阳为中心，襄阳为副中心的城市群的比较和竞争优势，能够最大限度地提升汉江淮河中上游地区城市群的实力和向外的辐射影响力[74-76]。

通过向汉江淮河中上游地区六地市辐射，可以加大汉江淮河中上游地区内其他中心城市和中心城镇建设力度，形成十堰、信阳等若干个带动力强的中心城市（城镇）和新的经济增长极，在汉江淮河中上游地区形成各展所长、优势互补、竞相发展的格局，促进汉江淮河中上游地区崛起和中部经济社会健康发展。

7.5.5 统筹区域贸易合作，推行一体化市场战略

加速区域市场整合与市场一体化进程。市场机制是区域经济整合发展的核心动力之一，市场机制通过"无形的手"自发调节资源配置与产品供求，通过平均利润调节资本在各生产部门的分布。而市场机制的发挥必须有发育完善的市场体系和统一市场作基础，区域经济一体化发展必然要求市场一体化。从汉江淮河中上游七地市的现状看，受体制与制度的制约，地方保护壁垒还依然存在，加速区域市场整合与市场一体化进程的任务还相当繁重。

市场体系建设与市场一体化是各种要素市场时空整合与协调的过程，是各种要素市场的有机统一体。这里包括：一体化的消费品市场、资本市场、技术市场、人力资源市场、产权市场、旅游市场及文化市场等。在市场规则上与国际接轨，消除各种形式的地方壁垒，努力营造开放、规范的市场环境，建立以区域性中心城市及次中心城市为主体的区域要素市场体系，将是汉江淮河中上游七地市未来区域经济整合发展的关键，尤其是金融、人才、技术、产权等大市场的建设[77-79]。

建设汉江淮河中上游七地市统一的大市场体系。经济一体化的中心是市场一体化。清除七地市商品和要素进入市场的体制障碍，形成地区统一大市场体系，形成竞争互利的市场机制，是本地区经济社会一体化发展的中心问题。市场一体化的重心是金融、科技、人才、信息等要素市场的一体共享。从目前的情况看，汉江淮河中上游七地市间存在着"区域市场壁垒"，已影响到本区的经济协作联动发展，因此要建设地区统一的大市场体系。包括：①各地市不仅互调批发市场、零售网点，还要重点规划区域要素市场。②创建区域投资和金融中心体系，创建区域统一的货币流通运行关系；加强区域内金融保险市场的相互渗透，形成地区统一的金融与保险市场；促进区域内外特别是外资金融机构到本区域设立分支机构，建设一体的金融配套服务体系。③在各地市毗邻集镇建设一批专业市场或集贸中心，通过税收等优惠措施，鼓励一体化区域内商品的无障碍流通。

8. 结 论

我国地域辽阔，地理性和行政性区域众多，各地资源禀赋不同，发展层次各异，为次区

域合作形式奠定了一定的基础。同时，我国各地区都在适应市场化和全球化的发展要求，中央也在不断地加大对区域的扶持力度，这些都为区域合作提供了可能性。

任何一个区域都不是孤立存在的，而是整体发展的有机组成部分，其发展离不开周边地区乃至更广大地区的支持[80]。只有准确把握好中原经济区的自身定位，明确自身在各个体系中的位置，发挥优势，取长补短，借力壮大自身，才能使中原经济区实现科学跨越式发展，成为中国区域经济发展新的增长板块。

多层治理是在欧盟一体化发展进程中逐渐形成的一种区域合作协调机制，是欧洲人应对全球化挑战、探索改善自身生存环境的尝试。它在决策过程中实现了主体多元化，形成了超国家、国家、跨境区域、地方等多个等级层次的合作体系，这样做的目的不但增大了集体利益，还兼顾了各方、各层级的利益，提升合作方参与合作的积极性。为了合理和及时处理合作者利益冲突，多层治理模式中还包含有一套完整的法律法规体系。总结和借鉴欧盟的多层治理经验，有助于推进我国区域合作顺利进行，并有利于解决区域合作中面临的体制矛盾。

由于多层治理从其发端到现在仅有二十年左右的时间，尚处在发育成熟时期，其中的很多内容还未定型，比如，多层治理重视治理的协调机制的作用，而对非国家机构和社会行为体的参与却未做充分的探讨；再如，多层治理强调治理而非统治，要让多种利益主张、多种利益集体在缺乏权威统治的情况下，实现和谐自治，是否会走入乌托邦的世界等问题均值得做进一步的研究。不过对于一个正在兴起的新型理论来说，存在缺陷和不足也在所难免，或许正是这些不完美的存在，才激励着我们对此问题做进一步的探究。

各级各类政府机构在中原经济区协作机制建设中居于举足轻重的地位。协作区运行的成功与否，在于政府职能的定位创新，即协作区需要的是一个协调服务的、严格履行政府公共管理职能的政府，是服务者，而不是管理者。

河南省各级地方政府及省属各部门、各企事业单位均应结合自身情况，本着优势互补、互通有无的原则，有针对性地推出一系列与周边省份，尤其是毗邻省份之间在各相应领域内的合作举措。同时要从政策上、资金上鼓励民间自发的各种有益合作行为。只有这样，才能充分发挥河南省在中原经济区建设发展中的主体地位与纽带地位，才能弥补自身发展中的缺陷与不足，才能发挥担当中部崛起领头羊的作用。

参考文献

[1] 卓凯，等. 区域合作的制度基础：跨界治理理论与欧盟经验 [J]. 财经研究，2007，（1）：55 - 65.

[2] 蔡岚. 区域政府合作难题的理论阐述 [J]. 云南行政学院学报，2007，（6）：69 - 71.

[3] 陈瑞莲，等. 试论区域经济发展中政府间关系的协调 [J]. 中国行政管理，2002，（12）：65 - 68.

[4] Hardin. Garett. The Tragedy of the Commons [J]. Science，1968，162：1243 - 1248.

[5] 俞可平. 治理与善治 [M]. 北京：社会科学文献出版社，2000：2.

[6] 孙兵. 区域协调组织与区域治理 [M]. 上海：上海人民出版社，2007：36.

[7] 杨朝光，张宝仁. 图们江地区周边国家国际开发合作与投资环境研究 [M]. 长春：吉林人民出版社，2010.

[8] 余曷雕，王厚双. 中外增长三角研究 [M]. 长春：吉林文史出版社，2004.

[9] 陈勇. 新区域主义与东亚经济一体化 [M]. 北京：社会科学出版社，2011.

[10] 华晓红. 国际区域经济合作——理论与实践 [M]. 北京：对外经济贸易大学出版社，2010.

[11] 郭定平. 东亚共同体建设的理论与实践 [M]. 上海：复旦大学出版社，2008.

[12] 樊莹. 国际区域经济一体化的经济效应 [M]. 北京：中国经济出版社，2009.

[13] 赵宏，环渤海经济圈产业发展研究 [M]. 北京：中国经济出版社，2008.

[14] 李铁立. 边界效应与跨边界次区域经济合作研究 [M]. 北京：中国金融出版社，2005.

[15] 保健云. 国际区域合作经济学分析——理论模型与经验证据 [M]. 北京：中国经济出版社，2008.

[16] 上海财经大学区域经济研究中心 "2010—2011 上海城市经济发展报告" 课题组. 长江三角洲经济一体化 [M]. 北京：中国农业出版社，2012.

[17] 北京外国问题研究会. 亚洲区域合作路线图 [M]. 北京：时事出版社，2006.

[18] 郭定平. 东亚共同体建设的理论与实践 [M]. 上海：复旦大学出版社，2008.

[19] 李铁立，姜怀宇. 边境区位、边境区经济合作的理论与实践 [J]. 人文地理，2008 (6)：1-6.

[20] 李铁立，姜怀宇. 次区域经济合作机制研究：一个边界效应的分析框架 [J]. 东北亚论坛，2011 (3)：90-94.

[21] 李铁立. 西方边境区经济发展及边境区经济合作评述 [J]. 国际经贸探索，2009 (6)：8-12.

[22] 冷志明，张合平. 基于共生理论的区域经济合作机理 [J]. 经济纵横，2007 (4)：32-33.

[23] 杨逢珉，孙定东. 欧盟区域治理的制度安排——兼论对长三角区域合作的启示 [J]. 世界经济研究，2007 (5)：82-85.

[24] 戴扬. 东北亚区域合作：一种新制度主义的解读 [J]. 太平洋学报，2011 (7)：78-83.

[25] 张宝仁. 近期中朝经贸合作现状及其发展趋势剖析 [J]. 东北亚论坛，2009 (5).

[26] 金强一，张杰. 东北亚政治结构与中日韩经济合作 [M]. 香港：亚洲出版社，2007.

[27] 金华林，张杰. 中国经济走势分析与东亚经济合作 [M]. 延吉：延边大学出版社，2006.

[28] 王志同，黄介武. 湖南省各市州经济发展水平评价 [J]. 数学理论与应用. 2007 (1).

[29] 潘安娥，杨青. 基于主成分分析的武汉市经济社会发展综合评价研究 [J]. 中国软科学，2010 (7).

[30] 国家统计局. 河南统计年鉴 2011 版 [M]. 北京：中国统计出版社，2012.

[31] 国家统计局. 山东统计年鉴 2011 版 [M]. 北京：中国统计出版社，2012.

[32] 中原经济区网站，http：//zyjjq hd gov，cn/guominjingjizhibiao. /t20080414 152945 htm (2008.9.16).

[33] 安阳市人民政府发展研究中心. 安阳周边城市经济与社会发展情况. http：//www，ayfz. gov，cn/typenews. asp？ id＝93.

[34] 第十八届市长联席会议资料（2）. 中原经济区网站, http://zyjjq. hd. gov, cn/guomin-jinfjizhibiao/t20080414 152945. ht.

[35] 新华社. 温家宝主持召开国务院常务会议讨论并原则通过中部地区崛起规划 [N]. 人民日报, 2009 -09 -24 (1).

[36] 雷仲敏, 左言庆, 等. 山东半岛蓝色经济区建设区域合作的若问题 [J]. 城市, 2010 (1): 19.

[37] 陈耀. 新时期中国区域竞争态势及其转型 [N], 中国经济时报, 2011 年6月17日.

[38] 程显煜, 戴宾, 等. 成都经济圈合作互动机制研究. 四川大学成都科学发展研究院 2008 年度招标课题, 2009 年.

[39] 程必定. 长三角区域合作机制的发展现状与演变趋势, http://www. ahzx. gov. cn/html/ztcwhy_ 225/_ 228/2008 -08/1218417094. html, 2011 年8月.

[40] 王发曾, 刘静玉, 等. 中原城市群整合发展研究 [M]. 北京: 科学出版社, 2007.

[41] 戴光中. 基于发挥区域整体优势的长三角区域经济一体化研究 [J]. 扬州教育学院学报, 2008 (1): 51 -55.

[42] 任新志. 略论区域经济一体化带来的经济效应 [J]. 商业时代, 2012 (16): 26 -27.

[43] 陈廷根. 区域经济一体化发展的动因探究 [J]. 经济师, 2009 (6): 64 -66.

[44] 宋绪钦, 宋淑芬. 通过集中与分散因素控制实现区域差异调控的思考 [J]. 河南商业高等专科学校学报, 2011 (5): 10 -13.

[45] 高丽. 山东省经济区域差异分析 [J]. 统计观察, 2010 (8): 90 -91.

[46] 郑明国. 浅析地区差异 [J]. 法制论谈, 2007 (6): 418 -419.

[47] 陈磊, 王波. 湖北省区域经济差异分析 [J]. 中国地质大学学报, 2007 (2): 74 -77.

[48] 陈梦筱. 郑州在中原崛起中的地位和作用研究 [J]. 发展纵横, 2007 (2): 40 -42.

[49] 肖河, 郑文明. 构建产业集群发展县域经济——对南阳市发展县域经济情况的调查 [J]. 决策探索, 2009 (7): 15.

[50] 南阳市统计局. 南阳统计年鉴 [Z]. 北京: 中国统计出版社, 2006 -2011.

[51] 朱刚, 张建涛, 田静莉. 陕西省工业化水平的测算和分析 [EB/OL]. http://www. sxsrm. com, 2010.

[52] 河南省统计局. 河南统计年鉴 [Z]. 北京: 中国统计出版社, 2011.

[53] 湖北省统计局. 湖北统计年鉴 [Z]. 北京: 中国统计出版社, 2011.

[54] 陕西省统计局. 陕西统计年鉴 [Z]. 北京: 中国统计出版社, 2011.

[55] 黄志刚. 中西部地区区域经济隆起带发展模式构建与政策研究——以南阳市为例 [J]. 经济经纬, 2010 (2): 40 -43.

[56] 许欢科. 论地方政府在区域经济一体化中的作用 [J]. 学习月刊, 2009 (8): 27 -28.

[57] 鲁晓勋. 区域一体化视野下大西安都市圈空间结构发展问题研究 [D]. 西安市: 西安建筑科技大学, 2010.

[58] 朱传耿, 王振波, 仇方道. 省际边界区域城市化模式研究 [J]. 人文地理, 2006 (1): 1 -5.

[59] 毕劲. 试论区域经济的协调发展 [J]. 发展研究, 2007 (3): 151 -152.

[60] 李喜全，李爽. 把握机遇乘势而上——谈抓住南水北调中线工程机遇加快南阳发展 [J]. 今日中国论坛，2010 (11)：95-96.

[61] 辛晓十. 南阳经济增长潜力及发展趋势研究 [J]. 科技信息，2007 (1)：243-244.

[62] 徐恒升，白耕勤，杨杰. 基于场模型的南阳经济空间探讨 [J]. 南阳师范学院学报，2010 (12)：62-64.

[63] 张震宁，王超，范青凤. 河南省边界地区经济发展研究 [J]. 地域研究与开发，2007.

[64] 边宁. 长株潭经济一体化中地方政府职能转变的问题研究 [D]. 长沙市：中南大学，2007.

[65] 李俊杰. 关于省际边界地区经济合作的思考 [J]. 商业时代，2006 (9)：83-84.

[66] 卢东，刘懿，李学亮. 区域经济一体化需要政府提供优良的公共产品 [J]. 集团经济研究，2006 (2)：16.

[67] 陈晓律. 世界各国工业化模式 [M]. 南京：南京出版社，2003.

[68] 王志锋. 区域经济一体化中的治理机制创新 [J]. 天津社会科学，2009 (3)：67-70.

[69] 丁谦. 论我国区域经济一体进程中地方政府的作为 [J]. 经济纵横，2011 (7)：15-17.

[70] 高更和. 宁西铁路沿线（南阳段）产业布局研究 [J]. 经济地理，2010 (12)：674-678.

[71] 高更和，石磊. 宁西铁路对其沿线南阳段产业布局的影响 [J]. 三门峡职业技术学院学报，2003 (4)：48-50.

[72] 李丽. 中小城市全面建设小康社会对策研究——以河南省南阳市为例 [J]. 河南科技，2011 (12)：14-16.

[73] 黄志刚. 河南省南阳区域经济隆起带发展模式构建与政策研究 [J]. 区域科技. 经济. 社会，2009 (8)：152-154.

[74] 王振伟，李江风，龚健. 浅析南阳市区域发展战略 [J]. 安徽农业科学，2010 (6)：1253-1254.

[75] 张艳玲. 三足鼎立发展县域经济 [J]. 经济论坛，2010 (11)：43.

[76] 黄庭满. 六省市热推区域经济一体化 [J]. 财经中国，2010 (3)：92-93.

[77] 王瑞成. 略论我国区域经济一体化背景下的区域公共治理 [J]. 南京政治学院学报，2006 (6)：56-57.

[78] 吕斌，和朝东. 从区域的视角分析提升烟台城市竞争力的战略 [J]. 城市发展研究，2009 (3)：69-75.

[79] 刘贵利，张圣海. "三淮一体化"城市发展战略研究 [J]. 规划师，2008 (10)：81-85.

[80] 蒋帅. 论区域经济一体化及其对多边贸易体制的影响 [J]. 对外经济贸易大学学报，2011 (1)：31-35.

第二篇　产业集群发展问题

第一章　社会资本与产业集群

1　问题的提出

1.1　研究背景与意义

产业集群是指在某一特定区域下的一个特别领域，存在着一群相互关联的公司、供应商、关联企业和专门化的制度和协会，它既包括了各类企业，如原材料、零部件、机械设备和服务的供应者，又包括了提供教育、培训、咨询的大学和社会机构，还包括提供公共产品的政府机构[1]。产业集群对区域经济发展乃至于对国家经济发展，都起到了重要的促进作用。作为一种有效的经济发展模式，产业集群能有效带动创新，加强分工与合作，为国民经济发展不断注入新的活力。

在产业集群的理论发展过程中，20世纪末有两位经济学家对产业集群的研究引导了后继者的前进方向。第一位是麦克尔·波特，《国家竞争优势》的问世引起人们对产业集群的重视和对核心竞争力的研究。第二位是新经济地理学派的代表人物保罗·克鲁格曼，他在1991年发表的《收益递增与经济地理》把大家的研究重心引到生产要素和地理位置对产业集群的发展上。以此为背景，对产业集群的研究，吸引了众多经济学者、经济地理学者和社会学家的广泛关注，产生了一大批理论成果并有效地运用到了产业集群的发展中，促进了产业集群在促进经济发展、提高企业创新力等方面的应用与发展。

社会资本又称关系资本，体现的是群体的属性。雅各布将其定义为地区性的网络。普特南认为："社会资本指的是社会组织的特征，例如信任、规范和网络，它们能够通过推动协调的行动来提高社会的效率"。产业集群与社会资本之间存在一种双向式的互动，产业集群优化了社会资本，社会资本加快了产业集群化的步伐，使产业集群这种组织形式更加健全完善[2]。

然而，在产业集群的发展过程中，往往忽视社会资本对集群的作用，对其中文化因子的影响还停留在一般意义上的阐述，并没有将其作为一个重要因素来看待[3]。我国许多集群社会资本在不断下降，致使集群面临无序竞争、创新乏力等问题，因此，研究社会资本的影响因素及其与集群发展的关系以唤起人们对社会资本的重视具有重要意义。

河南省镇平县地处河南省西南部，是河南省命名的18个综合改革试点县之一，全国500个商品粮基地县之一，是国家命名的"中国玉雕之乡""中国地毯之乡""中国金鱼之乡""中国玉兰之乡"和"中国民间艺术之乡"。镇平虽处传统的农业区,但手工艺品一直较为发达,行销海内外,尤其是镇平玉雕,为本地经济支柱,也是全国玉雕中心。经过改革开放以来近40年的努力,该县已把玉雕传统文化优势迅速转化为产业优势,玉雕产业呈现出了前所未有的辉煌,初步形成了原料—设计—生产—培训—检测—包装—销售为一体的完整产业链,成为对县乡财政贡献最大的新的文化产业经济增长点,产业的集群化发展已经形成。同时,在产业集群发展过程中,已经在客观上形成了比较广泛的社会资本,这又对产业集群的发展起到了一定的促进作用。因此,对镇平县玉器加工产业集群中社会资本与产业集群的发展关系进行实证研究,一方面有助于寻求该集群中企业社会资本与企业绩效的内在逻辑机理,并通过研究结论看社会资本与集群发展过程中还存在哪些问题,如何加以有效改进等;另一方面,对探寻社会资本与产业集群发展的普遍规律、正确认识企业社会资本与企业绩效水平的内在逻辑关系、促进我国区域集群经济发展、构建社会资本与产业集群的互动促进发展模式,也具有重要的参考价值和指导意义。

基于此,笔者以镇平县玉器加工业集群发展为研究背景,在系统梳理社会资本与产业集群相关理论和分析企业社会资本与企业绩效内在逻辑关系的基础上,从网络与信任两个维度出发,对镇平县玉器加工业集群发展过程中的社会资本,通过问卷调研、实地调查、数据整理与挖掘、结论分析的途径,从企业层面对集群社会资本与集群发展的关系进行了具有针对性的个案实证研究,并通过实证研究的结论,从企业层面分析的结论反映镇平县玉器加工业集群发展过程中的基于网络与信任的社会资本与镇平县玉器加工业集群之间的关系,对镇平县玉器加工业如何构建社会资本与集群发展的互动促进模式,提出了系统化的对策建议。这些对策建议,对其他区域如何构建社会资本与产业集群的互动发展模式,同样具有重要的借鉴价值。

1.2 国内外研究现状

1.2.1 国外研究现状

目前,国内外对产业集群与社会资本的研究成果,主要体现为对产业集群本身的研究和对产业集群与社会资本关系的研究。

(1)国外对产业集群内涵、构成等的研究综述。

对产业集群的研究最早可以追溯到马歇尔。马歇尔(1920)解释了基于外部经济的企业在同一区位集中的现象。他发现了外部经济与产业集群的密切关系。他认为产业集群是外部性导致的。马歇尔认为,外部经济包括三种类型:市场规模扩大带来的中间投入品的规模效应;劳动力市场规模效应;信息交换和技术扩散。前两者称为金钱性外部性(Pecuniary Externalities),即规模效应形成的外部经济。后者是技术性外部经济。

韦伯(Alfred Weber,1929)最早提出了聚集经济的概念,他在分析单个产业的区位分布时,首次使用聚集因素(Agglomerative Factors)。随后,罗煦(August Losch,1954)、佛罗伦斯(P·Sargant Florence,1948)对聚集经济进行了进一步的阐述。克鲁格曼通过其新贸易理论,发展了其集聚经济观点,理论基础仍然是收益递增。他的工业集聚模型为假设一个国家有两个区位,有两种生产活动(农业和制造业),在规模经济、低运输费用和高制造业投入的综合作用下,通过数学模型分析,证明了工业集聚将导致制造业中心区的形成。Andersen(1994)分析了传统的熊彼特主义分析创新关联度的不足,主张用演化经济学来分析创新关联度，并在演化经济学的框架内，构筑了交互创新的两产业模型和三产业模型，探讨了创新关联和国际专业化问题。

Alex Hoen（1997）从理论角度对集群进行了分类：群的概念分为微观层（企业群）、中观和宏观群（产业集群）；群内企业通常通过创新链和产品链进行连接。Lynn Mytelka 和 Fulvia Farinelli（2000）采用了不同于 Markusen（1996）的产业集群分类方法，他们把产业集群分为：非正式群、有组织群和创新群。探讨如何在传统产业中培育创新群，建立创新系统，从而使传统产业保持可持续的竞争优势。Magnus Holmen 和 Staffan Jacobsson（1998）探讨了产业集群的确定问题，传统的投入产出分析和用户－供应商关系是基于产品和产业，对于确定基于知识外部性和扩散产业集群是不合适的，其提出了基于专利的确定产业集群的新方法。Gabriel Yoguel，Marta Novick 和 AnabelMarin（2000）通过对大众公司在阿根廷企业的研究，从生产网络（群）的角度探讨群内企业关联度、创新能力和社会管理技能（工作流程的组织和合同的形成机制）。Athreyr（2001）通过对剑桥高科技群增长和变迁的实证研究，探讨了剑桥高科技群是如何增长和变迁的、哪些微观经济要素可以解释这些现象、为什么剑桥高科技没有达到硅谷的水平等问题。

在产业集群与经济增长的关系研究上，Philippe Martin 和 Gianmarco I·P·Ottaviano（2001）综合了 Krugman 的新经济地理理论和 Romer 的内生增长理论，建立了经济增长和经济活动的空间集聚间自我强化的模型；证明了区域经济活动的空间集聚由于降低了创新成本，从而刺激了经济增长。反过来，由于向心力使新企业倾向于选址于该区域，经济增长进一步推动了空间的集聚，进一步验证了著名的缪尔达尔的"循环与因果积累理论"。Nicholas Craft 和 Anthony J·Venables（2001）利用新经济地理学理论，探讨地理集聚对经济绩效、规模和区位的重要作用，从地理角度回顾了欧洲的衰落和美国的兴起以及未来亚洲的复兴，认为尽管缺乏高质量制度是落后的重要原因，但是不能忽视地理集聚在经济发展方面的重要作用。Catherine Beaudry 和 Peter Swann（2002）对产业集群的强度影响产业集群内企业绩效的途径进行了研究。他们用雇员数量作为衡量产业集群强度的指标，对英国几十个产业进行了实证分析：在不同的产业存在着产业集群正效应和负效应，在计算机、汽车、航空和通讯设备制造业存在非常强的集群正效应。D·Norman 和 J·Venables（2004）探讨了基于规模收益递增世界经济范围内产业集群的规模和数量，研究国家产业集群政策与世界经济均衡发展关系，产业集群与世界经济福利最大化的关系后，认为在均衡发展的条件下，产业集群数量太多而规模太小。

（2）国外对产业集群与社会资本关系的研究综述。

在产业集群与社会资本的关系研究方面，Carlos Quandt（2000）认为，创新群和合作网络是促进区域发展、提升创新能力和区域竞争优势、缩小空间和社会不均衡的主要工具。Dirk Messner 和 Meyer Stamer（2002）则探讨了什么是网络、如何认识网络等问题，从三方面（即利益集团和决策风格、网络社会功能逻辑、七个网络的问题）对网络治理逻辑进行了研究，最后研究了网络治理对产业集群和价值链的作用。Jorge Britto（2004）分析了企业间合作的网络形式，介绍了与网络结构特征相关的因素，探讨了网络竞争的决定因素。他把企业间的合作形式分为四种：传统网络、技术结构网络、复杂技术网络和基于技术的网络。Meyer tamer（2005）分析了产业集群内企业合作的模式，研究企业合作的典型障碍，探讨了如何克服文化对合作的不利影响，最后提出了通过企业合作来营造创新的环境，从而提高产业集群的创新能力和竞争优势途径。Mark Lorenzen（1998）探讨了基于信任的信息成本，认为在不同的环境下有不同的信息获取方式，不同类型的信任有不同的信息成本。因此，在不同环境下，不同类型的信任具有相应的主导地位。通过实证分析，他研究了产业集群企业的信息成本特点，解释了不同的信任在不同产业集群的存在原因和地理接近与信息成本的关系。

1.2.2 国内研究现状

在国内，在前期对国外产业集群相关成果引进与介绍的基础上，目前对产业集群的研究，开始注重我国自身经济发展过程中如何应用产业集群来促进我国经济发展的研究。其中，对作为同一产业领域内相互联系的众多企业因相互联系而形成的柔性产业组织形式，产业集群的竞争优势从何而来？国内学者从不同的视角做了大量研究，归纳众多文献主要从三个方面解释：集聚所造成的规模经济与范围经济；产业集群灵活的组织结构与生产方式；产业集群优异的学习能力和较高的学习效率从而引致不断地创新（官福泉，2003）。而朱英明（2005）则认为，在全球化背景下，产业集群不仅没有被全球化的浪潮淹没，反而不断涌现和发展壮大，关键在于产业集群所拥有的创新优势。产业集群的创新优势表现为相互作用的行为主体间优越的学习能力。徐占忱、何明升（2005）也认为集群优异的学习能力和较高的学习效率是集群不断创新发展，进而使整个集群具有经济活力和竞争优势的主要原因之一，并以知识转移理论为基础，对区域集群企业的知识转移优势的学习能力构成予以分析。傅兆君、陈振权（2003）认为创新的扩散、知识外溢、技术连接和技术扩散等创新活动促进了企业的空间集聚，同时企业地域集中加速技术扩散，有利于创新网络的形成和加速企业员工的非正式交流。

就社会资本与产业集群的关系研究而言，目前国内学者主要是从社会资本的视角来研究集群的形成、发展和竞争优势。樊圣君等（2001）认为区域集群具有独特的平等开放创新的社会资本优势。这种独特的社会资本大大减少了集群的交易成本，提高了集群的经济效益。由社会资本而来的"独立性机制"带给区域甚至国家持续竞争优势。魏守华（2002）详细分析了集群竞争力的动力机制：基于社会资本的地域分工、外部经济、合作效率、技术创新与扩散，并分析了相对应的竞争优势。聂鸣等（2004）以印度班加罗尔软件产业集群为对象，重点讨论了社会资本对班加罗尔软件产业集群的发展所起的作用，并从规范、网络与信任、知识流动三个角度分别探讨了导致班加罗尔软件产业集群成功的社会资本因素，同时指出其中存在的问题。朱海就等（2004）比较了浙江和意大利产业集群的企业网络，并认为集群竞争力的差异与企业网络的组织化程度有关。产业集群能力高的地区，网络的组织化程度往往也较高，其内在原因是网络组织化程度的高低会影响企业间集体学习的效率。张毅、陈雪梅（2005）在集群形成与发展机理的考察中探讨了集群特有的社会资本对于提高交易效率，从而推动分工演进、促进集群发展的过程。李玉连（2005）认为基于社会资本积累所形成的产业集群在创新能力、持续的市场需求以及有序的竞争与协作关系方面是构成竞争对手难以模仿从而保持持续竞争优势的关键因素。刘东、张杰（2006）认为我国产业集群的主要优势体现于嵌入在社会关系网络中的关系型信任社会资本和低成本劳动力的融合，然而，这种体现在非正式层面的关系型社会资本，在技术的高度不确定性冲击环境下可能成为地方产业升级的障碍。王华等（2006）认为产业集群竞争优势不仅体现在企业间的生产网络上，而且与企业间的社会关系网络有着直接联系。他们从社会网络、嵌入性视角分析了产业集群及其竞争优势，并对产业集群中的"锁定"效应、路径依赖进行了分析。

另外，有一些学者专门探讨了社会资本对学习、创新、技术扩散的影响。陈劲等（2001）从理论和实践上阐述了社会资本与技术创新的关系，表明技术创新不仅是一个物质层面的创造工作，更加是一个复杂的社会学过程。罗家德（2003）分析了产业网络对技术扩散的作用并做了东莞与苏州地区比较的案例分析。蔡铂、聂鸣（2003）等考察了社会网络对产业集群技术创新的影响，他们认为："产业集群具有基于社会联系、信任和共享互补资源等特别管理特征的网络特性，从而扩大了自身的社会网络和积累了社会资本。它通过社会网络中强关系、弱关系和结构洞特征，在密集网络和稀疏网络中降低了信息获取和交易的成本，增进了信任和联系，促进了信息和知识的流动，有利于隐含知识和敏感信息的传播，带来了技术创新优势，提高了竞争力"。杨锐、黄国安（2005）对杭州手机产业集群做了网络位置与创新间关系探讨的社会网络分析，结果显示：企业所处网络位置的度数和有效规模与企业创新存在显著的统计相关性，而中介性则不显著；基于弱关系和非冗余关系的有效网络结构促进了集群里企业的创新。

1.2.3 对国内研究现状的评述

尽管国内外学者对产业集群本身、产业集群与社会资本的关系进行了比较系统的研究，但其研究过程中依然还存在不足，主要表现为对社会资本的研究视角比较笼统，没有将社会资本分维细化来分析并依据此来研究产业集群与社会资本之间的内在关系机理。

笔者的研究，则是在前人研究成果的基础上，从网络与信任两个维度对社会资本进行细化，从企业的角度来研究集群的社会资本，并以镇平县玉器加工业集群发展为研究个案，通过实证的方式致力于探讨给予网络与信任条件下产业集群与社会资本之间的内在逻辑关系，并在此基础上就如何构建社会资本与产业集群之间的互动发展模式，进行系统深入的研究。其研究成果具有继承性和延续性，研究视角独特，具有一定的创新性。

1.3 论文研究目标与内容

笔者研究的主要目标是：在系统阐述社会资本与产业集群的内涵、特点、构成要素的基础上，分析社会资本网络与信任二维分析模式构建的必要性，探索与论证网络与信任对产业集群发展与升级的传导机制，并在此基础上从企业层面对集群社会资本与集群发展的关系进行分析，通过对镇平县玉器加工业集群发展条件下企业的社会资本进行实证研究，通过实证研究的结论，对镇平县玉器加工业如何构建社会资本与集群发展的互动促进模式，提出系统化的对策建议。

笔者从社会资本的二维分析展开，主要研究内容包括：

（1）对社会资本内容和社会资本的两个纬度，即信任和网络的范畴进行分析，并对为何要从社会资本两个纬度来分析产业集群的发展和升级。

（2）分别分析与论证信用与网络对产业集群的发展和升级的传导机制。在分析信任与网络对产业集群的发展和升级的传导机制信任而言，分别从群体内信任和普遍性信任两种信任来分别探讨它们如何推动产业集群发展和升级的。在分析网络对产业集群的发展与升级的传导机制上，主要分析论证了强关系网络和弱关系网络对产业集群发展和升级的机理。

（3）以镇平县玉器加工业集群发展为典型案例，从网络与信任两个维度出发，对镇平县玉器加工业集群发展过程中的社会资本，从企业层面对集群社会资本与集群发展的关系进行了具有针对性的实证研究，并通过实证研究的结论，对该县玉器加工产业如何构建社会资本与企业绩效水平发展的互动促进模式，提出了系统化的对策建议。

1.4　研究方法及技术路线

本部分研究采用的研究方法，主要有文献分析法、调查法、因子分析法、实证检验等主要研究方法。在调查法的运用中，笔者主要是通过调查问卷量表开发的形式，对镇平县玉器加工产业集群在企业社会资本与企业绩效关系方面进行实际调查，从企业层面对集群社会资本与集群发展的关系进行实证分析。

同时，本部分的研究还采用开放式研究方法，广泛吸纳国内外对社会资本与产业集群发展的科研新成果，以"实践—认识—再实践—再认识"的观点，对本文的研究内容通过理论探索并在实践中概括、归纳、综合，进行螺旋式的反复研究和检验，以确保研究的系统性和科学性。其技术路线如图 2.1 所示。

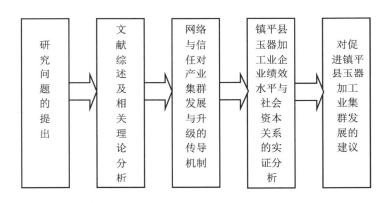

图 2.1　研究技术路线

2　社会资本与产业集群的相关理论探讨

2.1　社会资本的内涵界定

2.1.1　社会资本的含义与特征

社会资本又称关系资本，体现的是群体的属性。雅各布将其定义为地区性的网络。普特南认为："社会资本指的是社会组织的特征，例如信任、规范和网络，它们能够通过推动协调的行动来提高社会的效率"。按照克里曼的解释，社会资本是将交易的社会环境赋予经济涵义，主要指的是社会关系或者社会结构，存在于行为人的关系结构中，而不是存在于人或者物质产品中。罗纳德伯特则提出社会资本指的是朋友、同事和更普遍的联系，通过它们你得到了使用其他形式资本的机会，企业内部和企业之间的关系是社会资本，它是竞争成功的最后决定者。

上述社会资本的定义各自强调了社会资本的一种或几种形式，但无论社会资本的形式如何，我们可以概括出定义社会资本的几个关键词，即：信任、合作、规则和社会网络。而笔者在产业集群的背景下所研究的社会资本，试图研究社会资本对集群形成与发展关系的动力机制，加之研究内容的非物质性，因此本研究对社会资本的含义界定为：社会资本是指一个特定区域内，企业内部、企业之间、企业与相关产业之间以及企业与企业外相关实体、群体之间的社会网络基于信任而产生的社会关系的总和，也包括企业获取并利用这些关系来摄取外部信息和其他资源的能力总和。这样划分后社会资本将包含成员社会网络和信任等文化特征。社会网络即是社会资本的载体，又是社会资本的媒介，而且还是网络主体获取社会资本的渠道，因此对网络的研究其实就是对社会资本如何发挥价值的研究。社会网络在本文中不仅是研究的客体，还是研究社会资本的途径。非制度化的规范和信任正是社会网络传播的内容，后者也是本文的研究重点。具体而言，本研究所界定的社会资本包含如下特征：

（1）社会资本网络中成员与成员之间是相互信任的，信任程度的高低很大程度上决定了社会资本的丰裕度。社会资本从本质上来说就是主体之间的信任和对彼此合作行为的预期。

（2）信任可以带来物质资本或人力资本的增长。通过社会资本带来的收益是依赖信任与合作的。

（3）网络是连接各个主体的桥梁，没有网络，社会资本的作用无法得以实施，成员的福利无法顺利进行。

2.1.2 社会资本的层次划分

除了从网络与信任的角度来分析社会资本以外，社会资本还可以从其他不同的标准进行划分。其中，按属性可以分为宏观层次和微观层次，按形态可以分为认知社会资本和结构社会资本。

（1）宏观层次社会资本和微观层次社会资本。

宏观层次的社会资本指的是某国家或地区社会资本存量和经济增长之间的关系[4]。它涵盖了社会组织、制度框架等方面的内容，如法律法规、分权水平、政治体制以及政策制定过程中的民主参与程度，等等。这些内容一般是制度经济学研究的范畴。

微观层次的社会资本主要着眼于个体行动者的关系，这种社会关系、社会网络以及潜藏在这些网络之中的行为规范，对其所能获取的社会资源的影响。

（2）认知社会资本和结构社会资本。

认知社会资本（Cognitive Social Capital）主要包括一些主观和无形的因素，如信任和社会规范[5]。

结构社会资本（Structural Social Capital）主要是研究客观、具体的社会组织和网络，包括自发性的民间组织、机构、俱乐部等相关实体。

2.1.3 基于网络与信任的社会资本纬度构建

从以上本文对社会资本的内涵界定中可以看出，社会资本包括了信任和网络两个维度，分别对应于信任资本和网络资本。它们具有时间和空间上的并存性并且在一定条件下可以相互影响、相互促进。信任的强度和类型、网络的疏密和兼容度都是不同社会资本的标志。其互动关系如图2.2所示。

本研究从信任、网络两个纬度构建社会资本的二维分析模式。社会资本呈现出信任资本、网络资本的形态，而且他们在时间和空间上共存，并在一定程度下相互影响、相互促进。

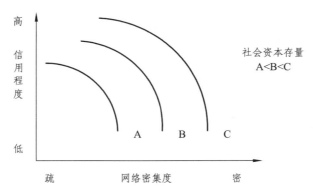

图 2.2　基于网络与信任的社会资本二维分析图

（1）社会资本网络纬度。

社会学最初对社会关系网络的定义为以个人为核心而展开的社会关系总称[6]。在本文的分析中，社会网络中的行动主体主要是企业和其他类型的组织。在本研究中网络被定义为连接个体、传递信任的拓扑结构、社会资本内容的载体。具体而言，它又包括如下几方面内容：

①网络是社会资本的一部分。

②网络在形式上可以被看作是一种拓扑结构。

③网络可以传递信任，并与信任相互影响，相互促进。

（2）社会资本信任纬度。

行为学家认为，信任来源于个人的品质，心理学家则认为信任是在特定情况下对对方行为的一个预期和估计，而经济学家则将信任看作是一种隐性合同，由于对信任的认识角度不同，不同领域的学者对信任的研究方法也不相同[7]。本研究对社会资本条件下的信任界定为：信任是基于肯定的一致性预期基础上的社会资本，它是个体最大化在嵌入的社会背景下表现的一类品质。具体而言，它包括如下三方面内容：

①信任是有着共同肯定预期而产生的社会资本的核心。

②仍然采用新古典经济学的理性人假设，即人有利己动机，信任是在他觉得值得信任才提供的一种资源。

③对于信任的考察应当和具体的社会环境相联系，这样才可能避免社会化不足的问题。

（3）网络与信任两纬度的相互关系。

网络和信任是社会资本不可或缺的两个部分。信任是从内容角度上看待的社会资本，社会资本存量的积累有赖于信任；网络是从渠道角度看待的社会资本，社会资本通过网络得以实现价值。

在社会网络中，个体对于社会网络的投资需要不断维护才能得以保持。因此，网络中每个个体都有激励通过取信于该网络其他成员维持并提高专用性投资的价值。在一方进行了大量的初始投资时，其投资的价值取决于交易关系的持久性，而关系的持久与否依赖于网络连接个体对你是否信任。因此，信任会提高对网络专用性投资的价值。

那么信任是如何通过个体传给他人，并在系统中扩张的呢？这就得依靠网络。然而网络对于信任提高和消亡的传递速度是非对称的。整个取信过程所需要的时间远远多于信任被破坏的传递时间。因此，对于个体而言，一旦破坏对方对自己的信任，向网络低端的负信任流

（背信个体）一发不可收拾，网络迅速贬值，网络中所有成员对他的信任会迅速下降。而平时只有不断地投资信任，信任流才能累积以至于可以克服网络势能，从而网络投资得以维护。因此，网络不平衡地传递信任。对于网络中的个体来说，当双方相互信任时，知识流和信息流随着信任流一起无约束地自由传递，资源得到进一步的整合后会给网络中的各个个体带来更多的利益[8]。从而如同品牌效应一样，个体通过信任建立了信誉，信誉通过网络传播促进相互合作，合作带来的利益进一步强化相互间的信任与社会网络，最终形成了网络与信任之间的良性循环与互动促进。

2.2　用社会资本网络与信任两纬度分析产业集群的必要性

2.2.1　网络分析的直观性

新古典经济学关心的核心问题是稀缺资源的配置，却忽视了对分工的考察。而分工其实就是产业集群形成的原因，研究产业集群不得不研究分工[11]。分工形成后自然牵涉到交换的问题，这就把人与人之间变成了一个无形的经济网络。再者，网络既是社会资本内容的一部分，又是传递社会资本的载体，因此从网络的纬度来分析社会资本就顺其自然。另外，拓扑学和图论的发展为经济学在解释网络分析的问题上又提供了有利的数学工具。

从直观上说，产业集群中有些个体由于企业主善于交际与别人沟通，这些个体的交往范围会更广，与其他个体的交往频率会更高。因此，可以认为企业主的交际能力就决定了"社会资本"在不同个体那里的积累也是不同的。如果从图的角度来看，个体与个体之间的交往使原本孤立顶点之间有了边的联系，这样就可以形成一个网络[12]。有些顶点具有较多的边，意味着这个顶点对应的个体交际能力较强，有些顶点与周围顶点具有很强的联系（即权重大的边），这说明它在集群内得到大家的信赖，具有较强的号召能力。

显然，"社会资本"的出现与网络的形成是密不可分的，也可以认为，"社会资本"就体现在网络的拓扑结构之中。因此，要考察社会资本这个抽象的概念，并对产业集群进行分析，就必须利用好网络这一重要维度。

2.2.2　信用分析的社会性

正统经济学的假设从一开始就注定对很多社会现象是无法做出合理解释的，因此社会资本一直以来都是无法纳入正统经济学的范畴。而产业集群的形成与升级对社会资本的依赖性确实是不容忽略的。信任作为社会资本的核心内容，携带的社会化气息最为典型[13]。而解决经济学社会化不足问题一直是20世纪以来经济学家和社会学家们关注的热点，许多新兴学科不断涌现，其中包括新制度经济学、新经济社会学等。

按照正统经济学的解释，产业集群的形成是分工和规模报酬递增的结果。而市场水平制约着分工的发展，交易又是市场的本质。所以交易范围越大，分工的可能性也就越高。因此，分工是以交易的演进为前提。产业集群是一种综合的社会分工体系，它的形成与发展有赖于交易的发展程度，或者说是交易制度安排的体现。

而在产业集群背景下，集群内企业之间交易的发展又必然会受到信任的影响。新制度经济学一直致力于研究如何通过合约设计对行动者的机会主义倾向有效制约，可是仅仅凭借合约设计很难完全从根本上防止机会主义的发生，从而保证交易的顺利进行。其原因一是不完全理性使得人们无法对合约进行一劳永逸的设计，二是不确定性的发生将会加大这种机会主义的概率[14]。因此，本研究采用了新经济社会学的观点，通过对信任的研究和设计，来确保产业集群内企业之间交易的顺利发展，并促进产业集群的升级。

2.3　产业集群背景下社会资本与产业集群的互动关系

2.3.1　产业集群中蕴涵了社会资本

产业集群是指在某一特定区域下的一个特别领域，存在着一群相互关联的公司、供应商、关联企业和专门化的制度和协会，它既包括了各类企业，如原材料、零部件、机械设备和服务的供应者，又包括了提供教育、培训、咨询的大学和社会机构，还包括提供公共产品的政府机构。

产业集群主要体现了三大特征[9]：空间的集聚性、内部联系性（网络效应）和根植性（本土化）。就空间集聚性而言，产业集群的地理位置的靠近是产业集群的一种外在现象，它是位于市场和企业之间的一种新型的生产组织形式，没有行政区域界限，不论区域大小、组织和制度健全。内部联系性是指区域内行为主体间的正式合作联系以及它们在长期交往中所发生的相对稳定的非正式交流的关系。就根植性而言，企业的国际竞争力不仅取决于国家环境，更重要的是取决于它所在的区域和地方环境，区域和地方环境是一种文化力，在这种文化力的推动下，供应商、制造商、客商三位一体，在地理上尽可能接近，有利于使研究与开发、生产、销售的信息及时反馈，减少交易费用。

因此，产业集群就是这样一种社会结构，行动者信任某些人，被迫支持某些人，依赖于同某些人的交易，等等。所以产业集群无形中培育了社会资本。如果说产业竞争力是产业集群的最终产物，则可以认为社会资本是产业集群的中间产物。具体而言，在产业集群的发展过程中无形中蕴涵了四种社会资本：

（1）企业内部的社会资本。企业是各种资源，如资金、人力资本、知识和信息等的集合体，是为了实现一定的目标而形成的一种组织。社会资本的产生取决于企业内部有关职能部门内部和职能部门之间的联系，企业内研究与发展部门、生产制造部门与营销部门之间的有效交流和沟通会产生社会资本，社会资本促使知识和信息的流动与传播，降低了创新风险，提高了创新效率，缩短了创新周期。

（2）企业间的社会资本。随着经济全球化的不断深入，在产业集群中企业之间的界限逐渐变得模糊，它不再是企业所拥有资源的简单结合体，而是与外部许多组织间存在着非常复杂联系的综合体。因此，企业与企业之间就必然形成了企业间的社会资本。企业间的社会资本按照垂直和纵向一体化又可以分为企业间的横向社会资本和企业间的纵向社会资本。企业间的横向社会资本是指两个或多个在生产过程中处于同等地位的伙伴之间产生的社会资本。企业间的纵向社会资本是企业和它的上下游企业（原材料、零件、设备、服务及客户）之间交易所形成的一种无形资产，产业集群中企业和供应商、客户之间反复持久的联系有助于原材料、零件、设备、服务、产品的改进，有助于建立更富有弹性的产品开发流程。

（3）企业和相关产业间的社会资本。产业集群中的相关产业是为企业提供配套服务的支持性产业或组织，企业作为它的客户之一，为了产品服务的更加完善，他们经常进行正式或非正式的交流，以最廉价的成本、最优的产品和服务满足客户，以此为基础，就形成了企业和相关产业间的社会资本。

（4）企业和政府、大学、协会等企业界外实体间的社会资本。企业从与政府的经常接触中可以获得某些信息、资源，而且更重要的是政府会制定一系列的税收政策、货币政策、环境政策来影响企业决策。协会作为一种民间组织，是联系企业和政府的桥梁和纽带，代表着企业的心声。大学作为企业高素质人才的培养基地，还经常与企业合作进行技术与产品的研究和开发。这些机构作为形成产业集群的必不可少的要素，都与企业保持着千丝万缕的联系，并最终形成了企业和政府、大学、协会等企业界外实体间的社会资本。

2.3.2　产业集群培育并强化了社会资本

产业集群为社会资本提供了一个高起点。产业集群作为介于市场和企业之间的一种新型的生产组织形式，他们之间地理位置的靠近以及内部形成的网络效应比企业、比市场更能有利于企业内部、企业之间、产业之间社会资本的形成和增值。具体表现为：

（1）产业集群增加了社会资本量。产业集群地理集中和社会资本是正相关的。地理位置越集中，产生的社会资本价值量就越大，产业集群内部的组织间关联分为贸易关联和非贸易关联，贸易关联代表投入产出关系中的水平关联和垂直关联；而非贸易关联指非正式知识和信息交流。社会资本会随着集群内部这种关联的增加而成倍数增长。

（2）产业集群提高了社会资本的质。产业集群中，企业与上下游、配套支持企业、公共部门的反复经常交往，增加了人与人之间的信任，加强了合作，逐步完善了区域的规则制度。信任、合作、规制的存量基础越大，集群中的人越愿意与他人交流与合作，共同开拓新市场、新客户、新产品和新技术，如此循环往复，形成一种良性循环。

（3）产业集群的根植性使社会资本固化。在某一特定环境下（如关系、规范和信任等）形成的社会资本，通常会从一种社会环境转移到另一种社会环境。在产业集群组织下，这种转移变得相对困难，社会资本在该区域中已经固化，不存在复制和转移的可能性。同时，处于产业集群中的企业要比独立于产业集群的企业能够获得更多更好的社会资本，从而使企业能够获得更加充分的信息，降低交易成本，增强企业的创新能力，提高企业的竞争力。

2.3.3　社会资本影响产业集群的推进与发展

产业集群是社会资本的孵化器，反过来，社会资本的增多和增强也影响了产业集群化的过程。具体而言，表现在如下几大方面[10]：

（1）社会资本影响产业集群化的速度。社会资本从两个方面影响了产业集群化的速度。首先，社会资本的存量是影响产业集群化的一个因素，在其他影响因素不变的前提下，存量越大，起点越高，集群化就越快，反之亦然。其次，社会资本的增值速度决定了产业集群化的发展速度，空间内同一产业内部社会资本增加越快，意味着交流越频繁，联系愈紧密，从而降低了交易成本，增加了创新能力，产业对外部更具有吸引力，集群化就越快。

（2）无形的社会资本使产业集群难以复制和模仿。不同的产业集群处于不同的社会背景中，社会背景由社会文化、风俗习惯和惯例构成。社会背景是历史积累形成的，它决定了产业集群的社会资本存量，这种不同历史、不同社会形成的社会存量差异使得产业集群的复制变得不现实。这也就是为什么机床业集群是在德国的斯图加特，网络业集群是在法国的巴黎森迪尔，时装业集群是在意大利的米兰、法国的巴黎、美国的纽约，而不在其他国家或者其他地区。

（3）社会资本是产业集群克服信息不对称的重要手段。由于有限理性和时间空间距离存在，尽管是在产业集群内部，信息不对称也不可能完全消除，完全消除信息不对称的成本过高。但基于信任、合作基础上的社会资本会减少合同的不完全性，这也是产业集群克服信息不对称的重要手段。

综上所述，可以看出，产业集群与社会资本之间存在一种双向式的互动，即产业集群优化了社会资本，社会资本加快了产业集群化的步伐，使产业集群这种组织形式更加健全完善。

3 网络与信任对促进产业集群升级的传导机制分析

信任对产业集群发展和升级的推动有赖于网络为桥梁，而网络又是承载信任的载体，本部分内容将从社会资本的网络与信任纬度分析它对产业集群发展和升级的传导机制是如何运行的。

3.1 信任对促进产业集群升级的传导机制

3.1.1 信任的分类

信任类型与水平的差别很大，按照帕拉蒂阿（Platteau，1994）的划分方法，信任可分为群体内信任和普遍性信任。群体内信任仅仅把信任对象的范围局限于与个人具有血缘、亲缘、朋友关系的社会群体内部，而普遍性信任则将信任适用于"抽象"的个体，包括那些与自己没有私人、血缘或宗教关系的人。帕拉蒂阿同时指出群体内信任是可以向普遍性信任转化的，信任的发展过程具有很强的路径依赖性并且在本质上是不断演进的。他认为宗教、文化以及历史经验是影响信任形成并从群体内道德转向普遍性道德的重要因素。一旦信任实现这一转变，就可能在社会成员中产生一种普遍的认识和行为规则，这将为经济活动提供一种高度秩序性的规则，行为人对日常交易行为的预期将更为稳定，对交易的结果更加确定，投资和冒险的供给也会增加，伴随着社会资本的存量增加，从而促进本区域经济的发展和社会的协调。

3.1.2 群体内信任与产业集群的发展与升级

群体内信任模式产生了差别的交易方式，正如费孝通所提出的差序格局，即它决定了在不同场合对一个人，在相同场合对不同人的关系和态度都是迥异的。从而在产业集群发展的初期，这种选择性信任产生的特殊交易规则起了重大的推动作用[11]。就我国的现实而言，我国还是属于伦理占主导地位的国家，民众之间的交往往往依赖于关系。因此很容易证明，群体内信任更为常见，也更为大家能够接受，从而这种小团体的思维模式导致集群很容易在这样的国度产生。

基于此，就完全信息情况下集群内交易双方可能发生合作行为的情形，可以进行博弈分析。如表 2.1 所示，交易个体 A 具有信任和不信任两种战略选择，而交易个体 B 则有合作或者欺诈两种对策。为方便分析，假设其为一个收益对称的博弈。如果 A 选择信任、B 选择合作，即选择了"信任与合作"这个战略组合，那么各自的收益分别为 w（w>0）；如果 A 选择了信任，而 B 则利用他的信任进行欺诈，那么 A 的损失为 $-y$（$y>0$），而 B 的收益为 $w+x$（$x>0$）；如果 A 不信任对方，而 B 想与 A 合作，A 采用机会主义，则其受益是 $w+x$（$x>0$），而 B 蒙受的损失是 $-z$（$z>0$）；如果双方互不信任，则交易无法发生，于是双方的收益均为 0。从表 2.1 可以看出，虽然（信任，合作）是最优选择，可是双方从利己的角度出发，都不会选择合作，于是就出现了纳什均衡：不信任与欺诈，这就是博弈论的囚徒困境所揭示的情形[12]。

表2.1 囚徒困境

		交易者B	
		合作	欺诈
交易者A	信任	w, w	-y, w+x
	不信任	w+x, -y	0, 0

从上述的分析可以清楚地看到，从经济人的假设出发，合作机制根本无法建立，集群根本没有形成的必备条件。但如果这是在一个 A 和 B 互相信任条件下的博弈，那么二者之间就只有一种策略，即（合作，信任），也就是交易的可能性产生，从而分工的可能性也出现了。在集群中，信任是一种资源，也是一种传导机制。若是个体在交易中采用了机会主义的做法，他将会被其他个体排斥在集群的门外，如果他还想留在群内，必然要为上次的投机受到惩罚。这种群体内信任的存在对每个个体来说不仅是资源，同样也是责任。

再假设集群内所有个体均等的条件下，集群内交易的博弈不再是一次，可以抽象成无数次的重复博弈。假设受群体内信任的制约，任何个体采用欺骗或不信任策略后，如果还想留在群内，就会受到其他个体的惩罚，这就相当于一个"触发策略"（Trigger Trategy）的模型。一旦发现企业有机会主义的倾向，立刻选择（不信任，欺诈）的策略组合。在（信任，合作）的策略组合中，每期的受益都是 w，则在考虑贴现率 a 的情况下无数次博弈的结果是 $w/(1+a+a^2+\cdots+a^n\cdots)=w/(1-a)$。与某一次机会主义的行为的收益（w+x）相比，只要满足 $a \geqslant x/(w+x)$，考虑到长期利益，企业不会选择机会主义，如表2.2所示。

表2.2 信任的利益

		交易者B	
		合作	欺诈
交易者A	信任	w, w	0, -w
	不信任	-w, 0	0, 0

可见，有信任制约的群体内，成员有信任与合作的激励。只要保证信任，收益永远不会小于0，损失反而要由欺诈方来买单。群体内信任是这种合作的润滑剂，是企业树立声誉、集群交易得以保证的无形资产。

3.1.3 普遍性信任与产业集群的发展与升级

在市场发育和制度化程度较低的产业集群形成初期，群体内信任所特有的个别主义强信任可以大大降低监督成本，减少交易双方的费用投入，并很快促使分工在群体内蔓延、发展[13]。可是，当集群发展到一定程度，单一的群体内信任已无法满足集群分工与交易进一步扩张的需要，更无法满足集群创新和升级的需要，信任的范围面临着进一步的扩张。普遍性信任的需求应运而生。与群体内信任相对照，如果个体的行动是由普遍性信任所推动的，那么只要有合适的情境促动，个人与他人的合作就可以发生。即使这种情境暂时还没出现，但合作的意愿与倾向还是潜伏在个体内心。因此普遍性信任是连接集群与集群之间的桥梁，是扩大集群范围、使得产业集群升级的催化剂。

普遍性信任对促进产业集群升级的传导机制，主要是通过隐性知识体系来加以完成的[14]。哈耶克（1945，1952）曾强调知识对经济研究的作用，并在随后的研究中形成公共知识论的核心，更深入探讨了人类认知与学习的问题。哈耶克认为，人的知识具有有限可阐明性的特点，也就是说，在总体知识中可阐明的只有极小部分，而大部分被他称之为隐性知识（Tacit Knowledge）。这是隐藏在实际技能中却缺少恰当表达能力的知识，或者是知道如何运用却无法表达因果关系的知识。罗素（B. Russel）认为"科学的目的在于去掉一切个人因素，说出人类集体智慧的发现。"而隐性知识显然具有个体性特征，它的存在是与整体效率背道而驰的。

由于隐性知识难以通过外显形式加以清楚表达，并且知识分散于社会的各个角落，加之每一个社会成员的学习能力有限，因此它的获取具有强烈的区域属性[15]。它的获取要求受众与被转移者具有空间的共时性，通过信任基础上的重复实践互动等实践性认知手段而获得。为了获取彼此无法言传的重要信息，企业往往会倾向于空间上的聚集，由此获得面对面的交流机会，并以频繁互动基础上形成较强的网络联系为渠道，使各自思想信息可以在相对有限的范围内不断碰撞、交流，从而有效克服了可创新知识中隐性部分不可言传、难以传播的特性，实现了区域内部可创新知识的扩散，促进本地企业整体创新能力的提高。通过合作与交流，个人在提高效率的过程中也可以拓宽个人的知识视野，因此产业集群在某种角度上来讲可以视为创新主体为获取隐性知识而形成的一种特殊组织形式。

对于产业集群中的企业，高度的专业化及知识分工要求他们之间必须建立起紧密的联系与协调机制，以获取并整合创新所需的信息与知识。作为知识高度分化、信息高度分散的产业集群，集体学习过程是通过建立在信任基础上的企业与企业、企业与其他机构之间的联系而展开的。群体内信任有利于在局部范围内的信息的互惠互利，可是与创新的要求相比却相差甚远[16]。只有通过信任的对外扩散，企业与企业间的合作才能以集体利益最大化的模式运行，而创新的能力才能逐渐渗透到整个集群之内每个角落。从而整个系统的优势被充分带动，一方面加强分工，一方面产生对外扩张的需求。在原先的系统外部，这种信任情绪也很重要，只有系统内部的信任，没有系统外部的信任，扩张仍然无法继续。换句话说，整个系统内知识的对外扩散程度满足木桶原理，知识的普及，尤其是隐性知识的可获得性依赖于信任度最低的一方。因此，只有普遍性的信任才能使系统内外建立起相互依存的合作关系，从而将单个企业，或单个集群内部某些企业的有限知识置于信任基础上的网络共同体中，构造一个兼备知识深度和知识广度的创新柔性统一体，即产业集群实现了升级。

3.2　网络对促进产业集群升级的传导机制

3.2.1　网络的分类

格兰洛维特（1973）根据不同属性的关系对行为者获取信息有效性的差别将关系网络分为强关系与弱关系，他认为两种关系的差异性主要表现在"双方交往的时间、感情深度、亲密度以及互惠程度"。

强关系是指个体之间基于充分信任基础上建立起来的网络纽带，存在的规模比较小；而弱关系是相对于强关系的概念，它的建立不需要太多的时间、感情、亲密度以及互惠程度，规模要大于强关系。弱关系可以随着时间推移、感情加深、互惠程度的增加而变成强关系；同样，强关系也会随着感情破裂、互惠程度降低而变成弱关系，甚至消亡[17]。

3.2.2　强关系网络和弱关系网络在产业集群内部交易的变形

乌兹（Uzzi，1997）根据格兰洛维特对关系网络的划分，将集群内部的交易关系网络做了进一步细分，即市场性关系和嵌入性关系。

（1）嵌入性关系。嵌入性关系对应于强关系，交易的双方由于具有高度的信任与互惠的预期，因此他们之间的交易是长期的、稳定的，是嵌入某种社会资本范畴下的交易，并不能纯粹用最大化理论来解释。在乌兹看来，"嵌入性关系调节交易双方期望与行为的因素有三个：信任、良好的信息共享机制以及联合解决问题的安排。这些因素虽然看起来相互独立，可它们都是社会结构中必不可少的一个要素，彼此间相联系。"集群内部大都具备这些要素，因此它们具有嵌入性关系的特征。

（2）市场性关系。市场性关系对应于弱关系，指交易双方的交易没有显著的信任和长期互惠的预期，往往是一次性买卖。这种关系对应的交易分析基本上可以用"理性人"作为出发点来解释，大家由于过于关注自己的成本，机会主义倾向严重，而往往会陷入囚徒的困境。

3.2.3 产业集群中两种网络关系的动态发展促进产业集群升级

产业集群在发展中，会与新进入的企业不停地发展市场性关系，而它们之间的交易更多的是建立在不完全的正式制度安排之上，缺乏相互信任，从而衍生的社会资本是有限的[18]。所谓"路遥知马力，日久见人心"，只有在相互之间的交易持续进行，以及新进入个体与集群内原有个体频繁接触时，市场性关系才会向嵌入性关系慢慢转化，社会资本存量得以提升。这时候集群内纯经济性的动机开始向社会性转变，或是向更长远的经济性预期转变，集群也会在这种氛围之下不断发展，包罗万象。因此，集群不断吸收新的个体是集群发展，乃至实现升级的重要手段。

然而，二者之间的转化也不是单向的。因为网络关系的维护是需要成本（包括经济类成本和情感）的，而且不同类型的网络需要不同的投入。在产业集群内，要维护市场性关系是相当廉价的，往往取决于初始的交易费用。而且由于建立这种关系网络进入壁垒不是很高，即使不维护和原来一次性交易的对象的关系，也可以低成本重新搜寻新的交易伙伴。这样，缺少维护的市场性关系往往无法得到进一步的加强，甚至逐渐消亡[19]。反过来说，由于在交往中个体的品性、人格等社会性质的逐渐显现并获得集群内原有个体的认同，那么他们就会考虑与此个体长时间交往。随着交易的频繁和稳定，以及维护成本的适时、适量投入，原来的市场性关系开始向嵌入性关系转化。不过，这种投入并非一劳永逸的。如果想长久与某些个体保持嵌入性关系，维护过程是不可或缺的，而且一般来说，嵌入性关系的维护成本要远远高于市场性关系的维护成本。

4 镇平县玉器加工业集群中社会资本与集群发展的关系分析

4.1 镇平县玉器加工业产业的发展背景及总体状况

镇平的玉雕加工历史悠久，玉文化积淀丰厚，玉雕产业规模宏大，玉雕艺术享誉海内外。目前，镇平的玉雕产业从业人数达 12 万人，年产值 13 亿元，加工企业（户）10 000 个；全县玉雕重点乡镇 11 个，玉雕专业村 50 个，形成了石佛寺玉雕湾和县玉雕大世界两大专业市场，是县域的主导产业和群众的致富产业。全球所有的玉种在镇平均有加工和销售，形成了摆件类、饰品类、实用保健类等产品为主的产业群体 8 个，产品近 5 000 个品种。近年来，镇平县委、县政府制定了一系列支持玉雕产业发展的优惠政策，使全县玉雕产业的发展取得了显著成效。我县结合文化名镇建设，以石佛寺镇、晁陂镇为中心，新建扩建了玉雕湾翠玉玛瑙市场、榆树庄玉镯市场、何庄摆件市场、梁堂石雕市场等 23 个专业市场，进一步膨胀市场规模。同时，为加强对玉文化产业的引导、开发和管理，提升全县玉雕产业水平，成立了全国第一个玉雕产业管理局，从组建产业龙头入手，成立了"镇平县玉神工艺品有限公司"，吸纳神圣玉雕有限公司、石佛寺玉器厂等 10 家大型企业加盟，统一注册

"玉神"商标,打造产业集团军。最近,镇平玉雕作为传统艺术品已成功申报为国家级非物质文化遗产,石佛寺镇被命名为河南省玉文化产业基地。

镇平历来重视玉雕从业人员的素质提高和后继人才的培养。目前该县有联合国教科文组织命名的"民间艺术大师"2人,省工艺美术大师6人,高级工艺师35人,有初级培训学校18所、玉雕职业高中1所、县工艺美术职业中专1所,开设雕刻、美术设计等与特色文化产业相关的教学内容,年培训玉雕创作人才2 500余人。另外,还指定县文化馆为专门的培训基地,定期邀请县内外专家、教授讲课,提高各类民营文化社团的人员素质。

为进一步提升镇平玉雕的知名度和影响力,自1993年开始,镇平县成功地举办了12届玉雕节。节会期间,全国乃至世界的玉雕界专家学者云集镇平,研讨玉雕理论、切磋玉雕技术、传播玉文化知识,提升了玉文化研究的层次和品位;组织参与全国"天工奖"玉雕精品展评会、玉雕产品展销会、玉文化研讨会、获奖作品现场拍卖会等活动的开展,炒热了玉文化研讨弘扬氛围,产生了良好的社会效应和经济效益。2003年建成了全国唯一的"中华玉文化中心"和全国首家中华玉文化博物馆。中华玉文化中心建筑面积4 000平方米,内部构造由玉雕精品展销大厅、学术报告厅和玉文化博物馆三部分组成,融精品展销、玉雕商贸、学术交流、玉文化研究于一体,既有现代特色风格,又深含玉文化底蕴,实现了玉雕文化与建筑功能的完美结合。与玉文化中心相辅相成,浑然一体的玉文化广场,占地近百亩,气势恢宏,风光优美,是娱乐休闲的好去处。中华玉文化博物馆位于中华玉文化中心二楼,由玉史长廊、玉作坊、玉石大观、大师榜、精品图、百玉图六大展区组成,馆内收藏了历代制玉工具、古玉文物、现代玉器精品以及来自世界各地的玉石标本,并以泥塑和图片展示的形式生动再现了从古至今不同时期的玉雕加工工艺流程,堪称一部中华玉文化的百科全书。

在营销产业链上,围绕"镇平县玉神工艺品有限公司",成立玉料购销、产品加工、产品销售网络270余个,并在玉雕乡镇组建36个分公司和52个子公司。通过全县上下的努力,镇平县已把玉雕传统文化优势迅速转化为产业优势,玉雕产业呈现出了前所未有的辉煌,初步形成了原料—设计—生产—培训—检测—包装—销售为一体的完整产业链,成为对县乡财政贡献最大的新的文化产业经济增长点,产业的集群化发展已经形成。

河南省镇平县玉器加工产业集群是改革开放后出现的新经济地理现象。实践中,这种集聚的产业组织及其空间形态呈现出了较高的经济价值,尤其是它在发挥地区比较优势、完成资本积累并进而提高区域竞争力方面具有重要作用。目前,产业集群已成为理论界和实践界普遍关注的热点。全面分析镇平玉器产业集群的现状,准确认识镇平县玉器加工产业集群的比较优势和存在的问题,进而把握产业集群的发展趋势,对于推进欠发达农区产业集群健康、稳定、持续发展具有重要的意义。

4.2 镇平县玉器加工业集群的企业社会资本因素

在镇平县玉器加工业集群发展的过程中,推动其发展的主体主要是各个实力不等、规模不等的企业,这些中小企业是集群的构成主体。企业的社会资本加和为产业集群的社会资本,而产业集群的社会资本不仅仅是企业社会资本的加和,还形成了一个环境,是在企业的社会资本之上的总体性社会资本,集群的升级和创新依赖于企业的升级和创新。所以本研究从企业层面,用企业的社会资本与企业绩效之间的关系来分析集群社会资本与集群发展之间的关系。

4.2.1 对企业社会资本的界定及其度量

随着企业在一个国家技术创新和经济发展中的重要性的提高和人们对社会资本重视程度

的提高，人们开始来研究企业社会资本对企业生产、经营和技术创新等方面的作用。

著名管理学家 Peter Drucker 指出："在知识经济中，一项重要的组织原则是网络、合伙和合作创业"。Tsai 和 Ghoshal 通过对巧家大型跨国电子企业的实证研究发现，企业的社会资本对企业获取市场和技术信息、推动员工间的交流和沟通起着重要的推动作用，并进而提高了企业产品创新的速度和企业产品创新的效益。Masken 通过对社会资本对技术创新作用的研究后指出，企业社会资本对技术创新的贡献是通过减少企业内部、企业与外部企业之间的交易成本而获得的。

边燕杰（2000）在《企业的社会资本及其功效》一文中提出了企业社会资本的概念，并认为企业通过纵向联系、横向联系和社会联系摄取稀缺资源的能力是一种社会资本。作者设计了测量企业社会资本的指标，并对经济结构和企业家能动性对企业社会资本的影响做了检验，而且检验了社会资本对企业经营能力和经济效益的直接提升作用。[20]

陈劲、李飞宇（2001）阐述了社会资本与技术创新的关系，并对企业纵向社会资本、横向社会资本、与外部实体间社会资本对技术创新绩效的影响做了实证分析，认为企业纵向社会资本、横向社会资本、与外部实体间社会资本对技术创新绩效有着正的影响。

杨静文、朱宪辰、冯俊文（2004）对企业集群中的创业机制做了研究，在分析了企业集群中的创业机制后从微观角度分析创业机制在集群发育、成长、升级过程中的作用，指出建立健全的创业机制是制定、实施集群政策的出发点和归宿。

周小虎、陈传明（2004）认为，企业的社会资本是指那些能够被企业所控制或利用的，有利于企业实现其目标的，嵌入于企业网络结构中显在的和潜在的资源集合。作为组织的社会资本，企业社会资本存在两个层次，即企业可能会与其他行动者的联系中获取竞争优势的关键性资源，扮演"桥梁"作用；同时，企业的内在社会网络和规范可以融合组织内部的行动者，成员间合作团结的"粘合"作用也常常会为企业实现其目标提供便利。

4.2.2 镇平县玉器加工业企业的社会资本构成因素及其度量分析

笔者认为，企业社会资本的构成因素包括企业之间的网络联系和企业所在的信任环境。具体包括：企业之间的横向联系、纵向联系、企业与服务机构之间的联系以及企业所在的集群信任环境。

（1）在玉器加工企业横向联系的外部社会资本方面，镇平县玉器加工业企业之间形成了非常好的横向联系。其中表现为：各个企业在合作互动的基础上，形成了统一的产业发展模式和统一的品牌发展策略，使得镇平县玉器加工业企业的品牌意识不断增强，集群内的企业通过统一的品牌策略使集群优势日益凸现。过去，由于没有品牌意识，没有"集体"观念，镇平县玉器加工业曾一度出现过互挖墙脚、粗制滥造、恶性竞争、无序竞争的现象，使镇平玉器产品信誉低下，不少加工户或加工厂纷纷停产、倒闭，集群低迷、萎缩。近年来，在政府和协会共同引导下，不仅单个加工厂注册自有品牌，还联合起来共同开拓市场，共同树立镇平县玉器加工的整体形象，共同打造集群品牌，使镇平县玉器加工的市场占有率不断上升。目前，该县玉器已精心打造出玉神等几个知名品牌，市场份额占全国的三分之一以上。

（2）在玉器加工企业纵向联系的外部社会资本方面，镇平县玉器加工业企业从原料加工、产品生产、市场销售形成了一条从上游到下游的完整的纵向分工合作模式。主要表现为镇平县玉器加工产业实行专业化生产，不断拉长产业链条。随着铁锅产能的不断扩大，其配套产品需大量外购，在政府适时引导鼓励企业裂变或新上相关配套项目的情况下，形成了专门从事与玉器加工配套的上游产品，如技术培训、原料采购供给、加工工具生产，下游产品如玉器鉴定、包装生产、专业销售的产业发展链条，产业链不断拉长，并带动了相关产业的发展，现在仅集群内包装生产企业就达12家。集群内已经形成原料—设计—生产—培训—检测—包装—销售为一体的完整产业链。目前，玉器加工所需的各种要件，不出本地即可完全满足生产需求。

（3）在与非企业机构间联系的外部社会资本方面，镇平县玉器加工业企业走出了一条产学研相结合的产业集群发展模式。主要表现为两大方面：一是积极与高校等科研机构合作。镇平县玉器加工业与中国地质大学、南阳理工学院等科研机构、大专院校"攀亲结缘"，引进高级专业人才，成立了玉文化研究所。组织"洋专家"和本地"土秀才"进行联合攻关，改进玉器生产打磨工艺，共同研制玉器新产品，提升产品档次和品位，市场竞争力不断增强。依托玉文化研究所，玉神公司等投资300多万元研发的打磨抛光、着色生产新工艺不仅大大提高了生产效率，而且提升了产品的科技含量和附加值；联合研制的打磨专用设备为国内首创。二是与行业协会联手，共建玉器生产、经营新秩序。针对过去镇平县玉器加工企业恶性竞争、无序竞争、质量低劣、市场混乱的现象，一方面政府组织工商、技术监督等部门重拳出击，打击假冒伪劣产品，净化市场；另一方面，引导相关企业成立县玉器行业协会，加强集群内企业自律行为，使各企业由无序竞争向良性互助方向发展。现在，各铁锅生产企业是既相互竞争，又相互协作，"有饭大家吃，有难共同扛"，联合树立镇平县玉器加工新形象，共同打造集群品牌，促进了玉器加工制造业集群的健康发展。

在这一过程中，其本身也作为非企业机构间社会资本的镇平县政府，发挥了重要作用，为了促进镇平县玉器加工业集群的发展，该县县乡两级政府不断转变政府职能，积极创建社会化服务体系，为玉器加工制造业集群提供全方位服务。一是信息服务：政府发挥自身的资源优势，通过各种渠道搜集产业政策信息、市场信息、技术信息，为企业提供创业辅导、产品研发、市场开拓等服务，并引导协会各会员单位实行信息资源共享。二是培训服务：政府出资组织高等院校或对口科研单位的专家、学者对企业主及其员工进行不同层次的培训工作。通过培训，建立一支高素质的企业家队伍和新型员工队伍，不断优化企业家和员工的知识结构和技能等综合素质，以适应激烈的市场竞争。三是融资服务：政府主动为银行企业合作牵线搭桥，成立了玉器加工行业贷款担保、互保基金。目前，已注入担保资本金500万元，按照与金融部门达成1∶5的担保协议，可为集群内企业提供2 500万元的贷款担保，有效地解决了中小企业融资难问题，实现了银行企业共赢。四是不断优化环境，壮大集群优势。硬环境方面，合理布局，科学规划，加强基础设施建设，引导相关企业相对合理集中，集群园区化建设步伐不断加快，以石佛寺镇玉雕湾为代表的园区已初具规模。软环境方面，转变政府职能，打造服务型政府，严厉打击"吃、拿、卡、要"四乱行为，净化环境。同时，引导行业协会加强行业自律，规范市场秩序。良好的经济环境，激发了企业的创业热情，集群内企业规模不断壮大，资产上千万的企业不断涌现，并吸引了外地客商前来投资。

（4）在镇平县玉器加工业集群发展的过程中，集群内部形成了非常好的产业配套环境。一方面，集群内企业分工协作，产业链条不断拉长。原先，该县只有玉器加工生产，现在已形成了从技术培训、加工工具生产到材料供给、产品销售、包装、玉文化观光旅游等一条龙的生产链条以及批发、零售、原材料经营，社会化分工越来越细，专业化程度越来越高。另一方面，在纵向产业链层次上的各个企业之间形成了很明确的分工，知识、技术、资金、信息、创意交织在一起，生产加工企业之间、辅助服务企业之间、生产加工企业之间和辅助服务企业之间都形成了良好的互动合作关系。

对于集群的信任环境，笔者设计出了镇平县玉器加工业集群发展的社会资本的信任维度的度量指标。为此，本研究用两个问题测量镇平县玉器加工业集群发展过程中企业之间的信任态度，问题如下：

（1）请您从总体上判断您所处的镇平县玉器加工业经营环境属于哪种情况：

A．镇平县玉器加工业经营环境里的大多人都是值得信任的；

B．和镇平县玉器加工业经营环境里的大多数人打交道都要非常谨慎，因为人们不值得信任。

（2）假设有一个企业打算要进入镇平县玉器加工制造行业，并希望和你能够签订一个长期的合作协议，你是否由于信任这个企业而愿意与这个企业合作并愿意采取一种什么样的合作方式？

A．信任这个企业并愿意与其合作，共同拥有并经营一个玉器加工或相关业务企业；

B．不信任，也不愿意与其合作，还是选择自己完全拥有并经营一个玉器加工或相关业务企业。

对于被调查对象的不同选择，我们为问题（1）（2）的答案 A 和 B 分别赋值为 1 或 0。然后我们首先考察信任的相关性，以此来度量镇平县玉器加工业集群发展过程中企业的信任态度。

4.3 镇平县玉器加工业企业基于网络与信任的社会资本实证分析

4.3.1 数据的取得与有效性分析

笔者依据前述对企业社会资本的度量以及基于网络与信任的社会资本两维度的界定，在文献回顾的基础上，根据国内外学者的相关研究成果整理，设计出了基于网络与信任的企业社会资本调查问卷。然后就这份调查问卷的每个题项在镇平县几个玉器生产加工主产乡镇做了一个小规模的访谈，据此逐一讨论、审阅、修订题项，之后设计相应指标做了一个试调查，随后根据试调查结果修改了一些调查指标并正式调查，从而使得调查问卷的题项能充分反映企业的实际情况。同时，为了确保数据的有效性，在实际调查的过程中，我们采取了当面调查的方式，共取得调查问卷 66 份，其中有效问卷 55 份，调查问卷请见本章附录。调查样本的分类情况如表 2.3 所示。

表 2.3　调查企业的样本分类情况表

调查项目		统计指标	
		总数	所占百分比
企业规模	0~10 万元/年	21	31.8%
	10~50 万元/年	25	37.9%
	50 万元/年以上	20	30.3%
企业生产类型	原料供给企业	3	4.5%
	玉器加工企业	8	12.1%
	包装厂	10	15.1%
	小件饰品等配套生产企业	20	30.3%
	玉器专卖企业	25	37.9%

本研究给联系强度赋予数值表示，联系较少、一般、频繁分别赋予分值 1、2、3。本研

究认为联系的数量和强度合在一起表示了联系，而且两者有加成效果，因此本文用联系数量和联系强度得分的乘积表示联系，并使用这种方法算出企业与原料供应商、客户、设备供应商间的联系的得分。本文检验这三个变量的相关关系，发现三者间有着较强的相关关系。

4.3.2 镇平县玉器加工业企业社会资本对企业绩效及产业集群的影响

结合对企业社会资本的分析和对镇平县玉器加工业集群企业绩效水平，本文从集群企业的横向社会资本联系、纵向社会资本联系、与非企业机构的社会资本联系（以上表示社会资本中的网络维度）和镇平县玉器加工业集群企业的信任态度（表示社会资本中的信任维度）四个方面测量集群企业的社会资本，并研究与镇平县玉器加工业集群化发展水平之间的相关性。

（1）镇平县玉器加工业集群内企业的横向联系对企业绩效的影响。

本研究用企业与本地的同行企业和本地非玉器加工制造业企业的联系表示横向联系，由于回归分析显示两者不具备显著的相关关系，笔者认为企业与本地同行企业生产相同产品，属竞争关系，非经济联系多一些，要在竞争中做到相互信任更可贵，其社会资本对整个集群的社会资本贡献较大，所以赋予 0.75 的权重计算各个企业的横向联系得分；而与本地非玉器加工制造业企业生产不同产品，属互补关系，经济联系较多，所以赋予 0.25 的权重计算各个企业的横向联系得分。我们以企业产值来衡量企业绩效，对集群内企业的横向联系得分和企业绩效做线性回归分析，得到回归方程为：

$$Y = 0.655\,172 * X + 653.351$$

其中：Y 表示企业产值（单位为万元），X 表示企业的横向联系得分，方程的判定系数 $R^2 = 0.843$，检验值 $t = 3.278\,501$，在 0.05 水平上显著。说明镇平县集群企业的横向联系对企业的绩效有显著的促进作用。加强企业之间的横向联系对产业集群社会资本的提高和集群的发展升级均具有重要意义。

（2）集群企业的纵向联系对企业绩效的影响。

本研究用镇平县玉器加工企业与原料供应商、客户、设备供应商间的联系来表达企业的纵向联系。笔者调查了企业较为固定的原料供应商、客户、设备供应商的数量和企业与他们的联系强度。本研究对集群内企业的纵向联系得分和镇平县玉器加工业企业绩效做线性回归，回归方程为：

$$Y = 1.082\,142 * X + 653.351$$

其中：Y 表示企业生产总值（单位为万元），X 表示企业的纵向联系得分，方程的判定系数 $R^2 = 0.889$，检验值 $t = 3.311\,568$，在 0.05 水平上显著。说明镇平县集群企业的纵向联系对企业的绩效有显著的促进作用，加强企业之间的纵向联系对产业集群社会资本的提高和集群的发展升级均具有重要意义。

（3）集群企业与非企业机构间的联系对企业绩效的影响。

笔者考察了镇平县玉器加工业集群内企业与政府相关部门、金融部门、行业协会、本地公共技术机构或工艺学校的交往情况。本研究赋予不同联系强度以分值，如联系较少赋值 1、联系一般赋值 2、联系频繁赋值 3。然后，将企业与这些机构的交往上的得分相加表示集群企业与非企业机构间的联系。在此基础上，对集群内企业与非企业机构间的联系和镇平县玉器加工业企业绩效做线性回归，回归方程为：

$$Y = 0.772\,251 * X + 653.351$$

其中：Y 表示企业生产总值（单位为万元），X 表示集群内企业与非企业机构间的联系得分，方程的判定系数 $R^2 = 0.352$，检验值 $t = 3.197056$，在 0.05 水平上显著。说明我们得到的企业绩效与企业与非企业机构间的联系得分为弱小的正相关。说明镇平县集群企业与非企业机构间的联系对企业绩效的促进作用不太显著。加强与非企业机构之间的联系对产业集群社会资本的提高和集群的发展升级意义不太重要。

（4）集群企业的信任对企业绩效的影响。

对于被调查对象的不同选择，我们分别赋值为 0 或 1。然后依据前述对信任维度的测量问卷，根据企业在信任态度上的得分，对集群内企业的信任态度和镇平县玉器加工业企业绩效做线性回归，回归方程为：

$$Y = 0.19 * X + 653.351$$

其中：Y 表示企业生产总值（单位为万元），X 表示企业的信任态度，$R^2 = 0.899$，$t = 1.44328$。说明我们得到的企业绩效与企业的信任态度为正相关。说明镇平县集群企业的信任态度对企业的绩效有显著的促进作用，加强企业的信任态度对产业集群社会资本的提高和集群的发展升级均具有重要意义。

（5）综合检验。

由于镇平县玉器加工制造业企业联系的各个指标之间本身有一定程度的相关性，而社会资本的不同方面也有一定程度的相关性。为此，笔者用镇平县玉器加工制造业企业联系的各个指标的得分做因子分析并根据公式得出镇平县玉器加工企业社会资本，然后检验企业的社会资本对赵花园村铁锅企业绩效水平的综合影响。而 SPSS 分析结果中的 KMO 检验 Bartlett's 检验的结果也表明我们做因子分析是比较合适的。

在因子分析中，本文使用了最大方差（Varimax）法。计算各个因子得分时本文使用了 Anderson－Robin 法，该法是 Bartlett 法的修改，能保证估计因子的正交性，因子得分均值为 0，标准差为 1，并且不相关。利用前面得到的横向联系、纵向联系、与非企业机构的联系、信任态度的得分做因子分析。因子分析表明选择 3 个公因子是比较合适的，它们合在一起可以解释超过 89% 的原来 4 个变量的线性组合。我们记 3 个因子为 F_1、F_2、F_3，而记镇平县玉器加工企业社会资本水平为 F，F 为将各因子得分以其方差贡献率占两个因子总方差贡献率的比重作为权重进行加权之和，即：$F = (F_1 \times 39.145 + F_2 \times 29.827 + F_3 \times 20.171) / 89.143$。利用 SPSS 生成的因子得分及上面的公式就可以算出镇平县玉器加工企业社会资本。之后对镇平县玉器加工企业社会资本和企业绩效水平做回归分析，由此得到回归方程：

$$Y = 0.455762 * X + 653.351$$

其回归结果如表 2.4 所示。

表 2.4 企业社会资本对镇平县玉器加工业企业绩效影响的回归分析结果

因变量	自变量	常数项	回归系数	检验值 t	相关系数	显著水平
企业绩效	社会资本	653.351	0.455762	2.884074	0.945	0.1

回归结果表明，镇平县玉器加工业集群发展过程中企业的社会资本对企业的绩效有着显著的正向影响。

4.4 镇平县玉器加工业集群发展实证分析的总体结论

通过以上对企业社会资本对企业绩效影响的回归分析结果表明，镇平县玉器加工业企业发展过程中的基于网络与信任的企业社会资本对镇平县玉器加工企业产业绩效有着显著的正向影响。

在镇平县玉器加工业集群发展的过程中，推动其发展的主体主要是各个实力不等、规模不等的企业，这些中小企业是集群的构成主体。企业的社会资本加和为产业集群的社会资本，而产业集群的社会资本不仅仅是企业社会资本的加和，还形成了一个环境，是在企业的社会资本之上的总体性社会资本，集群的升级和创新依赖于企业的升级和创新，而且集群的纵向历史数据不易获得，尤其是集群的社会资本不易定量，其获得就更不易。所以笔者认为企业的社会资本与企业绩效之间的关系从某种程度上反映了集群社会资本与集群发展之间的关系，从企业层面分析集群社会资本与集群发展之间的关系。

镇平县玉器加工业企业发展过程中的基于网络与信任的企业社会资本对镇平县玉器加工企业产业绩效有着显著的正向影响，这验证了本文提出的基于网络与信任的社会资本对产业集群的促进作用。

5　对促进镇平县玉器加工业集群发展与升级的建议

5.1　镇平县玉器加工业集群发展还存在的问题

尽管通过对镇平县玉器加工业集群发展实证分析表明，基于网络与信任的社会资本对镇平县玉器加工业集群有着显著的正向影响。但通过对镇平县玉器加工业集群发展的实地考察发现，镇平县玉器加工业集群发展过程中还存在诸多需要改进的问题，只有有效地解决了这些问题，才能进一步促进镇平县玉器加工业集群发展与升级。具体而言，镇平县玉器加工业集群发展还存在的问题，主要表现在如下方面：

5.1.1　融资渠道难以满足企业规模的扩大

集群社会资本网络的根植性给了群内企业强有力的非正规金融支持。但是，集群内部建立在共同文化基础上的信任和承诺关系也可能使企业的资金财务信息不具有公开性，从而增大集群内部的间接融资风险。从这个意义上讲，集群企业社会资本只是部分地解决了中小企业融资难的问题。

对于镇平县玉器加工业集群发展而言，在镇平县玉器加工业集群形成初期，民间借贷发挥了举足轻重的作用，其借贷方式简便易行，且都是亲朋好友之间进行，不存在较大的信息不对称问题，具有较好的资金可获得性。但是，由于地缘、亲缘关系的局限性，其金融形式成分散的点状分布状态，市场半径小，组织化程度低，难以聚集规模资金，所以随着镇平县玉器加工业集群企业规模的不断壮大，民间借贷的融资模式显然不能满足企业发展的需要，需要向银行贷款的企业所占比例越来越高。此外，一般民间借贷由于缺乏组织性，其融资过程没有抵押、担保，全凭借款人的信用或通过朋友亲戚做担保人，使企业难以控制融资风险。

5.1.2　家族式的企业管理模式不利于集群的发展

家族企业在创业之初由于家族内的信任和亲缘的力量，可以大大减少市场交易成本，实现企业内部资源之间整合成本最小化，这也是家族企业能在艰难的环境里生存发展的重要原因[21]。但当它进入发展期，却弊大于利。发展期面临的是融资、技术、人力资源等是否适应的问题，家族式的管理模式将导致出现运营效率下降、交易范围狭小、权力集中决策受损、管理不规范、社会信任不足等问题，使得融资、技术、人才等社会资源的利用受限，不利于扩大发展生产[22]。

同样，在镇平县玉器加工业集群发展的过程中，尽管镇平县玉器加工业集群发展已经引进了很多外地企业，但从总体上而言，镇平县玉器加工业集群发展的主体依然是赵花园村内部大大小小依靠家庭、血缘关系而形成来的家族式企业，这种家族式企业在未来促进镇平县玉器加工业集群的发展与升级过程中，容易导致狭隘的企业人才观；家族式管理重人情、轻制度，以伦理规范代替制度规范，使企业无法建立现代化的管理制度；企业内家族以外的员工感到自己永远不能融入到企业当中，缺乏归属感，从而失去对职业前景的信心等诸多问题。

5.1.3 封闭式的企业家社会网络限制集群发展

镇平县玉器加工业集群中的企业大多数由中小私营企业组成，企业主的决策对企业的发展起着重要作用。在集群形成初期，企业主利用个人的社会关系网络筹集到企业发展所需要的人力、物力、财力等资源，企业与企业之间通过这种企业家的私人网络逐渐形成稳定的合作关系，并且企业从中获得可观的收益。企业主有关于企业的各种决策，如产品生产、销售、技术创新等都围绕着企业家的私人网络制定[23]。在企业发展初期，这种私人网络对企业的发展起到一定的促进作用。然而，封闭的网络必然排斥"圈外人"，企业主为了维护自身企业的利益，联手阻止群外企业的进入，导致合谋行为的产生。所谓合谋，指的是企业在追求自身利益最大化时所表现出的低效的合作关系，体现的是集群内企业过度团结而限制市场竞争或者排斥某些市场主体，也是社会资本消极效应的必然表现。随着集群企业的发展和外部环境的演变，尤其是僵化的、根植于本土文化的企业家社会网络使得企业之间的合作出现明显的路径依赖，并直接导致了市场效率的下降。集群企业间的合谋，尽管有时是一种无意识的行为，却对要素的自由流动产生不利影响，并对外部企业造成了进入壁垒，进而也降低了集群企业应对市场变动的灵活性，使集群成为一个排外的封闭的网络系统。一旦封闭的系统形成，对于企业的技术创新效应、品牌效应、信誉的发挥都会遇到很大的障碍。

5.1.4 集群其他组织的职能有待转变

尽管在促进镇平县玉器加工业集群的发展过程中，镇平县各级政府不断转变政府职能，积极创建社会化服务体系，为玉器加工集群提供全方位服务，为推动镇平县玉器加工业集群的不断发展发挥了重要作用。但同时，政府以及其他社会组织，在为推动镇平县玉器加工业集群发展提供支持与服务过程中，存在发挥效用不当的问题，主要表现为：

（1）政府部门干预没有把握好"度"。政府部门的超强干预和弱干预都不能在市场经济中发挥很好的作用，只有很好地把握好"度"，才能有利于集群的发展。政府在镇平县玉器加工业集群的发展过程中，存在着一定的过度问题。政府强干预导致的如政企不分的集体产权制度安排等隐患最终可能会由于外部宏观环境的变化而使得镇平县玉器加工业集群发展受到一定的不利影响。

（2）协会的官方色彩过于浓厚。在镇平县玉器加工业集群发展过程中，协会、行会多是由地方政府出面组织的，政府官员以协会负责人的身份组织开展各项活动，因而使这些中介服务组织或多或少都带有一些行政色彩。多数企业并没有把这些协会组织看成是可以服务于自己的有益组织，而把他看成是行政机构，致使有些协会、行会并没有发挥出实际的效用。

5.2　对积累社会资本、促进镇平县玉器加工业集群发展的建议

基于以上分析可以看出，镇平县玉器加工业集群发展过程中存在的这些问题如果不得以解决，将会对产业集群的发展产生不利的影响。因而，优化镇平县玉器加工企业社会资本，进而提升企业的核心竞争力，对镇平县玉器加工业集群的发展与升级具有十分重要的促进作用。

5.2.1　通过有机融合家族意识与现代契约关系来重构社会资本体系

家族企业的社会资本主要表现形式是以血缘、亲缘、地缘关系为纽带的社会关系以及与之有关的信任、规则与价值取向[24]。为此，镇平县玉器加工业集群发展，要让初级的血缘关系与现代契约式社会关系相混合，来重构社会资本，其实质就是把家族性质的关系性资本保留的同时又能与现代企业制度、现代科学管理、现代人际关系相结合。为此，镇平县玉器加工企业要做好如下方面的工作：

（1）家族企业必须进行制度创新。制度建设是保证企业长期健康发展的重要条件。在企业初创期，受主客观条件的限制，企业可能无法建立健全的规章制度。然而，当企业进入成长期后，如果仍没有一套完善的制度来规范企业的运作，企业仍然运用人治的方式进行管理，则很难保证企业的持续发展[25]。为此，该县的家族企业必须不断进行制度创新，突破家族文化的制约，在保留家族制管理某些长处的同时，吸收现代公司制的优点，不断按照家族企业内部发展的需要，将家族制与现代企业制度进行有机地融合，合理、逐步推进现代企业制度。

（2）加强中介组织的沟通效用，突破封闭的家族网络。据西方学者研究，现代社会的社会资本的产生和更新与志愿性部门紧密联系在一起。现代社会应以自主的、松散的、不定型的社会接触作为基础，这些社会接触是由民间中介志愿组织进行的。中介组织可以突破狭隘的家族意识，培养经营者的参与意识，让家族企业从亲缘、血缘为纽带的人际关系圈中走出来，扩展信任圈，融入社会，建立开放、灵活的企业社会网络。利用企业社会网络，在同一地域形成分工协作关系，产生聚集效应。并不断扩大社会网络，形成外部规模经济，才能真正使家族企业扩大发展。

（3）建立开放式的、融合家族精神的企业文化。不同文化传统有不同的企业文化，家族企业要想发展壮大，就必须具备一套有自己特色的企业管理文化来支撑[26]。为此，该县的家族企业要结合自身的文化特点特别是家族文化的特点，建立开放式的融合家族精神的企业文化。如：发扬中国家族文化所强调的和谐精神、光宗耀祖精神、节约精神，等等。同时要进行文化重构，实质就是抛弃传统家族伦理中非理性的血缘、亲缘观念，建立适应现代企业制度的相关理念。要破除家族与非家族成员内外有别的信任判断标准，制订统一的奖惩措施。树立以人为本的观念，真正从物质、精神等各个层面去满足员工不同层次的要求，设计出多样化、多层次化的激励政策，给予员工参与管理、分享决策权、技术学习的机会，使企业文化成为发挥员工潜能和积极性的动力，而不只是圈内人受益。抛弃基于家族主义价值观之上私人信任，构建基于法律制度和道德规范之上的社会信任。

5.2.2　增强企业的学习能力，培养开放合作的观念

封闭的企业家网络无疑导致集群的衰败，要想打破封闭的僵局，需要提高集群的对外开放程度，增强企业的学习能力。为此，该县的企业主要围绕以下方面发展：

（1）企业要不断提高自身的素质。企业主是企业的领军人，企业家的素质决定企业的

层次。具备良好综合素质的民营企业家，这也是社会经济发展对企业和经营者提出的要求。为此，镇平县玉器加工企业的企业主在完善知识结构、转变经营管理观念、更新思想、摆脱狭隘的小生产意识影响的同时，还要进行有关政策法规、市场营销、人力资源、财务及管理决策等方面的学习培训，学习现代化经营管理经验，学习先进的企业管理知识，建立现代企业制度，使企业走向健康发展的道路。

（2）鼓励本地企业对外投资。集群企业在做强做大的同时，应该积极地将社会网络向外扩展。一方面，加大招商引资的力度，通过外资企业对本地市场竞争结构的改变，在一定程度上给本地企业家施加持续学习与不断创新的压力和需求。外资进入还可以产生较强的示范效应，降低本地企业家的学习成本。另一方面，应鼓励集群企业走出本地的小圈子，在接受外来投资的同时也可以对外投资，在集群外和国内、国际市场上积累竞争与合作的经验，提高企业运作的能力。

（3）不断优化企业家社会网络。首先，现有的企业主应该冲破陈腐、失去活力的家族式关系网络的束缚，争取更为广阔的市场。其次，企业主应该为企业建立一套合作者的评估体系，适时对合作伙伴进行效益评估，对不符合标准的合作者及时淘汰，进而选择那些对企业持续发展更为有力的企业与之合作，固守僵化的关系网络，只能导致企业的衰败。

5.2.3 进一步提升政府的作用，为产业集群的发展提供有效支持

镇平县的各级政府要在前期为促进该县玉器加工产业发展所提供积极服务与支持的基础上，进一步转变政府职能，为进一步促进镇平县玉器加工业集群的发展与升级提供有效支持。为此，各级政府还要做好以下方面的支持与服务工作：

一是科学规划，合理布局。引导新上项目合理聚集，走产业集群化、集群园区化的发展道路，基础设施资源共享，以节约用地，缓解企业用地难的问题。

二是加强基础设施建设，完善功能，优化环境。进一步加大财政投入，集中解决供电不足、道路老化等问题，不断提升完善园区设施功能。与此同时，政府应加大执法力度，整治法制环境，净化经济秩序，实行"只纳税、不交费"的优惠政策，激励企业创业热情，吸引各地客商入驻园区发展。

三是引导企业加大科技投入，提高自主创新能力。政府可以以中国镇平县玉文化研究所为依托，引进技术，引进人才，组织有实力的企业加大科技投入，开展联合攻关，不断增强自主创新能力，提高核心竞争力。

四是要促进企业集群竞争中的合作，防止合谋行为产生。政府是集群网络结点中重要的一环，在集群的形成过程中发挥着关键性的作用。在防止企业合谋行为产生的过程中，政府应该为企业的生存发展提供合理的制度及健全的法律环境，在集群内部建立一种信任机制，维护企业之间良性的竞争与合作关系，引导对企业的社会资本优化。

6 结论与展望

6.1 研究结论

通过对镇平县玉器加工制造企业的社会资本的实证分析，可得出如下基本结论：

（1）镇平县玉器加工业集群发展过程中的基于网络与信任的社会资本对镇平县玉器加工业集群有着显著的正向影响。集群企业的横向联系、纵向联系、与非企业机构的联系以及集群企业的信任与合作态度分别对企业绩效有着不同程度的正的影响。而从总体来看，集群

内企业的社会资本与企业绩效有着显著的正相关关系，进而可以从企业层面的分析反映出镇平县玉器加工业集群发展过程中的基于网络与信任的社会资本对镇平县玉器加工业集群有着显著的正向影响。

（2）集群具有社会网络特征。集群是某些相同或相关性很强的产业中大量中小企业在空间集聚的现象，它是一种基于社会关系、信任和共享互补资源等特别管理特征的网络。集群可以利用畅通于信任和分工合作基础上的密集的关系网络，进行资源的交流和分配以及创新。集群内各企业间的交流十分频繁，它们之间的合作是多次重复的，由于地区特有的地缘、亲缘关系网络的存在，使得人们之间的可信任度非常高，形成了在相互信任基础上的共同行为准则，它们必须诚实守信，减少了机会主义的行动[27]。同时，建立在信任基础上的非正式关系网络促进了合作，使得信息和资源在企业中能够共享。

（3）基于信任的社会资本对促进产业集群的发展与升级的重要性体现在三个层次上：企业内部个体的、企业之间的和企业与社会组织的。在企业个体层次上，每个行动的参与者都无法对未来有完全的确定性和绝对的控制，因为行动的其他参与者是不可预测的，那么信任就变成了至关重要的策略。在不知道或不能确定未知的或不可告知的他人的行动的条件下，信任就变得特别重要。

6.2　研究的不足之处

首先，由于调查难度的限制，本研究数据的取得上采用了便利抽样调查而不是随机抽样调查，这是一个不足之处；其次，由于集群的纵向历史数据不易获得，尤其是集群的社会资本不易定量，其获得就更不易，所以笔者没有从集群的层面去分析集群社会资本与集群发展之间的关系，而是从企业层面分析企业社会资本与企业绩效之间的关系，从某种程度上对集群的社会资本与集群发展之间的关系进行了反映；最后，笔者的调查取得了66个样本，样本容量可能不够大，在一定程度上影响了实证的效果。

6.3　对进一步研究的展望

实证部分的研究发现社会资本的不同方面对产业集群发展水平的各个指标的影响是不同的。由于本研究的实证局限于镇平县玉器加工，这一观点是否在镇平县玉器加工业集群发展意外的某些情况下是正确的？这一论点或限制情况下的这一论点是否可以从理论上得到说明？如果这一论点在可以确定的一些情况下是正确的，它对于产业集群的各个指标有什么样的意义？对这些问题的解决，将是笔者后续进一步展开研究的课题。

参考文献

[1] 陈剑锋，唐振鹏. 国外产业集群研究综述 [J]. 外国经济与管理，2002，8：22 - 27.

[2] Putnam, R. Bowling Alone: America's Declining Social Capital [J]. Journal of Democracy, 1995, vol. 6: 65 - 78.

[3] Coleman, J. Social Capital in the Creation of Human Capital [J]. America Journal of Sociology, 1988, Vol. 94: 95 - 121.

[4] 托马斯·福特·布朗. 社会资本理论综述 [J]. 木子西，译. 马克思主义与现实，2000，2：41 - 46.

[5] 刘铁明. 社会资本研究综述 [J]. 经济纵横，2004，4：74 - 76.

[6] 李敏. 论企业社会资本的有机构成及功能 [J]. 中国工业经济, 2005, 8: 81-88.

[7] Ronald Burt. Stuctual Holes [M], Cambridge, Harvard university Press, 1992: 9-34.

[8] 李惠斌, 杨雪冬. 社会资本与社会发展 [M]. 北京: 社会科学文献出版社, 2000: 1-20.

[9] 柏遵华, 聂鸣. 产业集群背景下的社会资本与产业集群互动研究 [J]. 科技进步与对策, 2004, 10: 7-9.

[10] 王缉慈. 创新的空间: 企业集群与区域发展 [M]. 北京: 北京大学出版社, 2001: 50-71.

[11] 蔡华林. 企业集群内社会资本演进的动力机制研究 [J]. 财经论丛, 2005, 11: 76-84.

[12] 曹荣湘. 走出囚徒困境——社会资本与制度分析 [M]. 上海: 上海三联书店, 2003: 71-92.

[13] Granovetter, M. The Strength of Weak Ties [J]. American Journal of Sociology. 1973, vol. 78: 1360-1380.

[14] 林南. 社会资本——关于社会结构与行动的理论 [M]. 张磊, 译. 上海: 上海人民出版社, 2004: 20-75.

[15] 科尔曼. 社会理论的基础 [M]. 邓方, 译. 北京: 社会科学文化出版社, 1999: 351-372.

[16] Porter M. Location, competition and economic development: Local cluster in a global economy [J]. Economic Development Quarterly, 2000, vol. 14: 15-20.

[17] Granovetter, M. Economic Action and Social Structure: The Problem of Embeddedness [J]. American Journal of Sociology, 1991, vol. 11: 481-510.

[18] 李惠斌, 杨雪冬. 社会资本与社会发展 [M]. 北京: 社会科学文献出版社, 2000: 141-144.

[19] 林竞君. 嵌入性、社会网络与产业集群——一个新经济社会学的视角 [J]. 经济经纬, 2004 (5): 45-48.

[20] 边燕杰, 丘海雄. 企业的社会资本及其功效 [J]. 中国社会学, 2002, 2: 87-99.

[21] 李路路. 社会资本与私营企业家 [J]. 社会学研究, 1995, 6: 46-57.

[22] 鲁开垠. 增长的新空间——产业集群核心能力研究 [M]. 北京: 经济科学出版社, 2006, 154-158.

[23] 鲁开垠. 产业集群社会网络的根植性与核心能力研究 [J]. 广东社会科学, 2006, 2: 41-46.

[24] 黄孟复. 中国民营企业发展报告 [M]. 北京: 社会科学文献出版社, 2004, 564-584.

[25] 顾慧君, 王文平. 基于社会网络的内生型产业集群演化解释 [J]. 现代管理科学, 2005, 12: 27-29.

[26] 刘孟达. 区域经济发展新空间——基于产业簇群及其竞争力的实证研究 [M]. 杭州: 浙江大学出版社, 2005, 8: 51-69.

[27] 张荣刚, 梁琦. 社会资本网络: 企业集群融资的环境基础与动力机制 [J]. 宁夏社会科学, 2006, 1: 51-54.

附　录

社会资本与产业集群发展水平关系的调查问卷

尊敬的女士/先生：

您好！

万分感谢您在百忙之中接受我们的问卷调查！

我是××学院的一名教师，此次问卷调查是由于课题的需要，旨在了解社会资本与产业集群发展水平的相互关系。这是一份纯学术性调查问卷，您所提供的所有信息仅供此次学术研究之用，并且，本问卷采用匿名的方式作答，问卷选择简单容易，回答没有对错之分，对于所回收的资料保证绝对保密，敬请放心！

您的参与对于我们的研究非常重要，非常感谢您抽出宝贵时间帮助我们填写这份问卷。

祝您身体健康、万事如意！

1. 企业基本情况：

企业成立时间（　　）企业员工数（　　）2007 年产值（　　）

所有制形式：（1）国有，（2）集体，（3）股份制，（4）个体私营

企业法人受教育程度：（1）小学，（2）初中，（3）高中，（4）大学

2. 企业与客户、供应商的交往情况：

企业较为固定的原料供应商有（　　）家？

与这些原料供应商的交往：（1）频繁，（2）一般，（3）较少

企业较为固定的客户有（　　）家？

与这些客户的交往：（1）频繁，（2）一般，（3）较少

企业较为固定的零部件、设备供应商有（　　）家？

与这些零部件、设备供应商的交往：（1）频繁，（2）一般，（3）较少

3. 企业内部以及与同行业企业的交往情况：

本企业工作人员间的交流：（1）频繁，（2）一般，（3）较少

本企业与本地同行企业间的交往：（1）频繁，（2）一般，（3）较少

本企业与本地非同行企业间的交往：（1）频繁，（2）一般，（3）较少

4. 企业与政府部门以及各行业协会的交往情况：

本企业与政府相关部门的交往：（1）频繁，（2）一般，（3）较少

本企业与金融部门的交往或获得支持的次数：（1）频繁，（2）一般，（3）较少

本企业与行业协会的交往：（1）频繁，（2）一般，（3）较少，（4）从不

本企业与本地公共技术服务机构或工艺学校的交往：

（1）频繁，（2）一般，（3）较少，（4）从不

5. 请您从总体上判断您所处的镇平县玉器加工产业经营环境属于哪种情况：

（1）镇平县玉器加工产业经营环境里的大多人都是值得信任的；

（2）和镇平县玉器加工产业经营环境里的大多数人打交道都要非常谨慎，因为人们不值得信任。

6. 假设您的朋友在进入镇平县玉器加工行业时面临如下的选择，你或他会偏向选择哪一个？

（1）完全拥有并经营一个玉器加工或相关企业；

（2）与另一个合作伙伴共同拥有并经营一个玉器加工或相关企业。

7. 2011 年进入玉器加工行业的企业人数为（　　　　）

2011 年本企业员工或管理人员近亲好友创办企业数为（　　　　）

2011 年本企业员工是否经历过培训和教育：（是，否）

8. 您是否与本地其他企业或个人交流思想、讨论问题、研究发展战略？

（1）从不，（2）偶尔，（3）经常

9. 您是否与本地学校、公共技术服务机构、政府相关部门存在下列关系：

（1）合作开发产品（是，否）

（2）聘请技术顾问（是，否）

（3）招募兼职人员（是，否）

（4）合作开展培训（是，否）

10. 您是否与本地其他企业存在下列协作关系：

（1）共用设备（是，否）

（2）合作营销（是，否）

（3）合作培训员工（是，否）

（4）合作购买原材料（是，否）

（5）合作生产（是，否）

（6）资金融通（是，否）

（7）借鉴同行经营管理经验（是，否）

（8）跟踪模仿同行技术方案（是，否）

11. 您是否与外地学校、公共技术服务机构、科研机构存在下列关系：

（1）合作开发产品（是，否）

（2）聘请技术顾问（是，否）

（3）引进人才（是，否）

（4）合作开展培训（是，否）

12. 您是否与外地其他企业存在下列协作关系：

（1）合作开发产品（是，否）

（2）合作营销（是，否）

（3）资金合作（是，否）

（4）聚会探讨（是，否）

（5）互相参观学习（是，否）

（6）合作引进人才（是，否）

（7）借鉴同行经营管理经验（是，否）

（8）跟踪模仿同行技术方案（是，否）

问卷到此结束，请您仔细检查一下是否有遗漏的地方，再次感谢您的参与和帮助！

第二章 网络结构与产业集群

1 问题的提出

1.1 问题产生的背景

根据美国哈佛商学院波特（U. Porter）教授的定义，产业集群是一组在地理上靠近的相互联系的公司关联机构，他们同处或相关于一个特定的产业领域，由于具有共性和互补性而联系在一起[1]。大量产业联系密切的企业以及相关支撑机构在空间上积聚，形成强劲、持续的竞争优势。当代的国际竞争是产业集群的竞争，还常常是一个国家或地区竞争力之所在。在经济全球化的经济时代，产业集群所展现出的竞争优势早就引起人们的广泛关注，产业集群已经在全球范围内得到认可和证实。在国外，如德国南部工业区、美国好莱坞的娱乐影视业、美国的硅谷信息产业、意大利北部的制鞋业等；在我国，如环渤海的滨海新区、长三角与珠海产业集聚区、大连高新技术开发区等。这些地区的产业集群是区域及当地经济发展的优势所在，解决了大量人口的就业，促进了经济的发展。

产业集群的机制是产业联系，即生产系统内部工业企业之间的相互依靠关系，它在企业区位抉择及工业空间积聚中有很大作用。生产要素在全球流动的光滑空间里，存在着有"黏滞性"的区域，生产要素在这里能够积聚起来，形成强大的经济实力[2]。从产业集群的结构来看，除了本地企业外，还包括提供技术和研究支持的大学或研究机构、政府部门、金融机构以及促进企业联系与互动的机构（如行业协会）等。正是通过集群内各个主体的共同作用，产业集群内比较容易实现区域系统的创新。随着集群的发展，各主体间的"黏力"不断地发生变化。

在经济全球化过程中出现了显著的区域化特征，而作为区域经济的重要形态——产业集群在其中的作用和角色尤为引人注目。产业集群的出现及其令人醒目的经济效应逐渐引起学术界的普遍关注。产业集群的研究进展在很多国家和地区产生了广泛且深刻的影响，成为经济地理学、经济学、管理学以及社会学等相关学科的研究热点问题之一，并引起各国政府和产业规划部门的极大兴趣。从20世纪90年代开始，已有包括美国、英国、德国、西班牙、意大利、墨西哥等16个国家参与了集群研究和讨论。联合国工业发展组织（UNIDO）和经济合作与发展组织（OECD）极力提倡并推广集群战略，1994—1999年间先后在中北美洲的墨西哥、洪都拉斯、尼加拉瓜和牙买加等发展中国家对中小企业集群和网络的发展进行了技术援助，旨在推动后进地区的工业化进程和区域经济发展。而2000—2002年，法国国土规划与区域行动代表团（DATAR）和OECD共同组织了两届集群国际大会，比较并交换世界各国各地区的集群发展经验。发展地方产业集群已经成为各国工业发展政策的新特点[3]。

我国20世纪70年代末以来，乡镇企业迅速发展。近30多年来，在市场力作用下自发形成的小企业集群令人刮目相看。以乡镇企业为基础的产业集群在浙江、江苏、河北、广东、福建等地逐步形成并快速发展起来，且日益显示出较强的竞争力，极大地促进了当地经济的快速发展。河南省是中部地区大省，也是我国的农业大省，历史悠久，资源丰富，传统文化底蕴深厚，各种传统工艺品和手工艺品具有极高的开发价值，经过开发和发掘，有的已成为经济发展的优势，形成很多具有农区特色的产业集群。如食品加工基地南街村，玻璃之乡紫陵镇，孟庄镇的水泥、造纸、化工、食品工业，镇平县的玉器加工业，虞城县南庄村钢卷尺企业，偃师翟镇的针织业集群，等等。和发达地区产业集群相比，这些产业集群表现出规模小、自生性的产业集群少、生产链条短、多数自组织能力差等特点。虽然这些集群没有改革开放政策惠及的优越地位、没有城市工业那样雄厚的经济基础、没有大型跨国公司的进入、没有发达地区高素质的人才，但对瞬息万变的环境，却表现出巨大的适应性[3]。目前，河南镇平形成了地毯针织、农副产品养殖与加工、玉器加工、医药化工、建材水泥五大产业集群，积聚企业176家。2012年五大支柱产业完成产值75.8亿元，占全市工业产值的比重达56.8%。其中：玉器加工产业集群，玉器加工完成20.5亿元，占31.4%。产业集群表现出竞争力强、发展前景广阔、辐射带动能力强等特点，在国民经济中的地位和作用突出。南阳市的玉器加工产业集群是典型的由传统生产工艺集聚发展而成的产业集群，具有中部农区产业集群的特征，挖掘它的形成发展机制和成功经验，对我国中西部欠发达地区制定相关政策、促进经济发展可起到积极的示范效应，同时对其他地方产业集群的发展也具有一定的理论和现实指导意义。

1.2 研究的目的和意义

20世纪90年代以来，我国关于产业集群的论述很多，已成为区域经济学、产业经济学和经济地理学等学科的重要研究内容，这一方面与国际学术动态有关，另一方面也与我国不同形式的产业集群的出现有关。

从整体来看，我国运用产业集群理论成功地解释了一些现象，但是也存在诸多问题。其中很重要的一点是缺少对欠发达地区产业集群的网络结构研究，总体来看是理论与实践相分离，针对性不强，说服力不够。而本研究的对象是河南镇平玉器加工业产业集群的网络结构，因此能够为中国其他农区产业集群的研究提供区域素材，为建立有中国特色的农区产业集群理论体系提供实证案例，进一步完善中国的产业集群研究理论。

同时通过笔者的研究，可以为其他地区发展产业集群提供一定的参考，也可以为其他落后的地区提供一个模型，具有一定的借鉴作用。

1.3 国内外关于产业集群及网络组织研究的文献综述

1.3.1 国外关于产业集群研究文献综述

（1）亚当·斯密的分工协作理论。

在《国富论》中，古典经济学的开山鼻祖亚当·斯密不仅论证了分工提高劳动生产率的效应，而且从商品交易的角度出发，分析了市场分工的互动关系，提出了"市场容量限制劳动分工"这一著名的"斯密"定理。斯密不仅一般论述了分工生产的方式可以提高劳动生产率，而且深入分析了分工效率的原因。他将分工分为三种：一是企业内分工；二是企业间分工，即企业间劳动和生产的专业化；三是产业分工或社会分工。第二种分工实质是企业集群形成的理论依据所在。"斯密"定理中市场容量包含两层含义：一是市场范围的扩大，包含地区市场、国内市场乃至世界市场范围的增加；二是市场深度的增加，如一个有利于市场交易的因素的产生，使得各个经济主体之间交易成本更小，从而劳动分工有条件更加细密。企业集群保证了分工与专业化的效率，与此同时还能将分工与专业化进一步深化，反过来又促进了企业集群的发展。事实证明，新的生产组织方式——分工与协作具有更高的生产率时，采取这种组织方式就成为资本家的普遍行为，以便利用分工的优势降低成本。

（2）马歇尔的规模经济理论。

马歇尔在1890年出版的《经济学原理》中提出了两个重要概念："内部规模经济"和"外部规模经济"。马歇尔所指的外部规模经济概念是指在特定区域的由于某种产业的集聚发展所引起的该区域内生产企业的整体成本下降。通过对英国一些传统工业的企业集群现象的考察，马歇尔发现了外部规模经济与企业集群之间的密切关系，他认为企业集群是基于外部规模经济而形成的。马歇尔认为外部规模经济与内部规模经济同样具有产业组织效率，因此是十分重要的，"这种经济往往能因许多性质相似的小型企业集中在特定的地方——即通常所说的工业地区分布而获得。"马歇尔把专业化产业集聚的特定地区称为"产业区"，对导致规模经济的原因做了细致的探讨。他认为，大规模生产主要是技术的经济、机械的经济和原料的经济。因为大工厂可以采用高效率的机械，从而极大地提高生产效率，从机械的经济所获得的各种利益是小工厂难以企及的。大企业的大批量采购可以获得相对低的价格，而且大批量运输保证了对运输工具的充分利用，因此有着较低的运输成本。企业集聚在"产业区"内，可以降低劳动力的搜寻成本和辅助生产成本，信息的溢出可以使集聚企业的生产效率高于单个的分散的企业，特别是通过人与人之间的关系促进了知识在该地区的溢出。协同创新的环境也促进了企业集群的发展。

（3）产业区位理论和新产业区理论。

德国经济学家阿尔弗雷德·韦伯在其1909年著作《工业区位论》中从产业集聚带来的成本节约的角度讨论了产业集群形成的动因。他认为费用最小的区位是最好的区位，而集聚能使企业获得成本节约。一个企业规模的增大能给工厂带来利益或节约成本，而若干个企业集群在一个地点同样也能给各个企业带来更多的收益或节省更多的成本，技术设备发展的专业化、搜寻劳动力的相关成本的降低，也都促进了企业集聚。他把集聚带来的好处视为成本的节省和收益的增加，正是成本的节约促使企业产生了集聚的动因。专业市场的发展可以提高批量购买规模和销售的规模，使企业享有购买原材料的便利和顺利实现产品交易，从而降低了企业成本，提高了效率。企业集聚有利于道路、煤气、自来水等基础设施的建设和共享，从而减少经常性开支成本，促进了企业集聚。

新产业区位理论从企业与其所处的社会环境之间的互动关系入手研究企业集群的形成动因。在对美国硅谷、德国巴登－符腾堡、意大利爱米利亚－罗马格纳等高技术产业综合体实践的研究基础上，新产业区位理论在20世纪80年代应运而生。该理论认为，决定一个国家、一个地区乃至一个企业高新技术产业发展状况最主要的因素，不是物资资本的数量与质量，而是与发挥人力资本潜力相关的经济组织结构和文化传统等社会环境因素。正如长期研究硅谷特征的美国经济学家萨克森宁所说："硅谷成功的真正奥秘，是因为硅谷有了一个良好的有利于创新、有利于人才成长的文化生态环境。"

（4）增长极理论。

增长极理论也与产业集群的形成紧密相关。增长极概念及其理论是由法国经济学家弗朗索瓦·佩鲁（F. Perrour）在20世纪50年代提出来的。在分析经济在空间上的非均衡增长时，佩鲁引入了"推动性单位"和"增长极"的概念。所谓"推动性单位"，就是一种起支配作用的经济单位，当它增长或创新时，能诱导其他经济单位增长。推动性单位可能是一个工厂或者是同部门内的一组工厂，或者是有关共同合作关系的某些工厂的集合。而所谓增长极，是集中了推动性单位的特定区域。佩鲁认为推动性单位具有三个特点：新兴的、技术水平较高的、有发展前景的产业；具有广泛市场需求直至国际市场需求的产业；对其他产业有较强的带动作用的产业。增长极同时具有"极化效应"和"扩散效应"。

（5）技术创新理论。

美籍奥地利经济学家熊彼特认为，技术创新及其扩散促使具有产业关联性的各部门的众多企业形成集群。因为创新不是孤立事件，并且不在时间上均匀分布，而是相反，它们趋于群集，或者说成簇地发生。这仅仅是因为在成功的创新之后，首先是一些，接着是大多数企业会步其后尘；其次，创新甚至不是随机地均匀分布于整个经济系统，而倾向集中于某些部门及其邻近部门。熊彼特在解释经济周期或经济波动时认为，除战争、革命、气候等外部因素外，创新的群集和增长的非周期因素是经济波动的主要原因。上述认识，有两点是极为重要的：首次创新会比随后类似的创新要艰难得多，一旦突破入门障碍，对后来者的启迪，包括观念、认识、信心及行为都有极大激励；创新是一个学习过程，首次创新的失败教训和成功经验，都会给后来者提供少走弯路、快速实现创新成功并较快获得超过社会平均赢利能力的机会的借鉴。两点重要性造成的结果将是客观诱导后来者蜂拥而至，即形成技术创新的群集现象。历史上有颇多类似的例子，比如由于合成材料在化学上的相似性，某公司的首次创新肯定会增加下一项发明的可能性；计算机问世后引发的多次再创新和换代产品的周期迅速缩短，正是群集的功绩。

1.3.2 国外关于产业集群网络组织研究的文献综述

无论是马歇尔的"产业区"、巴格那斯科的"第三意大利"、欧洲创新环境研究小组（CREMI）的"创新环境"，还是斯托普的"非贸易性相互依赖"，都强调或暗含着网络是促成企业间合作的基础，并由此产生集体效率。"嵌入"或"根植性"被看成是新产业区与传统集聚区的根本区别之一。

在工业化时代，标准化和大批量生产作为效率的根源，使企业科层组织在协调分工上具有替代市场的优势，特别是作为有限责任制的股份公司更好地容纳了这种生产力的发展[4]。20世纪70年代以来，消费者对产品的需求日趋多样化、个性化，使市场环境的不稳定性大大增加；同时生产技术日益复杂、技术变化节奏明显加快，这使许多大企业不再能较准确地把握市场。为了跟上市场和技术的快速变化，企业与企业之间必须相互学习以了解市场和技术，相关企业之间的动态协调日益重要。于是，一种崭新的经济组织——网络组织便产生了。

Federico Butera（2000）[5]认为网络组织是一个可识别的多重联系和多重结构的系统，在组织内部，"结点"和具有高度自组织能力的网络组织在"共享"和"协调"目标以及松散、灵活的组织文化理念的支持下共同处理组织事务，以维持组织的运转，实现组织的合作。

Miles&Snow（1986）将网络组织定义为在价值链的各个点上做出贡献的若干企业集体资源的结合[6]。

戴尼斯、奥利佛和布鲁诺（1993）[7]从经济、历史、认知、规范等多维角度对网络组织进行了概括，认为网络组织是一种超越了传统的市场与企业两分法的复杂的社会经济组织形态，而且这一复杂的组织形态是一个动态的、按照一定路径依赖不断演进的历史过程。

David W·Cravens, Shannon H·Shipp 和 Karen S·Cravens（1994）[8]认为，网络组织是独立的组织为共同的目标而在相互依赖的组织之间建立的联系，这种联系既是在价值增值系统的成员之间建立的垂直联系，也是在现实存在的和潜在的竞争者之间建立的水平联系，柔性和适应性是网络组织的关键。不像传统的以命令和控制为基本特征的官僚层级组织，网络组织是扁平的，成员之间的相互作用胜于多层次的职能控制。

Becattini（1990）[9]认为产业集群网络组织形式是一个社会－经济生产系统，需要综合社会网络理论和企业网络理论对产业集群的网络组织性质进行理解。产业集群是空间接近的多个企业及其他组织在交易关系和人际关系共同作用下，形成的有机的组织系统，集群内的组织相互信任、长期交易、信息互动，促进了地方生产体系形成和集体学习。

Hakansson 和 Snehota（1989）[10]提出了产业网络构成的基本框架，产业集群是由参与者的网络、行动的网络、资源的网络等三者交互作用构成的。①在产业集群的参与者网络方面，集群的参与主体是由企业、政府、科研机构、中介组织等多种多样的组织或个人组成；②行动网络方面，产业集群的参与者实施了三种基本行为：分工协作行为、社会文化行为和空间积聚行为；③资源网络方面，产业集群内的人力、物资、资本、信息、符号和情感等在参与者的共享、使用、交换下，也形成了网络状态，从而构成了集群的地方化生产系统。

Achrol（1999）[11]认为网络型组织是由多个独立的个人、部门和企业为了共同的任务而组成的联合体，它的运行不靠传统的层级控制，而是在定义成员角色和各自任务的基础上通过密集的多边联系、互利和交互式的合作来完成共同追求的目标。

1.3.3　国内关于产业集群及网络组织研究的文献综述

20世纪90年代以来，关于产业集群的论述已成为我国区域经济学、产业经济学和经济地理学等学科的重要研究内容，这一方面与国际学术动态有关，另一方面也与我国不同形式的产业集群的出现有关。我国学者对产业集群进行了大量研究，包括产业集群的定义和分类、产业集群的形成与培育、产业集群与区域竞争力的提升、产业集群与创新网络等方面。从整体来看，我国运用产业集群理论成功地解释了一些现象。

1.3.3.1　关于产业集群的概念

产业集群或簇群是一种相关的产业活动在地理上或特定地点的集中现象[12]，我国学者对产业集群的定义大同小异。学者在从事产业集群研究时，大多引用了由美国哈佛商学院教授迈克尔·波特（1998）最早提出的产业集群的定义。同时也有部分国内学者尝试从不同角度对产业集群进行界定，主要观点列举如下：

曾忠禄（1996）[13]，指出产业集群是指同一产业的企业以及该产业和支持型产业的企业在地理位置上的集中。

仇保兴（1999）[14]认为，产业集群就是一群自主独立又相互关联的小企业依据专业化分工和协作建立起来的组织，这种组织的结构介于纯市场和层级两种组织之间，它比市场稳定，比层级组织灵活。借助于这种特殊组织结构，小企业之间建立长久的交易关系而且不一定需以契约来维持，主要通过信任和承诺来进行协作。集群内的每个小企业都可以获得集群外的企业所没有的竞争优势。

王缉慈（2001）[12]认为，产业集群是指产业的空间集聚现象，它既有本地社区的历史根源，又经常取决于本地企业之间既竞争又合作的关系集合。

徐康宁（2001）[15]认为，产业集群是指相同的产业高度集中于某个特定地区的一种产业成长现象。

魏守华、赵雅沁（2002）[16]则把产业集群定义为在某一特定领域中（通常以一个主导产业为核心），大量产业联系密切的企业以及相关支撑机构在空间上集聚，并形成强劲、持续竞争优势的现象。

沈玉芳、张超（2002）[17]认为，产业集群是一种区域产业群落，它强调了相关产业中相互依赖、相互合作、相互竞争的企业在地理上的集中，这种集中是在竞争环境中产生和形成的，它不仅仅是一种生产组织形式，更是一种经营组织形式，是市场经济的产物。

郭淑芬、高策（2003）[18]认为，产业集群是具有区域特色的特定产业网络式组合，既具有产业的特性，又具有区域的特性。简要地讲，它是由某一区域的物质生产机构（企业）、知识生产与持有机构（大学、基地及科研院所）、中介机构（行业协会、技术咨询、生产力中心等）以及制度生产机构〔政府〕之间及其内部交互联系而形成的网络。具有结点（如物质生产机构、知识生产机构、中介机构以及制度生产机构）、交互式联结两大要素，是一种符合市场经济规律的经济现象，是伴随全球化和竞争加剧而出现的为促进区域创新与发展的一种新的产业空间分布格局。

吴晓军（2003）[19]认为，在我国，产业集群主要是指集中于一定区域内特定产业的众多具有分工合作关系的不同规模等级的企业和与其发展有关的各种机构、组织等行为主体通过纵横交错的网络关系紧密联系在一起的空间集聚体，代表着介于市场和等级制之间的一种新的空间经济组织形式。它包含了三个方面的基本内容：①产业集群是对应于一定的区域而言的，是经济活动的一种空间集聚现象。②产业集群是一个包含了某一产业从投入到产出以致流通的各个相关行为主体的完备的经济组织系统。③产业集群存在和发展的核心是特定的地方优势产业。

综合前人的各种观点，笔者认为产业集群是指集中于一定区域内的某种产业在众多具有分工合作关系的各级企业和与其发展有关的各种机构或组织（知识生产机构、中介机构、制度生产机构）等行为主体相互依赖、合作竞争、交互联结、紧密联系的情况下，形成的具有强劲、持续竞争优势的空间集聚系统。

1.3.3.2 关于产业集群的分类

对产业集群形式的划分角度不同，形式也不一样。1988年，联合国贸易与发展会议根据集群内企业技术的总体水平、集群变化的广泛性以及集群内企业间相互协作与网络化程度三个标准，将集群分为非正式集群、有组织集群、创新集群、科技集群和孵化器及出口加工区五个类型[20]。

仇保兴认为，按照中小企业集群的结构来分，其形式主要有：企业群落内部企业之间的关系是以平等的市场交易为主，各生产厂以水平联系来完成产品生产的"市场型"中小企业集群；以大企业为中心、众多中小企业为外围而形成的"椎型"（也称中心卫星工厂型）中企业集群；以信息联系为主而不是以物质联系为主，以计算机辅助设计和制造业的柔性生产方来进行生产的"混合网络型"中小企业群落。按照企业的性质又可以分为：制造业集群、销售业集群和混合企业集群等[20]。

陈雪梅、赵珂在对中小企业形成的内外部原因进行分析后认为，中小企业群形成的方式有：由区域的地理环境、资源禀赋和历史文化因素影响形成；由大企业改造、分拆形成；由跨国公司对外投资形成等原因[21]。中小企业集群的重要效应是有效地推动了城市化，城市化可扩大就业需求，促进劳动力加速集聚。李新春根据对广东企业集群不同发展形态的观察，将企业集群描绘为三种形式：历史形成的企业集群、沿全球商品链形成的企业集群以及创新网络企业集群[22]。

王缉慈通过对新产业区的研究将企业集群分为以下五类：一些沿海外向型出口加工基地；一些智力密集地区；一些条件比较优越的开发区；一些乡镇企业集聚而形成的企业网络；由国有大中型企业为核心的企业网络。

1.3.3.3　关于产业集群的形成机制与培育

经济集聚的本质是规模经济、范围经济和外部经济共同作用的过程，规模经济导致经济集聚产业点，再加上范围经济产生集聚产业区，规模经济、范围经济和外部经济共同作用产生经济集聚核心[23]。产业集聚形成重要的内在机制是合作以及重要的外在环境机制[24]。企业群落理论的流派大致有三个：以产生的时间为序，依次为外部经济理论（以马歇尔的理论为代表）、集聚经济理论（以韦伯的理论为代表）和新竞争经济理论（以波特的理论为代表）[25]。产业群落的演进大致要经过产业群落的孕育与形成、产业群落的成长与扩散以及产业群落的更替几个阶段。在一个产业群落内部，其中的行业组成越复杂也就越稳定。中国台湾地区的学者非常注重运用社会关系网络理论解释台湾地区中小企业集群的形成与发展。他们认为，长期以来中小企业之间紧密的产业网络关系是台湾地区经济蓬勃发展的重要基础[26]。

一些学者从生态学角度来研究中小企业集群的形成和发展。其观点主要有：第一，历史上民间的商业传统；第二，古典心态和东方式的人文环境。以血缘、亲缘和地缘为纽带的人文网络和"宁做鸡头，不做凤尾"的传统心态使相互依存的小企业集群迅速形成。产业发展的簇群化、融合化和生态化是 21 世纪国际产业发展的新趋势，这三大趋势是产业内发展规律在实践中的具体体现，也是产业发展以当今国际经济新特征和新变化的一种动态[27]。

产业集群的培育的研究，不少学者也进行了深刻的探讨。贾根良、张峰通过对丹麦和芬兰家具业发展经验的分析，强调了学习与持续创新能力同样是传统产业通过地理簇群获取全球竞争力的关键因素，并对我国传统产业如何创建地方化生产体系提供了相应的政策建议[28]。徐康宁认为，中国典型的产业集群及集群区的形成与开放经济有着内在的逻辑关系。一个产业实现成功的集群或一个典型的产业集群区的形成至少需要三个条件：第一是产业内的资本在某一区域内较快地集中，以及劳动力和产业技术充分自由地流动，并实现与资本的自由结合；第二是市场的充分供给；第三是当地的制度（包括政府的政策、商业习惯和竞争文化）允许并鼓励这种集群现象[13]。然而，我国的小企业集群的形成与上述条件并不完全相符。由于一些地区（如温州）地理位置偏僻，交通全球化与中国企业成长条件并不好，所以当时许多政策的约束力到此就有所减弱[29]，使得边际制度创新有了可能；同时当地政府也采取了妥协、默许的不干预政策，这就使浙江的小企业集群能够在改革开放初期在地理条件并不十分优越的地方建立起来。由于历史或地理因素，使小企业集群选择了某种专业产品[30]。

1.3.3.4　产业集群与创新网络

（1）企业网络与创新。

20 世纪 80 年代，空间经济学关于创新与地区环境间关系的研究为其他学科如产业组织学和社会科学所影响，交易成本、集群、网络等概念相继被引入，创新与空间经济发展的关系被置于前所未有的地位。理论关注的焦点是地区经济网络的重要性。慕继丰、冯宗宪、李国平认为，企业网络是许多相互关联的公司或企业及各类机构为解决共同的问题通过一段时间的持续互动而形成的发展共同体，企业网络包括三类相互联系、持续互动的组织：某类相似或相关的企业；政府有关部门和机构及其他中介机构；高水平研究机构和大学[31]。从经济观点所进行的研究则认为企业会为降低交易成本、依赖稀有资源、交换彼此资源、降低环境不确定性等原因形成网络关系；而网络内的成员之间则从事生产、销售、研究和开发甚至财务等方面的分工[32]，通过分工合作的方式寻求共同利益的最大化。王如玉、曾淑婉认为，中小企业间的协作网络关系是建立在网络成员之间彼此的承诺与信任的关系之上的，而这种承诺与信任关系则是需要依靠企业主之间的社会关系来建立，因此企业主之间的社会关系是维持网络安定的主要力量[33]。通过对工业衰退地区的分析，徐华认为构建创新网络是重振工业衰退地区竞争力的重要出路[34]。

（2）企业家与创新。

另有学者则从企业家网络的角度强调企业家的创新精神在集群发展中的重要作用。在一定意义上，企业集群是以关系网络，尤其是企业家个人的关系网络为基础的地区性企业群体，"企业家协调"尤其是"领袖型"企业家的带动作用是非常重要的[20]。这不仅是因为这些领袖型企业家所在的企业实力雄厚、规模大，更重要的是这些企业家本人具有远见卓识，有高超的经营能力，信用卓著，有崇高的声望，在当地商界有号召力，能真正以自己的企业为龙头，带动一大批相关企业共同发展，能合理地分配核心企业与协作企业之间的利益[35]。

（3）制度与创新。

一些学者从非正式制度、制度变迁等方面进行了一些探讨，也得出了相关的结论。我们必须加快有利于产业集聚的正式制度和非正式制度的创新，形成互补配套的制度结构，并注意弥补制度供给的不足[36]。

（4）产业集群与竞争优势。

魏守华和石碧华认为集群的竞争优势理论有：①基于直接经济因素的企业集群竞争理论，以哈佛商学院波特为代表，具体表现为生产成本优势、基于质量的产品差异化优势、区域营销优势、市场竞争优势四个要素。②以新产业区、加利福尼亚和北欧学习型经济这三个相似学派为代表，强调非直接经济因素重要性的企业集群竞争理论区域创新系统[37]。产业群的核心能力由外部协调能力、内部协调能力和企业自身核心能力构成[38]。在不完全竞争条件下，产业竞争优势的一个重要来源是规模经济，规模经济借以实现的一种产业组织形式是产业集聚，而产业集聚作为一种空间组织形式，需要得到区域协调[39]；集群的竞争优势来源于生产成本优势、区域营销优势、国内以及国际市场竞争四个要素[40]。产业地理集中从根本上改变了产业生命周期，提高了产业竞争力，延缓了产业衰退期的到来[41]。产业集群有可能使产业后起的国家超越原先在该产业上有优势的国家，形成较强的国际竞争能力。中国具有现代意义上的集群现象，主要反映在制造业，而且主要是近 20 年内形成的。

（5）区域竞争优势的来源。

波特认为，区域之间的竞争实际上是企业集群的竞争。而区域竞争力的获得又可以从交易成本、外部经济和创新等三个方面进行理论上的解析[42]。王缉慈等认为，产业集聚可以从纯经济学的角度、从社会学的角度和从创新学的角度提升区域竞争力。首先，从纯经济学的角度看，产业集聚本身可以带来外部经济，包括外部规模经济和外部范围经济，不同企业分享公共基础设施和专业劳动力资源，大大节约了生产成本，促进了企业之间的分工和生产灵活性；其次，从社会学的角度看，企业相互靠近，可以在长期的交往中逐渐建立起人与人之间的信任关系和保障这种信任关系的社会制度的安排，从而积累社会资本，降低交易费用，地方特色产业本身能形成区域在这一产业方面的独有声誉，吸引新的客户和生产者前来；最后，从创新学的角度看，相关企业集聚可以促进专业知识的传播和扩散，尤其是隐含经验类知识的交流，能激发新思想、新方法的应用，促进学科交叉和产业融合，不断出现新产业和新产品[43]。

1.3.4　国内关于产业集群网络研究的文献综述

中国台湾学者注重运用社会关系网络理论解释台湾中小企业集群的形成与发展。他们认为长期以来，中小企业之间紧密的产业集群关系是台湾经济得以蓬勃发展的重要基础。这种集群关系是建立在群内企业之间彼此承诺与信任关系之上的，而这种承诺与信任则是需要依靠企业主之间的社会关系来建立，因此企业主之间的社会关系是维持群内企业安定的主要力量。由同家庭、同民族、同乡、同学、同事等所形成的关系在无形中规范并维持了集群区内的运作。

内地的很多学者也对产业集群的网络结构进行不同角度的研究。广东学者则着重于从企业网络或者企业家网络的角度来研究企业集群。北京大学王缉慈研究了产业集群创新网络、本地区域创新网络优势、构建外部网络、参与国际劳动分工。

我国学者林润辉和李维安（2000）[44]，认为网络组织是一个介于传统组织形式与市场配置资源模式的中间组织形态。它既有传统企业的目标，又引入了市场的灵活机制，同时它十分强调网络组织要素协作与创新特性和多赢的目标，并建立在社会、经济、技术平台上。他们还对网络组织的本质特征进行了抽象概括，认为网络组织是一个由活性结点的网络连接构成的有机的组织系统。信息流驱动网络组织运作，网络组织协议保证网络组织的正常运转，网络组织通过重组来适应外部环境，通过网络组织成员合作创新实现网络组织目标。

罗仲伟（2000）[45]认为网络组织是以专业化联合的资产、共享的过程控制和共同的集体目的为基本特性的组织管理方式。正是这三个特性决定了网络组织的主要性质，并把网络组织与集中化组织、刚性层级组织、非正式联合、无序社会和批量市场等其他组织管理方式区别开来。

孙国强（2001）[46]认为网络组织应概括为以独立个体或群体为结点，以彼此之间复杂多样的经济联结为线路，而形成的介于企业与市场之间的一种制度安排。也可概括为企业及社会组织之间的跨边界的资源整合过程所形成的以各种经济性联结为纽带的分工协作系统，这种系统体现着由社会分工与商品交换所形成的能诱发各种交互作用的社会经济系统，严格地说，它是经济联系的一种更为发展了的形式，是经济联系在组织上的表现。

于忠阳、丁云龙〔2001〕[47]认为网络组织指的是能够创造、获取、整合知识（包括难言知识和明言知识），并与复杂性技术所关联的组织（企业、大学和政府机构）相链接的复杂性组织。战略联盟、合资企业和其他形式的协作体都可以视之为网络组织。

慕继丰、冯宗宪、李国平（2001）[48]认为网络组织是由许多相互关联的公司以及各类机构为解决共同问题通过一段时间的持续互动而形成的发展共同体。

余秀江、张岳恒、程昆（2003）[49]认为经济网络组织是借用神经生理学和计算机科学中的概念，把经济活动看作是由各种经济行为者（结点）所组成的联系之网。但并不是所有的联系都能形成网络，只有那些包含有形或无形资本要素的长期联系才能构成网络。这些长期联系无论采用明确的契约还是隐含的形式，都含有长期投资所形成的资本要素。网络组织是市场与企业相互渗透的中间产物、企业间经济活动的制度安排和企业间契约关系的形态（见图2.3）。

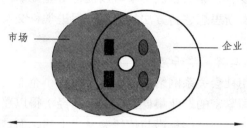

注：■ 表示较多的市场特性；● 表示较多的企业特性

（虚线表示市场的边沿，实线表示企业的边沿）

图2.3　市场、网络组织和企业示意图[50]

何静、徐福缘、孙纯怡、韩路（2003）[50]认为网络组织应是具有各自核心竞争优势的独立个体或个体联盟及群体或群体联盟构成网络结点，以实现整体利益最大为目标，以复杂多样的经济联系为纽带，以信息交互为基础的跨实体组织边界的结构模式。

袁红清（2003）[51]把网络组织概括为以独立个体或群体为结点，以彼此之间复杂多样的经济联系为线路，形成的介于企业与市场之间的一种制度安排。它是企业及社会组织之间的跨边界的资源整合过程所形成的以各种经济性联结为纽带的分工协作系统。

1.4　本部分研究的思路、方法、内容、技术路线与创新之处

1.4.1　研究的思路

对产业集群的研究，国内外学者做了大量的工作。但对欠发达农区产业网络研究尚少。笔者以产业集群理论、网络组织理论、技术创新理论、区域经济发展理论的国内外研究成果为理论依据，首先追溯河南省镇平县玉器加工业产业集群网络的形成及发展机制。随后对镇平县玉器加工业产业集群的产业、市场、社会网络结构和阶段演进进行深入剖析，在此基础上，对欠发达农区镇平县玉器加工产业集群网络绩效加以分析。最后通过整体实证研究，把握现状，找出问题，提出相应的对策建议。

1.4.2　研究方法

本研究注重采取多种研究方法的综合应用，以求能够获得有说服力的研究结果，本研究主要采用了以下几种研究方法。

（1）文献研究。

文献研究是本部分研究的一种重要研究方法，由于国内外众多学者已经对产业集聚的问题进行了大量的有建设性的研究工作，因此，笔者在写作过程中，查阅了大量有关产业经

济、产业集群、网络组织等方面的书籍，从而使本部分的研究能够建立在前人的已有理论成果基础之上进行，本部分研究理论框架的形成，大部分来自于文献研究的启示。

（2）实证研究。

研究要有说服力，必须有实证的支持，本研究以欠发达地区河南省南阳市镇平县典型特色的玉器加工产业集群为研究对象，重点对镇平县玉器加工业产业集群进行了实地调研，主要通过企业访谈和资料收集等方式来进行。对镇平玉器加工业产业群的产业、市场、社会网络结构进行了深入的调查研究，并进行实证分析。

（3）理论研究。

欠发达地区的农区产业集群网络结构的研究还比较少，还没有形成一个系统的体系，本研究作为对这个问题的一个粗浅尝试，希望对这个问题能够取得一些具有指导、借鉴意义的成果。

1.4.3　研究内容与技术路线

本部分研究以镇平县玉器加工产业集群的网络结构作为研究的对象，分别主要从镇平玉器产业集群的产业网络结构、市场网络结构、社会网络结构这三个角度进行分析和论证。研究内容一共分为七个部分：

第一部分：理论综述。主要论述了国内对产业集群及其网络结构的研究情况，并且阐述了产业集群的相关概念以及研究的思路、方法、技术路线与创新之处。

第二部分：研究的相关理论述评。分析了本文依据的理论，即分析研究所用到的一些理论。

第三部分：镇平县玉器加工产业集群及其产业集群网络结构的基本情况。

第四部分：镇平县玉器加工产业集群的产业网络结构。从整个产业集群内部和产业链两个层次结合案例分析阐述了镇平县玉器加工产业集群网络产业集群的基本情况。

第五部分：镇平县玉器加工产业集群的市场网络结构。主要论述了镇平玉器加工产业集群市场网络结构的主体、特点、效益等情况。

第六部分：镇平县玉器加工产业集群的社会网络结构。主要论述了镇平县玉器加工产业集群的社会网络结构一般情况、作用机制及发展趋势。

第七部分：镇平县玉器加工产业集群网络结构培育的对策研究。

本部分研究的技术路线见图2.4。

1.4.4　研究的创新之处

第一，选取欠发达农区产业集群网络作为对产业集群研究的视角，在前人研究基础上明确地把产业集群看作一类典型的网络系统进行探讨。并从欠发达的农区产业集群的实际出发，分析产业集群的产业、市场、社会网络结构。

第二，典型的个案分析。本部分研究选取了中部地区河南省镇平县玉器加工产业集群网络这一较具典型意义的产业集群作为研究对象，可以对研究欠发达农区产业集群作以有益补充。研究过程中，不仅从动因和外在条件两方面着手具体分析产业集群的产业、市场、社会网络形成发展机制，并就其网络结构进行深入的剖析，对其竞争优势及绩效等进行较为全面的概括和分析。这在以往的对欠发达农区产业集群的研究中是不多见的。

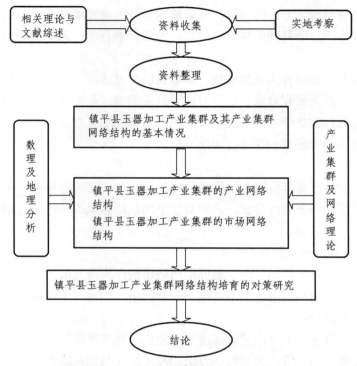

图 2.4　本部分研究的技术路线图

2　研究的相关理论述评

2.1　产业集聚与产业集群概念辨析

与产业集群相关的一个词是产业集聚。产业集聚是指由一定数量的企业共同组成的产业在一定地域范围内的集中，一般包括同一类型或不同类型产业的集聚，是一种聚集经济。根据对大量相关研究文献的分析，在确定的研究对象上，产业集群与聚集经济并无多大区别。实际上，在研究聚集经济的文献中，多数是以产业集群为具体研究内容的。两者的差异在于：①产业集群强调产业关联，而产业集聚只是形态上的产业集中；②聚集经济更加一般和抽象，或是聚集经济的一种新的说法[52]。

在研究方法上，研究聚集经济与研究产业集群基本上用的是相同的方法。所以，在经济学家眼中，集群和聚集在经济意义上基本是一回事。与产业集群相关的另外一个概念是产业组织学中的"产业集中"，一般用产业集中度来衡量。产业集中度也称市场集中度，它是衡量市场结构状况的一个重要指标，是指某一特定市场中少数几个最大厂商（通常是前四位、前五位或前八位）所占有的市场份额。在产业经济学中，通常把产业集中度看成是一个市场中一些或所有厂商的市场份额函数。

2.2　产业集群理论的运用与实践

20 世纪 90 年代以来，我国关于产业集群的论述很多，已成为区域经济学、产业经济学和经济地理学等学科的重要研究内容，这一方面与国际学术动态有关，另一方面也与我国不同形式的产业集群的出现有关。从整体来看，我国运用产业集群理论成功地解释了一些现象，但是也存在诸多问题：①缺少对产业群形成机理的研究，特别是在不同的经济机制下产业集群的培育和形成问题。在市场经济条件下可以形成产业集群，在计划经济条件下也可以培育产业集群，并且在短期内也可以形成集聚效应，但是从长期来看，由于缺乏市场的充分流动，激励效应和创新源泉均不足，集群缺少活力。②对产业集群的生命周期缺少应有的重视，尤其是如何判定产业集群的形成阶段，如何改造处于衰退阶段的产业集群等方面鲜有涉足。③缺少对产业集群的定量研究，总体来看是理论多而实践少，且针对性不强，说服力不够。如何把产业集群理论运用于区域政策的制定，特别是解决区域经济的发展如何与改革开放相结合，促进区域产业的合理布局是当前急待解决的问题。

2.3　产业集群的概念内涵

所谓聚集经济，是指在特定的领域中相互联系的企业和机构在地理上的集中所产生的经济现象，是经济活动在空间上的非均衡分布而呈现出的一种局部聚集特征。聚集经济的基本特征是：地理位置集中、产业领域集中、相关人才集中、行业信息集中、买者意向集中和配套机构与设施集中，是特殊地域、同业交往、行业文化、产业技术链和产业价值链等的集合，其实质是竞争、合作、交流、知识共享和文化共通。其理论的基本内涵是：①聚集经济总是与经济活动的空间分布分不开的，是区域经济学的范畴。②经济活动在空间上的局部集中有量的规定，企业必须达到一定的数量才可能出现聚集经济，它是一种聚集规模经济。③它不是发生在单个企业内部，而是产生于众多企业在局部空间上呈一定规模的集中，是一种外部的规模经济。④它不是行业规模带来的外部经济性，而是空间规模带来的外部经济性。⑤它是产业纵横向的一体化区域集中，而不是单一企业的一体化发展。⑥当聚集规模达到一定程度时，聚集区形成了一种良性循环的"产业生态链"和"经济生态圈"，使其中的企业都能从中受益。

在国外的文献中，产业集群通常称为产业区（Industrial Districts）或产业群（Industrial Cluster）。意大利学者贝卡蒂尼将产业区定义为以同业工人及其企业簇群在特定地域内大规模地、历史地形成为特征的地域性社会实体。巴格拉等认为产业区是存在投入产出关系、受共同的社会规范约束、相互之间充满正负两种溢出的中小企业在特定地理区域内高度集中形成的企业网络。美国经济学家克鲁格曼考察了报酬递增对制造业地理集聚的作用机理，在这一框架中制造业支出占总支出的份额、产品之间的替代弹性和运输成本三个参数是决定制造业企业地理集聚的关键因素。

2.4　产业集群网络的界定和解析

网络，最初是被描述成为由线或丝等织成的网状结构。随着社会的发展，网络的概念被广泛应用于社会学、数学、经济学等多个学科。不同的学者在研究的过程中往往会结合自己的学科特点从不同的角度对网络进行描述与分析。

当前对网络的研究主要有两类：一类是将网络作为一种研究对象对网络的内容与形式展开分析。如哈坎森认为，网络应该包括"三个基本要素——行为主体、资源、链接"。网络实际上就是这些行为主体之间的关系的总和或者说是对这些关系的一种描述。另一类是将网络看成一种工具，用它来描述分析社会现象。如米歇尔就是把网络看成一种工具来分析社会结构的形成与变化。他认为，网络由四种要素组成：结构要素、资源要素、规则要素、动态要素。结构要素是指行为主体之间联系的形式，如网络是线性的还是非线性的；资源要素是指行为主体的特征，包括能力、知识、财产、性别、宗教等规则要素，是制约行为主体的各种规则、制度、法则等；动态要素是指影响网络形成与变化的各种机会和限制。本文是集群环境下将网络结构看成一种研究对象。就产业集群网络而言，行为主体是指个人、企业、政府、中介机构、教育与培训中心等。资源既包括物质资源、人力资源、金融资产，也包括知识、技术、信息、人际关系等。链接就是指行为主体之间基于资源的流动而产生的交流与合作关系。这些关系有些是正式的，有些是非正式的。因此作者认为，网络就是一种结构关系，是各行为主体之间出于自身的目的，结成的纵横交织的、复杂的关系。

2.5 产业集群的网络特性及其效应

2.5.1 产业集群的网络特性

产业集群是一种区域性的企业网络。认为产业集群实际上是一个网络，有以下几个理由：产业集群内，"活动""资源"和"活动主体"这三者都具备，而这三者是构成网络的基本要素。"活动"主要是企业的生产活动和交易活动；"资源"包括物质资源和非物质资源，比如人力、组织、社会关系等；"活动主体"包括企业、政府、研究开发机构、学校，等等。

从产业集群内企业之间的关系看，企业的关系绝对不是纯粹的市场交易关系。相反，是包含了信任、合作、嵌入、相互锁定等特征在内的网络关系。企业不是独立存在的，而是一群相互依赖的整体[53]。

网络能力不同于单个企业的能力，而是不同企业之间相互作用形成的整体能力，它与单个企业的能力有关，但又不是单个企业能力的简单叠加。我们认为网络的能力取决于网络内知识的积累，特别是隐含知识的积累，知识积累越多，网络的能力就越强。

网络结构是产业集群的基本框架，也是产业集群内部不同企业和机构相互联系或作用的主要方式。通过网络纵向向下延伸到销售再到顾客，横向延伸包括提供互补产品的生产商和通过技能、技术或共同投入品而相互联系的企业，还和政府和其他机构建立了相应的联系，如大学、监管机构、咨询机构、娱乐设施和贸易机构等，他们提供专门的培训、教育、服务、信息、研究和技术等的支持。也就是说，产业集群是许多相互联系的公司或企业及各类机构，为解决共同问题通过一段时间的持续互动而形成的发展共同体。

产业集群的竞争能力来自于集群网络内企业之间的相互作用，这种相互作用的网络构成区域能力，根植于企业间的网络及人与人之间联系的特定方式。产业集群中的能力不能简化为单个企业的能力，产业集群的能力实际上就是网络能力，产业群具备的网络特征越多，就有越多的收益内部化。伊萨克森等通过对各国的案例进行研究，将产业集群的网络特性总结如下：

第一，一个或多个产业形成专业化，即在有限的地域有大量的企业和员工集中于某一特定产业集团，其中很多企业是由当地所有的。第二，拥有本地内生产的网络，集群所在区域内的企业通常以生产系统的形式构成本地化网络，在同一生产阶段的企业间进行横向合作。网络内的沟通规则、社会亲近和恰当的机构在特定区域的集聚对于企业间的成功合作非常重要。

2.5.2　产业集群的网络效应

（1）有效获取专业人才和专业化供给。

企业网络内企业之间的互动行为会产生某种形式的信任机制，而信任是一种非常重要的社会资本。社会资本是人们在组织中为了共同的目的而进行合作的能力，是从社会或社区中流行的信任中产生的能力，是对规则、合作、诚实等行为的一种期待。由信任而产生的社会资本是维系组织生存的重要因素，可以通过降低交易的不确定性来降低交易成本。地理上的接近性使得交流的背景知识、使用语言、规则等趋同，从而提供交流和沟通的效率[54]。

企业网络内部的交易者熟悉交易语言、圈内语言和职业语言，语言和相关特定的背景知识及共同的交易规则组合使得交易各方能完整地传递信息，从而产生信任、理解和相互合作，缓解企业之间的冲突和对立，形成一种和谐的氛围，网络优势也正是在此氛围中发挥出来。博弈论专家认为，经济活动具有典型的囚犯困境特征，合作可以使参与者的总体利益最大化，但在一次性博弈中，背叛总是占优战略。而在重复博弈过程中，又可能达到合作的结果，其实现机制之一便是信任，它为双方提供了一种良好的期望，鼓励交易各方的合作行为，并有利于吸引新的交易伙伴，企业网络的形成使得企业之间的互补性、依赖性和制约性增大，从而使合作变得更为可信。

所以，在其他条件相同的情况下，特别是需要获取高级和专门性投入要素如嵌入性技术、信息和服务等时，从区域内获取资源比从远距离的外部获取资源更有优势。即使企业能够从其他远距离的地域获取某些资源更有效率，企业网络仍然有许多优势。试图挤进一个大而集中的市场的供应商们会进行竞争性定价，因为这样做他们可以从市场和服务方面获取高效率。

而从企业网络获取资源的一个劣势是，竞争将使得资源变得更为昂贵和稀缺。但企业也可运用从其他区域获取资源的能力来缓解资源价格上升的压力，即企业网络不但增加了对特定专门投入品的需求，也增加了相关的有效供给。

（2）获取专门信息和知识外溢的好处。

企业网络内积累了大量的技术、信息，企业网络的大市场有利于网络内企业的获取和进入。而且，网络内的个人关系和企业间密切的相互联系减少了信息的非对称性，这有助于增加信任和促进信息的流动。这些条件使得信息更具有可转移性。现代条件下，市场信息和技术信息对于现代化生产越来越重要。在企业网络中取得经济信息速度快，成本低。在企业网络中到处充斥着各种各样的广告，有各种商品展览、促销、活动，有各种各样的学术或商业会议，从而以极为低廉的费用，甚至免费为企业提供了商业信息。如果远离企业网络，信息不灵通，往往会坐失良机。

在现代经济中，知识的作用是非常重要的，尤其是在高度创新的行业里，知识的作用更加明显。在这些行为中，若在生产技术上或产品设计上落后于前沿发展水平几个月，就会置公司于困境。这些对富有创造性的行业极其重要的专业化知识从何而来呢？公司可以通过自己的研究开发来获取这些技术。在某些情况下，甚至可以直接将竞争对手的产品分解开来，然后翻版它们的设计和制造工艺。但技术秘诀还有另一个重要源泉，几个人之间信息与构想的非正式交流共享隐性知识，而隐性知识是创新和持续竞争力的源泉。

而且当一个行业分布在一个企业网络中时，这种知识的非正式扩散常常非常有效，因为相关企业的集中分布使得不同企业的员工能自然混杂在一起并自由地谈论技术话题。如果某人提出了一种新的构想，它将被其他人迅速接纳并揉入他人的想法，知识外溢激发了创新的思想火花，这常常是新构思的源泉。

（3）企业之间的互动行为放大了企业的效率。

企业网络中许多企业相互联系与作用发挥的整体效能大于各个企业效能的简单相加，企业网络可以充分发挥互补效应、协同效应、扩散效应、制衡效应和杠杆作用。例如，在一个旅游企业网络中，旅游者的感受不仅取决于基本景点的吸引力，而且还取决于相互补充的企业，如旅馆、饭店、购物中心、运输设备等的质量和服务的效率匹配。企业网络各成员之间相互依赖，一家企业的良好表现有助于其他企业的成功。

企业网络各成员的互动以多种方式表现出来[55]。最显而易见的是网络企业所生产和提供的互补性产品在满足顾客的需求方面；另一种方式是网络企业的相互合作能够放大集体生产率，还有一种互动表现在市场方面：企业网络会不断提高特定区域内企业的信誉而吸引更多的消费者来购买。此外，当资金、信息、知识、机会在某些环境之下变得稀缺时，企业网络的成员可以通过已经建立起来的稳定联系和个人或群体之间的接触、交流、交往、交换等互动过程得益于其获取的特定稀缺资源。这是企业的一种能力，这种能力就是前文所讲的企业社会资本。

（4）利用公共物品和其他机构提供的基础设施。

现代竞争在很大程度上依赖于低成本，良好的基础设施能够降低企业成本。政府或其他公共机构的投资（如在专门基础设施和教育项目等方面的开支）为企业提供了有价值的高效服务，这有助于提高企业的生产率。例如，企业可以很容易地招聘到受过培训的雇员，这降低了企业内部培训的费用。

其他准公共产品如信息、技术和信誉等，是竞争的副产品。不仅仅政府提供的公共品能够提高企业的生产率，企业网络内企业的投资和其他机构（如大学等）提供的培训、基础设施、质量检测中心、实验室等也能提高企业的生产率。

3 镇平县玉器加工产业集群及其网络结构基本情况

3.1 镇平县玉器加工产业集群的基本情况

3.1.1 玉器加工产业集群的现状

河南省镇平县地处河南省西南部，南阳盆地西北侧，伏牛山南麓，总面积 1 500 平方千米，辖 11 镇 8 乡 3 个办事处，409 个行政村，总人口 95 万。镇平是河南省命名的 18 个综合改革试点县之一，全国 500 个商品粮基地县之一，是国家命名的"中国玉雕之乡""中国地毯之乡""中国金鱼之乡""中国玉兰之乡"和"中国民间艺术之乡"。镇平虽处传统的农业区，但手工艺品一直较为发达，行销海内外，尤其是镇平玉雕，为本地经济支柱，也是全国玉雕中心。

金哀宗正大三年（1226 年）设置镇平县，古称涅阳。

镇平的玉雕加工历史悠久，玉文化积淀丰厚，玉雕产业规模宏大，玉雕艺术享誉海内外。目前，镇平的玉雕产业从业人数达 12 万，年产值 13 亿元，加工企业（户）10 000 个；全县玉雕重点乡镇 11 个，玉雕专业村 50 个，形成了石佛寺玉雕湾和县玉雕大世界两大专业市场，是县域的主导产业和群众的致富产业。全球所有的玉种在镇平均有加工和销售，形成了摆件类、饰品类、实用保健类等产品为主的产业群体 8 个，产品近 5 000 个品种。近年来，镇平县委、县政府制定了一系列支持玉雕产业发展的优惠政策，使全县玉雕产业的发展取得了显著成效。镇平县结合文化名镇建设，以石佛寺镇、晁陂镇为中心，新建扩建了玉雕湾翠玉玛瑙市场、榆树庄玉镯市场、何庄摆件市场、梁堂石雕市场等 23 个专业市场，进一步膨胀市场规模。同时，为加强对玉文化产业的引导、开发和管理，提升全县玉雕产业水平，成立了全国第一个玉雕产业管理局，从组建产业龙头入手，成立了"镇平县玉神工艺品有限公司"，吸纳神圣玉雕有限公司、石佛寺玉器厂等 10 家大型企业加盟，统一注册"玉神"商标，打造产业集团军。最近，镇平玉雕作为传统艺术品已成功申报为国家级非物质文化遗产，石佛寺镇被命名为河南省玉文化产业基地。

镇平历来重视玉雕从业人员的素质提高和后继人才的培养。目前该县有联合国教科文组织命名的"民间艺术大师"2 人，省工艺美术大师 6 人，高级工艺师 35 人，有初级培训学校 18 所、玉雕职业高中 1 所、县工艺美术职业中专 1 所，开设雕刻、美术设计等与特色文化产业相关的教学内容，年培训玉雕创作人才 2 500 余人。另外还指定县文化馆为专门的培训基地，定期邀请县内外专家、教授讲课，提高各类民营文化社团的人员素质。

为进一步提升镇平玉雕的知名度和影响力，自 1993 年开始，镇平县成功地举办了 12 届玉雕节。节会期间，全国乃至世界的玉雕界专家学者云集镇平，研讨玉雕理论、切磋玉雕技术、传播玉文化知识，提升了玉文化研究的层次和品位；组织参与全国"天工奖"玉雕精品展评会、玉雕产品展销会、玉文化研讨会、获奖作品现场拍卖会等活动的开展，炒热了玉文化研讨弘扬氛围，产生了良好的社会效应和经济效益。2003 年建成了全国唯一的"中华玉文化中心"和全国首家中华玉文化博物馆。中华玉文化中心建筑面积 4 000 平方米，内部构造由玉雕精品展销大厅、学术报告厅和玉文化博物馆三部分组成，融精品展销、玉雕商贸、学术交流、玉文化研究于一体，既有现代特色风格，又深含玉文化底蕴，实现了玉雕文化与建筑功能的完美结合。与玉文化中心相辅相成，浑然一体的玉文化广场，占地近百亩，气势恢宏，风光优美，是娱乐休闲的好去处。中华玉文化博物馆位于中华玉文化中心二楼，由玉史长廊、玉作坊、玉石大观、大师榜、精品图、百玉图六大展区组成，馆内收藏了历代制玉工具、古玉文物、现代玉器精品以及来自世界各地的玉石标本，并以泥塑和图片展示的形式生动再现了从古至今不同时期的玉雕加工工艺流程，堪称一部中华玉文化的百科全书。

在营销产业链上，围绕"镇平县玉神工艺品有限公司"，成立玉料购销、产品加工、产品销售网络 270 余个，并在玉雕乡镇组建 36 个分公司和 52 个子公司。通过全县上下的努力，镇平县已把玉雕传统文化优势迅速转化为产业优势，玉雕产业呈现出了前所未有的辉煌，初步形成了原料—设计—生产—培训—检测—包装—销售为一体的完整产业链，成为对县乡财政贡献最大的新的文化产业经济增长点，产业的集群化发展已经形成。

河南省镇平县玉器加工产业集群是改革开放后出现的新经济地理现象。实践中，这种集聚的产业组织及其空间形态呈现出了较高的经济价值，尤其是它在发挥地区比较优势、完成资本积累并进而提高区域竞争力方面具有重要作用。目前，产业集群已成为理论界和实践界普遍关注的热点。全面分析镇平玉器产业集群的现状，准确认识镇平县玉器加工产业集群的比较优势和存在的问题，进而把握产业集群的发展趋势，对于推进欠发达农区产业集群健康、稳定、持续发展具有重要的意义。

3.1.2　玉器加工产业集群的发展轨迹

3.1.2.1　形成初期——家庭工场散布村庄，玉器加工业发展快速

镇平县玉器加工业产业集群兴起于20世纪80年代前后。当时国内处于计划经济体制下的短缺经济时期，城乡壁垒较高，二元结构特征明显。在这种特定的制度背景下，农村工业企业的区位能力较弱，农村工业化只能选择离土不离乡的发展模式。以家庭为经营单位的组织形式，既具有生产成本低的优势，可以弥补农村资本少的劣势，又因其隐蔽性好，能够降低制度创新的成本与风险。分散布局的农村居民点奠定了以家庭工场为主的产业集群的基本格局。该县玉器加工早期的农村居民点作坊以石佛寺镇、晁陂镇较为突出。

十一届三中全会之后，以石佛寺镇所在地为代表的主要的几个玉器加工村的村干部经过认真的讨论，决定利用各村已有的数百年历史的玉器加工技术，带领村民致富。他们率先在各自家中干了起来。村民们纷纷效仿，到1980年底，全镇各村从事玉器加工的农户发展到200余户。

为了解决村民从事玉器加工面临的缺少资金、技术和信息的问题，创建真正意义上的玉器加工专业村，当时的村干部们主要采取了三项措施：一是请本村经验丰富的玉雕老师傅讲课办班，先后培训村民1 000余人次，使多数农户掌握了传统的玉器加工技术；二是村干部多次出面找农行营业所、信用社领导协商贷款150多万元，为农户解决资金问题；三是为解决加工户在原料购进和产品销售方面的困难，村里成立了玉器购销公司，村干部西进青海、新疆，北上辽宁、内蒙古，南下广东、云南，打通了购销渠道。有的人家从几十元做起，骑着自行车在周边村庄及集镇走街串巷一边收购民间旧料，一边摆地摊叫卖小件。这样，到1981年，玉器加工户已发展到226户。这时，人们合伙开始到新疆、内蒙古、辽宁、广东等地买大料，回来各自分开，然后自己加工。到1991年底，玉器加工户已发展到800余户，占全村总户数的78%。主要生产摆件、挂件、车饰、枕席等，实现产值6 000余万元，人均收入达到1 500元。个别玉器加工户的资金达到50万元。这时镇平玉器已是三万两万不算富，十万八万刚起步，二三十万也有好几户的大好形势。

另外，依靠当地原有的农贸集市或交通要道，自发形成了成品集散地。由于当时是统购统销的计划商品流通渠道，家庭工业的制成品通常很难进入正规的流通体。成品集散地的出现正是地方民间力量冲破特定制度藩篱的创新成果，并且随着集聚效应日益增大，在某些地区，成品集散地的形成先于家庭工业的出现（即以商兴工），而另外一些产品集散地则是随着家庭工业的兴起而出现（即以工兴商）。成品集散地构成集群的核心层，在其周边的地域范围内，散乱分布着规模较小的家庭工场。

3.1.2.2　成长期——作坊变工厂，公司加农户的发展战略，基础设施建设完善，初现玉器加工产业集群

自20世纪90年代开始，镇平县玉器产业集群的有形专业市场获得快速发展，地方投资规模扩大，家庭工场之间逐渐建立起以专业化与分工为基础的生产网络，网络成员也出现分异。一小批具有较强的市场开拓能力和创新意识的业主经营获得成功，经济实力日益增强，区位能力也因而快速提高。他们一方面迫切需要用于扩大生产规模的土地资源，另一方面需要便捷的对外联系通道（包括交通、资本与信息流通）。企业对公共服务及政策的现实需要，促使地方政府从无为状态转而被动参与，不仅制定地方工业用地政策，改善公共基础设

施，而且协调管理产业快速发展带来的社会问题。

为了加快镇平玉器村经济的发展，改变镇平玉器村"家家点火、户户冒烟"的庭院经营的小农经济模式，引导镇平玉器村产业结构的重组，1992年以石佛寺镇所在地为代表的村委提出了"作坊变工厂、工厂上路旁、公司加农户、小幅变大幅"的发展战略，为镇平玉器经济的非农化结构形成奠定了基础。此时，玉器加工发展较快的几个村委动员村里具有经济实力的家庭首先在村内马路两旁或就近的集镇建厂，1993年，石佛寺镇所在村委建起了6家私人企业，1997年，该镇的家庭作坊采用各种各样的联合方式，在村子路两旁或镇上建起了具有一定规模的加工厂60多家，建厂面积最大的有10多亩，最小的有5、6亩，投资额从50万到几百万不等，不仅改变了以往家庭作坊生产的历史，而且使"自然城镇化"超级村庄初具雏形。

随着市场拓宽和资本积累，镇平县玉器产业进入产品升级和集群扩张阶段。1992年，村里规划土地，建设玉器加工经销工商园区，对农户采取"先建厂、先生产、后规范"的策略，并对来区办厂的村民提供优良的环境，为实现作坊变工厂奠定了基础。仅1993年，全村投资在100万元以上的企业已达35家，500万元以上的企业18家。其中大部分企业实现当年投资建厂，当年全部收回投资。

同时，镇平玉器组建了玉神工艺品有限公司，形成了以公司为龙头、企业为骨干、农户为基础的产、供、销一体化组织。公司开发研究并推广了时下较新的加工技术，在上海建立进出口购销基地。1994年集团公司获得外贸进出口自主权，又在香港、上海、陕西等地建立进出口购销网络，基本形成"三头在外"的发展格局。即原料购买在外（主要购自新疆、辽宁、两广等），产品销售在外（主要销往日本、美国、瑞士、挪威、韩国、德国、阿根廷等20多个国家和地区）和从业人员在外（包括技术人员在内的从业人员来自全国10个省市）。

由此，规模较大的业主获得机会，有些专业销售商为了增强对产业链的控制能力及其赢利能力，逐渐从以贸为主转向工贸结合，在原有的销售点或附近地区办厂，形成前店后厂或（楼）下店（楼）上厂的经营模式。与此同时，原有的专业市场在地方政府的推动下得到改建或重建。新的专业市场成为政府政策引导、管理部门参与和市场开发商具体操作的社会系统工程。

由此可知，产业集群内的企业在拓展市场、扩大投资的过程中产生区位再选择的需求。地方政府通过提供服务和制定政策，降低了企业空间迁移的制度成本，加速了区内要素资源的自由流动和重新配置。结果，在集群地域内，以销售服务功能为主的核心层规模日益扩大，在其外围则集聚着一批规模较大的玉器加工业。

3.1.2.3 形成后期（成熟期）——分工、协作的网络生产模式形成，基础设施完善，玉器加工工业集群成形

国内市场需求增加但竞争加剧，促使玉器加工网络成员继续分化，一批大企业开始转向集约化经营，以技术创新、创建品牌、树立形象为主要策略，并且开拓国外市场。同时，市场需求的不确定性和复杂性促使生产网络需要提高及时反应的能力。这些因素导致网络成员不仅具有物质联系，更强调信息联系和技术联系，推动地方生产网络向创新网络转变。

然而，先前集群空间无序扩张的结果导致地区形象较差，交通拥塞。此外，工业用地日益面临着供给不足与企业需求持续上涨的突出矛盾。基于这些现实问题，地方政府相继在镇

平玉器发展基础较好的几个乡镇的周边土地较平整空阔、交通便捷的地段建设具备完善且先进的基础设施的开发区等各类玉器加工区，以缓解集群核心层的承载压力，并改善小、散、乱的地区产业传统形象。

在20世纪90年代后期，这时的镇平玉器完成了玉器加工资金的原始积累。追新潮、上规模、提高工艺成了群众发展生产的当务之急，县决策层决定在县城和石佛寺镇划出专门的区域，让群众从狭隘的庭院走出来建大厂，建设专门的交易市场。1994年在镇平县成立了我国首个宝玉石协会，1997年并举办了首届镇平玉雕节。以节会为载体，将镇平玉器产品推向了国际市场，并学习到了国外的先进设计与加工技术，推出了一些有时代感的新产品，镇平玉器的经济效益和社会效益同时提高，人民日报发表社论，称赞"镇平人民创造了无中生有经济"，一个外商惊奇地说："想不到中国一个小小的内陆农村竟有如此能耐"。

1995年国家统计局经济综合司统计表明，镇平玉器以其占全国不足0.003%的人口，创造了全国0.1%的玉器加工工业产值（见表2.5）。

表2.5 镇平县玉器加工产值逐年统计表（单位：万元）

年代	产值	年代	产值	年代	产值	年代	产值	年代	产值	年代	产值
1991	5 000	1992	12 000	1993	21 700	1994	41 000	1995	52 000		
2002	58 000	2004	90 000	2005	120 000	2006	150 000				

从镇平县玉器加工业产值的不断增长和目前的规模可以看出，镇平县玉器加工产业集群已初具规模（见图2.5）。

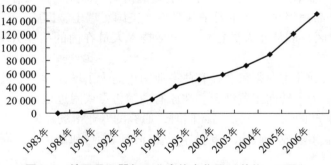

图2.5 镇平县玉器加工业产值变化图（单位：万元）

在集群发展中，县里也十分重视公共设施和配套设施的建设。以石佛寺镇为例，镇上结合玉雕湾项目建设完善了变电站、程控电话大楼、污水处理厂等基础设施，硬化、绿化了村内道路，想方设法为金融机构、动植物检疫局、进出口商品检疫局、律师事务所、化工染料销售服务站、铁路、公路运输代办处等有关部门提供种种便利，吸引他们到镇平玉器设立网点、发展业务，使镇平玉器村的玉器加工企业在镇平玉器村就能便利地享受到所有和他们生产经营有关的服务。1996年开工的第一期污水处理工程从根本上解决了当时玉器加工造成的水污染问题。2001年春开工并建成的二期工程能够保证镇平县玉器加工产业集群在全国环境治理中持续达标并发展。

笔者在镇平玉器的调研中发现，当地的大企业普遍认为，村乡县市级发展政策正好满足了企业转向集约化经营时树立企业品牌形象的需要，对创建集群品牌、增强集聚效益、促进企业之间合作、加快产业升级和技术改造亦具有积极意义。这说明，政府政策符合集群发展的客观规律，能够实现资源要素的合理配置，从而达到地区资源的高效利用。乡镇甚至行政村也相继出台政策，以更优惠的土地和税收政策，培育新的大企业，稳定当地企业（由于村镇土地资源集体所有的产权属性特征，通常行政村之间互迁行为尚未出现）。结果，产业集群出现多等级的企业组合。

龙头企业集聚对地方柔性生产网络中的配套家庭工场的区位行为产生影响。最典型的例子是，家庭工场随之有发展壮大的愿望。这种区位再组合的连锁反应现象一方面是为了维持企业之间的原有配套关系，减少运费，降低成本；另一方面则是为了及时供货，便于信息沟通和控制质量。

由此可知，地方柔性生产网络使龙头企业的区位选择行为产生连锁互动效应。地方政府为满足企业现实需要而实施工业集聚政策，并由此导致各地利益争夺与重新分配。它们的共同作用促使玉器加工集群内部的要素资源向地域核心集聚。结果在集群核心区的外围，分布着众多当地企业、外资企业以及家庭工业。

3.1.3　镇平县玉器加工产业集群的基本特征

3.1.3.1　典型的村落产业集群，地理区域具有聚集性和产品的专业性

镇平县玉器加工产业集群是个典型的村落产业集群。镇平玉器的玉器加工业历史悠久，素有"玉器之乡"的美誉。以石佛寺镇所在的村为例，全村 13 个村民小组，1 120 余户，4 800 余人，总面积为 3.2 平方千米，人均耕地不到 3 分。经过 20 多年的发展，建成了镇平县玉器加工销售园区，共有玉器加工企业 134 家，其中自营进出口权的企业 5 家，委托加工户约 700 户，从业人员 15 000 人左右，年设计玉器加工能力 2 000 多件，出口创汇 3 000 余万元。

目前，镇平玉器的玉器加工业已具较大规模，现已发展成为亚洲最大的玉器加工贸易基地。镇平早在清代已成为全国有名的玉器集散地之一。据说郑和下西洋时，镇平的玉器就跟着漂洋过海。在这里，玉器加工业专业化生产的特点得到很好体现，整个产业都围绕着玉器加工，从玉料的选购到玉器的设计、加工和经营，体现一乡一品的特色。

3.1.3.2　发挥村级行政组织在产业集群发展中的重大作用性

作为欠发达地区产业集群代表的镇平县玉器工业产业集群，其发展的历程中，村级行政组织在产业集群的培育、基础设施建设、服务机构引进和区域品牌的打造上大有作为。镇平玉器加工业产业集群成长的经验告诉我们，村级行政组织在促进产业集群形成和发展过程中进退有度，既要在产业集群生成和发展的关键时期发挥重要的示范和推动作用，又要避免过多的行政干预，适时地退出。镇平玉器的村干部在这方面把握得很好。在镇平县玉器加工产业集群的作坊阶段，他们成立专门的玉器经销公司，专门帮助加工户购买原料、销售产品。当众多的加工户建立了稳定的购销网络后，公司就及时退出。在工厂阶段，村干部又根据镇平县玉器产业集群发展的需要，于 1993 年及时组建了几个小的玉器加工及销售公司，在完成了推广新技术、开拓国际国内市场、引领玉器产业集群进入公司阶段的任务后，又适时地解散了。

3.1.3.3　公司、企业之间的高度关联性

镇平玉器的产业集群内部有大的公司，也有很多中小企业，它们之间都是相互关联的。企业之间通常有非常细致的专业化分工，一个企业可能只生产某个产品的一个部件或者完成

某个产品的一个工序，这些企业通过相互协作，形成无形的大工厂、大公司。如镇平玉器早期的玉器购销公司，由于产业发展的需要，各企业在生产上有明显的分工，有专门从事玉料选购的企业、玉器的加工、产品的设计和定型、产品营销等各环节的企业，他们各自发挥优势，又相互关联。后期成立的大公司更体现这一点。

3.1.3.4 充分发挥市场的作用，生产营销的互动性

镇平玉器产业市场与特色产业互动发展是镇平玉器产业集群的一个重要的特点。20 世纪 90 年代镇平玉器兴起了第一批专业市场，并由此推动了镇平县玉器加工业发展的进程。自 90 年代后半期以来，镇平玉器地方政府把商品市场和专业市场建设作为发展地方经济的突破口，争相建立"以商兴产"等战略方针。在地方政府的推动之下，各地专业市场进入了新的发展阶段，市场细化现象明显，各类商品（包括原材料、中间产品、最终产品等）的专业市场相继出现。这些专业市场和生产之间形成了良好的互动作用，既有产业催发市场，也有市场诱导产业。

镇平县玉器加工产业集群的快速发展既得益于村级行政作用的良好发挥，也得益于市场作用的充分发挥。镇平玉器人当年在探索发展之路时，曾到浙江等地考察，沿海个体私营经济的蓬勃发展，给了他们很大启发，他们决定走发展个体私营经济之路。镇平的玉器加工企业都是民营企业，民营企业作为市场经济的产物，对市场经济有很好的适应性。镇平玉器人通过不断地制度创新，利用市场机制建立了玉器产业集群完整的产业链，产业链各环节之间都靠市场来连接，都存在着市场竞争。

镇平玉器人的成功还得益于他们能够根据市场的变化，及时调整产品结构。镇平玉器加工业最初的玉器产品是传统的摆挂件等，产销基本没有问题，但与时代联系不够紧密，存在落伍的风险。20 世纪 80 年代后期休闲健身、汽车与床上饰品开始热销，他们感到危机，立即调整产品，生产棋牌、健身球、玉凉席、玉枕头等。

3.1.3.5 体现以中小企业为主，尤其是家庭企业众多的地方性

镇平玉器多数企业规模普遍偏小，其中很大一部分是家庭工厂，他们成为镇平玉器产业集群的重要特色之一。20 世纪 80 年代前期家庭企业的玉器加工业产值占全县玉器加工业总产值的 90% 以上，经县工商部门登记的个体工商户达 60 多家，到目前仍有 100 多家个体工商户，属于家族家庭企业。2009 年镇平玉器私营企业调查数据表明，少于 10 人的企业占 40%，10~30 人的企业占 32%，两者加起来超过 70%。

3.1.3.6 走国际化发展之路，充分利用传统产业优势的特色性

镇平县玉器加工产业集群是充分利用传统产业优势发展起来的。镇平加工已有数百年的历史，经过几代人的不断探索、丰富和完善，已经形成了一整套的玉器设计与加工技术，加工出来的产品种类多、设计灵活新颖。镇平玉器专业村的干部当年在探索镇平玉器加工业发展之路时一致认为，这一传统的玉器加工技术既是镇平玉器独有的传家宝，又是镇平玉器人打开致富之门的金钥匙。镇平玉器人正是靠这一传统的玉器加工技术，完成了资本的原始积累，走过了镇平县玉器加工业产业集群的起始阶段和形成阶段。

镇平县玉器加工产业集群发展的经验说明，产业集群要快速发展，必须走市场化、国际化发展之路。产业集群要在原料采购、产品销售、资金、设备、技术、人才等方面充分利用国内与国际市场的资源，提升自己的竞争力。镇平玉器 5 家拥有自营进出口权的企业，都开

展有全球业务。其中作为镇平县玉器产业集群的龙头企业——镇平玉神工艺品公司，在美国、澳大利亚和欧洲均开设有办事机构，面向国际市场开采和销售业务，拥有强大的海外市场网络，产品销售全球各地。

3.2 镇平县玉器加工产业集群网络结构的基本情况

3.2.1 玉器加工产业集群网络结构的现状

镇平县玉器加工产业集群是一个开放的地方网络组织。根据镇平玉器产业集群网络节点性质的不同，可以把镇平县玉器加工产业集群网络分成产业网络、市场网络和社会网络。产业网络主要是指产业集群的各个生产主体为完成产品的生产而形成的关系网络。市场关系网络主要是指以产业集群的市场主体，即以供应商、生产商、销售商为节点，以它们在市场中的竞争和合作关系为连线的一种网络。社会关系网络主要是指以产业集群中的人为节点，基于血缘、亲缘、地缘和工作关系而形成的一种社会交往关系网络。镇平县玉器加工产业集群的产业网络、市场网络和社会网络共同构成产业集群的复合网络。作为产业价值链细分的中流，集群内的中小企业通过纵向和横向的竞争与合作，形成了一个关联性的网状结构。

在我国当前的经济环境中，镇平玉器这种玉器加工生产的网络结构比大企业等级组织更加灵活，比大企业的产品销售市场更加有效率。镇平县玉器加工产业集群的一个重要的特色就是众多的家庭工厂及公司，这些工厂和公司是集群网络的重要元素。镇平县玉器加工产业集群是以亲戚朋友、邻里同学等关系为纽带，在一人带一户、一户带一村的模式下发展起来的。这些家庭工场依靠家族、邻里、朋友等多种社会关系联结成一个个产业网络，网络内部存在着专业化的分工与协作，不同的产业网络之间存在着众多的或强或弱的联系，让镇平玉器产业集群成为无形的大工厂。

镇平的玉器加工产业集群网络和市场网络常常建立在社会网络上，劳动分工体系建立在血缘、亲缘和地缘的基础上，生产同类产品的企业之间经常建立起正式或者非正式的合作关系。这些企业还共同探讨和预测市场行情，相互沟通市场信息，共享销售渠道，甚至共享品牌，形成特殊的市场网络。在镇平玉器加工产业中，亲戚、朋友、邻居常常分别承担了某个或者几个环节，共同组织从原材料到制成品到销售的过程。这些企业还普遍建立自己的玉器产品营销网络。

3.2.2 玉器加工产业集群网络结构存在的问题

3.2.2.1 玉器加工产业集群网络结构的不断扩大导致网络效应失去功效

网络规模决定网络治理效率。社会资本协调产业集群中经济活动具有一定范围，当网络规模超越一定极限时，社会资本对网络成员的约束力变弱，从而不能协调和控制网络的经济活动，出现网络治理失灵的问题。由于镇平县玉器加工产业网络成员间不存在所有权的控制，网络规模越大，网络治理的协调能力越弱。随着镇平县玉器加工产业集群的发展，产业集群内企业不断地增加，其网络结构也不断地扩大，地域范围也不断延伸，因此导致网络效应的作用的减弱。

3.2.2.2 社会资本对产业集群产生的副作用

社会资本是镇平县玉器加工产业集群网络结构发生作用的重要构成要素，可以弥补法律乃至企业和市场的失灵，但是它有时也可以起到不良的作用。社会资本可能形成新的进入和退出壁垒，影响具有比较优势的后来者的进入。其次，社会资本可能阻碍网络成员间公平竞争和网络的创新能力。社会资本也可能使网络趋向封闭。因为社会资本不同于所有权和法律，它是弱约束，其约束是建立在对未来的预期上，所以在社会资本起重要作用的网络中一旦欺骗发生，所导致的后果非常严重。这种弱约束力在镇平县玉器加工产业集群的发展中作用就较大。

3.2.2.3 产业集群网络成员的地位不平等可能导致网络解体

镇平县玉器加工产业集群由于各企业的差异，他们在网络成员间的关系可能是平等的，也可能不平等。事实上，在镇平县玉器加工产业集群网络成员间大多数的关系是不平等的，网络中权力集中于少数成员（企业）手中。虽然彼此间没有所有权存在，但是生产过程所带来的依赖性，导致网络治理不是按照公平互惠的原则进行。收益的分配缺乏合理性，可能导致网络的解体。因为处于弱势的网络组织的成员企业可能采取不一样的企业发展对策，对网络起到破坏作用。当然，镇平县玉器加工产业中的大的企业在利益的驱使下，导致公平的网络关系出现不合理的利益关系。

3.2.2.4 产业集群内企业间过度的合作程度无法发挥网络的作用

镇平县玉器加工各企业在市场竞争中，小企业往往处在劣势地位，一些中小企业生存空间极为有限。中小企业的弱势不在于它们的规模小，而是由于其孤立。孤立的中小企业为了生存，就必须善于钻市场空隙或依附于大企业。以中小企业网为特征的产业集群本身能够与大企业鼎足而立，但如果产业集群内合作程度低，则集群的效果将大打折扣，甚至会是一盘散沙，一旦有外来资本或品牌入侵，就会有全军覆没的危险。

3.2.2.5 企业与大学、研究机构的互动性有待加强

多数玉器加工企业与大学、科研院所间的联系较少，这是镇平县玉器加工产业集群网络当前存在的又一问题。许多镇平县玉器加工企业尽管自身技术创新能力较弱，却又缺乏主动与大学、科研院所等高智力机构联系和协作的创新意识，以致企业普遍在生产工艺和新产品开发方面的重大突破较少，玉器加工产品始终徘徊在中低档次。造成大量先进知识和技术游离在网络之外，进入网络的少数知识和技术也存在着流动渠道不畅通等问题，以致科技成果转化率不高，产业化程度低下，有限的创新资源被大量浪费。

3.2.2.6 企业自主创新能力和水平较低，造成低水平竞争

镇平县玉器加工产业集群网络经过多年不断发展，其产品市场占有率、新品种开发在全国已逐渐处于领先地位。但同时也应该看到，集群网络内较多中小企业依然停留在模仿创新阶段，自主创新能力提升不明显。产业集群网络优势并未得到真正体现。尽管通过近年来的努力，集群网络中玉器加工产业设备不断更新，整体装备已经达到国内领先水平，但与这些先进设备相配套的技术开发、应用、管理等"软件"则十分缺乏，其中尤以技术开发能力不足最为突出。这一硬件与软件的严重失衡现象，客观上使高档装备与市场需求之间出现了一个技术开发的"真空地带"，导致了产业集群网络中一流设备、二流产品、三流价格的尴尬局面。

因此，在镇平县玉器加工产业集群网络内造成了一种愈演愈烈的恶性循环，产品和技术依靠相互模仿，导致产品趋同、缺乏个性，销售市场上价格战不断升级，玉器加工产品利润空间不断压缩，企业一味追求生产成本缩减，产品质量逐步下滑。日趋严重的低水平竞争，成为镇平县玉器加工产业集群网络进一步发展的瓶颈。

4 镇平县玉器加工业产业集群的产业网络结构

4.1 玉器加工产业集群产业网络结构的基本情况

产业集群中的企业是相互依赖的，集群产业网络结构描述了产业集群中资源的占有与分布情况，反映了资源整合中协同效应的深度。从结构看，大体上可以把产业集群分为两种类型，即大企业主导型产业集群（大企业集群）和中小企业主导型产业集群（中小企业集群）。前者是不同规模企业的综合体，以大企业为中心众多中小企业为外围而形成，其中既有一个或多个规模较大、创新和竞争能力较强、与外界联系较广的主导型大企业，也有一大批进行专业化生产和配套服务的中小企业，大企业和中小企业有机地构成一个大中小企业共生互助、协调发展的企业群落。后者则是由众多的中小企业按照专业化分工和产业联系，以平等的市场交易为主，以水平联系为主要联系方式，通过市场网络共同形成一个互动互补、创新力和竞争力较强的企业。

镇平玉器产业集群中存在多条产业链，每个产业链中又有多个企业，有提供原材料和设备的供应商企业群、负责产品生产的生产商企业群、负责产品销售的销售商企业群，以及为以上三者服务的中间服务企业群（公共服务、市场服务、技术服务等机构）。我们可以分成两个层次来研究镇平县玉器加工产业集群的产业网络结构：一是产业链中小企业与研究机构、当地政府、中介机构组成的网络结构，即整个集群的产业结构。二是产业链上下游企业供应商、客商、互补企业以及竞争企业组成的网络结构，即同一产业链上的产业结构。

4.2 玉器加工产业集群内部的产业网络结构

镇平玉器整个产业集群内部包括各类企业、地方政府、研究机构、中介机构和金融机构。其中企业是整个集群的核心，是从事生产的主题，而其他的主要是为企业提供技术、人才、资本以及咨询培训等服务功能。这些部门相互作用形成一个网络结构，其结构图见图2.6。

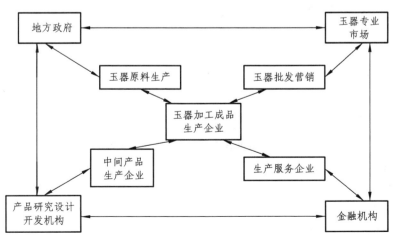

图2.6 镇平县玉器加工业产业集群产业网络结构

素有"玉器之乡"之美誉的镇平，玉器加工业历史悠久。改革开放后，传统工艺与现代技术相结合，玉器加工业得到迅猛发展。目前有 1 300 余家玉器加工厂，11 000 多玉器加工户，年加工玉器 12 000 件，在当地和全国开设玉器销售门店 5 000 余家，已发展成为亚洲最大的玉器加工贸易基地。主要产品有玉器摆件、饰品、保健用品等，产品远销美、日、俄、西欧、加拿大、东南亚等国家和中国香港地区。

镇平玉器已形成"两头在外"的产业格局，45 家企业拥有自营进出口权。原料购买在外，吸纳进口印尼、缅甸、西亚各国玉料的 80%；产品销售在外，全村 1/2 的产品远销日、美等 20 多个国家和地区。2007 年全县加工玉器 10 000 多件，年产值超过 15 亿元，人均纯收入超过 7 000 元。致富不忘四邻，镇平玉器产业带动了周边县乡镇 1.5 万人就业。在该县范围内，与玉器加工相关的加工工具、包装用品、宝玉石鉴赏、技术培训、玉文化观光旅游等相关生产与服务行业也得到了迅速的发展，产业链条日臻完善。

4.3 玉器加工业产业集群同一产业链网络结构

镇平县玉器加工产业网络集群内部行为主体之间的相互作用主要表现为企业之间的联系和互动。这种互动和作用表现为两种形式：垂直联系和水平联系。

4.3.1 玉器加工同一产业链网络结构的垂直关系

垂直关系是指镇平县玉器加工产业集群产业链依次由供应商—生产商（初加工企业—半成品企业—成品企业）—销售商串联而成带状结构。垂直关系中的上下游企业之间表现为合作和交易的关系。

目前，镇平县玉器加工产业集群内有大大小小的生产厂家约 130 多家，这些企业大约分为四个层次：第一层次是骨干企业，大约有 30 ~ 40 家，这些企业已经有相当的规模。第二层次是具有独立生产能力与营销能力的企业，大约有 40 ~ 50 家。第三层次是具有独立法人资格或独立经营的小企业，占总体的一半左右。第四层次是一家一户的家庭作坊企业。经过 20 年的发展，玉器加工产业集群已经初步形成了较为完善的产业体系。从原材料的选购到产品的设计，再到产品的生产和包装、销售，形成了一条产业链，其结构见图 2.7。

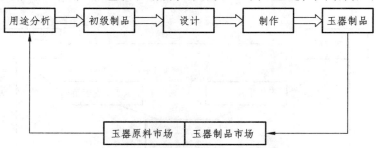

图 2.7 镇平县玉器加工产业链垂直联系

镇平县玉器加工产业集群是以镇平玉器加工专业村镇为中心的区域性经济实体，以玉器选购、用途初步分析、产品设计、玉器生产、玉器产品销售和劳动力等环节为依托，以社会化合作、专业化分工为特征，以民营经济为主体，基本形成了玉器加工业为主体，玉器原料生产、玉器产品销售、定型和包装一条龙服务的经济格局。镇平县玉器加工工业专业区主要分布在石佛寺玉雕湾等几个专门划定的区域，规模较大，玉器交易生机勃勃。

规模上去了，为了追求利益的最大化，科技需求、产业升级又成为了镇平玉器人追求的重点。为此，他们面向国内外聘请了 180 多名专家、技师作为技术骨干，先后开发推广了抛光、着色等新技术，推出了一系列新品种，改变了原有产品结构，拉长了产业链条，提高了原有玉器产品的附加值，增强了市场的竞争力，使镇平的玉器产业登上了一个新台阶，成为了亚洲最大的玉器加工基地和集散地。

随着经营规模的发展，科技含量的提高，镇平玉器人把眼光拓展到国外，村镇党支部积极帮助企业做工作，引导和鼓励企业与国际接轨，兴办合资企业，开拓国际市场，申报外贸进出口自营权，大力发展外向型经济。

为了发展外向型经济，镇平玉器先后成功举办了多届玉雕节、宝玉石评鉴交流会等大型活动。镇平玉器 18 个厂家的 86 种产品，被确定为中国消费者喜爱、信得过产品。从而提高了镇平县玉器产业的知名度，促进了外向型经济的发展。

4.3.2　玉器加工产业之间的水平联系

水平联系表现为企业之间的竞争关系和合作关系。竞争关系主要表现为企业之间在共同的原材料劳动力以及产品市场上的竞争。在镇平县玉器加工产业集群中有众多同类企业集聚在一起，因此更少不了激烈的竞争行为，而这种竞争行为恰好是持续改进和创新的动力。水平关系上的合作主要体现在市场的同创、集群整体品牌的培育和维护方面。在集群网络中做好企业个体的品牌固然重要，但是更重要的是宣传和推广集群整体的品牌，因为集群整体的声誉是打开企业销售渠道的平台。

4.3.2.1　玉器加工企业之间的竞争关系

在镇平县玉器加工产业集群的同类企业之间都普遍存在竞争关系。由于市场机制的日益成熟，集群内部在产业和市场方面的分工细化，相互间的竞争逐渐有序化。通常规模较大的企业更加注重提高产品的质量，扩大产品的知名度，对企业的发展前景充满信心，而且都已经拥有一批稳定的顾客群，他们把本地行业间的竞争看作是企业和地方产业发展的推动力量。在镇平县玉器加工产业集群中，同一种产品如"白菜"都放在当地的市场——如石佛寺玉雕湾市场销售，谁家价格最低，谁家的质量最优，不是货比三家，而是货比多家。价格最低、质量最好的产品就是大家赶超的对象。其他企业必须赶超，不赶超就会倒闭。

在镇平玉器的玉器加工产业集群内，几百家玉器企业，大家所处的环境都一样：区位优势一样，运输条件和物流成本一样，原材料价格一样，使用的设备一样，工资水平一样。为了使自己的产品比众多本地同行的产品成本更低，质量更好，品种更有特色，就需要动更多的脑筋，就得有更好的创意。而一个好的创意又很难长期独享。通过人员的流动、用户之间的串联，好的创意很快就会被当地的同行学会。企业要想求得长期的领先，就得不断地创新。于是，整个产业集群内的创新压力节节升高。企业的竞争压力，既来自市场和用户，也来自职工。由于同类企业有数百家或数千家，职工就业的选择机会很多。哪家工资较低，哪怕低一点点，职工立即会跳槽。这样，企业也不可能靠克扣工资来取得竞争优势。

但是很多规模比较小的玉器加工企业没有稳定的客户，也没有长期的发展目标，更没有明确的市场定位，为了争取更多的订单或者销售量，通常以价格竞争为主，这些是有害于区域经济的发展。在镇平县玉器加工业集群中，同行之间的竞争十分激烈，甚至相互拆台，通过相互压价来争取客户。价格上的竞争曾一度导致产品质量的显著下降，劣质产品充斥市场，损害了区域形象。

4.3.2.2　玉器加工企业之间的合作关系

镇平县玉器加工产业集群的产业特色十分明显，企业之间的关系以平等市场交易为主，各个企业根据其技术特色或者生产能力，形成了水平或者多层次的合作关系。合作使中小企业发挥了集群经济效益，弥补了中小企业规模不经济。这种合作关系更多地体现在市场和品牌的创造。

在镇平玉器加工获得的经济效益都是与专业市场共生的，专业市场和当地的相关工业之间联系紧密，相互促进，共同发展。在这种产业集群中，专业市场为没有规模经济要求的中小企业提供了庞大的、可供共享的销售网络和相互交流的平台。让他们及时获取市场信息，获得互动的学习和创新积累。

品牌是一种能够获得超值效用的无形资产，但是品牌的经营具有很高的规模经济要求，这对于集群内部大部分玉器加工小企业来说都是可望而不可即的。因此这些玉器加工小企业可以通过联合销售机构来共筑品牌或者加入品牌俱乐部（如村里成立的大公司和协会）。品牌俱乐部是一种主导企业投资发起的联合销售机构，它削减了小企业市场准入的壁垒，但是它要向成员收费，享有品牌的管理权和收益权。

例如中国镇平县玉器协会，为适应市场经济发展的需要，加强玉器行业协调和管理，促进玉器产业快速发展而成立的"镇平县玉器协会"，是由玉器企业所在村镇负责人和玉器企业家自愿组合，依法成立的非营利性社会组织，具有社会团体法人资格。其宗旨是遵守国家法律法规、政策，遵守社会道德风尚，团结和组织全体会员积极参加经济建设，促进对外经济合作与交流。充分发挥桥梁、助手作用，坚持为政府、企业、社会服务，代表和维护会员的合法权益，做好行业自律，促进会员企业健康快速发展。为体现河南优势产业集群，加大宣传河南玉器产业优势，镇平县玉器协会与历届镇平玉雕节组委会通力合作，举办大型玉器展销活动，镇平县玉器协会组织数家知名玉器企业参加此次活动，组委会邀请国内的河北、山东、辽宁、广州、福建、内蒙古以及国外的美国、日本、加拿大、西欧等知名玉器加工企业参加展会。加入玉器协会组织对中小企业的发展十分有利。但根据协会章程要求，参加协会会员要缴纳相应会费（见图2.8）。

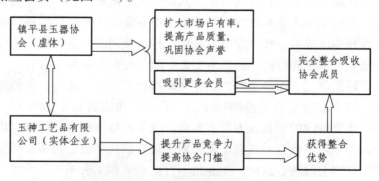

图2.8　基于镇平玉器品牌协会组织的产业集群

另外，镇平县玉器加工产业集群努力培养自己的玉器加工产品的区域品牌。一提到玉器加工产品，人们就想到镇平的玉器加工产品；通过共同品牌的创建和维护来增强小企业开拓市场的能力，提高企业的竞争能力。

5 镇平县玉器加工产业集群的市场网络结构分析

5.1 玉器加工产业集群的市场主体

镇平县玉器加工产业集群一般含有四个市场主体，即为产业集群提供原材料和设备的供应商企业群、负责产品生产的生产商企业群、负责产品销售的销售商企业群，以及为以上三者服务的中间服务企业群（公共服务、市场服务、技术服务等机构）。同时，产业集群的市场主体——生产商企业群，由于其内部实现专业化分工，往往一个产品的生产并不是由一个企业独立完成，而是由许多企业相互分工协作的情况下共同完成的。镇平的玉器加工产业集群，内部存在专门从事玉器产品设计、揉制、玉器加工、产品定型、品牌包装等工序的企业链。为了说明的方便，我们把生产商企业群内部相互分工协作专业化生产的各个企业分为玉器产品配件生产企业、玉器产品部件生产企业和玉器产品成品生产企业三个组类。这些企业各自有独立的法人，并不属于某个成品企业。同时，这些相互分工协作的企业内部可能又有更多相互协作的小企业存在。

5.2 玉器加工产业集群的市场网络结构

在镇平县玉器加工产业集群的市场关系网络中，存在合作和竞争两种关系。合作关系主要包括产业集群的上下游企业之间为实现各自目标价值的合作关系和同一产业链内企业之间为应付上下游企业讨价还价压力的联盟关系。竞争关系主要包括上下游企业之间讨价还价的交易关系和同一产业链内企业之间彼此争夺资源和市场的竞争关系。镇平县玉器加工产业集群内部企业的市场关系网络含有串联和并联两种结构。所谓串联结构，是指基于产业集群产业链的作用和功能，产业集群市场主体依次由供应商—生产商（初加工企业—半成品企业—成品企业）—销售商串联而成带状。串联结构中的上下游企业之间的市场行为表现为合作和交易的关系。一方面上游企业依赖于下游企业，以下游企业为市场空间。另一方面，下游企业又受制于上游企业，依靠上游企业的产品质量、技术创新，才能得到更大的发展。所谓并联结构，是指同一产业链内的各个企业在市场竞争中机会是平等的，它可以与上下游任何一个企业发生合作和交易（讨价还价）关系。镇平县玉器加工产业集群串联和并联的网络结构决定了产业集群内部企业之间的协作和交易关系存在多种选择。

我们可以用更形象的形式来描述、分析镇平县玉器加工产业集群内部市场关系网络的这种串联和并联网络结构及其功能。如玉器加工产业集群内具有大量（N_1个）供应商（一般表现为原料供应专业市场）、大量（N_2个）生产商（一般表现为玉器加工生产商企业集群）、大量（N_3个）玉器产品销售商（一般表现为玉器产品销售专业市场）。生产商企业群内含有大量（M_1个）玉器产品配件企业、大量（M_2个）部件企业、大量（M_3个）玉器产品部件企业（这些玉器产品生产商企业群内部可能还有更多分工协作的小企业）。同时，镇平县玉器加工产业集群内部还有大量服务于以上企业的中间服务机构。由于这些企业都在同一区域内（镇平玉器加工专业村），企业与企业之间的交易不存在交通成本、通讯成本的差异和机会成本。因此，每个玉器加工销售商可以向任何一个玉器产品生产商进货，即有N_2种选择。每个生产商可以向任何一个供应商采购原材料和设备，即有N_1种选择。在生产商企业群内部，每个零配件企业可以向任何一个部件企业提供零配件，即有M_2种选择。每个部件企业可以向任何一个成品企业提供部件，即有 M_3 种选择。反之亦然。因此，基于产业集群合作关系下的串联和并联网络结构，产业集群内的产品生产和交易有 $N_1 \times (M_1 M_2 M_3) \times N_3$ 种途径和组合。

5.3 玉器加工产业集群市场网络结构的效益分析

市场结构是表现产业经济资源配置效率和竞争优势的重要指标，它一般是指产业内企业间市场关系的表现形式及其特征，主要包括卖方之间、买方之间、买卖双方之间、市场内已有的买卖方与正在进入或可能进入市场的买卖方之间在数量、规模、份额、利益分配等方面的关系与特征，以及由此决定的竞争形式。按照竞争强度的不同，可以把市场结构分为完全竞争、垄断竞争、寡头垄断、完全垄断四种基本形式。不同的市场结构决定不同的企业市场行为和市场绩效，通过镇平县玉器加工产业市场结构的分析，可以有效解析玉器产业集群内企业的市场行为和市场绩效。

由于玉器加工产业集群内部特殊的市场网络而形成特殊的市场结构，使得玉器加工产业集群具有竞争优势。根据产业集群的市场主体和网络结构特征，我们可以从镇平县玉器加工产业集群内部企业之间的市场竞争、产业集群内部企业与集群外部企业两个层面分析镇平玉器产业集群的市场结构。产业集群的网络结构使产业集群内部企业竞争接近完全竞争，从而使产业集群内部资源配置更有效率，成本降低。同时由于玉器加工产业集群的有效竞争结构使玉器加工集群具有强大的竞争优势，使产业集群针对外部企业和市场的竞争又接近完全垄断或寡头垄断，从而使镇平县玉器加工集群内部的企业能保持一定的利润空间。

5.3.1 产业集群内部企业之间的竞争——接近完全竞争

根据微观经济理论，完全竞争市场需要满足以下几个条件：①生产商的产品之间是无差异的；②市场具有大量的卖者和买者，以致单个企业无法影响产品的价格；③市场中所有要素均具有充分流动性；④市场中消费者、厂商以及要素持有者所掌握的经济、技术信息是充分的。由于镇平县玉器加工产业集群内部特定的网络结构，使产业集群内部企业之间的市场竞争基本满足完全竞争的市场条件。

镇平县玉器加工产业集群内部企业的市场竞争接近完全竞争基于以下理由：

第一，虽然镇平县玉器加工产业集群中生产商企业群的各个成品生产企业生产出来的最终产品是有差异的，但这种产品差异并不取决于成品生产企业的优势，而是取决于成品生产企业对其产品途径的生产组合和交易的不同选择。如果某种产品组合的市场需求较大，大量企业就会竞相模仿，选择相同的产品生产组合和交易途径，从而使集群内的产品品质趋向一致和无差异。这是由于其他企业也竞相模仿，导致同一产品过多，价格趋于一致和降低。一个企业通过技术引进和产品创新，开发了产品（该产品生产由多个企业共同完成），大量企业群起模仿，产品差异化的趋减和垄断态势的打破使开发的产品的售价在短期内下降。

第二，镇平县玉器加工产业集群是由多个产业链构成的，并且每个产业链内又含有大量企业。由产业链和产业链内的大量企业形成的产业集群的串联和并联结构使集群内部有 $N_1 \times (M_1 M_2 M_3) \times N_3$ 种交易选择和产品生产组合，产业集群中每个产业链内的企业又有 N'' 种竞争和合作关系，因此单个企业要控制价格是非常困难的。如某个原材料供应商提高它的原材料销售价格，生产商马上就会改变交易途径，向其他供应商采购原材料，从而使该供应商失去客户和市场。

第三，镇平县玉器加工产业集群内部的各种要素具有很好的流动性。

（1）劳动力流动。由于：①镇平县玉器加工产业集群社会关系网络至少具有 N^n 种交往联系渠道，通过工资信息的传播和交换，各个企业支付员工的工资数额是透明的。②镇平县玉器加工产业集群一般都是以一种基本技术为基础生产系列产品。工人流动不需要进行技术再学习培训。基于以上两点，工人可以根据自己的工作价值取向自由流动。

（2）技术信息和市场信息流动。由于镇平玉器产业集群的社会关系网络具有多种交往联系渠道，因此各种技术和市场信息的传播是畅通的。

（3）资本流动。由于镇平县玉器加工产业集群是由大量分工协作的企业组成，玉器加工生产商企业群内的各个企业只生产一个简单的配件或产品组装，产业集群内的生产企业一般投资较少，技术也因专一而变得非常简单，因此生产企业进入和退出成本都比较低，资本具有较好的流动性。通过对镇平县玉器加工产业集群实证调查证明，投资者只要有几万元的资本就能进入产业链内的某个环节。对于供应商和销售商，他们虽然需要庞大的资金，但他们进入和退出的固定投资成本也很低。因为与产业集群相配套的原材料供应市场和产品销售市场在空间上都表现为专业市场，他们的经营场所固定投资只是几间店面或几个摊位，而且店面和摊位的投资因可以转让而具有保值增值价值。同时由于供应商和销售商接近生产企业，市场信息获取迅速，可以根据生产商和消费者需要变换经营品种。因此镇平县玉器加工产业集群的供应商和生产商进入、退出市场也较为容易，资本具有较好的流动性。

第四，由于镇平县玉器加工产业集群的社会关系网络拥有 N^n 种交往联系渠道，同时又集聚于一地。在这种情况下，企业要保密信息是非常困难的。对于消费者，由于存在专业市场，市场内有许多经销商，通过货比三家，不断比较，也能得到较为完备的信息。因此，集群内各个企业掌握的信息是基本对称的。

根据以上对镇平县玉器加工同一产业链内企业的竞争态势分析，镇平县玉器加工产业集群中同一产业链内企业之间的市场竞争是在接近完全竞争条件下进行竞争的。

5.3.2 玉器加工产业集群与外部企业、市场的竞争——完全垄断

由于镇平县玉器加工产业集群内部的各个企业是在接近完全竞争条件下的竞争，玉器加工产业集群上下游企业又具有较强的合作力量。因此，镇平县玉器加工产业集群内部的企业与集群外部企业比较，具有以下几个特征：

第一，资源能得到有效配置，经济效益较高，在资源利用方面具有比较优势，与产业集群外部企业相比具有成本低的特征。

第二，产业集群同一产业链内的企业能够普遍建立企业联盟，上下游企业之间能普遍建立合作和诚信关系，这会大大减弱同一产业链内部不同企业的相互过度竞争和上下游企业之间的交易风险，可以降低交易成本和企业经营风险。

第三，在集群具有 $N_1 \times (M_1 M_2 M_3) \times N_3$ 种生产组合和交易选择以及具有 N^n 种信息传播途径的情况下，通过不同的生产组合和交易途径，有利于产品的创新和产品质量的提高，同时创新的知识和信息很快会扩散到整个产业集群，保证创新技术能够迅速在整个集群内被普遍应用；市场信息也通过这些途径得以快速传播，集群内企业的产品结构和产量能得到迅速调整，从而减少因外部市场突然变化而引起的经济损失。

第四，镇平玉器产业集群中的企业基本集中于一地，大量玉器加工企业形成巨大的市场需求，原材料生产商由于规模运输经济，可以降低运输成本，因此，玉器加工产业集群内企

业可以获得原材料生产商优惠的原材料市场批发价格和市场服务。

第五，由于镇平县玉器加工产业集群专业销售市场可以提供非常齐全的产品品种，产品零售商一次可以采购多种品种，可以降低单位商品的进货成本，而且能得到销售市场较好的市场服务。

基于以上几点分析，镇平县玉器加工产业集群内部企业具有比外部企业更强的竞争优势，表现在单位产品生产成本上比外部企业低，产品品种上比外部企业多而全，产品创新上比外部企业快。对于外部企业来说，镇平县玉器加工产业集群实际上是一个垄断大企业。因此，镇平县玉器加工产业集群外部的市场结构接近完全垄断。

同时，由于镇平县玉器加工产业集群应用的技术都是大众化技术，因此产业集群对市场的垄断主要是依靠低价格进行，并且集群内部竞争越接近完全竞争，集群对外部的垄断就越接近完全垄断。由于几乎没有任何技术壁垒，因此竞争非常激烈。实证调查证明，镇平的低档玉器产品在国内外占领了较高的玉器制品市场。

5.4 玉器加工产品专业市场

专业市场在镇平县玉器加工产业集群的各个市场网络中扮演了重要的角色。专业市场作为中国商品交易市场体系的一员，从诞生到现在只有十年多的时间。但在这段短短的时间内，发展势头十分迅猛。出现了一批大型的年交易额达几十亿、超百亿的中心批发市场，其辐射范围甚至突破了行政区划的限制，向跨地区强辐射方向发展。其市场交易功能、价格发现功能、综合服务功能、分散风险功能以及信息聚集及传递等功能不断形成和完善。镇平县玉器加工产品专业市场最大规模的专业市场是中国镇平县石佛寺镇玉雕湾，还有其他专业市场，年销售额在几十亿元。在镇平县，玉器加工产业集群网络中起到了重要的作用。

5.4.1 专业市场作为市场主体的交易场所

在专业市场形成以前，镇平玉器成百上千的农民购销大军，就用走南闯北的自行购销方式来采购原材料和推销中间产品和最终消费品，这种"走商"的交易方式，由于缺乏营销规模效益和市场秩序性，交易成本极高。随着传统企业集群的发展，迫切需要与之发展相适应的生产要素和产品的固定交易场所，于是肩扛手提的农民购销大军纷纷在传统企业集群发展初具规模的集镇"安营扎寨"，从"游击队"变为"住商"，催生了专业市场。可见，传统企业集群为专业市场的形成起到了"豁附剂"的功能。同时专业市场成为了各个市场主体的交易场所，各个企业的产品在此汇聚销售（见图2.9）。

图2.9 镇平玉器专业市场为中心的市场网络结构

5.4.2 玉器加工企业共享的销售渠道

利用专业市场形成共享的销售渠道，使镇平县玉器加工产业集群享受销售方面的外部规模经济效益。镇平玉器产业集群内企业由于自身规模普遍较小，在产品宣传、推广等广告上的投入存在人力、物力的不足，因而很难打开产品的销售渠道，专业市场通过把众多中小企业集中在一起从事销售活动，使企业获取共享的、庞大的销售渠道带来的销售方面的外部规模经济，而企业通过共享专业市场的品牌效应，无需在自身品牌建设上投入过多的资金，缓解了在广告投入上人力、物力不足的矛盾。

6 镇平县玉器加工业产业集群的社会网络结构

6.1 玉器加工产业集群社会网络基本情况

镇平的加工业产业集群是传统产业集群，是一个典型的村落产业集群，分布在欠发达的中部农村地区，是我国农村工业化的产物。和我国其他中部广大农村地区一样，镇平玉器农村社会也是由血缘（或家族）、地缘及人情等各种关系交织而成的一个个网络社区所组成，个人是网络中的结点。

在各种关系当中，最为重要的是家族（家庭）关系，即血缘和亲缘关系。家族成员之间的信任度高，对朋友或熟人的信任只能达到建立相互依赖关系、双方都不失面子的程度。然而，由于"'家'字可以说最能伸缩自如了"，社区成员可以因时因地根据需要，由亲属向外扩大，甚至可以突破血缘、亲缘的局限，使"自家"可以包罗任何需要拉入自己的圈子的人物。在镇平玉器，存在一种从人们年幼时便形成的社会关系，即盟兄弟。这种盟兄弟可以看作是准家族关系。另外，建立在血缘、亲缘与地缘关系之上的一种特殊的网络关系是业主与地方政府官员之间的社会联系。近年来，在集群内部，不少企业主加强与地方政府官员建立起密切的社会联系。同时，部分玉器加工大企业业主热心于参与政治活动，扩大在地方的政治影响力，利用特定的政治身份为企业发展争得在市场竞争中的优惠券。一些基于集体经济之上的产业集群中，基层组织的一些重要人物利用特殊政治身份在企业体制改革的过程中，为自己谋取丰厚的利益。这种政治寻租行为虽然提高了单个企业的绩效，但是营造了不公平的市场竞争环境，而且容易造成政府腐败，从长远来看并不利于产业集群的发展。

镇平玉器农村社区从对血缘、亲缘到对地缘的认同，使得社会网络关系从家族关系扩展到同乡关系。当网络成员为发展需要，从原区迁移到其他地方时，依靠地缘关系在迁入地结成新的社会网络。这些分布于全村各地的所谓异地网络并非独立于原厂区的地方网络之外的，而是或多或少地与后者交织起来，并且在某些情况下可以彼此促进、共同发展。因此，通过一个个异地网络，社会网络联结着更多的成员、孕育着更丰富的关系内容。

6.2 镇平县玉器加工产业集群社会关系网络的作用机制

6.2.1 为产业集群内企业所需资源的获得提供捷径

社会关系网络本身并不是经济资源，而是动员资源的渠道。获取社会资源的多少是强调一个企业核心竞争力的重要标准，社会资源潜存于社会关系网络之中，社会关系网络作为社会资源的载体，意味着社会关系网络作为企业的社会支持系统是不可或缺的[56]。在镇平县玉器加工产业集群企业中，它构成了获取短缺要素的独特方式。由于各种原因的限制，过去一二十年中产业集群企业经营所必需的生产要素（如资金、土地等）都是短缺资源，这些企业为了获取这些短缺资源，更多地采用社会关系网络这种非正式制度安排的方式获取。

此外，镇平玉器村的自然资源贫乏，原有的玉器工业基础（如土地、资金、原料等）薄弱甚至是空白，技术和资金短缺，信息流通渠道阻塞或被歪曲，这些因素综合成为镇平县玉器加工业发展的"瓶颈"。企业主通过自己的社会关系与其他社会经济机构以及政治机构建立必要的信任，由此获得社会支持，从本社区内部或者以外地区获得资金、技术、原材料，以及与经营密切相关的各类信息，甚至是不易公开的内部信息，创办家庭工场，并不断开辟产品市场，从而获得创业成功。通常，关系网络越广泛、市场越复杂，业主获得商业机会的可能性越大，解决问题的机会越大，最终获得商业成功的机会也越大。

6.2.2 协调企业与组织环境关系

企业对组织环境的适应情况在很大程度上决定了企业的命运，有效的社会关系建构与利用策略有助于企业适应能力的提高。从经济网络角度分析，市场和组织之间的中间性网络组织是节约交易费用的手段。人际关系模式通过个人关系及其社会关系网络对组织产生信任、建立期望并影响着不同组织的交易成本。据此，我们可以认为企业间的社会关系网络组织是克服市场失灵和内部组织失灵的制度方法。镇平玉器的产业集群是独立企业之间的长期合作，它们不分层次，但企业间社会关系网络内企业行动者的分工细致。在这些企业之间，往往早已存在血缘、亲缘、地缘或业缘的关系。如果没有这种重视社会关系取向的社会结构和变化，企业间在资金上相互赊账和延迟付款、工艺技术方面的相互模仿、合同订单的互借互助等默契的人情交往行为往往无法进行，专业市场中的中间产品交易成本也会变得十分高昂。

6.2.3 降低交易成本和交易风险

镇平玉器产业集群主要是通过"一人带一户，一户带一村"的发展模式，家庭工场蓬勃发展起来，产业集群的生产规模快速扩大。这些家庭工场并非游离于产业集群内部，更不是自成一个独立的生产系统，而是依靠家族、邻里、同学、朋友等多种社会关系联结成一个个生产网络，网络内部存在着密切的专业化分工与协作，不同的生产网络之间又保持着或强或弱的联系，结果使产业集群成为一个虚拟的大工厂。镇平玉器产业集群已经形成庞大的地方生产网络，产品占国内市场和国际市场的较大份额。从玉器生产企业和销售企业选择专业加工户、建立稳定的供货关系的渠道来看，社会网络关系是重要的参考因素。通常，社会关系越亲近，供货关系的稳定程度越高。以家族关系或同事、同学、朋友等社会关系为纽带组建虚拟企业集团的现象在镇平玉器并不少见。这些企业集团实质上是一种非正式的企业联合体，并没有法律上的权责关系。创建企业集团的主要目的是树立良好的企业形象，以更强大的集团优势争取客户以及共同应对紧急业务。建立在社会关系基础上的地方生产网络具有比大企业等级组织更灵活、比市场效率更高的优势，并且将整个网络的生产成本和经营风险降到最低。

6.2.4 便于技术的流通，促进创新

对于传统产业集群而言，由于生产技术相对比较成熟，多数产业创新属于渐进性创新，主要体现在企业管理、营销手段、产品多样性、产品质量与服务水平等方面，有时也表现为新技术、新工艺的采用等。这类创新往往是产业集群内部不同主体（包括企业、各种正式或非正式的产业组织机构、地方政府以及从业人员等）集体学习的结果。尽管上下游企业之间的正式交易关系中也会包含着信息交流与技术传递，然而，非正式关系，例如人际交往和偶然性因素在传统产业的渐进性创新过程中发挥着重要的作用。通常，企业（尤其是创新型业主）之间频繁的社会交往不仅能更为透彻、及时地了解到市场供需状况，还能及时有效地收集到竞争对手的动态信息，从而产生现实的竞争压力和创新动力。

在镇平县玉器加工产业集群的调研结果表明，大约四分之三的业主与其他非业务关系的

同行保持较亲密的私人关系，通常以电话、互访、不定期聚会的形式与同行往来，并且认为，这种非正式交流有利于获取市场信息、经验类技能，经常在交往过程中构想出市场前景看好的新产品。正是由于庞大的社会网络将集群内部不同主体联结成创新网络，所以当地任何企业或个人的某项创新成果都会迅速在集群内部扩散开来，并会刺激其他创新活动的出现。这种以社区网络关系构建起来的创新网络往往比现代化通讯网络更有效、真实、细致地传递集群内部的有用信息。

在镇平县玉器产业集群中，要保持玉器生产加工和优质产品的领先地位，就必须及时了解现代技术和经济信息，以便在市场运作中掌握主动。早在1994年，镇平县石佛寺镇所在地的玉器专业村1000多户人家，就安装了1200部程控电话，近百部传真机，还有两户上了网。无论是电话入户普及率，还是通讯工具的先进程度，在当时中原地区的农村中，都称得上第一。十年过去了，更加现代的通讯手段，使这个古老的中原农村，走出了河南，走出了国门，走向了世界。而今，它已发展成为河南网络建设第一村。

1998年，该村第一个上网的村民仵应举，请了一名计算机专业的大学生管理自己的网站。当年十月，加拿大一家公司看到了该玉器公司的网站后，发来了一张13万美元的订货单，这宗折合人民币100多万元的生意，人不见面，足不出户便顺利成交，货款一分不少地划到了他的账户上。网上奇迹不胫而走，轰动了全村。村委会很快研究决定，投资150万元，在县邮电局的支持帮助下，购置30台电脑，建起了村级网站——镇平玉器网苑。56家企业都在网上，并拥有了自己的网页。其他加工户的农民老板也纷纷"触网"，变成了网民。

知识经济给镇平玉器人带来了丰厚的利益回报。该村统力玉器公司24岁的老板买云涛，做生意靠鼠标点击电脑，两年间通过网络订货200万元，仅出口一项达10万美元。信息拉近了镇平玉器与世界的距离，改变了人们传统的商业观念和生活方式。

值得注意的是，在镇平玉器，外地务工人员构成本地劳动大军的主力。他们多数是通过自己的邻居、亲戚朋友或同学介绍而来的，彼此间共同的方言、习俗和心理特征成为快速学习传统产业中的隐含经验类的重要基础。这在某种程度上削减了因社会文化差异而导致的外来人口的学习障碍和成本。

6.3　玉器加工产业集群社会网络作用强度演化

在产业集群生命周期中，社会网络的作用强度并非呈现单向减弱的变化趋势。从成长初期到成长期，社会网络诱发了生产要素的简单聚集后，并继而促使网络关系较近、人力资本禀赋互补的家庭之间构建起地方生产网络[56]。整个过程，社会网络的作用强度呈现增强的趋势，并达到变化曲线的最高点。当集群从成长期步入成熟期，社会网络在集群从生产系统转向创新系统的过程中发挥着重要的功能，然而其作用强度逐渐减弱，市场机制的力量日益增强，并促使社会网络内部的各种关系、共同准则发生变化。尤其是地方生产网络和新网络在空间上逐渐拓展之后，社会网络与市场交易关系相互渗透，其作用强度更难以度量。在镇平玉器，当玉器加工产业集群出现衰退迹象时，不仅产业网络可能面临解体的危机，甚至原有的社会网络也将受到破坏，严重情况下可能爆发信任危机。而先前维系完好的社会网络将会继续成为在下一轮产业集群再造的社会资本，只是由于市场机制日益健全，其作用强度不可能处于较高的水平之上（见图2.10）。

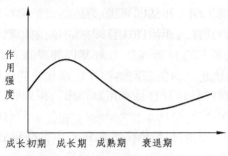

图2.10　社会网络对镇平县玉器加工产业集群的作用强度演变趋势示意图

7　镇平县玉器加工产业集群网络结构培育的对策研究

7.1　强化网络协作功能，营造良好的玉器加工产业集聚氛围

针对镇平县玉器加工产业集群网络内协作不足、竞争过剩的现状，急需尽快完善集群网络的相关环境，营造一个良好的产业集聚氛围，促进网络成员的有效合作及良性竞争。营造产业集中的氛围，可以从理顺体制、健全制度入手，并且积极塑造诚信、协作、创新的区域文化。

在镇平县玉器加工产业集群网络中，采取俱乐部和协会等丰富多样的形式，宣扬网络合作的积极意义，扩大企业及行业间的交流，加深企业家相互的了解与信任，从而促进企业间和产业链上更为积极地开展有效的相互合作和互动发展，保证信息、知识等在网络内顺畅地转移扩散，提高集群网络的实际运行效率。同时，当地政府应发挥立法和监管职能，大力营造公开、公正、公平的市场环境，有效遏制集群网络中玉器加工企业相互模仿，通过价格战倾销产品等恶性竞争行为。

当地政府只有集中力量，尽早完善玉器制品知识产权法规体系，设立专门的知识产权监管机构，严格执法、强化市场监管，才能有效维护创新企业的权益，进而激发更多企业的创新热情，推动产业集群网络内创新行为的持续涌现，从根本上消除镇平县玉器加工企业间过度竞争的潜在危机，保证镇平县玉器加工产业集群网络的持续健康发展。

7.2　激励企业创新协作，推动企业有机整合、协调发展

镇平县政府应制订有效的政策措施，进一步鼓励产业集群网络中的玉器加工企业积极实施创新战略，关键是引导更多的相关企业结成创新网络，联合开展差异化和自主产权型技术创新，开发高层次、个性化的玉器加工新产品，丰富市场内玉器加工产品的种类。中小企业通过互利协作、科技创新，形成各自的核心技术和拳头产品，实现错位经营，从而改变产业集群网络内部低水平的激烈竞争。

镇平县玉器加工产业集群网络在进一步发展过程中，还需注重产业链上各行业的配套、协调，促进产业上、下游的互补互动，融为一体，以提高产业集群网络的社会化程度。在积极鼓励现有玉器加工企业做大做强的同时，应通过税收优惠、投资贴息等多种途径给予各种

政策优惠，积极引导其他企业涉足玉器加工业，同时要注重引进国内外知名品牌玉器加工企业。政府应加强宏观调控，引导企业加大技改，并鼓励优胜劣汰，促使行业规模集聚和企业上水平、上等级。

通过消除产业链上的"水桶效应"，保持行业间的协调发展，才能有效发挥产业整体的竞争力。同时，积极引导产业链上、下游企业开展广泛的交流互动，充分利用垂直整合的效率实施联合创新，开发包括原料到成品在内的高附加值产品，从而全面提升镇平县玉器加工产品的质量和档次，强化镇平县玉器加工产业集群网络整体综合竞争实力。

7.3　积极培育大企业、大集团公司，打造区域品牌

面对国内外市场的竞争压力，在镇平县玉器加工产业集群网络中积极培育一批真正能够抵御国内外竞争的大企业、大集团，对于巩固镇平县玉器加工产业的市场地位、打响镇平县玉器加工产品的区域品牌是十分必要的。为此，孟州市政府及当地乡、村政府应当选拔玉器加工行业中的优势骨干企业进行重点扶持，协助玉器加工龙头企业以国际国内同行先进企业为参照，制订科学合理的发展规划，敦促企业做大做优做强，提升竞争优势。同时，鼓励优势企业通过兼并或收购一些不具竞争力的同行小企业，整合行业资源，从而提高产业集中度。指导一部分效益好、发展快、实力厚的玉器加工企业进行规范化股份制改造，实施上市战略，实现扩张式发展，从中培育一批主业突出，拥有核心技术，具有国际竞争力的大企业、大集团，成为镇平县玉器加工产业集群网络中的领袖及企业，引领集群网络中的其他玉器加工企业逐步走向国际。

品牌是企业和产业竞争力的综合体现，政府要进一步加强对玉器加工企业创牌工作的引导，出台具体有效的鼓励政策，大力实施品牌战略，使玉器加工产业集群网络内培育出一批具有较高市场占有率和知名度的玉器加工产品，争创国内、国际知名品牌，扩大镇平县玉器加工产品的整体竞争力和影响力，提升镇平县玉器加工产品在国内外市场中的品牌形象。

7.4　引导玉器加工企业进一步密切与大学、科研机构的联系协作

根据现代创新理论，企业的战略行为与联合，以及企业、研究机构、大学间的相互作用和学习过程是创新过程的核心[57]。同时，作为学习、创新过程的概念性框架有一个基本特性：创新过程中不同参与者的相互作用和相互依赖即创新的相互依赖性。因此具有相同特征的，包括企业、大学、研究机构、中介机构、商业机构等多部门网络在内的产业集群，实际上是一个规模缩小了的产业创新体系。

镇平玉器区域创新体系的改革、建设及其基本架构，应是一个多部门、多层次和网络型的互动运行结构。第一层次是培育发展集群或块状经济中的民营研究、咨询和技术服务机构。主要通过科技服务、知识信息服务和合作研发推动企业、产业的技术和管理进步。第二层次是区域中心城市的创新中心的建设发展，主要由大学、专业研究机构、科技园、创业园及各类研发中介服务机构组成，是区域创新体系的高端，其发育、完善程度决定了全省范围内的科技实力、研发能力和科技服务网络的发展水平，决定了区域综合创新能力与效率的水平。第三层次是制度、政策层面的创新、支持和保障，主要是指技术创新的要素条件、制度环境与政策导向的建设、完善、保障和激励，如知识产权制度、产权交易市场、信息网络体系、风险投资机制、企业治理结构以及政府的产业政策、科技政策、财政政策，等等。

镇平县玉器加工产业集群网络中的广大玉器加工企业除了依托自身努力不断增强技术创新能力之外，还应当进一步密切与相关大学、科研院所的交流和协作。玉器加工企业要充分利用大学、科研院所的技术、人才、信息优势，与之在技术开发、成果转化、技术咨询、技术培训等方面开展长期、深入的合作，或者共设研发中心，或者共建联营企业，借助多种形式实现产学研有效联合，增强镇平县玉器加工产业的研发实力，提高镇平县玉器加工产品的科技含量，助推玉器加工产品的升级。

镇平县政府应制定积极的鼓励政策，一方面促使集群网络内的玉器加工企业主动地向相关大学、科研院所靠拢；另一方面吸引各类大学、科研院所为镇平县玉器加工产业集群网络的发展做出贡献。同时，政府要充分发挥"牵线搭桥"作用，注重产学研见面会、参观互访等活动，增进玉器加工企业与大学、科研院所的了解、互动，甚至由政府牵头签订战略合作协议，将企业与大学、科研院所捆绑在一起，并在双方实施合作的过程中给予全力的支持。在强化镇平县玉器加工企业与外部智力机构网络协作的同时，进一步引导本地的河南理工大学、焦作师专等院校积极调整学科和专业结构，强化玉器加工专业人才的培养，为镇平县玉器加工产业集群网络提供适应产业发展和国际化需要的本地化人力支撑，这也是十分必要的。

7.5　加强行业协会等组织的服务功能，完善服务体系

镇平县玉器加工产业集群网络的发展成熟离不开各种中介服务机构的辅助支撑。在科技中介服务体系建设方面，引导镇平县玉器城科技中心不断增强服务功能、开拓服务领域、提高服务质量的同时，当地政府应继续大力扶持各类高科技民营企业的发展，如玉器产品的设计与咨询组织、专门销售图案的设计所和为生产企业提供图案设计咨询服务的机构等，并鼓励它们积极开发拥有自主知识产权的玉器加工产品的共性技术，形成富有区域特色的核心技术支撑体系，帮助更多玉器加工企业提升产品的附加值，增强玉器加工产业集群网络整体的竞争实力。

此外，还应重视如市场调查、创业辅导、经营管理、资产评估、会计、法律、国际贸易、会展、职工培训、物流等中介服务机构的建设，进一步完善中介服务体系，才能全面适应各类玉器加工企业未来多样化的服务需求。

在行业协会等自律性组织建设方面，可借鉴发达地区行业协会的运作模式，探索组建镇平县玉器加工业工业协会，认真发挥行业协会的作用，消除形式主义，使之在研发新品、提供信息、业界交流中发挥"火车头""风向标"的作用，制定行业标准、质量监督、价格协调、创造公平竞争的市场环境，对侵犯知识产权者的严厉谴责和严格处罚，以及赔偿制度等方面，发挥政府部门无法起到的特殊的协调、调停作用。

7.6　引导玉器加工企业拓展融资渠道

面对镇平县玉器加工产业集群网络内企业普遍遭遇融资瓶颈的现状，当地政府除进一步鼓励金融机构向各类玉器加工企业尽可能提供必要的经济贷款外，还应积极制定和实施有效的金融政策和财政政策，为玉器加工企业开辟更为广阔的融资渠道。如运用财政政策，对玉器加工企业给予政策性贷款，设立中小企业发展基金、中小企业技术创新基金，鼓励中小企业的发展壮大和实施创新，解决中小企业融资难问题。

同时还要构筑良好的金融环境，允许通过合理合法手段进行民间融资，减少企业的融资成本。再有，形成通畅的资金流渠道，尽快建立和完善风险投资机制，吸引境内外的风险投资机构来镇平县玉器加工产业集群网络为纺织企业提供各类风险资金。对优势骨干企业，则可引导其实施上市战略，通过股市筹资，适应其庞大的发展资金需求。

重视发挥市乡村政府在经济运行演进过程中的改革、调控、引导和规范功能，调整和优化政府经济管理与服务职能，为整个网络结构提供良好的发展环境。深化政府体制改革和职能转变，建设和完善发达的区域市场经济体系与机制，促进各类中观和微观民营经济主体能够依据资源要素配置的"结构系数"指向和有效的市场信号，逐渐形成优势区域内的更大规模的产业集聚和产业结构、产业层次的高级化演进，推动镇平玉器产业集群不断占据开放式经济条件下的有利的分工领域和竞争地位。

8　结　论

欠发达农区产业集群网络是一种区域性的企业网络，其网络结构是产业集群的基本框架，是产业集群内部不同企业和机构相互联系或作用的主要方式。本文以欠发达地区的河南省镇平县的玉器加工产业集群的网络结构作为研究的对象，得出了以下结论：

（1）欠发达农区的镇平县玉器加工产业集群是一个开放的农村地方网络组织，其网络结构由玉器加工的产业网络、市场关系网络和社会关系网络复合而成。

（2）镇平县玉器加工产业集群的产业网络集群内部行为主体之间的相互作用主要表现为企业之间的联系和互动。这种互动和作用表现为两种形式：垂直联系和水平关系。

（3）镇平县玉器加工产业集群的市场关系网络主要是指以产业集群的市场主体，即以玉器加工的供应商、生产商、销售商为节点，以它们在市场中的竞争和合作关系为连线的种网络。在镇平县玉器加工产业集群的市场关系网络中，各公司或企业存在合作和竞争两种关系。

（4）镇平县玉器加工产业集群的社会关系网络主要是指以产业集群中的人为节点，基于血缘、亲缘、地缘和工作关系而形成的一种社会交往关系网络。这种社会关系网络对农区产业集群的发展产生重大影响。

（5）镇平县玉器加工产业集群的网络结构是该产业集群区域竞争优势的源泉。产业集群的网络结构能形成有效的市场结构、强大的创新机制、合作性竞争的企业行为和影响广泛的区域品牌。这些因素决定了欠发达农区产业集群的区域竞争优势。

由于时间仓促、精力不足，再加上本人能力有限等原因，本研究还存在很多的不足之处，有待进一步的研究。比如：由于本人理论功底较浅，对有些实际问题的认识还不够深刻；有些实际情况调查得也不深入；对欠发达农区的镇平玉器产业集群产业网络结构、市场网络结构和社会网络结构各方面存在什么关系，它们又是如何相互作用、相互影响的，这种关系对欠发达农区产业集群的发展有何作用，等等，还没有进一步分析研究。这些方面都需要我在今后不断加强学习、进行深入的研究。

参考文献

[1] Porter M. The competitive advantage of nations [M]. New York：The Free press，1990.

[2] Amarkkusen, Ann. sticky placesin slippery space [J]. Economic Geography, 1996, 72 (2): 293 - 13.

[3] 李小建, 李二玲. 中国中部农区企业集群的竞争优势研究——以河南虞城县南庄村钢卷尺企业集群为例 [J]. 地理科学. 2004, (2): 136 - 141.

[4] 余秀江, 张岳恒, 程昆. 一类新型的经济组织——网络组织 [J]. 乡镇经济, 2003, (5), 29 - 31.

[5] Federico Butera, Adapting the Pattern of University Organization to the Need of the Knowledge Economy (J), European Journal of Education 2000, Vol. 35, No. 4.

[6] Miles, R. O. and Snow C. C. Organization: New Concept for New Form [J], California Management Review, 1986, 28 (3), 62 - 73.

[7] Dennis Maillatetal. Innovation Networks and Territorial Dynamics: A Tentative Typology [M]. 1993.

[8] David W. Cravens, Shannon H. ship and Karen S. Cravens: Reforming the Traditional Organization: The Manda for Developing Network [J], Business Horizons, July - August 1994, 19 - 28.

[9] Becattini, G. The Marshallian Industrict as a Socio - economic Notion [C]. In F. Pyke, G.. Becattini and W. Sengenberger (eds), Industrial Districts and Inter - firm Co - operation in Italy [M]. Geneva. IILS, 1990.

[10] Hakanson, L, Snegota. No Business is in an Island: the Network Concept of Business Strategy [J]. Scandinavian Joural of Management, 1989.

[11] Ravi S. Achrol, and Philip Kotler. Marketing in the Network Economy [J]. Journal of Marketing, 1999, 63.

[12] 王辑慈. 创新的空间——企业集群与区域发展 [M]. 北京: 北京大学出版社, 2001.

[13] 曾忠禄. 产业集群与国际竞争 [J]. 当代财经, 1996, (7), 48 - 51.

[14] 仇保兴. 小企业集群研究 [M]. 上海: 复旦大学出版社, 1999.

[15] 徐康宁. 开放经济中的产业集群与竞争力 [J]. 中国工业经济, 2001, (11), 22 - 27.

[16] 魏守华, 赵雅沁. 企业群的概念、意义与理论解释 [J]. 中央财经大学学报 2002, (3), 58 - 62.

[17] 沈玉芳, 张超. 加入 WTO 后我国地区产业调控机制和模式的转型研究 [J]. 世界地理研究, 2002, (1), 15 - 23.

[18] 郭淑芬, 高策. 关于产业群理论的整体性原则 [J]. 系统辩证学学报 2003, 11 (3), 72 - 73.

[19] 吴晓军. 论产业集群对欠发达地区跨越发展的意义 [J]. 江西社会科学, 2003, (8), 123 - 126.

[20] 聂鸣, 李俊, 骆静. OECD 国家产业集群政策分析和对我国的启示 [J]. 中国地质大学学报, 2002, 2 (1), 40 - 43.

[21] 陈雪梅, 赵珂. 中小企业群形成的方式分析 [J]. 暨南大学学报, 2001, (2): 68 - 73.

[22] 李新春. 企业家协调与企业集群 [J]. 战略管理, 2000, (11): 49 - 55.

[23] 孟庆民，杨开忠. 一体化条件下的空间经济集聚 [J]. 人文地理，2001，（6）：7-11.

[24] 江征. 产业集聚形成机制及其发展对策研究 [J]. 现代管理科学，2002，（12）：40-41.

[25] 冯德连，王蕾. 国外企业群落理论的演变与启示 [J]. 财贸研究，2000，（5）：1-5.

[26] 陈慧娟，吴秉恩. 台湾中小企业动态发展与人力资源管理作为关系之研究 [J]. 中山管理评论，2000，（12）：78-83.

[27] 厉无畏，王慧敏. 产业发展的趋势研判与理性思考 [J]. 中国工业经济，2002，（4）：5-11.

[28] 贾根良，张峰. 传统产业的竞争力与地方化生产体系 [J]. 中国工业经济，2001，（9）：46-52.

[29] 朱康对. 经济转型期的产业群落演进 [J]. 农村观察，1999，（3）：35-41.

[30] 陆立军，白小虎. 从"鸡毛换糖"到企业集群 [J]. 财贸经济，2000，（11）：64-70.

[31] 慕继丰，冯宗宪，李国平. 基于企业网络的经济和区域发展理论 [J]. 外国经济与管理，2001，（3）：26-29.

[32] 司徒达贤. 台湾中小企业发展之经验策略 [J]. 第一届中小企业发展学术研讨会，1993，102-105.

[33] 王如玉. 从网路结构观点看制造业中的依赖关系——以运动鞋业及放电加工机的个案为例（硕士学位论文）[D]. 1992，67.

[34] 徐华. 论工业衰退地区创新网络的构建 [J]. 中国经济问题，2001，（4）：57-61.

[35] 储小平，李桦. 中小企业集群研究述评 [J]. 学术研究，2002，5：60-63.

[36] 邱成利. 制度创新与产业集聚的关系研究 [J]. 中国软科学，2001，（9）：100-103.

[37] 魏守华，石碧华. 论企业集群的竞争优势 [J]. 中国工业经济，2002，（1）：59-65.

[38] 郑健壮，吴晓波. 中小企业集群经济持续发展动因 [J]. 科技进步与对策，2002，（4）：104-106.

[39] 梁小萌. 规模经济和产业集聚及区域协调 [J]. 改革与战略，2001，（5）：12-16.

[40] 魏守华，赵雅沁. 企业群的概念、意义与理论解释 [J]. 中央财经大学学报，2002，（3）：58-62.

[41] 陆国庆，高飞. 产业地理集中抗产业衰老的机理分析及其应用 [J]. 中国经济问题，2001，（2）：13-21.

[42] 盖文启，朱华晟. 产业的柔性集聚及其区域竞争力 [J]. 经济理论与经济管理，2001，（10）：25-30.

[43] 王缉慈，童昕. 简论我国地方企业集群的研究意义 [J]. 经济地理，2001，（5）：550-553.

[44] 林润辉，李维安. 网络组织：更具环境适应能力的新型组织模式 [J]. 南开管理评论，2000（3），4-7.

[45] 罗仲伟. 网络组织的特性及其经济学分析 [J]. 外国经济与管理，2000，（6），25-28.

[46] 孙国强. 网络组织的内涵、特征与构成要素 [J]. 南开管理评论，2001，（4），38-40.

[47] 于忠阳，丁云龙. 复杂性技术创新与网络组织 [J]. 东北大学学报（社会科学版），

2001，3（3），176－178.

[48] 慕继丰，冯宗宪，李国平. 基于企业网络的经济和区域发展理论 [J]. 外国经济与管理，2001，（3），26－29.

[49] 余秀江，张岳恒，程昆. 一类新型的经济组织——网络组织 [J]. 乡镇经济，2003，（5），29－31.

[50] 何静，徐福缘，孙纯怡，韩路. 网络组织模式及其发展趋势研究 [J]. 商业研究，2003，（2），53－55.

[51] 袁红清. 网络组织与浙江中小企业发展 [J]. 企业经济，2003，（4），112－113.

[52] E. W. Hill. A Methodology for Identifying the Drives Industrial Cultures [J]. The Foundation Regional Competitive Advantage [J]. Economic Development Quarterly，2000，14（1）：65－96.

[53] 班蕾. 产业集群的网络组织——大连双 D 港高新技术开发区的案例研究 [J]. 金融经济，2003，（2）：32－33.

[54] 谌飞龙. 产业集群的区域创新网络系统分析 [J]. 产业观察，2004，（4）：274－276.

[55] 余斌，冯娟，曾菊新. 产业集群网络与武汉城市圈产业发展的空间组织 [J]. 经济地理，2007，（3）：427－429.

[56] 孟韬. 产业集群的网络组织——基于柳州市电器集群的实证分析 [J]. 经济管理，2007（3）：56－58.

[57] 王缉慈. 关于发展创新型产业集群的政策建议 [J]. 经济地理，2004，（4）：433－435.

第三章　地方政府与产业集群

1　问题的提出

1.1　问题产生的背景及意义

产业集群是一种世界各国普遍存在的经济现象，是市场经济发展到一定阶段的产物。在全球化及科学技术突飞猛进的今天，企业的竞争日趋激烈，早已从国内发展到国际范围，竞争的核心是技术创新。大量的理论研究与实践已经表明：产业集群对一国的经济增长具有重要的作用。一国要获得竞争优势，除了要靠本国全球性的大公司，更多的是要靠那些根植于本土的大量中小产业集群。在经济全球化的背景下，产业集群表现出很强的竞争力。集群已经成为提高企业、行业乃至区域经济竞争力的有效形式，越来越多的研究揭示了这一点。如美国的硅谷、意大利萨斯索罗的瓷砖产业集群、中国嵊州的领带产业集群，等等。以我国产业集群发展最具成效的浙江[1]为例，根据浙江省委政策研究室 2001 年 6 月的调查汇总，在浙江 88 个县市区中，有 85 个形成了产业集群。年产值超亿元的区块 519 个，块状经济总产值 5 993 亿元，约占当年全省工业总产值的 49%，分布在 175 个行业，涉及工业企业 23.7 万家，吸纳就业人员 390.1 万人。其中很多产业集群的市场份额在世界和全国都占有重要的优势。例如温州的防风打火机集群占世界总产量的 70%；诸暨大唐袜业占全球袜子总产量的 1/3 左右；海宁装饰布集群占全国市场份额的 35% 以上等。产业集群的存在，有效地带动了区域经济的增长，使得浙江经济增长速度连续十余年高于全国平均水平。然而，所有集群都能如波特所说的形成持续的竞争优势吗？[2]都能够在自我成长和发展过程中始终保持旺盛的力，自我推进向前发展吗？其实不然。产业集群虽然具有较明显的集聚优势效应，但是在复杂的、非线性轨迹的演进过程中，也出现一些过早就已经呈现衰退迹象的集群。河南镇平县玉器加工产业集群目前发展形势良好，但是，相对于国内外一些发达国家的产业集群而言，由于集群发展历程相对较短，而且市场机制不健全，目前集群的发展也存在着一些问题，主要表现在：

第一，企业之间竞争激烈，缺乏相互沟通与合作；由于企业沟通普遍缺乏，集群产品技术含量不高，同一性强，企业之间往往陷入低价无序竞争。另外，企业间的竞争还体现在对生产要素的竞争上（主要是熟练工），甚至互相挖对方的员工，"同行即冤家"表现得异常明显。谈不上相互了解与沟通，企业间的互动仅限于亲朋好友，信任范围过于狭窄。抱团作战、互助互动不够。

第二，企业素质普遍不高，创新能力缺乏。在镇平县的玉器加工企业中，绝大多数是规模很小的家庭作坊式企业，老板既是管理人员、销售人员，甚至有的还是操作工人，创新能力缺乏，更谈不上有专门的创新部门。产品的款式单一，仅通过质次价廉的产品来抢占市场，从而使地区产品整体形象受损，影响产业的整体竞争力。另外，镇平县玉器加工产业集群在发展过程中还存在资金紧张、缺少龙头企业等问题。这些问题的出现，有些是市场能够解决的，有些是市场无能为力，解决不了的。所以，产业集群的持续健康发展，除了要求企业的生产经营管理、创新能力提高之外，政府作为外部力量，为企业提供相互交流的平台及公共产品、激励创新、通过制度安排引导企业规范发展等方面的作用不可忽视。

通过对镇平县玉器加工产业集群的考察，可以发现在产业集群发展的不同周期内，出现问题的重点是不同的。因此，在强调地方政府在产业集群发展中的作用的同时，应根据产业所处的不同周期阶段，有重点地制订不同的政策措施，也就是说地方政府在产业集群发展的不同阶段，集群政策的侧重点是不一样的，集群政策促进集群的发展应该是一个动态化的过程。因此，从集群政策角度来研究地方政府在产业集群发展中的作用，可以根据产业集群发展的不同阶段采取相应的政策，以便地方政府可以更好地制定有效合理的集群政策和促进集群的健康发展。

1.2 国内外相关文献综述

1.2.1 国内外学者对产业集群的研究综述

产业集群的概念在目前学术界还没有形成统一的认识，比较有代表性并被广泛引用的是迈克尔·波特的定义。波特（M. E. Porter, 1998）[3]认为，产业集群是一组在地理上靠近的相互联系的公司和关联的机构，它们同处或相关于在一个特定的产业领域，由于具有共性和互补性而联系在一起。这一概念有几个方面的重要含义。首先，地理上的接近是产业集群的基本特征，产业集群就一定是指某个特定地域上的产业集群；其次，组成产业集群的企业、机构之间必须有相互之间的关联性，这种关联性可以是分工关系、依附关系、合作关系，甚至是竞争关系；最后，构成产业集群主体的企业可以是同质的，也可以是异质的，但它们是作为一个集群整体参与市场竞争的。

产业集群具有专业化的特征[4]。分析和描述这种现象时常用以下两种词汇：①"产业集群"。侧重于观察分析集群中的纵横交织的行业联系。"产业集群"揭示了相关产业联系和合作，从而获得产业竞争优势的现象和机制。产业集群和产业部门的概念不同，产业部门一般指一组制造类似产品或替代产品的企业，例如国际标准产业分类所定义的那样。而产业集群内的相关企业可能共存于某种特定产业（部门）内，又可能不仅如此，而且相邻于相关支撑产业。②"地方产业集群"（Local Cluster of Enterprises）。侧重于观察分析集群中的企业地理集聚特征，其供应商、制造商、客商之间企业联系和规模结构以及对竞争力的影响。"产业集群"一词揭示了相关企业及其支持性机构在一些地方靠近而集结成群，从而获得企业竞争优势的现象和机制。需要说明的是，由于在地方上企业的地理集聚和产业的地理集中，产业集群的概念具有地方范围的限定，为了简单起见，本文将这类现象和机制简称为"地方集群"或"集群"。

对于产业集群的研究，目前较多的视角都集中在产业集群的集聚经济上，认为产业集群的内生源泉主要在于分工与协作、劳动力共享市场、创新，这是提高企业、行业甚至区域经济竞争力的有效组织形式。边干边学机制与对于产业集群的国内外学者从不同的角度进行了界定。如亚当·斯密从专业化分工的角度；马歇尔从外部性的角度；也有全球化视角；技术创新的角度；区域或地方发展的角度；政策角度；社会角度；环境的角度；与传统的产业分类相比等。

（1）从外部经济的角度的定义。

阿尔弗雷德·马歇尔[5]（Marshall，1997）认为是专门人才、专门机械、原材料提供、运输便利及技术扩散等"一般发达经济"所造就的"外部经济"促使企业的集聚从而形成产业集群。

（2）从交易成本角度的定义。

威廉姆森（1975）[6]认为在介于纯市场组织和纯层级之间，存在大量的不同品种的可性组织，而企业选择不同的企业组织形式，是组织本身从效率的角度内生决定的，目的是使交易成本最小化。我国学者仇保兴[7]（1999）据此推导出这样的定义：所谓产业集群，就是由众多自主独立有相互关联的小企业依据专业化分工和协作的关系并在某一地理空间高度集聚而建立起来的产业组织，它是介于纯市场和层级组织之间，是克服市场失灵和内部组织失灵的一种制度性办法。蔡宁等（2003）认为产业集群是介于企业和市场之间的中间组织，集群的出现形成了新的竞争单位，把竞争从单个企业间提升到更高的群体间，从而重塑了竞争形态。

（3）全球化视角。

产业集群的发展，既是对全球化挑战的回应，又是全球化发展的结果。在全球化的挑战下有必要强化地方合作的意识，制定激励政策，动员集体智慧，使地方企业愿意并参与合作。一方面要使本地集群内部互动的机制最优化，另一方面，通过建立全球联系，使集群在国际环境下生存和发展的能力最大化。那些没有形成产业集群的以低成本为基础的一般性工业园区，存在被成本更低的同类开发区所替代的危险。而如果在本地建立产业集群，则不仅会使吸引来的工厂根植于本地，还会有很多新企业在本地繁衍和成长，从而使该地获得竞争优势。在产业的区位选择愈加灵活的当代，那些依赖本地产业集群而获得竞争力的中小企业，对区域经济发展的重要性甚至比具有多区位的大企业更大，因为它们趋向于在本地永续经营。

（4）技术创新的角度。

集群以多种不同的方法建立了非常有益于创新的环境。尽管信息与通讯技术（ICT）使远距离通信传输加快，在集群中人与人之间面对面的交流和劳动力的流动，都使商业知识、金融知识和技术知识的流通得到改善，以刺激创新。随着创新的速率越来越快，集群的重要性也越来越突出[8]。集群在一切部门都可以发展，它通过内部产业网络和人脉网络的建设，降低成本和促进创新，而后者是当代企业、区域、城市和国家获得竞争力的最主要因素。从这个意义上说，集群的主要功能是促进创新。

（5）区域或地方发展的角度。

作为新型的地方发展模式，自下而上形成的中小产业集群[9]正在挑战自上而下规划建立增长极的传统区域发展模式。一般来说，集群是自然形成的，而不是诱导形成的。一旦集群形成，它会积累能量，不断进化。然而，已经形成的集群如果不能适应时代的变化而持续下去，它会自动死亡。

（6）政策角度。

在区域范围内，需要以集群政策替代产业政策，以促进区域和产业竞争力的提高。这是因为产业政策在为重点发展产业提供更好的空间的同时，对市场的高度保护和资源配置上的倾斜可能有害于竞争。产业政策的直接目标是产业规模的扩张，而大企业是产业政策的最大受益者。近20年来，技术创新速率加快，规模经济对竞争力的影响下降，创新能力和对市场变化的快速反应成为决定竞争力的主要因素，中小企业的作用不断提升[10]。一个区域的繁荣决定于区内所有的产业而不是重点产业的生产率。没有低技术产业，只有低技术企业，竞争的成功不取决于产业，而是取决于企业对战略的选择，在哪种产业上如何竞争，中小企业参与集群可以促进技术创新，获得竞争优势。

（7）与传统的产业分类相比。

与传统的产业分类相比，集群的概念更宽，能够涵盖企业在技术、技能、信息、营销等方面的重要联系、互补性，以及技术溢出，还能涵盖跨企业和跨产业的顾客需求。对于竞争、生产率，尤其是对于新企业的形成、创新的方向、高新技术的产生和发展来说，跨企业和跨产业的联系是最根本的。

集群有两种差异明显的发展道路，因此分成两种类型：创新型集群和低成本型集群。①高端道路和创新型集群（high - road，innovation - based），以在欧洲成功的产业区为典型，其现象特征是创新、高质量、功能的灵活性和良好的工作环境；在良好的法规制度下企业间自觉地发展合作关系。由于创新的复杂性和不确定性、产品周期缩短、需要追求个性化等原因，创新从过去的线性模式向现在的非线性、复合模式转变，单个企业难以在价值链的各个环节保证创新的成功率，而集群内企业通过相互合作、相互学习，通过交互式作用过程，创新的基础和条件要优越于单个孤立的企业，形成一种不断创新的路径依赖[11]。产业集聚对创新的贡献还在于同行业之间的非正式交流。这种非正式的交流往往不是通过契约的形式来实现的，而是通过不同公司员工之间面对面的接触、工作之余的聊天等，使不同的思想在交流中相互碰撞而产生新的火花[12]。②低端道路和低成本型集群（low - road，low - cost - based）。其参与竞争的基础是低成本。廉价的原料、大量劳动力的灵活性和廉价劳动力。在很多发展中国家，中小企业集聚是普遍现象。很多城市郊区，大量小企业甚至微型企业相互靠近而且生产相似的产品。金属加工、木工和纺织等行业的集群是很多的，但是很少有创新性成功集群的那些优点。在很多情况下，企业之间的合作只是偶然的，甚至不存在。虽然通常企业家在很近的地理范围内一起生活和工作，也很少共享信息、讨论共同的问题。这些集群信任度低，企业之间存在恶性竞争。同一产业的企业在地理上集聚，会促进企业在区域内的分工，使厂商能够招聘到有专业技能和工作经验的雇员，及时得到本行业竞争所需的信息，更稳定更有效率地得到供应商的服务，比较容易地获得配套的产品和服务，并以较低的价格从政府以及其他公共机构获得公共物品或服务。这些都使区域内的企业降低了成本，产生更高的生产率，使集群内的企业生产成本上具有明显的优势，从而奠定价格竞争的基础。研究表明，我国目前已经形成的大量产业集群尚属于上述第二种，处在低端道路的发展阶段。因此，需要由低成本型集群向创新型集群攀升。

1.2.2　关于地方政府在产业集群发展中作用的研究综述

对于一个国家的地方政府在经济发展中的作用，历来是经济学家争论不休的话题，集中反映在一个国家的地方政府在经营城市中对集群经济中的作用上有着各种不同的论述。在20世纪30年代之前的经济学家强调市场在产业集群发展中起到基础性的作用，政府的经济职能只局限于较少的范围。

1.2.2.1　国外学者对地方政府在产业集群发展中作用的综述

亚当·斯密[13]（1997）认为国家的作用"首在保护本国社会的安全，使之不受其他独立社会的暴行与侵略""设立一个严正的司法行政机构"和"建立并维持某些公共机关和公共工程"。特别是政府的第三个"义务"，已经说明了政府在提供公共物品方面的必要性。因为"这类机关和工程，对于一个社会当然是有很大利益的，但就其性质而言，设由个人或少数人办理，那所得利润决不能偿其所费……"。马歇尔（1997）则强调政府在教育上的投资是政府的职责，因为教育的发展能为社会提供商业上的天才、提高劳动者的素质。阿尔弗雷德·韦伯以成本收益分析为依据来分析自由竞争资本主义的工业地域结构。约瑟夫·熊彼特从创新的角度揭示了产业集群的形成，在资本主义制度下"这些都是通过自由竞争来实现的"（约瑟夫·熊彼特，1997[14]）。这些经典作家或是没有论述政府的作用，或是将政府的作用限定于某一较小的范围，从本质上讲，他们都是强调市场在集群发展中的作用。

美国哈佛商学院教授迈克尔·波特[15]（Michael Porter，2002）则从企业竞争优势的获得角度对产业集群进行了详细的研究。在《国家竞争优势》中他提出了著名的"钻石模型"，指出国家（产业、企业）在市场中取得竞争优势是由要素条件、需求条件、相关产业及支持性产业以及企业的战略、结构和竞争等四个基本决定因素构成，另外两个辅助因素是机会和政府。他认为：政府作用的关键在于选择能够促进生产率提高的政策、法律、制度；政府合适的角色应当是市场竞争的催化剂，政府决不能通过政策扶持来创建出竞争性产业。在《簇群与新竞争经济学》中他强调中小企业的集群对生产效率的提高及创新具有重要意义，因此政府在产业集群中的作用非常重要。政府应该积极引导产业集群健康发展，为产业集群的发展提供良好的市场竞争环境和市场秩序。"政府和其他公共机构的投资可以提高公司的劳动生产率""不要去干扰市场，扭曲竞争，而应去寻找制约集群发展的因素，着手加以改进。如果集群的发展受到技能短缺的限制，应该设法解决教育培训的问题；如果受到低效的基础设施的限制，就应该去建设基础设施。""因此，所有的政府机构，不管是中央政策还是当地的政策将在簇群经济发挥重要的作用。主要作用在于确保有高质量的投入供给（公共物品），制定竞争规则，维护市场秩序。"[16]但是，波特强调政府的作用只是辅助的因素，关键还是要发挥市场竞争的作用，政府作用的着眼点在于生产率的提高。这可能适合于市场经济发展程度很高的国家。对于像我国这样市场化程度还有所欠缺的发展中国家，产业还存在种种弱势，政府的作用还应该加强。

费农（1965[17]）提出了集群发展周期理论，在此基础上，许多学者开始研究集群的发展周期，由此动态化地考察集群的发展。意大利集群理论家Bruso（1990）通过对意大利集群的研究，将集群分为第一和第二两个阶段。集群的出现大多是自发形成的，这是集群发展的第一阶段；当集群发展到一定规模以后，政府或行业协会干预集群的成长，向集群提供服务，这是集群发展的第二阶段。

Tichy G[18]（1997）将集群的发展周期分为初建期、成长期、成熟期、衰退期和再生期，本文将在Tichy G的集群发展周期划分的基础上对地方政府集群政策做动态的研究：

第一阶段为初建期（the formative phase）：企业最初集聚在一起进行生产，产品和生产过程尚未标准化，集群内企业基于社会关系、分工协作以及资源共享所产生的集聚经济而获得竞争优势。

第二阶段为成长期（the growth phase）：集群发展迅速，增长率高，企业规模扩大。集群内的资源（知识、信息、技能）会日益集中，更多地投入到主导产业或产品中。产品出现雷同现象，存在"过度竞争"的威胁。

第三阶段为成熟期（the maturity phase）：生产过程和产品逐渐走向标准化，企业的生产与管理模式更加先进，企业与区域内外的合作与联系日益频繁并不断吸收外部先进的知识与技术，同时本地同类产品企业间的竞争更加激烈，市场竞争的重点从以规模经济为基础的价格竞争转向以创新能力为重点的产品差异化竞争。

第四阶段为衰退期（the petrity phase）：这一阶段集群企业大量退出，新进入者很少。企业失去对市场的灵活反映能力，缺少应变的内源力。

第五阶段为再生期（the rebirth phase）：部分企业在步入集群的成熟期后，通过技术创新、产品创新和制度创新等手段使得集群重新焕发朝气，从而进入下一轮的周期。

当然，并不是所有的产业集群发展的阶段都是严格按照 Tichy G 所述的特征进行的，事实上，集群发展的某一阶段会同时出现一些其他阶段的特点。但是，集群周期理论的提出，为研究集群提供了一个新的视角，由此可以动态地对集群加以考察。但 Tichy G 等学者没有论述集群的发展是否需要政府的作用；在集群发展的各个阶段，政府政策的重点是否相同等问题。

1.2.2.2 我国学者对地方政府在产业集群发展中作用的综述

我国对产业集群的研究始于 20 世纪 80 年代。改革开放以前的计划经济体制时期，为了追求布局平衡和国防原则，产业集群明显带有国家行政指挥的色彩。企业的选址和布局在国家计划经济体制之下变得不合理，"长官意志"在其中的作用十分明显。比如新中国成立初期，工厂的布局要求是"一厂一点"；"文化大革命"时期，在当时强调要"靠山、分散、隐蔽"的非经济政策影响下，工业布局极不合理，工业建设蒙受巨大损失。20 世纪 80 年代中后期，产业集群的研究在我国兴起。一大批学者从不同的角度对产业集群的产生和作用等方面做了大量的研究，并对我国的产业集群的发展提出了一系列的政策建议。仇保兴（1999）认为：政府在产业集群中的政策措施是属于产业政策的范畴。我国在"抓大"单个企业规模的同时，更要制定有效的"扶小"政策，使得量大面广的农村小企业能适应新时代的挑战。当然，政府的"扶小"政策应立足于配合本地实际，主要目的在于拓宽集群内部"核心资源"的传输渠道，降低交易成本。

魏守华[19]（2001）则从政府提供公共政策的角度认为政府在集群治理方面，既可以发挥传统功能的作用，比如基础设施的提供和土地利用规划等，但是在发动金融机构、研究机构（大学、职业培训机构）、行业协会等形成公共政策治理方面的作用十分重要。主要体现在：

（1）在政府倡导下，可以设立产业发展基金和风险投资基金对中小企业进行资金上的扶持。

（2）政府和行业协会联络中小企业形成区域营销的公共政策，树立和实施"区位品牌"战略，提升集群的整体形象。

（3）完善创业环境，降低集群内企业的进入、退出壁垒。

（4）促进产－学－研紧密结合，加强区域创新系统的建设等；朱英明（2003[20]）则归纳了政府在基于集群的政策中作用的 12 个主要表现。

谭力文（2004）[21] 从产业集群的周期理论角度，提出要根据集群所处的不同周期的阶段来确定政府等主体的作用。他认为对于高端道路和创新型集群（high - road, innovation - based），特别是在集群处于形成期，政府应该为集群的形成准备条件，通过投资设立各类研究机构等方式为集群形成和发展营造出一个创新的氛围。但研究表明，现阶段在我国的很多集群（如浙江）属于第二类（王辑慈，2003），即低端道路和低成本型集群（low - road, low - cost - based）。在这类集群中，政府在其中的作用是否同高端道路和创新型集群相同，则没有涉及。

以上国内学者均从不同角度论述了政府在集群发展中的必要性及其作用表现，为今后研究政府的作用提供了理论基础。但同样他们还是从静态的视角来看待政府的作用。

结合集群发展周期理论来论述地方政府政策在集群发展不同阶段中的作用正是本部分研究的切入点。

1.3　研究主题和内容框架、方法和思路

本部分研究的主题是地方政府集群政策在集群发展不同阶段中的作用，政府推进产业集群的发展主要依靠政府制订和实施的集群政策来实现的。当然，地方政府的其他行为（如当地政府的工作作风）也会对集群的发展有所影响，但这不是笔者所要研究的范围。

本部分研究的内容主要分为五章：引言；集群的概念及政府在集群发展过程中作用的文献综述；集群政策的含义及特点；地方政府与集群发展的理论分析；集群的不同发展阶段中地方政府的集群政策的变迁；实证分析——镇平县玉器加工产业群发展中地方政府集群政策的作用；结论与展望。

第一章是引言，主要是提出问题，同时对论文中文献做出综述。主要包括集群的综述、政府在集群中作用研究综述。

第二章主要阐述地方政府与集群发展之间的关系，主要从政府管理集群的必要性、政府管理集群的适度性和政府管理与集群发展之间的关系上阐述。

第三章首先阐述政策在集群发展过程中起作用的条件、优势及意义。阐述了政府作为市场的外部力量，在集群发展中起作用的优势地位。认为政府在资源的掌握、成本的节约、信息的拥有等方面具有自身的优势。其次论述在集群发展的不同阶段，政府集群政策的重点。在集群初建期，集群政策的重点在于为集群的发展营造一个良好的创业环境。处于成长期的集群，政策重点在于进行区域营销，提升区域品牌的美誉度；为集群建立公平的竞争环境及制订产品标准，同时支持集群企业产品的多样化和差异化。集群成熟期的政策重点在于促进共性技术的有效供给；支持和鼓励集群内企业创新意识及创新能力。而衰退期的集群政策在于降低企业退出门槛，同时注意新集群的出现。

第四章是实际案例——镇平县玉器加工产业集群。主要考察了镇平县玉器加工产业集群的发展历程；总结镇平县玉器加工产业集群在发展过程中遇到的问题，以及当地政府的主要政策措施，及这些政策措施对镇平县玉器加工产业集群发展的影响。通过实际案例证明在产业集群的发展过程中，政府制定合理有效的集群政策对其产生的重要作用。

第五章为论文的结论与展望。总结全文的主要观点以及尚需进一步解决的问题。论文的主题框架如图 2.11 所示。

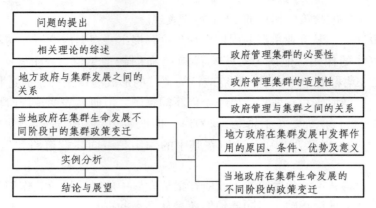

图 2.11　论文的主题框架

1.4　可能的创新点

对产业集群的研究在国外已经有较长的历史，出现的成果也很多。随着我国产业集群在改革开放后的迅速发展，相关的研究在我国已经开始逐步展开和深入。但是研究的方向主要还是集中在产业集群的效应方面，对政府特别是地方政府在产业集群中的作用的研究较少，且缺乏系统性，论述缺乏实证分析。因此，本研究试图在以下几个方面做出新的探索：

第一，在论述集群政策的方法上进行了创新，从集群周期理论的视角来论述地方政府集群政策。结合文献，本文认为我国地方政府在集群发展中的作用是必需的。但是对集群政策必须动态化地加以研究，基于产业集群发展的不同阶段，政府在促进集群发展方面的政策措施的重点应有所不同。在集群的形成期，政府的政策主要是营造一个良好的创业氛围，提升集群生长的环境；在成长期，政策作用的重点在于维护公平竞争的环境；在成熟期，政策作用的中心在于激发集群企业的创新，促进共性技术的有效供给；在衰退期，政策则要降低企业退出门槛，同时注意培育新集群的出现。

第二，理论联系实际。本研究结合案例，实证分析了地方政府在产业集群发展不同阶段的作用和具体影响。

2　地方政府与产业集群发展理论分析

2.1　几个基本概念

2.1.1　产业集群的概念

产业集群的概念在目前学术界还没有形成统一的认识，比较有代表性并被广泛引用的是迈克尔·波特的定义。波特（M. E. Porter, 1998）认为，产业集群是一组在地理上靠近的相互联系的公司和关联的机构，它们同处或相关于在一个特定的产业领域，由于具有共性和互补性而联系在一起。

2.1.2　产业集群政策的概念

产业集群政策是地方政府为了促进集群发展而制订的众多政策措施的总和或集合体。为了集群的发展，它可以包括财政、金融、法律甚至行政等手段。集群政策的含义及发展过程在国外，产业集群政策有两种叫法：一是集群政策；另一个是基于集群的政策。从他们各自的相关研究中可以看出，这两种名称的内涵相差无几，概括来说都是由政府或其他公共主体制定和实施的，以集群为服务对象的各种政策和措施的总和。一般而言，集群政策是某国或地区产业政策、科技政策和区域发展政策等的综合和延伸，其作用是保持和促进集群的健康发展，并发挥集群对繁荣当地经济的牵动效应。[22]

集群政策具有针对性，即对不同类型、不同成长阶段的集群实行不同的政策。例如，对于处于起步阶段的产业群，主要政策干预目标是培育适宜的商业环境，消除进入障碍与过度控制，干预不良竞争，鼓励加大竞争力度，确保出现初始集群形成所需的自发动力。在产业成长期，放宽教育创办政策，实施集群教育计划，将大学、科研机构组织起来，与当地的企业建立密切的协作关系；同时，积极支持本地企业加强产业网络与合作项目，增进产业集群中不同企业、不同职业从业人员间的合作程度。特别是当企业集群出现发展瓶颈时，政府有义务帮助它们创造条件，比如在可能的条件下，增加研发经费投入，支持企业研发中心建设，帮助中小企业集群获得必要的金融支持。

2.1.3　集群政策的含义

政府推进产业集群的发展主要依靠政府制订和实施的集群政策来实现。集群政策是指由政府制订和实施的，为了实现集群的可持续发展，对集群产业所实施的一系列政策和措施的总和。从政策制定和实施的主体上，可以将集群政策分为中央政府集群政策和地方政府集群政策。本文研究的是地方政府的集群政策（以下简称为"集群政策"）。集群政策是地方政府为了促进集群发展而制订的众多政策措施的总和或集合体。为了集群的发展，它可以包括财政、金融、法律甚至行政等手段。它的规定包括了为了集群可持续发展的许多方面，是一个复杂的、多层次、多方面的政策体系。其主要内容包括：

（1）为集群发展而建立的稳定的政治、经济及市场环境方面的政策。在集群的发展中，影响因素很多。比如国家政治的稳定性；法律制度是否健全；宏观经济环境的优劣；运输、通讯、教育等各方面为集群发展提供方便的程度等。特别是在当今开放经济条件下，经济全球化进程的加速，各国经济之间的联系日益加强，影响集群发展的因素不仅来自国内，而且还有些来自国外。例如，在国际上，本集群产业的技术发展状况、行业竞争及需求态势，等等。因此，集群政策要建立稳定的、可预测的政治经济环境，为市场的平稳运行创造有利的框架条件。包括基础设施的提供、竞争政策和规章制度的设立和维护、产品及行业标准的制订、为消除信息不完全提供行业战略性的信息等。

（2）为促进集群内的组织合作以提高集群"集体效率"而设立的政策。集群的"集体效率"来源于集群的外部性和集群内各个主体之间的相互合作和信任，表现为集群产生持续的竞争力。集群内的企业并不是简单的"扎堆"，更不是相互之间进行残酷的恶性竞争，相反，成功的集群离不开相关利益组织的直接参与合作，充分发挥"1＋1＞2"的效果。另外，为避免集群优势被"锁定"，促进集群内的组织合作与创新非常重要。集群政策包含着促成群内企业、行业组织和相关研究创新机构之间的协作对话平台，以实现集群资源的有效配制和技术、信息的快速流动。这些政策包括：为合作提供支持和合适的激励机制，通过网络中介和服务机构将参与者集合在一起，创造一个鼓励创新和不断升级的氛围；营造学习氛围，促进群内企业的交流与互动，政府培育公共机构（如大学、科研机构）与产业的联系，促进产业的良性发展。

（3）为集群发展而培训高素质的劳动力资源方面的政策。在集群的发展中，作为重要生产要素的劳动力的作用不可忽视。马克思指出：人是生产过程中最积极、最能动的要素。

由于集群中存在的是大量中小企业，它们自身受到时间、规模、资金等因素的限制，自行培训专业的劳动力资源变得不太可能。但是，集群的发展，除了要求在技术创新方面的能力之外，充裕的高素质的劳动力资源是集群发展有力的保证。地方政府培训政策，可以为集群内劳动力提供智力支持，从而促进集群的发展。

2.1.4 集群政策的特点

作为政府调节经济的一种政策，集群政策本身有其自身的特点，这种特点可以从它与其他的宏观经济政策的比较中得出。

（1）集群政策与财政政策和货币政策两大宏观经济政策的比较。作为市场的外部力量，集群政策与两大宏观经济政策两者具有相同之处，都是基于市场失灵的经济理论。但是，两者主要还是在区别上：

第一，两者施行的主体不同，因此对集群发展的影响有所差别。财政政策和货币政策施行的主体分别主要是财政部和中央银行，属于中央政府部门，是一种自上而下的政策。而中央政府的各种宏观经济政策虽说会直接和间接影响集群的发展，但是集群政策的施行主体主要是与集群联系紧密的地方政府，它直接影响到集群本身的发展，当然很难对整个国民经济产生直接的影响，属于区域经济政策。集群政策既有自上而下（top - down）的方式，也有自下而上（bottom - up）的方式。

第二，两种政策作用的范围不同。由于施行的主体有所不同，因此，政策作用的范围就不同。财政政策和货币政策的实施会影响整个国民经济的发展或者是该国某个行业的发展；而地方集群政策的影响面则主要限于本区域，对本区域集群经济具有直接的影响。当然，地方集群经济的发展也会通过部门间的联系可能会间接影响整个国民经济。

（2）集群政策和传统产业政策的比较。集群政策和传统产业政策有相似之处，甚至有学者将它们认为是同一种政策措施，如我国学者仇保兴在《小企业集群研究》中将地方集群政策看成是"地方政府的产业政策"（仇保兴，1999）。其实，本文认为它们有许多不同之处。产业政策的概念源于20世纪60年代初，至目前也尚无统一的定义。日本著名学者小宫隆太朗[23]认为产业政策"是政府为改变产业间的资源分配和各种产业中私营企业的某种经济活动而采取的政策；本产业结构审议会将产业结构政策定义为"向最佳产业结构，即为实现经济增长和填平（同发达国家的）差距所最理想的产业结构接近，所需实施的政策。"也就是确定产业结构发展的方向，同时为实现这一目的确立必要的政策和经济机制。按照日本经济学家的观点，产业政策主要包括产业结构政策、产业技术政策、产业组织政策和产业布局政策等方面。传统产业政策和集群政策一样，都是基于市场失灵的理论，作为一种市场外部力量的政府的政策对社会资源进行重新配置，以实现政府的目标。但是，地方政府的集群政策和地方政府的产业政策有许多不同之处，它们主要体现在：

①两者在作用的范围上有所不同。地方政府的产业政策涉及本区域的全产业或者是政府所确定的"重点产业""支柱产业"；或者对尚不具备竞争力的产业实行保护政策。为了实现这一目标，政府通过规划、干预、引导和保护产业的发展，重点对所选定的产业进行扶持和补贴，加大优质资源的投入力度，从而调节社会资源在产业部门之间以及产业内部的优化配置，以建立高效益的均衡产业结构。从这一点上讲，产业政策其实是一种供给政策。产业政策的直接目标是加速产业规模的扩张以获得规模经济，因此，大企业往往是产业政策的最大受益者，而中小企业一般没有受到足够的重视。

　　集群政策的作用范围涉及的是本区域中的集群产业，涉及区域全部产业中的某一个或几个产业类别。集群政策并不存在政府首先确定支柱产业和重点产业的问题，在集群政策中，无论是高科技产业，还是传统产业，都可以是集群政策发展的产业。迈克尔·波特在《簇群与新竞争经济学》中认为集群中"根本不存在低产业这一说法，……，一个充满活力的集群可以帮助任何产业内的公司采用最先进的相关技术最复杂的方式参与其中""任何产业，任何集群，……，只要使用先进的方法从事这些行业，所有的集群都是好的"。像浙江义乌的小商品市场、嘉善的木业、桐乡的羊毛衫和织里的童装业的集群都属于传统的产业，但是它们的发展给当地经济发展带来了很大的活力。因此政府不应该选择集群，然后再按照政府的目标实施集群政策，而是对本地的集群进行积极引导和促进。通过产业集群政策的实施，以达到本区域集群经济的可持续发展。集群政策的目的是提升集群产业的网络创新能力，因此，集群内的所有企业都是集群政策受益者。

　　当然，地方政府的产业政策和集群政策在作用范围上可能会有交叉重叠的地方。比如：集群政策中鼓励发展的集群产业正好也是地方政府产业政策扶持发展的对象时，就会出现两者交叉的现象。这时，产业政策和集群政策在作用的范围上是同一的。

　　②两种政策在制订和实施上有所不同。产业政策是一种自上而下的政策，政府在政策的制定和实施中始终是主角，政府所采取的是对所确定的产业中的大企业或者是龙头企业采取扶持或直接干预，通过优质资源的投入推进龙头企业的发展壮大，以此促进区域经济的发展。而集群政策由于集群的自上而下和自下而上的两种产生方式，在政策的制定中也有自上而下和自下而上的两种方式。第一，自上而下产生的集群。在这个过程中，集群政策是一种自上而下的方式，政府首先设立产业目标，然后采取一定的政策措施，通过市场化引导的方式形成。在产业逐渐成熟之后，政府在集群发展中的地位作用逐渐削弱。而像行业协会等中间组织，在政府面前，代表着企业，在企业面前，对成员企业就政府政策的影响进行培训，鼓励集体活动，起到重要的整合作用，其作用逐渐变得重要。第二，自下而上产生的集群，集群政策的制定也是自下而上的方式。集群发展的政策多是由行业协会等准政府组织代替，政府对集群产业不设立目标，而是当集群发展到一定时期后可能再参与集群政策的制定。像织里童装业、嵊州的领带产业集群，在我国改革开放之后随着市场化逐渐产生，当初政府根本就没有针对该产业的发展制定专门的政策措施，政府只是在产业发展到一定时期后才进行规划与管理，逐渐发挥作用并影响集群的发展。需要指出的是，尽管在两种方式的集群政策中政府对集群经济的发展发挥一定的作用，但是政府集群政策的运用必须以市场为导向，为市场机制的运行创造良好的环境，重点发挥政策的诱导和激励作用，而非直接的横加干涉。政府的角色只是一个调节者或促进者，市场在集群发展过程中仍然是起到主导作用。

　　③两者在创新理论上不同。产业政策侧重对"重点产业、支柱产业"的扶持和补贴，强调对这些产业中的大企业提供优质、创新型资源的投入，是基于线性创新理论。这种创新一般经历"发明—开发—设计—中试—生产—销售"等简单的线性过程，限于单个企业内部的创新。其实，创新是一个企业与各种知识生产机构和知识传播机构互动的过程，企业并不是孤立地进行创新，外部的信息交换和协调对于创新具有重要的作用。创新的知识可以分为显性知识和隐性知识两种，集群内的各企业由于产业上的联系和空间上的集中，不仅便于显性知识的传播；更加重要的是，它便于隐性知识（隐性知识是通过"干中学""面对面的交流""言传身教"进行传播）的扩散。所以，它可以有效克服单个企业技术创新过程中的

能力局限，降低创新活动中的技术和市场的不确定性。因此，网络创新更符合现代创新的方向。集群政策正是基于系统创新缺陷，政府的创新政策主要在于促进合作与网络化，形成企业网络化和中介网络化，消除网络化创新中的不利因素。按照我国学者聂鸣教授（聂鸣[24]，2002）的说法，集群的创新政策设计的着眼点从增加资源的投入转到对现有的资源进行整合，产生系统的协同效应。这对像我国这样的发展中国家具有重要的意义，因为发展中国家受经济发展水平的限制，在短期内很难大幅度增加创新型资源的投入强度，即使资源投入的强度能够增加，也因创新资源的配置效率低而很难有效地提高技术创新的绩效。集群政策和传统的产业政策虽有所不同，但是在集群政策的制订过程中，除了受地方政府行为的影响外，更为宏观的产业政策的影响也不可忽视。首先，产业政策从本质上讲是一种自上而下的供给政策，国家集中优势资源对所作用的产业进行保护、重点扶持。在地方政府自身拥有资源一定的情况下，产业政策某项措施的实施会直接影响集群政策同样措施的制订。如在土地的审批使用、用水用电方面对地方产业政策所确定的产业优先，可能会影响到集群产业在这些资源上的优先使用，等等。其次，地方政府所制订的集群政策不能与更上一级政府所制订实施的产业政策相冲突。上一级政府确定需要限制的产业，要求下一级政府要严格执行，如果下级地方政府所要促进的集群产业正好是上级政府限制发展的产业时，集群政策则需要发生变化，或者需要终止。

2.2　政府管理集群的必要性

政府参与产业集群规划是有必要的。由于产业集群处于市场经济条件下，在完全的市场经济条件下，由市场这只"无形之手"自动地调节着集群化的最佳规模，然而纯粹的市场经济是不存在的，市场的自组织调节也有失灵的时候，产业集群要发展，政府的介入是很有必要的。以目前世界上最具竞争力的经济体——芬兰为例，已有上百年历史的芬兰信息通讯技术集群的持续高速发展，正是该国政府在集群发展的不同阶段精密设计产业政策的产物。产业集群的政府行为的理论基础就在于弥补市场失灵和制度失效，其目的是加强企业之间的知识网络和联系，满足企业的各种需要。与传统的政府行为相比较，集群的政府行为则更多地注重企业之间、企业与其他机构的战略联系，为企业、公共部门和非政府组织创造一个对话和交流的渠道，这种交流将导致企业之间的联合，比如共同开拓新市场，创造一种成熟的相互信任的企业联系，共同承担技术创新的风险，共同的职工培训等。这种对话反过来又会促进政府政策的积极变化，例如改进劳动力的培训，使之与企业需求相吻合，为企业提供更为快捷和全面的信息服务。美国硅谷的经验表明政府行为有必要参与产业集群建设。硅谷之所以能成为产业集群在全世界最成功的代表，与政府的支持是分不开的。首先在组织管理上，由地方政府、银行家、大学组成顾问委员会，进行重大决策，确定商业贷款项目，给予企业以各种鼓励计划。其次是实行特殊政策，在企业买地建造厂房时政府提供免税，为新成立的公司提供临时性的工作场所。总之，政府行为参与到产业集群发展中，可以减少我国现有条件下市场因素在资源配置上的某些局限性，同时实现自己的产业发展政策和经济结构调整和升级的目的。

2.2.1　地方政府在集群发展中发挥作用的原因

作为市场以外的力量，地方政府在集群发展中实施集群政策，促进集群发展，其主要原因有：

集群内的"市场失灵"是政府进行干预的理论基础。主流经济学家很早就已经认为市场失灵是政府干预的依据。同样,在集群内也存在着市场失灵的问题,需要政府的干预。

第一,共性技术的供给不足。共性技术是相对于专有技术而言,是指同时具有共享性、基础性和关联性等特征的技术[25]〔李经珍,2004〕。由于共性技术的共享性,在中小企业众多、彼此之间联系很强的集群中,它很容易扩散溢出到其他的企业,从而提升集群产业的竞争力乃至区域经济的竞争力。因此,共性技术的扩散具有较大的社会福利效应。但是,正是共性技术的正外部性的存在,群内其他企业出于自利动机而出现的"搭便车"行为,导致共性技术的供给相对于整个集群而言是不足的。

第二,区域品牌得不到有效的管理和维护。区域品牌指由区域特色产业发展形成的市场声誉与影响力,其主体不是单个企业而是区域内的产业集群(李永刚,2005[26])。地方产业集群发展的结果促成了区域品牌的形成,区域品牌反过来又促进了集群的发展。例如,人们提起领带,自然就想到浙江嵊州。其他的如:诸暨大唐的袜业、义乌的小商品、广东佛山的陶瓷业等。相对于企业的品牌,区域品牌知名度和美誉度的提升,受益的是群内所有的企业,它们可以无偿使用区域品牌而不用付费。因此,区域品牌具有公共产品的性质。但是,正是由于区域品牌具有公共产品的性质,容易产生"搭便车"的心理,导致它往往得不到有效的管理和维护。大家都希望其他的企业努力维护区域品牌的形象,自己则可以无偿使用,甚至出现群内的个别企业发生有损区域品牌美誉度的行为。在利益的诱惑下,部分企业可能因此为了获取高额收益而从事非法经营活动,发生有损区域品牌美誉度的行为,从而殃及其他的企业。因此,政府在区域品牌的管理和维护上应该有所作为。

第三,恶性的价格竞争往往导致"柠檬市场"[27]的出现。集群产业中的企业生产的是同质产品,它们之间的差异不大,特别是走低端道路的产业集群更是如此,产品的竞争往往陷入狭小的区域。由于信息不对称的存在、专业化分工后资产专用化程度高,企业主在激烈的竞争面前,往往会采取偷工减料,尽量降低产品的成本,以维持生计。这使得市场上的产品质量不断退化,并形成恶性循环,出现"劣币驱逐良币"的现象。

2.2.2 成功案例:绍兴纺织产业集群

绍兴位于浙江东部,有着悠久的轻纺基础和深厚的文化积淀。改革开放后,绍兴纺织不断发展,已成为闻名海内外的纺织基地。截止到 2003 年末,绍兴共有纺织企业单位 4 251个,占市全部企业数的 48.71%;纺织业职工人数 127 956 人,占市工业全部职工人数的 58.78%;纺织业现行总产值 524.22 亿元,占市工业现行总产值的 59.37%,占全国纺织业产值的 15%;年织造能力 20 亿米,占全国纺织品总产量的 1/6;年印染能力达 30 亿米,占全国的 1/5。位于绍兴桥头镇的中国轻纺城汇集了国内化纤纺织的所有新产品,日进场交易达 10 万人数,2004 年实现交易额 258 亿元,轻纺城内的经营户和客商遍布全球,已成为中国乃至亚洲最大的纺织品集散中心[28]。同时,经过 20 多年的发展,依托传统的轻纺优势和90 年代深入的纺机与技术革命,绍兴已形成了由化纤、织造、印染、服装等行业组成的较为完整的产业链。

绍兴产业集群发展的各个阶段都离不开绍兴市政府的作用。从初期的大力扶持乡镇纺织企业发展到两次对乡镇企业产权制度进行改革,从兴办轻纺城到建立柯桥经济开发区,从推动纺织企业的"无梭化"革命到引领、鼓励纺织企业开拓海外市场,从抓政府信用、企业信用到推动机关效能、机关作风建设,绍兴市政府都能认清形势,与时俱进,为纺织产业集群提供公共产品和服务，完善基础设施、协调产业政策、改善投资环境、营造产业载体，在绍兴纺织产业集群发展的各个阶段始终发挥着关键性作用。

同时，绍兴市政府发挥了市场经济条件下政府应该发挥的基本作用。绍兴市政府始终坚持市场经济准则，激发民间资本，鼓励民营经济发展，同时在充分发挥市场机制作用的基础上，积极主动地采取针对性措施克服自由市场带来的问题，在消除和减少"市场无效"和"系统性缺陷"方面发挥了巨大的作用。无论是产业系统还是产业支持系统，绍兴市政府都做到了"有所为"和"有所不为"，对每个系统和每个系统的关键因素的培育和成长发挥了积极作用，引导产业、规范市场、优化环境，提供着"适位"但不"越位""错位"的公共服务，充分体现了地方政府对产业集群发展的"水平作用"。

2.3 政府管理产业集群的适度性

2.3.1 政府管理产业集群的适度性理论分析

产业集群的形成通常都有着很强的自发性，它与当地的生产要素、需求条件、相关支撑产业的发展状况、外部的环境条件及政府的作用等诸多因素有很大的关系。国内外产业集群的产生与成长经历表明，世界上绝大多数产业集群通常都是在市场条件下通过企业的自发行为而逐步形成的，我国早期的产业集群也都基本如此。但是，产业集群也不是企业的简单扎堆，大量企业集中在一个地区并不一定就能形成产业集群。地方政府在产业集群的形成和发展中并非毫无作为，虽然决定产业集群产生的主导力量是市场而非政府的因素，但随着区域竞争的加剧，地方政府在推动和引导产业集群发展过程中扮演的角色也会显得越来越重要。政府作为超经济组织，是区域经济发展的主要组织者，政府必然要承担着培育区域竞争力、增强经济发展潜能的职能。在其行使组织地方经济发展的职能中，地方政府至少可以解决产业集群发展中市场本身难以解决的一些问题，能够加快产业集群生长发育的进程，促进其健康发展。因此，地方政府在促进产业集群发展方面是能够发挥出市场所不可替代的作用，在政府与市场的关系上，地方政府的行为与市场作用同样都是必要的，但也必须要立足于产业集群的成长规律及特性，既坚持市场的调节，又重视地方政府的干预，才可能保证产业集群的良性发展。

首先，政府是作为社会管理者参与产业集群规划的。市场本身是一个包含主体、客体、价格和运行机制等内容的有机系统，如果把市场比作一个搅拌机的话，政府则是这台搅拌机的管理者。政府必须以现有的或新兴的集群为前提，制定相应规划，而不能刻意创造产业集群，因为创造产业集群将会导致高成本、高风险，如果不同的地区追求相同的产业集群将会导致重复建设，破坏现有的市场结构和企业的竞争能力。由于参与者及相互联系的多样性和复杂性，产业集群是一个复杂的有机系统，试图通过政策来创造一个复杂系统几乎是不可能的。

其次，集群规划不应以政府为主导。在产业集群发展过程中，政府的主导型作用不宜过大，这主要是由政府的性质所决定的。由于政府所追求的目标与企业所追求的目标并不完全一致，政府和企业在经济活动中所承担的后果也不相同，这就决定了政府行为和企业行为的差异，如果政府的主导性作用过大，将不利于企业能力的培养，有可能造成企业对政府的依赖[29]。

2.3.2　地方政府作用不适情况下的集群案例

美国 128 公路经验表明，集群规划不应以政府为主导。位于马萨诸塞州的波士顿沿 128 公路的走廊地区，是在 20 世纪 60 年代电子信息产业发展过程中出现的，经过 80 年代的衰退之后，其发展缓慢，日显僵化，这主要是因为它的形成一开始就和政府保持着密切的联系，对政府的依赖较大。它是美国政府冷战时期着力扶持的对象，在政府巨额研制资金和军需订单的坚强后盾下，128 公路取得了巨大的成功，但这恰恰造就了其缺乏自我生存机制、面向市场求生存求发展的意识很淡薄，冷战结束后它就面临着严重的衰退。

20 世纪 90 年代中期国有企业化整为零和个体办作坊的增加，企业迅速增加，且以低水平的小企业占据绝大多数，企业之间发生过度竞争，竞争就表现为对抗式：群内企业之间价格战激烈、恶性竞争时有发生，企业模仿和仿冒之风盛行、产品雷同等。再比如浙江永康的小五金集群，1995 年保温杯市场利润空间大，产品供不应求，大量小企业进入集群，结果保温杯生产迅速扩张，企业之间展开了激烈的无序竞争，保温杯从畅销到滞销仅三个月，价格从最初的 150 元/只降到后来的 10 元/只，造成了资源的极大浪费，并严重损害了永康产品的信誉。

因此，政府最好是间接参与到产业集群的创建过程中，而不是主导集群的发展，要真正让企业成为集群的主导，政府成为集群的催化剂和润滑剂。

2.4　政府管理与产业集群发展之间的关系

产业集群多数是自发形成的，集群经济的成长主要是市场力量驱动。而对于政府作用，主要是创造环境，做好引导和服务，不应是干扰市场，扭曲竞争。实践表明，凡是健康持续发展的产业集群，其后面都有政府的有力支持和正确干预。在丹麦，产业集群政策的制定是由政府有关部门和对应领域的、有相当造诣的集群研究专家组成小组共同起草的，然后由小组与各个代表集群的协会和公司进行对话。在分析与对话兼顾的基础上，以求促进动态的最佳政策的产生。实践表明，政府广泛接受并扩大集群参与者的举措至关重要。

2.4.1　地方政府对自身利益的追求是政府进行干预的内在动力

公共选择理论认为：政府，包括政治决策的参与者，同私人经济中的个人一样，都是理性的"经济人"。并且同中央政府相比，地方政府的行为更具有现代经济学中的"经济人"的某些特点。我国在改革开放以前计划经济体制时期，中央政府是推动经济增长的主要力量，随着放权让利的改革战略和"分灶吃饭"财政体制的实施，拥有较大资源配置权力的地方政府成为同时追求经济利益最大化的政治组织。对地方集群经济的干预，使得资源可以得到更合理的配置，企业的业绩越好，就越能促进本地经济发展，当地政府的收入增长就越快[30]。另外，目前对地方政府官员政绩的考评、升迁主要是看当地经济发展水平状况，经济发展速度比以前快、比相邻地区优则评价好、升迁易；反之则评价劣、升迁难。政府在对集群经济干预过程中，既可以追求资源配置最优，更重要的是可以获得地方政府组织的利益最优和地方政府官员自身利益的最优化。

2.4.2　我国经济"赶超式"发展是政府要求进行干预的重要原因

集群作为市场经济发展到一定阶段的产物，在我国得到迅速发展。作为一种新型的网络型的产业组织形式，对提升产业、地区甚至国家的竞争力发挥了重要作用。但是，由于几十年社会主义计划经济的制度沉淀以及市场经济体制的尚不完善，原本是自下而上发展起来的集群经济，若没有政府在市场制度、法律制度、社会制度等方面的创新和政府的精心培育和扶持，其中的不确定性因素很多，集群要么就此衰退直至消亡，要么在市场竞争中通过自然发展完成量的扩张和质的提升，但可能需要较长的一段时间，这当然与我国迫切发展经济的目的是不符合的。

2.4.3 产业集群内部的企业本身对政府的集群政策也有需要

我国许多地方集群内部企业的数量众多，规模较小，许多企业无法单独完成一些基本的活动。比如：织里童装企业有5 700多家，绝大多数为个私企业，单户织机平均为30台，织机在50台以上的只有近400家。这种群内企业众多，而规模普遍较小的状况同样也出现在以童装产业闻名的广东佛山环市镇、以生产羊毛衫而出名的浙江桐乡的蹼院镇。这些企业由于自身规模小，对技术创新、信息的获取和发布、市场调研、教育培训等经济活动有需求，但自身无法有效供给，只能求助于中介组织或拥有一定资源优势的政府，希望得到政府的支持。另外，具有公共产品性质的诸如便利的交通、完善的投资环境、公平的竞争环境和社会秩序等也是集群中的企业所需要的，单纯由市场中的私人提供往往缺乏效率，只能由政府部门提供。

3 在产业集群发展不同阶段的产业集群政策变迁

3.1 地方政府在产业集群发展中发挥作用的条件及优势

3.1.1 地方政府在产业集群发展中发挥作用的条件

地方政府在集群政策制定、实施过程中，要达到政策制定者所设定的预期目标，要受到集群内、外部许多因素的影响和制约。特别是集群政策制定和实施的主体——政府和集群政策的指向客体——集群企业自身状况对集群政策效果的发挥起到至关重要的作用[31]。因此，要使得集群政策真正发挥作用，就必须具备以下几个基本条件：

（1）地方政府真正从管理型向服务型转变。集群的产生是市场经济发展到一定程度下的产物，是市场竞争的必然结果。地方政府在促进集群发展的过程中，不可能通过政府自身的力量"制造"一个集群，也不能是政府主导集群的发展过程。我国改革开放前政府在生产布局方面强调非经济因素，人为地"制造"出的产业集群（王缉慈，2001），以及改革开放以后一些地方政府人为主导的区域产业发展，其结果都不理想。所以，营造集群发展所需的环境，为集群的发展提供系列服务才是政府的职责，政府的角色只能是集群发展的中介和促进者。

（2）地方政府应及时掌握集群发展的动态。集群作为近几十年才蓬勃发展的新事物，在成长中也出现了许多新情况，有许多问题需要进行深入研究。比如，在当今条件下，处于低端道路的集群（特别是浙江的产业集群很多属于这类）如何进行产业结构的升级；本区域内的集群目前所面临的较突出的矛盾在哪里；在经济全球化和分工国际化的情况下，本区域的集群处于全球价值链的哪个环节，等等。对本区域集群清楚地了解，地方政府才能"对症下药"，所制定的政策措施才会有针对性，当然，效果也会不错。

（3）集群政策的目标应当具有整体性，而非针对集群内的某个或者某些企业。虽然集群内的核心企业在集群发展中的作用不言而喻，地方政府应当予以重点扶持。但是集群内有众多企业，他们之中有产业内的核心企业，同时也存在大量的中小企业。它们在资金、技术、劳动力、信息等生产要素及再生产的各个环节紧密合作、互相交流，形成一个整体。政府政策的目标应该针对的是整个产业集群的整体发展，政策的指向应该是集群内所有的企业，并不能只注意或照顾到极少数的核心企业。

（4）政策作用的客体——企业的产权应当是明晰的。现代市场经济条件下，政府对集群的调控主要是间接的，政府的集群政策通过影响市场中的某些变量来间接影响集群内企业的行为，而非直接的行政命令的方式。因此，政府在为企业提供服务的过程中（如政府搭建企业间相互交流的平台），政策指向的客体——反应应当是合乎理性的。这就要求企业的产权明晰，管理科学，始终以自身利益最大化为目标。否则，再好的政策由于客体的反映非理性从而达不到预期的效果。

3.1.2　地方政府在集群发展中发挥作用的优势

地方政府在发挥作用中与行业协会、中介组织相比，在资源的掌控、成本的节省及信息的拥有方面具有自身的优势：

（1）政府发挥作用具有资源优势。由于地方政府是一定区域内具有最高权威的能够垄断行使权力的组织机构，有禁止或允许等权力，因此，相对于其他组织，它可以更加容易地聚集大量的人、才、物集中为发展集群经济服务。例如，集群内基础设施的提供、产品的研究与开发、区域品牌的宣传与营销，这些都是集群内单一企业所无法比拟的。

（2）政府发挥作用具有成本优势。政府在制订市场规则、维护公平竞争、反对垄断、消除集群经济的外部性方面，比起市场中各企业为维护自身利益而另行设立一新的组织，成本要低得多，交易成本可以大大节省。例如在织里镇，2002 年成立的综合矛盾纠纷调处中心受理各类纠纷（其中很多是劳资纠纷）4 022 件，调处成功 3 849 件，当群内企业或员工遇到矛盾纠纷时，首先想到的是调解中心。自调解中心成立以来，群内再也没有因出现纠纷而通过私下解决不公导致矛盾进一步激化的现象，调解中心的出现，为集群产业的发展起到了"润滑剂"的作用。

（3）政府发挥作用具有信息优势。集群内的企业在发展中虽然强调要"抱团作战"，但相互之间也存在着竞争，各企业分散决策。特别是一些小规模的企业对行业发展的动态信息掌握不多，生产决策具有一定的盲目性。政府通过自身的系统及垄断的权力地位，可以掌握大量集群企业所无法掌握的宏观的、综合的经济信息，从而在指导整个区域经济及集群发展具有较强的优势。如地方政府的工商、统计计划等部门就掌握着当地和全国其他地区同类集群产业发展的有关数据信息，制订区域内集群发展的规划，为企业提供咨询服务。当然，政府在调控集群经济中与其他组织相比具有优势，并不是政府在干预集群经济时自身就没有任何缺陷，更不是可以用政府的政策来替代市场。由于政府也无法掌握足够的市场信息，信息不对称的现象在所难免。同时，即使政府掌握或拥有足够的信息（知识），也不可能做出最优选择和最完美的政策设计，也就是说有限理性不仅存在于企业和个人，也存在于政府。因此政府也有失灵的时候，政府努力的目标是尽可能制订最优的政策，以最小的政策失灵来弥补市场失灵的存在。

3.1.3　地方政府制定产业集群政策对于我国的意义

在贸易和投资自由化的驱动下，工业的全球化正以不可逆转之势向前发展，新的技术、新的组织管理、新的全球规则正在加速这一进程。散布于全球的、处于全球价值链上的企业进行着从设计、产品开发、生产制造、营销、出售、消费、售后服务、最后循环利用等各种增值活动。跨国公司越来越多地将其生产过程细分为小的片断，分别布局在世界上能够降低生产成本，使增值效率达到最优的地点，然后把那里的增值活动作为全球价值链的整体来管理，以获得竞争优势。在我国的纺织、服装、日用品制造等劳动密集型产业，以及劳动密集型与技术密集型相结合的组装加工业领域，制造业活动具有物质成本优势，很多企业根据不同技术能力，纷纷进入了全球价值链，已经使中国成为跨国公司控制之下的"世界工厂"，加入 WTO 使这一局势明朗化。进入全球价值链对于发展中国家来说提供了学习的机会，但如果仅成为劳动密集型产品或部件的供应者，并不能保证登上能力增长的自动扶梯。《全球竞争力报告 2001—2002》（由《世界经济论坛》和美国哈佛大学国际发展中心合作完成）对世界 75 个国家的技术创新状况进行了评价。中国的创新能力得分排名第 43 位。我国的国际竞争力并不令人乐观。作为发展中国家，我国的工业化需要在全球化与本地化的张力之间寻求独立自主的发展道路，特别需要从制度层面理解自主创新能力的社会根植性。也就是说，如果单纯依靠廉价的土地和劳动力资源，其经济是脆弱的，只有形成了相关生产活动的集聚，形成与本地的社会文化融合的产业集群，才能吸引着资本、技术、劳动力等要素不断涌入并且植根于本地，提高学习和创新能力，促使地区经济快速发展。集群战略应用相当广泛，它有利于产业的发展，例如我国的电子信息业、生物制药业、光机电业等企业都有自然扎堆的特征；我国方兴未艾的文化产业、体育产业、旅游产业等也都需要用集群的思维进行规划。从区域来说，我国北京、上海市以及浙江、江苏、河北、广东、福建等省都出现了大量的专业化区域，仅温州附近，就发展了近 30 个专业化产业区。地方政府在很多地方的发展中起到了积极的作用，例如规划和建设特色工业园区、专业化市场，设立专业网站等。集群发展所涉及的问题很多，例如外资企业的影响、本地供应商的联系、企业的国际联系，甚至本地集群与国外集群的联系，等等。集群同样有兴有衰，有强有弱。因此，如何实行集群战略，培育企业合作网络，保证集群的持续发展，如何使集群升级，如何提高集群的竞争力，如何使集群成为我国企业参与国际竞争的"本垒"，如何发挥政府的作用，这些都是摆在我国各级政府面前的问题。中国走新型工业化道路，关键问题是如何提高企业的竞争力，使企业在全球价值链的竞争中不断创新和学习，向高增值的价值链环节攀登。然而，眼下越来越暴露到全球竞争之中的中国企业是缺乏竞争力的，这将不利于我国经济和社会持续稳定的发展。我国企业竞争力低的原因在于新的市场秩序没有完全建立，计划经济的残余导致交易成本高。很多企业和产业都处于孤立运作的状况，这与很多国家尚存在相当大的差距，那些国家正在发展以地方产业集群或产业集群为特征的地方生产系统，提高集群成员企业的竞争力，提高产业竞争力，实现国家工业化和信息化。

3.2　地方政府在集群发展不同阶段的集群政策变迁

在自然界，任何生物都有出生、成长、成熟、衰退和死亡的过程，这是一个客观规律。在市场经济中，产品、企业也具有明显的周期。由于产业集群是由一定区域内的相互联系的众多企业和机构因空间集聚而形成的一种产业组织形态，它的主体是企业，因此，产业集群也具有周期的特征。但是，集群的存续时间和各个阶段的相对长度是与许多因素相关的。这些因素可以分为两类：第一类为集群发展中自身的内部因素。比如集群产品自身所处的周期阶段、集群企业家的整体素质、集群企业的创新能力、市场竞争状况等。内部因素是集群周期的决定性因素。第二类是集群发展中的外部因素。比如当地的资源条件、政府政策的变化、区域经济社会环境、整个技术和社会的进步等。集群政策制定的着眼点在于通过影响这些因素，从而达到延长集群的存续时间。延长成长、成熟期的时间，尽量缩短衰退期时间，或者让集群重新步入再生期的目的。

3.2.1　地方政府在制定集群政策时应该遵循的原则

地方政府在制定集群政策以促进集群发展的过程中，要求遵循一定的原则，其主要为：

（1）动态性原则。产业集群发展过程中呈现周期的特征，在不同的发展阶段，集群内部矛盾问题也有所不同，集群变化的多样性决定了集群政策在制定过程中的动态性。比如，在集群发展的初建期，良好的发展环境是集群企业最需要的；在集群的成长期，产品标准的制订和市场竞争秩序的维护是产业健康发展的前提；在集群的成熟期，集群企业的合作和创新能力的发展是非常重要的。因此在制定集群政策的过程中，要求政府针对集群发展的特点来制定相应的发展政策。

（2）高级化原则。政府在制定产业集群发展政策时，应当尽量尝试走"高级化"的发展道路。集群发展过程中面临两条道路选择：一是高端道路，即集群企业以创新、高质量、较强的适应能力和良好的工作条件为特点的发展模式。二是低端道路，即集群企业以较低的产品价格和产品技术含量、便利的原材料和低廉的劳动力为特点的集群发展模式。而后者往往因为产生不良的恶性竞争而阻碍了集群向"高端道路"的转变。因此，集群政策的制定既要考虑地方资源禀赋，更要从集群可持续发展的角度来思考。

（3）服务性原则。在集群发展的过程中，政府的角色非常重要，特别是在当前条件下的我国，政府的角色举足轻重。但是，政府在集群发展中仍然是一个调节者和促进者，市场在其中占主要地位。政府能够做的仅仅是帮助集群的发展，为集群的发展提供一个良好的外部环境，而不是刻意地创造产业集群。

3.2.2　产业初建期地方政府集群政策作用的重点

由于历史或偶然的因素，产业集群开始在某区域形成。企业开始在空间上集聚，并进行专业化的分工协作；劳动力市场供给充足，但高素质的技术管理人才供不应求。此时集群企业数量、规模处于起步阶段，生产过程中企业虽采用了简单的新技术、新的生产方式，但是生产过程和产品尚未实行标准化，集群主要基于低成本的专业化分工协作及区位优势获得积聚效益。处于初建期的集群力较弱，很容易消亡或成为"飞地"。因此，政府集群政策的重点主要为：

第一，创造一个良好的投资创业环境（如各类公共产品的供给），给集群企业家一个良好的预期。集群的生成源于历史的偶然，而不是通过市场以外的外部力量主观选择的结果。因此，集群在最初生成的初建期，区域的公共设施的供给、政府政策的扶持等方面都会显得不足，甚至在特定的历史条件下，集群产业发展的环境还较不稳定，企业家的预期很不明朗。在集群的发展中，政府提供一个良好的产业成长氛围比较重要。

第二，对集群企业给予多渠道的资金支持。在集群发展过程中，资本和劳动作为两种最基本的生产要素，缺一不可。在集群的初建期，作为基本生产要素的劳动，供应非常充足，生产的技术含量不高，企业的进入门槛低。但是，资本的短缺却是制约企业创立和发展的"瓶颈"。从世界上许多国家或地区的实践经验来看，政府在企业的发展初期都在不同程度上给以金融上的支持。

第三，有意识地进行企业家精神的培育。人是集群发展中的最积极和能动的因素。企业家作为重要的人力资源，对产业集群的形成和发展都会产生重要的影响。这种影响不仅仅体现在其自身所在的企业或个人的绩效上，更重要的是他们对地方的其他行为主体会产生直接或间接的影响。比如，企业家以自己的创新成就推动着其他主体的创新活动，并由此带动地方产业集群的产生与发展。所以，地方政府在产业集群的初建阶段，就要有意识地培育企业家精神，倡导自主创业，并通过不定期的培训、组织考察参观等形式拓展企业主的创新、创业思维。

3.2.3　产业集群成长期地方政府集群政策作用的重点

集群从形成期发展进入成长期，此时受集群效应的诱惑，企业的数量迅速增加，专业化协作进一步细化，分工程度提高，竞争开始趋于激烈，产业领头企业开始出现。由于集群的效应明显，吸引了更多的企业加盟，竞争更加激烈，并且群内出现恶性竞争和柠檬市场。因此，政府在这一阶段主要是对集群的规范管理，通过系列制度的安排来规范群内主体的行为，以此来营造有序的竞争环境。在这一阶段集群政策的重点为：

第一，进行区域品牌的营销，以增强区域品牌的美誉度。处在成长期的集群产业，其知名度正在逐步上升，由于区域品牌具有公共产品的性质，与企业的品牌相比，它得不到有效的管理和维护。因此，地方政府首先要进行区域营销，通过召开博览会等方式扩大地方集群产业的知名度、提升美誉度。其次，增强群内企业维护区域品牌、树立企业品牌的意识。对有损区域品牌的违法企业进行惩处。最后，鼓励群内企业创名优品牌，并予以适当的补贴。企业的名优品牌的创立对区域品牌会产生积极的影响，从而提高区域的美誉度，两者相互促进。所以，给予这些企业适当的补贴以提高企业的积极性，可以达到"双赢"的效果。

第二，制订产品执行标准，规范企业的生产行为。处于成长期的集群产品供不应求，大量企业开始进入集群区域，表现为一片"繁荣"的景象。由于没有产品质量技术标准，产品的质量良莠不齐，信息不对称导致的柠檬市场随之出现。这会给集群今后的持续发展埋下隐患，集群发展过程中占领的只能是产品的低端市场，集群发展的后劲乏力，甚至最终因质量低下而成为"问题区域"，集群就此消亡或飞往他地，浙江永康县花一现的保温杯产业的发展就是典型的例证。

第三，注重对产业发展的规划和引导，促进市场竞争，重视发挥行业协会的作用，促进企业内部自律及相互之间的合作，抑制有损市场效率的不正当竞争行为。成长期的集群因大量企业的迅速进入，竞争的无序化，特别是恶性价格导致行业利润的下降、产品质量的下滑，会严重损害区域的声誉。例如，当群内某投机企业开始通过以次充好来谋取利益时，若缺乏政府的制度规范，该企业所面临的成本小，特别是因以次充好所面临的惩治概率几乎为零时，受惩治的成本很小，但收益却很高，净收益远大于零。更为重要的是，通过示范效应，其他企业也会因制度约束缺乏而进行效仿，整个行业的竞争最终陷于无序的地步，这是纯市场难以解决的问题。政府通过加强制度规范和约束，抑制有损市场效率的不正当竞争行为，大大增加投机企业被查处惩治的几率，提高其违规成本，可以起到行业规范发展的目的。事实上，许多成功集群的发展经验也表明了这一点。浙江嵊州领带集群就是通过成立行业协会加强质量管理、制订领带产品标准、出台相关政策规范领带产业发展等手段，来支持整个区域的进一步发展。

第四，政府开始有意识地引导、支持群内企业的产品多样化和差异化。产品的供不应求使得集群成长期的企业往往集中资源用于畅销产品的生产。容易导致企业的产品过于集中在狭窄区域，产品趋同现象严重，一旦产品供求紧张的时机过去，企业恶性竞争随之而来。因此，政府应当在产品销售势头良好、行业利润较丰时，对建立新的设施以生产新产品的企业，或者积极从事产品开发的企业在财政、税收、资金的融通等方面给予优惠支持，以降低集群的风险。另外，地方政府通过公共培训，为处在成长期的集群提供大量的高素质劳动力资源，从而使得集群产业发展中的技术创新顺利转化，为现实生产力提供保障。

3.2.4　产业集群成熟期地方政府集群政策作用重点

成熟期的产业集群由于市场日趋饱和，市场竞争更为激烈，竞争的方式从以前的价格竞争转变为产品质量、售后服务的竞争，企业注重产品差异化，领头企业的优势明显。但是，此时集群内企业、行业协会甚至政府部门要避免因固守既得利益而逐渐使集群变成为一个满足于维持现状的封闭系统，排斥新技术、新知识、新的进入者。因此，这一阶段地方政府作用的重点在于推进企业的进一步创新。

第一，促进共性技术的有效供给。处在成熟期的集群，创新显得尤为重要。共性技术的研发，有利于集群整体竞争力的提升和企业专有技术的发展[32]。首先，地方政府对积极从事共性技术研发的企业给予一定的补贴，使得企业的外部收益内在化，从而增加共性技术的供给。其次，地方政府还可以弥补集群中的组织失灵。集群企业由于组织规模等问题，单个企业可能没有足够的实力和资金从事共性技术的研发。地方政府可以通过建立研发团体，促进企业间的相互合作与交流，形成合力；或者积极推动产、学、研相互的合作与交流，完善集群的创新网络的组织化程度，充分发挥集群内的"集体效率"。当然，产业集群持续发展在于合作创新，通过与高校和科研机构的合作交流，为集群发展提供了知识的源泉。在经济全球化的今天，通过创新和提高产品的附加值，能够使得集群在全球分工中处于较有利的地位。世界上许多成功的集群，都注重与研发机构的联合。如高端道路的硅谷以及我国温州柳市镇的低压电器产业等。

第二，为集群内企业提供相互交流的平台，形成既竞争又相互合作的氛围。集群内的同行之间不仅仅是竞争，相互拆台。从维护集群发展的角度上讲，更多的是相互合作，共同促进，"抱团作战"才是集群发展所要求的。

第三，培育群内企业专利意识，进一步加大专利的保护力度。经验表明：单纯依靠低成本优势的集群发展不可能长久，很快就会被其他国家（地区）的更低成本所取代。因此，在企业应该利用前期所积累的技术、资本和产品销售经验，进行产品的研发创新。地方政府在集群发展的过程中不仅要保持集群的成本优势，更为重要的是要维护集群的技术优势和产品性能优势。

3.2.5　集群衰退期地方政府集群政策作用重点

衰退期的产业集群企业的数量趋于减少，由于市场需求萎缩，核心企业开始逐渐退出集群，具有创新能力的新企业已经不再进入，集群创新能力不足，人才等生产要素外流，集群逐渐消亡。政府集群政策早在成熟期就注重集群创新能力的培育，目的是为了延缓甚至使集群得到质的提升，重新得到发展，从而集群进入再生期。一旦集群进入衰退期，就已经进入发展瓶颈，只有对现存的生产要素进行新的组合才能获得再生。政府在这个"新"的创新过程中应该给予资金和物质上的支持，帮助集群度过这一困难时期。如果集群进行再创新也无法改变状况时，政府的政策主要在于降低企业退出成本，同时注意发现新的集群，并进行培育。

4　案例：镇平县地方政府的政策在玉器加工产业集群发展中的作用

4.1　镇平县玉器加工产业的发展简史、镇平县玉器加工产业的现状

镇平县位于河南省西南部，毗邻南阳市区，辖 12 镇 11 乡 409 个行政村，总人口 95 万，总面积 1 500 平方千米，山地、丘陵、平原各占三分之一，是国家命名的"中国玉雕之乡"。镇平的玉雕加工历史悠久，玉文化积淀丰厚，玉雕产业规模宏大，玉雕艺术享誉海内外。

目前，镇平的玉雕产业从业人数达 12 万，年产值 13 亿元，加工企业（户）10 000 个；全县玉雕重点乡镇 11 个，玉雕专业村 50 个，形成了石佛寺玉雕湾和县玉雕大世界两大专业市场，是县域的主导产业和群众的致富产业。全球所有的玉种在镇平均有加工和销售，形成了摆件类、饰品类、实用保健类等产品为主的产业群体 8 个，产品近 5 000 个品种。近年来，镇平县委、县政府制定了一系列支持玉雕产业发展的优惠政策，使全县玉雕产业的发展取得了显著成效。镇平县结合文化名镇建设，以石佛寺镇、晁陂镇为中心，新建扩建了玉雕湾翠玉玛瑙市场、榆树庄玉镯市场、何庄摆件市场、梁堂石雕市场等 23 个专业市场，进一步膨胀市场规模。同时，为加强对玉文化产业的引导、开发和管理，提升全县玉雕产业水平，成立了全国第一个玉雕产业管理局，从组建产业龙头入手，成立了"镇平县玉神工艺品有限公司"，吸纳神圣玉雕有限公司、石佛寺玉器厂等 10 家大型企业加盟，统一注册"玉神"商标，打造产业集团军。最近，镇平玉雕作为传统艺术品已成功申报为国家级非物质文化遗产，石佛寺镇被命名为河南省玉文化产业基地。

镇平历来重视玉雕从业人员的素质提高和后继人才的培养，有联合国教科文组织命名的"民间艺术大师"2 人，省工艺美术大师 6 人，高级工艺师 35 人，有初级培训学校 18 所、玉雕职业高中 1 所、县工艺美术职业中专 1 所，开设雕刻、美术设计等与特色文化产业相关的教学内容，年培训玉雕创作人才 2 500 余人。另外，还指定县文化馆为专门的培训基地，定期邀请县内外专家、教授讲课，提高各类民营文化社团的人员素质。

为进一步提升镇平玉雕的知名度和影响力，自 1993 年开始，镇平县成功地举办了 12 届玉雕节。节会期间，全国乃至世界的玉雕界专家学者云集镇平，研讨玉雕理论、切磋玉雕技术、传播玉文化知识，提升了玉文化研究的层次和品位；组织参与全国"天工奖"玉雕精品展评会、玉雕产品展销会、玉文化研讨会、获奖作品现场拍卖会等活动的开展，炒热了玉文化研讨弘扬氛围，产生了良好的社会效应和经济效益。2003 年建成了全国唯一的"中华玉文化中心"和全国首家中华玉文化博物馆。中华玉文化中心建筑面积 4 000 平方米，内部构造由玉雕精品展销大厅、学术报告厅和玉文化博物馆三部分组成，融精品展销、玉雕商贸、学术交流、玉文化研究于一体，既有现代特色风格，又深含玉文化底蕴，实现了玉雕文化与建筑功能的完美结合。与玉文化中心相辅相成，浑然一体的玉文化广场，占地近百亩，气势恢宏，风光优美，是娱乐休闲的好去处。中华玉文化博物馆位于中华玉文化中心二楼，由玉史长廊、玉作坊、玉石大观、大师榜、精品图、百玉图六大展区组成，馆内收藏了历代制玉工具、古玉文物、现代玉器精品以及来自世界各地的玉石标本，并以泥塑和图片展示的形式生动再现了从古至今不同时期的玉雕加工工艺流程，堪称一部中华玉文化的百科全书。

在营销产业链上，围绕"镇平县玉神工艺品有限公司"，成立玉料购销、产品加工、产品销售网络 270 余个，并在玉雕乡镇组建 36 个分公司和 52 个子公司。通过全县上下的努力，镇平县已把玉雕传统文化优势迅速转化为产业优势，玉雕产业呈现出了前所未有的辉煌，初步形成了原料—设计—生产—培训—检测—包装—销售为一体的完整产业链，成为对县乡财政贡献最大的新的文化产业经济增长点。

4.2 政府投入与集群发展之间的相互关系

4.2.1 玉器加工制造产业集群发展初期（1978 年—1986 年）

1978 年中共十一届三中全会后，尤其是在改革开放政策不断深化的形势下，镇平县委、县政府带领全县人民，坚定不移地贯彻执行党和国家提出的"改革、开放、搞活"方针，结合县情，从实际出发，镇平的玉雕业摆脱了长时期的计划经济体制下经营模式，结束了长期徘徊的状况，步入了一个多种经济成分共融和稳定健康发展的轨道。在发展玉雕产业上，从讲究实效原则出发，在技术、原料、资金和优惠政策等方面给予了强力扶持，玉雕业呈强劲发展势头，成为县域经济的一大支柱产业。其税收占全县财政年收入的四分之一；玉器工艺品成为全省出口创汇先进县；连续 8 年稳居全省县级之首。

4.2.2 玉器加工制造产业集群成长期（1987 年—1995 年）

地方政府在规范市场竞争的秩序、制订产品执行标准方面做出了大量投入。经过较长一段时期的积累，镇平玉器加工企业之间的竞争相当激烈，一些企业由于经营不善而破产倒闭，表现在企业数量上的增长缓慢，甚至有所减少。但是大多数企业仍在继续发展，并已经达到相当的规模。与此同时，企业的产品销售收入、利润增长十分迅速。企业之间的联系增强，产业内企业的集中水平也在提高。为了保证企业的健康发展，地方政府更加注重了产业发展的规划和引导，促进市场竞争，促进企业内部自律及相互之间的合作，抑制有损市场效率的不正当竞争行为。引导鼓励企业进行市场分工，实行专业化生产，不断拉长产业链条。随着玉器加工产业的不断扩大，其配套产品需大量外购，政府适时引导鼓励企业裂变或新上相关配套项目，专门从事与玉器加工配套的上游项目，如技术培训、原料开采，下游项目如边角料的利用、包装生产、产品营销，产业链不断拉长，并带动了相关产业的发展，现在仅集群内包装生产企业就达 12 家。集群内已经形成技术培训、原料开发与引进、胚料加工、精雕加工、边角料加工、包装品生产、产品鉴定、物流配送及餐饮、住宿等相互分工协作的完整的产业链，专业化、集约化的格局已初步形成。玉器加工生产所需的各种物件，不出本地即可完全满足生产需求。

4.2.3 产业成熟期（1995 年—至今）

产业成熟期地方政府投入的重点主要在推进产业的合作和创新能力上。当地政府把玉器加工制造业产业以石佛寺镇为中心，辐射该县县城、晁陂镇等乡镇。产业基地内现有各类较大规模玉器加工及其配套企业 38 家，其中玉器加工企业 18 家，边角料加工、包装等配套企业 10 家，物流配送企业 10 家，具有产品鉴定资质的专家 100 余人，形成了以原料开发与引进玉器加工、边角料加工、包装品生产、产品鉴定等一条龙生产链条，不仅实现了原料开发与引进及包装需求的自给自足，而且还远销省内外的相关市场。另外，还带动了餐饮住宿等相关产业的发展。目前，镇平的玉雕产业从业人数达 12 万，年产值 13 亿元，成为该县的支柱产业。镇平玉雕产业发展起来了，产品不仅销售国内，而且还远销欧亚等世界 50 多个国家和地区。

4.3 对镇平县玉器加工产业集群政府投入与产出的数据分析

4.3.1 经济增长的度量

反映经济增长的指标有很多，从集群的经济发展规模和经济发展水平的角度，我们可以选择集群的生产总值作为判断的基础指标。选择这项指标的原因有两点：一是从资料的收集看，集群的生产总值数据比较容易取得。二是集群的生产总值可以反映出一个地区的经济规模，而集群的生产总值的增长率可以反映出这一地区的经济发展水平。

与企业的目标相对单一相比，地方政府在实施集群政策的过程中，其目标的内涵相对比较丰富，它不仅有反映经济效益方面的指标，还包括能够反映社会效益方面的指标，所以，这些评价指标中既包含了能够具体予以度量化的指标，如当地 GDP 的增长、财政收入的提高、失业率的下降、企业销售收入和利润的增加等；更包含了一些难以直接予以度量化的指标，如当地居民安全感、幸福感的增强等。另外，集群政策对集群发展的促进作用主要可通过两方面来体现：一是集群政策本身对集群产业直接产生的经济效益，具体表现为其各主要经济指标的良好变化。二是集群政策所产生的相关带动效应、辐射效应与示范效应等多方面的综合效应，从而促进其他产业及区域经济发展。

4.3.2 模型构建与分析

表 2.6 政府投资资产和集群生产总值年增长率（单位：万元）

年份	集群生产总值	年增长率（%）	政府投资额	政府投资年增长率（%）
1998	2 988.37	—	805.03	—
1999	3 634.69	21.63	1 003.61	24.67
2000	4 052.99	11.51	1 475.72	47.04
2001	5 033.01	24.18	1 627.99	10.32
2002	6 035.48	19.92	1 820.45	11.82
2003	6 867.70	13.79	2 310.54	26.92
2004	8 553.79	24.55	3 099.38	34.14
2005	10 587.42	23.77	4 378.69	41.28

数据来源：镇平县1998—2005年统计年鉴

由数据可以得到政府投资额与集群生产总值的散点图（见图 2.12）。

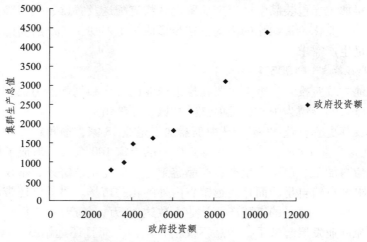

图 2.12 政府投资额与集群生产总值的散点图

可见，随着政府对集群产业投资额的增加，集群生产总值也呈现出增加的态势。通过统计软件分析，在95%的置信区间上可以得到集群生产总值与政府对集群产业投资额有显著的相关关系，并且得到其回归方程为：

$$Y = 2.178 * X + 1471.169$$

其中，Y表示集群生产总值（单位：万元），X表示政府投资额（单位：万元），$R^2 = 0.947$，$t = 15.023$。说明我们得到的集群生产总值与政府对集群产业投资额的方程正确性较高。可见，镇平县玉器加工制造业产业集群发展过程中政府对集群产业投入很大程度上促进了产业集群的发展。

4.4　从集群政策看地方政府在镇平县玉器加工制造业集群发展中的作用

4.4.1　集群发展初期（1978年—1986年）镇平县玉器加工业的萌芽阶段

当地政府搭建创新平台，引导企业转变经济增长方式。针对过去玉器产品加工粗糙、档次低下、市场竞争力不强的现象，引导企业开展技术创新。镇平县县政府、玉器加工产业集中的乡镇不惜重金，政府出资与中央美术学院等科研机构、大专院校"攀亲结缘"，引进高级专业人才，成立了中国镇平玉雕研究所。组织"洋专家"和本地"土秀才"进行联合攻关，改进玉器生产加工工艺，共同研制玉雕新产品，提升产品档次和品位，市场竞争力不断增强。依托玉雕研究所，镇平县石佛寺镇投资300多万元研发的摆件、挂件生产新工艺不仅大大提高了生产效率，而且提升了产品的科技含量和附加值；联合研制的玉器加工专用设备为国内首创。目前，镇平县玉器已登入"大雅之堂"，产品不仅走进大城市的大超市，还走出国门，打入了国际市场。

4.4.2　集群成长期（1987年—1995年）

地方政府集群政策作用重点主要体现在规范市场竞争的秩序、制订产品执行标准。

第一，制订产品执行标准，规范企业的生产行为。由于没有产品质量技术标准，产品的质量良莠不齐，信息不对称导致的柠檬市场随之出现，这给集群今后的持续发展埋下隐患。因此，当地政府与行业协会联手，共建玉器加工生产、经营新秩序。针对过去玉器加工制造业恶性竞争、无序竞争、质量低劣、市场混乱的现象，一方面政府组织工商、技术监督等部门重拳出击，打击假冒伪劣、以次充优产品，净化市场；另一方面，引导相关企业成立玉雕行业协会，加强集群内企业自律行为，使各企业由无序竞争向良性互助方向发展。现在，各玉器加工生产、销售企业是既相互竞争，又相互协作，"有饭大家吃，有难共同扛"，联合树立"中国玉雕之乡"形象，共同打造集群品牌，促进了玉雕产业的健康发展。

第二，注重对产业发展的规划和引导，促进市场竞争，促进企业内部自律及相互之间的合作，抑制有损市场效率的不正当竞争行为。

4.4.3　产业成熟期（1995年—至今）

地方政府集群政策作用重点主要在推进产业的合作和创新能力上。

（1）构建服务体系，开展创业服务。

近年来，镇平县不断转变政府职能，积极创建社会化服务体系，为玉雕产业集群提供全方位服务。

①信息服务。政府发挥自身的资源优势，通过各种渠道搜集产业政策信息、市场信息、技术信息，为企业提供创业辅导、产品研发、市场开拓等服务，并引导协会各会员单位实行

信息资源共享。

②培训服务。政府出资组织高等院校或对口科研单位的专家、学者对企业主及其员工进行不同层次的培训工作。通过培训，建立一支高素质的企业家队伍和新型员工队伍，不断优化企业家和员工的知识结构和技能等综合素质，以适应激烈的市场竞争。

③融资服务。政府主动为银行企业合作牵线搭桥，成立了玉器加工制造行业贷款担保、互保基金。目前，已注入担保资本金2 000万元，按照与金融部门达成1∶5的担保协议，可为集群内企业提供10 000万元的贷款担保，有效地解决了中小企业融资难问题，实现了银行企业共赢。

（2）优化环境，壮大集群优势。

硬环境方面，合理布局，科学规划，加强基础设施建设，引导相关企业相对合理集中，集群园区化建设步伐不断加快，石佛寺镇玉器加工制造销售园区已初具规模。软环境方面，转变政府职能，打造服务型政府，严厉打击"吃、拿、卡、要"四乱行为，净化环境。同时，引导行业协会加强行业自律，规范市场秩序。良好的经济环境，激发了企业的创业热情，集群内企业规模不断壮大，资产上千万的企业不断涌现，并吸引了外地客商前来投资。如总投资6.8亿元的"天下玉源"项目建设集玉器加工、玉石检测中心、价格评估中心、高档玉料展销厅、高档玉料拍卖厅、高档玉料珍藏室、市场管理中心及商住于一体，建成后将成为全国最大、档次最高、最具文化品位和旅游价值的玉原石加工集散地和玉料大本营。

4.5 镇平县玉器加工制造业目前存在的问题和下一步发展的政策

近年来，随着物质生活水平的提高，人民群众更加注重生活品位的提高。科学发现，佩戴和使用玉器，不仅是一种装饰美，而且有益于人体健康，越来越多的人开始认识并重视玉器，使玉器的市场需求不断扩大。对此，当地政府适时制定相关政策，引导企业抢抓机遇，加快发展，进一步扩大镇平玉器加工制造业的市场份额，为做大做强镇平玉器产业集群制定一些政策指导。

（1）生产配套方面：要进一步拉大生产链条，围绕玉器做文章。园区内集群配套企业要翻一番，力争实现园区内主要原料和包装材料的满足供应。

（2）产品开发方面：充分发挥中国镇平玉雕研究所的职能，依托有关科研部门，不断加大玉器深加工和科研开发力度，通过改进玉器生产工艺等手段，着重提高玉器产品的科技质量，提升产品的档次和品位，拓展更大的利润空间。

（3）产品营销方面：依托专业销售公司和网上销售，培养专业营销队伍；进一步建立稳固有效的销售网络，在巩固农村市场的基础上，逐步占领城市市场，实现销售上的战略转移；高档玉器产品进入大城市精品店或专柜的产品要达到总产量的一半以上。

（4）企业发展和管理方面：一是引导企业摒弃传统的经营管理方式，建立现代企业制度，转变经营理念，提升管理层次，扩大规模，增加总量，促进企业的规模化、集团化发展，要建成2~3家全国性的企业集团。二是加大人才引进和员工培训力度，并从高等院校或科研单位对口引进专业人才，不断优化员工的知识结构。三是加大现有企业主及管理人员的培训力度，建立一支高素质的企业家队伍，为企业的快速发展奠定良好的发展基础。要实现园区专业技术职称人员达到1 500人以上。

（5）园区改造建设方面：彻底拆迁清除工业区内的临时和违章建筑，并依据县建设部门对工业区的建设规划，加快园区改造建设进度。完成园区的下步规划，改善交通条件，拆除乱搭乱建等违章设施，彻底清除脏、乱、差。同时对进一步的发展做出以下规划：

一是改变玉器加工生产工艺，开发新产品需要资金的注入，加上原材料价格涨幅较大，造成企业生产资金紧张，将协调银信部门加大对园区企业的资金投放，为企业发展增添后劲。

二是立足项目建设，推进玉文化改革实验区建设。

2011年年底，镇平县被确定为全省首批文化改革发展试验区后，在县委、县政府的正确领导下，县发改委紧紧围绕玉文化改革发展试验区建设，结合自身职责，组织精干力量，积极开展工作。前期，发改委积极与项目依托单位进行沟通、衔接，介绍各类项目申报程序，指导其根据项目申报工作有关要求，精心包装项目，认真准备报批材料；同时，协调国土、环保、规划等相关部门办理项目立项所需要的各项前置手续。在办理具体项目立项时，认真履行"零收费"服务承诺制度、限时办结制度，及时与省、市发改部门对接、协调。经过努力，截至目前，六大重点项目的立项工作已全部完成，为玉文化改革发展试验区建设奠定了坚实的基础。具体情况如下：

一是省发改委已经备案的项目：①玉雕大师创意园：年加工6 000件石雕工艺品建设项目、年加工3 000件石雕精品建设项目、年加工8 000件玉雕工艺品建设项目，三个项目总占地420亩，投资估算17 882万元。②石雕城：年加工3万件石雕工艺品建设项目、年加工9 000件玉雕工艺品建设项目、年加工6 000件石雕工艺品建设项目，三个项目总占地500亩，投资估算30 066万元。③玉文化博物馆改扩建：非物质文化遗产保护培训基地建设项目、玉文化产业信息传播中心建设项目，两个项目总占地54亩，投资估算8 500万元。

二是市发改委已经核准的项目：玉雕职教集团，玉雕中等职业学校迁建项目，总占地490亩，投资估算29 400万元。

三是县发改委已经核准的项目：①国际玉城二期：玉雕精品苑建设项目、玉文化研究院建设项目，两个项目总占地199.5亩，投资估算9 754万元。②玉料市场二期：石佛寺镇玉石料交易市场基础及配套设施建设项目，总占地37.5亩，投资估算1 423万元。

下一步，发改委将继续围绕试验区内项目，认真做好前期工作，为项目的立项备案、核准、开工建设创造有利条件。

5 结论与展望

5.1 本部分研究的主要观点

通过对镇平县玉器加工产业的实例分析，我们可以清晰地看到，镇平县玉器加工产业集群是阶段分明的。同时，也可以得出在集群发展的不同阶段，政府集群政策的角度和政府集群政策所产生的作用也是不同的。同时，结合镇平县的实际数据，我们可以看出，随着政府对集群产业投资额的增加，集群生产总值也呈现出增加的态势。

通过统计软件分析，在95%的置信区间上可以得到集群生产总值与政府对集群产业投资额有显著的相关关系，这说明我们得到的集群生产总值与政府对集群产业投资额的方程正确性较高。可见，镇平县玉器加工制造业产业集群发展过程中，政府对集群产业投入很大程度上促进了产业集群的发展。基于本文的研究，为了在更大程度上发挥政府的集群政策作用，从产业集群发展的不同阶段来看，政府在促进集群发展方面的政策措施的重点必须有所不同。在集群的形成期，政府的政策主要是营造一个良好的创业氛围，整合集群资源，提升集群的生长环境；在成长阶段，政策作用的重点在于维护公平竞争的环境，优化外部环境，促进产业集群健康成长，培育区域文化，提升区域品牌的美誉度，增强产业集群的根植性；在成熟阶段，政策作用的中心在于激发集群企业的创新，搭建创新平台，构建产业集群创新网络，促进共性技术的有效供给，鼓励合作竞争，构建完善分工协作体系；在衰退期，政策则要降低企业退出门槛，同时注意新集群的出现并给予培育。

5.2 需进一步研究的问题

对于产业集群这个概念来说，涉及了很多方面的知识，就本文来说，课题组仅仅是从产业集群的生长周期里总结出由于地方政府制定的产业集群政策的不同，而对产业集群产生不同的作用，同时也提到了地方政府在参与产业集群发展的过程中应当注意适度性，如果过分干预，将会破坏市场经济自身的调节作用。但是，我们认为还有一些问题需要去深入研究，如：

第一，对产业集群发展起到作用的还有行业协会、商会等非政府组织，政府的作用与这些非政府组织作用的边界在哪里？政府组织与这些非政府组织以及企业之间是否相互影响？如有影响，又如何影响？

第二，目前，集群的地域与行政区域在空间位置上往往是一致的。集群的产生和发展所形成的经济区域能否打破行政区域的壁垒？如果能，不同的政府如何对产业集群的发展进行协调与支持也是一个值得进一步研究的问题。

第三，地方政府在产业集群的发展过程中，除了要扮演一个管理的角色，还扮演了什么角色？除了制定产业集群政策之外，还有没有其他的力量和方式来影响并作用于产业集群的发展？

以上问题，由于时间的关系，我们现在暂时还没有找到一个合理的答案，但是我们相信，通过以后的继续研究与学习，一定可以把地方政府对产业集群的发展之间的关系研究得更加清晰。

参考文献

［1］ 盛世豪，邓燕伟. "浙江现象" ——产业集群与区域经济发展［M］. 北京：清华大学出版社，2004，23.

［2］ 迈克尔·波特. 竞争优势［M］. 北京：华夏出版社，1997：394-396.

［3］ Porter ME, Knowledge - Based Clusters and National Competitive advantage［J］. Presentation to Technolopolis, 1997, 263.

［4］ 金祥荣，朱希伟. 专业化产业区的起源与演化［J］. 经济研究，2002，8：74-82.

［5］ 马歇尔. 经济学原理（上、下）［M］. 北京：商务印书馆，1997，289.

［6］ Williamson Oliver, Markets and Hierarchies［J］. Analysis of an trust implications, New York, 1975.

［7］ 仇保兴. 小产业集群研究［M］，上海：复旦大学出版社，1999，40-44.

［8］ 王缉慈，等. 创新的空间［M］，北京：北京大学出版社，2001.

［9］陈光. 公共政策视野中的中小产业集群［J］. 科学学研究，2003（10）：492－495.

［10］陈建安，等. 台湾中小企业政策［J］. 经济导刊，2000，2：56－58.

［11］聂鸣. 学习、集群化与区域创新体系［J］，研究与发展管理，2002，5：34－38.

［12］梁琦. 产业集聚论［M］. 北京：商务印书馆，2004：7－12.

［13］亚当·斯密，著，唐日松，等，译. 国富论［M］. 北京：华夏出版社，2012：167－168.

［14］约瑟夫·熊彼特，经济发展理论［J］. 北京：商务印书馆，1977，356.

［15］Porter ME. Clusters and the New Economics of Competition［M］. Harvard Business Review 76（6）：1998b，77－90.

［16］青木昌彦，等. 市场的作用国家的作用［M］. 北京：中国发展出版社，2003：86－95.

［17］费农. 产品周期中的国际投资与国际贸易［J］. 北京：商务印书馆，1965：265－268.

［18］Tichy G Are today's clusters the problem areas of tomorrow，in competence clusters Ed. M Steiner（Leyam，Graz），1997：94－100.

［19］魏守华. 产业集群中的公共政策问题研究［J］. 当代经济科学，2001（6）：52－57.

［20］朱英明. 产业集聚论［M］. 北京：经济科学出版社，2003－12.

［21］谭力文，李文秀. 基于集群形成机理的产业集群理论评述［J］. 重庆工商大学学报（西部经济论坛）2004（11）：72－75.

［22］刘恒江，陈继祥. 国外产业集群政策研究综述［J］. 外国经济与管理，2004（11）：36－37.

［23］小宫隆太朗，著，黄晓勇，等，译. 日本的产业政策［M］. 北京：国际文化出版公司，1988：250.

［24］聂鸣. 学习、集群化与区域创新体系［J］. 研究与发展管理，2002（5）：34－38.

［25］李经珍. 产业共性技术供给体系［M］. 北京：中国金融出版社，2004：171.

［26］李永刚. 企业品牌区域产业品牌与地方产业集群的发展［J］，财经论丛2005（1）：22－27.

［27］乔治·阿克尔罗夫，著，魏林，译. 柠檬市场［M］. 北京：华夏出版社，2001：27－28.

［28］李永刚. 民营企业群落式聚集与浙江城市化发展［J］. 中共浙江省委党校学报2004（1）：71－75.

［29］聂鸣. 产业集群与武汉·中国光谷创新能力的提高［J］. 科技进步与对策，2001（11）：36－39.

［30］魏守华. 集群竞争力的动力机制以及实证分析［J］. 中国工业经济，2005（3）：38－40.

［31］郭小聪. 政府经济学［M］. 北京：中国人民大学出版社，2003：4.

［32］贺胜兰. 提升民营经济产业集群竞争力的对策分析［J］. 团企业经济，2002（12）：38－39.

第三篇　科技创新与人力资源发展

第一章　科技创新

1　问题的提出

1.1　研究的背景和意义

中医药产业是河南省的传统产业，尤其是在人们日益追求"回归自然""健康发展"的潮流中，更加显示了其独有的魅力与优势。因此，提高河南省中医药产业的创新能力，不但是中医药产业的自身发展需求，也关系到河南省传统产业与文化的弘扬，以及中医药产业在国际市场上领导权的维护。可是在现有状态下，市场环境急剧恶化，中医药创新能力的提升，已经演化为一个极其复杂的系统工程，单纯对其进行理论探讨或者实践应用都是不够的，需要为此进行更多的相关探索与研究。基于此，本文研究的理论意义与实践意义主要体现在以下几个方面：

第一，将中医药产业纳入产业组织学的研究范畴，一般认为起始于 2000 年，早期关于中医药产业的研究，基本限于使用相关的统计数据或财务数据对行业进行的描述，对中药行业的组织结构、绩效、行为的理论和实证研究非常少见。截止到目前，现有文献中未能查找到严格按照产业组织理论、技术创新理论、微观经济学、系统科学思想、运筹学等多学科的理论知识提出的假设对中医药产业进行的分析，本文的工作正是解决这一问题。

第二，构建中医药产业集群的技术创新能力评价的数学模型。综合运用微观经济学理论、系统工程理论等，建立了河南省中医药产业集群式技术创新的评价模型，该模型以数据包络分析方法为分析工具，通过投入产出数据对中医药产业的产业集群式技术创新能力进行了全面评价。

第三，中医药创新能力是河南省中医药产业发展的核心问题之一，以河南省中医药产业发展的现状为出发点，从制度创新和制度设计的角度，对限制河南省中医药创新能力提升的要素进行系统研究，并提出了行业制度的改进策略。这明显顺应了当前河南省经济发展及中医药产业发展主导方向的需求。

第四，针对目前中医药市场的产业结构和技术创新等问题，进行了调查、研究和剖析，以此为基础，建立起了较为清晰的具有前瞻性、可操作性和指导意义的理论框架，并设计了行业制度调整政策，为中医药产业行政管理部门对中医药产业进行变革，提供了有效和清晰的战略框架，为中医药产业未来的发展提出了有效的策略，使参与主体的创新行为能够

"有理可依"和"有的放矢"。

1.2 国内外研究现状述评

1.2.1 国外研究现状

简言之，中药就是在中医药基础理论指导下运用的药物。而国外对中医药产业的研究，从严格意义上看，均为对植物药或天然药物行业的研究，对中医药产业的研究，几乎全部集中在中国或华人圈内内部。由于中药属于天然药物范畴，因此，国外对其进行的研究主要侧重于植物药或天然药物。而作为中国近邻的日本和韩国，他们的中药渊源则来自于中华医学。可是中国的医学，时到今日却开始衰弱，而与我们临近的朝鲜、日本等国，却在这些方面流传甚广。在朝鲜的医书之中，就存有许浚之所著的《东医宝鉴》，以及康命吉之所著的《济众新编》两部著作。许浚之的《东医宝鉴》多采用宋朝以来的方论，康命吉之的《济众新编》则在前者的基础上进行了增删，成为朝庭的御用医书。

截止到目前，虽然河南省的中医药制剂全部在通往欧洲市场的道路上折戟，但有关植物药（草药）的研究还在欧美等国家热闹地进行，能否根据中医药基础理论的指导进行中药研究，还是个未知数。在加拿大和澳大利亚等国，中医药已经得到了当地政府的支持，并以相应的政策和法规予以规范。国外学者在中药发展方面进行的研究，主要集中在对中药提取物的有效性和中药质量的控制方法（比如指纹图谱等）以及中医的临床实践等领域，在中医药产业方面的研究和论述在现有文献中未见相关报道。下面就以中医药产业发展为主线，对相关学者的研究成果做简单的回顾。

1.2.2 国内研究现状

在该领域，张方健（2001）提出了中医药学的发展路径，也就是把病、症、药结合起来进行整体研究的方法，并以中医学的理论为指导，通过现代科学技术等辅助手段，来提高临床的效果，其中，对"病"的研究是基础，对"症"的研究是关键，对"药"的研究是重点，研究过程要以病带症，以症带药，使三者有机结合，相互促进。贾守宁（2005）认为中医药研究必须以中医理论为指导，把中医的辨证施治和理法方药进行有机的结合，以此来体现中医药的特色和研究。沈阳药科大学的张方（2005）以复杂适应系统理论（CAS）为分析基础，对中医药现代化的研究进行分析和探索，他提出了中药复方的统一性概念，即复方一旦组成，方中的各味药就失去了独立性，整体特征要受复方的约定，按照《神农本草经》归纳的"七情"进行相互之间的竞争与合作。中医药的现代化研究因无法形成既能体现中医药学的整体特点，又能够填平宏观现象与微观结构距离的研究方法而研究受阻，而CAS关于"涌现"的理论恰恰解决了这一问题，该理论提供了研究中医药学整体特征的研究方法。

李振吉、甘师俊和贾谦等人（2000）在国家"九五"攻关课题《中药现代化发展战略研究》的最终成果中指出：中医药的现代化面临较好的发展机遇，这是因为近年来疾病谱和医学模式发生了重要变化，国际天然药品市场的规模和深度不断扩大，中医药正越来越被世界所承认和接受，并借此提出了中医药现代化行动的具体措施，其中广泛地涉及政策支持、机制引导、人才储备和资金实力等。贾谦（2000）提出了中医药的发展要建立系列标准，并与国际进行双向接轨的发展思路，中药现代化实际上是发展和完善中药，而不是一味地西化中药，他认为中药国际化进程中遇到的困难主要是东西方文化的差异，该研究虽然比较深入，但事实上对中医药这样一个产业来讲，因其产品而配备中医大夫明显的不经济和不可行。贾谦与杜艳艳、曹彩、邓铁涛等人（2000，2001，2002，2004，2008）共同开展的研究中涉及了大量的关于中医药现代化的内容，他们提出，中药的现代化就是要研制"三效、三小、三便"的现代中药，而不是新西药。他们从中药系列标准的角度对国际化推进战略进行了探讨，提出了中药与植物药的区别来源于东西方文化的差异，而这种差异又源于人们的知识结构。他们还指出，大力对外传播中医药文化是中药国际化的一个重要突破口，并且中医药文化的国际化宣传甚至比中药的出口更加重要。他们还提出了应将大力发展中医药作为河南省的战略抉择，通过中医药振兴工程发展现代中医药产业，其中涉及政策法规保障和人才、科研工程等。与任何企业或行业的国际化道路相通，中医药现代化和国际化战略中的重要一步便是本土化问题，若能把中医药本土化顺利化解，中医药的现代化和国际化道路也就成功了一半。

1.2.3 文献述评

从以上所述可以看出，学术界对中医药的技术创新问题做了许多研究，取得了许多成果，这对笔者的研究是很有启发和借鉴意义的。但是，这些研究也还存在一些不足。通过对现有文献的梳理，不难发现已有的研究主要集中于中药基地（GAP）建设、新药的研发和生产以及产销合作等方面。在这些方面，政府只是从管理者的角度，在法律法规、规章制度等宏观角度发挥作用。而在农民对药材进行的种植和销售行为，以及中医药的信息化研究和中医药产业集群式技术创新等方面，少见相关研究。

1.3 研究方法

本研究从当前河南省中医药产业技术创新现状入手，综合运用产业组织理论、微观经济学理论、系统科学思想、运筹学等学科理论与方法，对如何提高河南省中医药产业技术创新能力的制度进行研究，提出了符合中药及中医药产业发展特点的专利制度与技术标准，并从制度安排提出集群式技术创新的对策。具体来说，本文主要研究方法包括以下几种：

（1）抽象分析法。通过借鉴产业组织理论、技术创新理论的相关研究成果，对相关的问题进行高度的抽象和概括，分析河南省中医药产业的技术创新问题。

（2）实证分析和规范研究相结合的方法。从两种方法之间的关联出发，通过对河南省中医药产业的现实问题进行具体研究，给出了相关的对策和建议。

2 产业集群式技术创新的相关基本概念与理论

2.1 产业集群与技术创新

2.1.1 产业集群的特征及成因

产业集群是产业发展的一个重要方式和条件。在现实世界中，无论是传统产业还是非传统产业，相关企业进行空间集聚以产业集群形式存在的现象都非常普遍。比如，美国加州的葡萄酒产业集群、意大利的纺织品产业集群、中国玉石生产群落等都属于传统产业集群，而美国硅谷的高科技产业集群、中国的中关村软件产业集群等都属于非传统高科技产业集群。在医药领域也同样存在着相关的产业集群，如带动全美甚至全球生物医药创新和产业化进程的美国五大生物技术集群——波士顿、旧金山湾、华盛顿、圣地亚哥和北卡罗来纳研究三角园，已经成为地方经济的支柱；在欧洲的莱茵河上游谷地，已经建成了跨国生物谷，并成为欧洲生物技术的中心。

对产业集群的研究吸引了众多学者，他们分别从不同的角度和层面对该问题进行了系统分析。

在产业集群生成和发展动力方面，英国教授 Swann 等（1996、1999 和 2002）通过对多个产业集群的大量实例分析研究，将产业集群的动力机制概括为由产业优势、新企业进入、企业孵化增长、气候、基础设施、文化资本等要素组成的共同作用的正反馈系统。而 Brenner 和 Greif（2000）以复杂科学中的自组织理论为基础，对产业集群的动力机制进行了研究，研究表明，传统经济学在解释集群动态深化过程中存在缺陷。他们利用复杂性理论的专业优势分别探讨了集群内的两个主要动力学机制：促进集群超越临界规模和集群的当地共生作用。这个发现对后续的研究影响很大。在产业集群的特征和效应方面，Chiles（2001）通过研究发现，主流经济学所描述的区位效应、创新能力和竞争优势等诸多静态特征，产业集群全都具备，同时，产业集群也是在独特企业家精神作用下表现出来的复杂的动态过程。这一过程伴随着集群规模的扩大、集群效应的发挥以及集群内企业能力的提高等现象的出现，都可以用"涌现"来解释。因此，产业集群发展的关键是对涌现的控制和引导。

而从价值链的角度对产业集群进行系统性研究，则是波特（1998）基于区域协作和全球产业分工分析的开创性的贡献。他认为，产业集群不是杂乱无章、随意搭配的企业聚集，而是基于价值链的众多企业的集合。而集群则是在邻近地理位置、某一特定产业中互相联系的、对竞争起重要作用的企业和机构组成的集合。此外，波特教授在对产业集群竞争力问题进行开创性研究的基础上，提出了经典的"钻石模型"，得出集群的竞争力主要取决于以下几个相互关联的要素的结论，即企业战略、结构和竞争者；生产要素；需求状况；相关支持产业；机会和政府的作用。这些要素相互影响、相互制约，从而构成了产业集群的竞争能力。Pietrobelli 和 Rabelloti（2002）关于价值链的进一步研究表明，产业集群价值链具有本地化和全球化两种合作形式。而集群升级能力却是决定作为嵌入全球价值链有两种途径的"低端路线"和"高端路线"能否成功的主要因素。

在企业成长理论方面，Dorothy Mccormick（1999）从产业集群和工业化、经济增长与经济发展的相互作用出发，认为集群对内在企业的成长有推动作用，并且能够对工业化的进程作出广泛贡献。集群对工业化的促进程度可用集体效率来衡量，同时，集群可以通过充分利用资源，产生集体效率帮助中小企业克服其在发展过程中的障碍和限制，促进工业化进程。

在产业集群的经济外部性方面，Kennedy（1999）通过对印度皮革工业集群外部不经济及其联合行动的实证研究，发现集群企业与地方联合行动在一定程度上能够克服工业化过程中的负外部性，有助于区域经济整体的发展。此外，一些学者还研究了产业集群的形成机理和作用。关于产业集群的形成机理，Krugman（1990）认为，历史和偶然事件的发生对集群在一定区位形成、发展方面有重要影响。在集群内企业分工协作方面，Storper（1997）通过实证研究，认为产业集群内企业的高级竞争和合作，促使形成了专业化分工的协作网络，该网络具有极强的内生优势，有助于集群的扩大与发展。在产业集群竞争能力的判定方面，Mitra（2003）给出了产业集群的 22 种属性，主要包括地域性、宽度、深度、创新能力、活动、密度、领导能力、发展阶段、跨度、技术和产权结构等，通过这些属性可以评判产业集群的竞争力状况。此外，众多学者从生命周期、地理空间和集群关联性等方面对产业集群进行了深入的研究。

20世纪90年代以前，河南省对产业集群的研究主要集中在以大企业为核心的区域生产综合体方面，研究的广度、深度都很欠缺。到90年代中期以后，随着河南省经济的快速发展，沿海地区逐渐出现了诸如广东的"专业镇经济"、江浙一带的"块状经济"现象。从这个时候开始，河南省开始吸收大量国外研究的相关最新成果，对国内中小企业产业集群形成、演化、发展等现象进行了较为系统的实证研究，形成了以下几种风格的研究思路：

王缉慈（2005）结合区域发展、中小企业集群从经济地理学角度，认为产业集群是一种经济地理现象或实践经验，又是一类产业空间组织或经济理论模式。这与波特的分析有相通之处。他认为，产业集群的作用是多方面的，既可以将它用作区域经济的发展战略，也可以把它作为认识区域经济的新的思维方法。该方法把区域经济视为相互依赖的企业和机构的地理集聚的经济系统，然后从系统化的角度对产业集群和区域经济发展进行综合分析。

虽然产业集群的出现和发展都属于一种经济现象，但是也有学者从社会文化的特殊角度对其进行特殊分析。这方面以陈雪梅和赵珂（2000，2001）、姜皓（2004）较为突出。他们从地理环境状况、资源禀赋特征和历史文化积淀等方面展开研究，综合考察由中小企业组成的集群的自然因素和历史因素，这些因素往往会通过相互模仿和相互影响，以亲缘、地缘、血缘为纽带的人文社会网络为媒介，以历史文化的沉淀的形式来促进企业集群的缓慢形成。这是因为，由于在地区传统、生活习性、文化传承、宗教信仰、语言习惯以及种族个性等方面存在的显著差异，新产品难以靠大众传媒的途径实现，而人际间近距离的交流和接触，却可以使人们之间相互模仿和相互影响。距离越近，知识和信息转移的成本就越低。当与知识和信息相关的诸多方面联系在一起时，关联"互动"效应便形成了。这种自发的或潜移默化的转变和转换，加之地理位置、交通条件和政府的政策引导，中小企业集群会迅速形成。

对于产业集群形成的原因，不同的学者给出了不同的解释。李新春（2000）、吴国林（2001）等从企业网络和企业家创新精神角度对中小企业集群的产生机制进行了分析。他们认为企业网络和企业家的创新精神在中小企业集群中发挥关键作用，产业集群是以关系网络，尤其是企业家个人的关系网络为基础形成的地区性企业群体。该群体依赖于"企业家协调"，尤其是"领袖型"企业家的带动作用。群体内企业借助这个网络的集体协同性，可减少企业内部管理成本，减少非正规的交易费用和企业间的学习成本，能有效提升企业的技术水平和管理水平，产生强大的竞争优势。

尽管产业集群的产生机理大同小异，但中小企业集群的结构类型却是多种多样的。仇保兴（1999）从中小企业集群的地方特性、涉及领域、关注角度等方面入手，将产业集群分为以下不同类型：集群内部企业以水平联系来完成产品生产，以平等市场交易为主的称为"市场型"中小企业集群；以某个或某几个大型企业为中心、众多中小企业为辅助的称为"椎型"中小企业集群；以信息沟通为主要手段，通过计算机辅助设计和制造业的柔性生产方式进行生产的称为混合网络型中小企业集群。同时，按照企业的性质又可以继续分为：制造业集群、销售业集群和混合企业集群等。

陆立军、白小虎（2000）将产业集群分为专业分工和专业产品两类。他们从产业集群内企业的分工和企业边界划分进行分析，得出集群结构微观演变的特征。研究发现，集群内专业分工的出现是有层次的。首先出现在产品生产的专业化阶段，其次是生产工艺专业化阶段，最后是生产服务专业化阶段。这三个阶段在中小企业集群中并存，前后衔接，继而产生了专业性工艺加工企业、专业性最终产品生产企业、专业性生产服务企业。

在集群的结构特征方面，朱康对（1999）认为，集群的结构随着边缘效应的出现会发生相应的变化。即随着中小企业集群的不断演化和扩散，集群的边缘出现了交叉和融合的迹象，边缘效应已初步显示。而随之而来的是集群的结构也发生了相应的变化，从过去单纯的专业化向相对综合方向发展，基于此，中小企业集群保持了相对长期的成长动力和经营活力。王珺（2003、2005）从产业集群创新机理和组织行为方面对中小企业集群进行了细致研究。他认为，从产业集群生命周期的角度讲，集群衰落的一个重要原因是企业缺乏创新能力。王珺认为集群的衰退与创新能力有关，而技术创新行为却可以为中小企业集群的持续发展提供动力支持。根据王珺的分析可知，基于准公共性的组织定位机制设计比单纯的商业组织与纯粹的公共性组织更有效，这种机制设计能够较好地解释地方技术组织的行为动机，能够动态地辅助构建与培植集群技术创新能力的战略性问题，这样既涉及地方技术组织的生存，也关系到整个集群创新能力的可持续发展。刘友金（2002）研究了由中小企业发起的基于技术创新的集群式组织模式和创新式的演化过程，为产业集群创新运行机制的建立提供了具体的分析思路。他认为，若某一区域内存在着高效的，并且是具有生态特征和自组织特征的区域创新网络，那么就应该能够产生具有较强地方根植性和持续性的集群创新优势。此外，刘友金还进一步构造了产业集群的"奖励"模型和协同竞争博弈模型，为探讨集群外围企业的"入群"过程、群内企业的合作创新过程等提供了更加可行的分析工具。

产业集群的出现尤其特定的学科理论基础，从演化经济学角度出发，借鉴生态学原理对中小企业集群进行研究，取得了一定的研究成果。李永刚、李渝萍（2006）提出了中小企业空间群落演化理论，为产业集群的产生背景又提供一个有力的理论支撑。他们认为，中小企业空间群落演化与生态学中的物种群落演化有许多相似性，把生态学中的群落概念引申到中小企业集群有合理的一面。众多的中小企业之所以会聚集成一个群落，相互作用、优势互补、资源共享，究其原因是培育竞争优势的需要。金祥荣（2002）从"企业内部分工的社会化和外部化"的角度分析了产业集群竞争优势形成的原因。他认为，在产业集群中，由于中间产品的转移成本很低，分工的精细化以及资产专用性的提高会使得机会主义难以实现，致使生产同类产品的各种可分割性的操作功能不断从企业内部剥离出去并达到最佳生产规模，进而不断地促使集群竞争优势的积累与形成。

魏守华、石碧华（2002）着重从区域创新系统形成的角度分析了直接经济要素和非直接经济要素对产业集群竞争优势的影响。他们认为，直接经济要素的竞争优势包括生产成本、产品差异化、区域营销等。非直接经济要素的区域创新系统的创新能力则取决于根植于区域的学习轨迹。对产业集群竞争优势方面的研究并不局限于此，赵中伟、邵来安（2002）即从更广泛的角度对该问题进行了分析，分析认为，中小企业集群的竞争优势可能源自集聚效应、企业的根植性、企业间的追赶和拉拔效应、知识的溢出效应、集群的衍生及吸聚、外部范围经济等多方面，以及由此引导出的集群企业成本优势、创新优势等。

总的来说，学者们对竞争优势的分析大多集中在交易成本、品牌优势、外部经济优势、创新环境等方面。对其他方面的关注也使产业集群的相关理论和机制得到了进一步的完善和延展。

2.1.2 技术创新及其作用

技术创新是当前学术界与企业界研究最多的课题，也是本文的重点研究内容之一。作为最早提出技术创新理论的学者，熊彼得（1990，中文版）认为技术创新要遵从下述发展模式：首先，在企业和市场之外应该存在着外生的，与科学的最新进展密切相关的发明流。其次，需要一组企业家，而不是一般的资本家或经营者，他们要认识到创新的未来潜力，同时准备为开发和创新冒险。最后，处于任何时期的市场均衡都会被一项重大的创新打破，而成功的创新者将会因此获得额外的和垄断性的利润，然而这种垄断会因大量模仿者的进入而逐渐消失，随之而来的便是周期性的技术创新的集聚。

在 1942 年，熊彼得在《资本主义、社会主义与民主》一书中阐述了这样的观点，即任何大企业在资本主义的经济发展和技术创新过程中，都起着决定性的作用，并以此提出了"创新内生"的思想。他指出，任何一个现代企业的首要任务就是要建立一个研究部门，企业的每个组成成员都必须知晓其生计的决定因素不是组织的存在与否，而是企业的发明和改进方法的成功。

在熊彼得之后，西方的技术创新理论沿着两个方向展开了研究：一个方向是将技术进步纳入到新古典经济学中的经济增长理论和新经济增长理论中来；另一个方向则主要研究技术创新的过程、技术创新扩散和技术创新范式以及技术创新与市场结构等内容。总的来说，关于技术创新的研究又大体分为四个阶段：

第一个阶段是从 20 世纪 50 年代初到 60 年代末，该阶段主要对技术创新的起源、效应和过程等进行了深入研究。

第二个阶段是整个 20 世纪 70 年代，该阶段掀起了对技术创新的特征、影响因素及相关政策的研究热潮。

第三个阶段从 20 世纪 80 年代开始到 90 年代中期，在该阶段，西方学术界开始将技术创新和制度创新结合起来，逐渐形成了创新研究的国际趋向。

第四个阶段是 20 世纪 90 年代中期至今，近年来，我们能够明显感觉到关于自组织理论和复杂性理论的研究十分密集。

（1）技术创新的基本过程。

技术创新的基本过程涉及创新构思、研究和开发、技术管理和组织、工程设计和制造以及用户参与和市场营销等一系列活动，而在此过程中还伴随着制度和管理方面的创新。实际上，早在 20 世纪中叶之前，学者和实践者们受熊彼得有关"技术创新模式"的影响，开始普遍认为技术创新的动因是技术成果的出现，并由此引发出的一种线性的过程，也就是典型的"技术推动模式"：基础性研究→应用研究与开发→生产→销售。比如，计算机（智力存储）此类的原发性创新就是在技术发明的推动完成的。

到了 20 世纪 60 年代，情况出现了转变。大量技术创新的事实证明，大约有超过 60% 的创新活动是在市场需求和生产需要的共同作用下产生的。而在此时，美国经济学家施穆克勒在其著作《发明和经济增长》中首次提出了市场拉动说，该学说认为，技术创新起源于对潜在市场需求的认识，其根本动机是对潜在利润的追求。其中，需求拉动模式为以下过程：市场需求→需求信息反馈→研发与生产→销售。而随着人们对技术创新研究的不断深入，学者和实践者们开始认识到技术创新的产生实际上是技术和市场双重作用的结果，所不同的只是两者在技术创新的不同阶段扮演着不同的角色。其间的代表性人物是罗森伯格和克莱因，他们共同提出了"链环－回路技术创新模型"（技术与市场交互作用的模型）（1986），这一模型指向两个方向，一是需求决定了创新的报酬，二是技术决定了创新成功的机率和成本。袁庆明（2003）对该模型进行了图解，如图 3.1 所示。

从图 3.1 中可知，链环－回路技术创新模型共有五条创新路径可供选择。第一条路径为核心创新路径，用 c 表示。该路径从发明和分析性设计开始，与详细设计和检测相接，最后指向设计、生产、分配与销售。第二条创新路径是一条回路，该回路由市场到核心路径的其他阶段反馈而成，用 f 和 F 表示。其中，F 是主反馈连接，它连接在现实市场和潜在市场之间。这个潜在的市场是一个重要的创新源泉，尤其在发明与创新设计完成之前。第三条创新路径也是一条

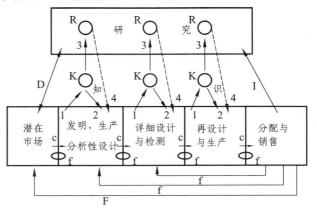

图 3.1 技术创新的链环－回路模式

回路（K－R 回路）。其中，1－K－2 路径说明如果在设计阶段存在问题，将考虑用现有知识进行解决；而 1－K－3－R－4 路径进一步表明如果现有知识无效，则考虑继续进行研究，返回到最初的设计。第四条路径是由研究引致的发明和创新路径，用 D 表示。第五条创新路径为从创新产品到科学的反馈，用 I 表示。

到了 20 世纪 80 年代后期到 90 年代，一些学者开始强调 R&D 部门和生产部门的重要性，并对供应商和用户之间的密切合作予以了前所未有的关注。这些学者将创新看作是同时涉及创新构思的产生、研发、设计制造和营销的统一过程，这就是所谓的"一体化创新模式"。尤其是到了 20 世纪末，企业的创新活动越来越依赖于合作战略的开展和信息技术的运用。与此同时，技术创新的网络化趋势也逐渐显现。其中，具有代表性的经济学家罗斯韦尔（1994）就指出"网络化创新模型"，如表 3.1 所示。

表 3.1 网络化创新模式的主要特征

特征	内容
组织与系统整体一体化	平行的和一体化的开发过程； 供应商尽早参与产品的开发过程； 主要客户参与产品开发； 在适当的时机建立起横向技术联盟
柔性快捷的组织	授予低级管理者以更大的权利； 授予产品优胜者和项目领导人以更大的权利
充分发展的内部数据基础	有效的数据分享系统； 产品开发组合； 以计算机为基础的专家系统； 运用 CAD 系统和仿真模型的辅助进行产品开发； 运用 CAD/CAE 组合系统提高产品开发的灵活性和制造能力
有效的外部数据联系	利用 CAD 系统与供应商进行合作开发； 在客户层面上使用 CAD； 与研究开发合作方面的有效的数据联系

资料来源：R. Rothwell, Industrial Innovation: success, strategy, trends. In M. Dodgson and R. Rothwell, The handbook of innovation. Edward Elgar, 1994, P42－43.

（2）技术创新的扩散。

在技术创新扩散理论的研究方面，美国著名经济学家斯通曼（P. Stoneman）是其中的主要代表人物。他认为"技术扩散"是将"一项新技术进行广泛的应用和推广"，并提出了"技术创新扩散模型"，在该模型当中，增加了一个重要的参数——技术扩散后采用新技术的厂商数量。而同时期的曼斯菲尔德则认为扩散过程是一个学习的过程，并且在技术扩散形成的早期阶段，新工艺或新产品的改善程度与新思想本身同等重要。这一过程有时需要大量的研发工作，还涉及组织资源的重新分配。曼斯菲尔德在研究创新扩散速度时进一步指出，影响技术扩散速度的主要因素包括技术创新的传播速度和组织的反应速度两个方面。同时提出，技术创新的扩散包括以下三个方面的内容，即在部门内部的扩散、在部门间的扩散和跨区域（国际间）的扩散。在信息对技术创新扩散的影响方面，Jensen（1982）和McCardle（1985）做了重要的工作，他们认为信息对企业引进技术创新会产生重要影响，即一般而言，率先对新技术抱着乐观态度的企业采用新技术的概率也较高，并将由此形成一条类"S"型的技术扩散路线。Jensen（1988）还进一步提出了一个新的技术扩散模型——贝叶斯学习模型。通过该模型，我们发现对新技术的测试往往由每个企业独立进行，并承担以此而产生的成本，同时测试结果只对企业内部开放。这样一来，新模型得出的结果与以往的研究完全不同。一般认为，即使企业对新技术有更好的预期，也存在推迟使用新技术的可能。这就对前面的研究进行了反驳，那种有序的技术扩散形式似乎是不存在的，类"S"型的扩散路线也很难得到。

经济学中的"门槛模型"也从一个侧面对技术扩散的理论进行了阐述。该模型表明，与小企业相比，大企业能够更早更容易地接受新技术的扩散，与此相反，小企业则限于规模（门槛），对新技术的接受能力和接受意愿都相对较低。该模型进一步强调如下信息：潜在的新技术使用者未能利用新技术的原因是多方面的，除了对新技术的认识不完全以外，还存在着新技术能否超越现有技术的担心，这种担心直接指向新技术能够为企业带来更大的利润。至此，由于"门槛模型"得到广泛认识而使技术扩散和技术创新联系了起来。

（3）技术创新与市场结构和企业规模之间的关系。

在《经济发展理论》一书中，熊彼得特别强调企业家在技术创新中的作用。而在其《资本主义、社会主义与民主》一书中，进一步强调了垄断企业在技术创新过程中的巨大作用。熊彼得认为，作为一项具有不确定性质的活动，创新能否成功的关键在于企业是否具有足够实力来承担创新风险，如果这种实力不存在，那么创新就不具吸引力。大企业之所以成为创新的关键，主要是因其能够为企业家提供风险担保机制，从这个角度讲，垄断就成为了创新活动的先决条件。与此同时，出于对垄断利润的渴望，超过平均水平的利润反过来又激励了创新工作。

阿罗（K. Arrow）在市场结构和创新关系的理论研究方面做出了具有开创性的成绩。"经济福利和发明的资源配置"一文阐述了阿罗的代表性观点。在该文中，阿罗从完全竞争市场和垄断市场两个层面研究了创新活动的机制。阿罗认为，与完全竞争相比，垄断的市场结构不利于创新。与此同时，卡米恩（M. Kamien）与施瓦茨（N. Schwartz）也从市场结构的角度对技术创新进行了研究。他们从纯经济学的角度，把竞争程度和其他环境用参数进行表示，并在函数的确定过程当中兼顾了不确定性，目的是进一步明确更有利于技术创新的开展的市场结构究竟是什么。发现，影响技术创新的变量有以下三个：垄断力量、企业规模和竞争程度。这实际上是对熊彼得和阿罗工作的补充和综合。到了 20 世纪 90 年代，杰罗斯基又将市场结构和创新之间的关系进行了研究，得出的结论又进了一步，即产业的集中程度与创新活动反向，行业的竞争性越强，创新就越明显。也就是说，垄断对创新有阻碍作用。

上文所述的均为从理论上进行的规范研究，而在实证研究方面，相关工作的开展甚至更早。麦克拉林、曼斯菲尔德、谢勒尔等人是此类研究的开创者。早在 20 世纪中叶，麦克拉林（Maclarin，1954）就以美国 13 个产业为蓝本，分析了它们在 1925—1950 年间的技术进步状况。研究发现，越是高度垄断的企业，其技术进步的速度越快，甚至可以说，某种程度的垄断对技术进步来说并非坏事，同时，作者也强调了自由和竞争对技术创新的促进作用。曼斯菲尔德（1963）研究了美国主要行业的创新成果，时间跨度为 40 年（1918—1958），研究成果较之于前人的研究更为细致，作者发现技术创新与垄断的关系并非如此简单，而是随着产业的不同而存在着较大差异，即企业的规模效应很难因创新表现出来。

通过以上研究可知，市场结构的差异对技术创新有着不同的影响，同时，市场竞争的强度也决定着技术创新的需求强度。此外，原创性的新技术能够为企业获取更多的垄断利润，而当技术进入壁垒处于中等水平时，创新者更容易进入。因此可以得出这样的结论，真正有利于技术创新的市场结构是介于两者之间的"中等程度的竞争"。

（4）技术轨道理论。

技术轨道理论的出现源于英国经济学家多西（Dosi．G．）对自然轨道的创新式认识。多西认为技术范式具有强烈的排他性，决定着研究的领域、问题以及程序和任务，是解决技术问题的一种基本的模型或模式。技术轨道由范式决定，提供解决问题的常规活动。作为一组可能的技术方向，技术轨道的外部边界必须由技术范式本身性质来决定。因此，该理论表明，如果根本性的创新出现，技术范式和技术轨道就会由此而形成，并将直接决定技术创新的可能方向和创新强度，据此来看，"技术"将会沿着前述轨道以层次递进的形式完成渐进性创新与架构创新。因此可以说，产业的演化和技术轨道的前进方向关系密切，而间接的后果是，产业的发展方向和前景将由不断延伸、不断前进的技术轨道决定。

2.2 产业集群创新的含义和特点

（1）产业集群创新的含义。

通俗来讲，集群的创新可以理解为"运用集群的优势进行技术创新活动"。而对产业集群创新可以这样理解，即"以专业化分工与协作基础的，通过同一产业或相关产业在地理位置上的集中与靠近，以产生的创新集群效应来获取创新优势的一种创新形式"。以这种特殊形式为依托，企业和企业之间就可以建立起长期而稳定的创新合作关系。笔者认为，该定义应包括以下内容：一是专业化的分工与协作是创新的前提，群内企业间的互动行为是创新的关键。二是创新主体之间要注重产业之间的关联。创新主体除该产业内或相关产业内的中小企业以外，还包括供应商、顾客、营销网络以及政府组织或其他机构等。三是创新方式的实现需要通过企业间的自组织或有组织的地理位置的靠近来完成，并以此产生创新聚集效应。四是集群创新的功能目标应定位于获得创新优势。五是作用机理为集群内企业感知的持续的竞争压力。

国外关于产业集群创新理论的研究，一般包括两部分，即一般经济理论中的产业集群创新理论和创新理论中的产业集群创新理论。而其中最早的研究要数马歇尔的《经济学原理》（1890）。在该书中，作者指出分布在产业区域内的企业之间的关系非常密切，这种关系的建立以相互信任、相互依靠和相互合作为基础。同时，产业集群的成功运作源于对外部经济带来的获取，这些"优势"涉及协同的内外部环境、低成本共享的辅助性服务以及专业化的劳动力市场等。因此，这必将加快各种技术和创新思想在企业间的传播和应用。

经济学家巴顿（K·J·Button）的研究结论更为直接，他认为产业集群能够促进创新动机的产生，同时能为创新活动的开展提供便利。巴顿的结论是多方面的，第一，地理上的集中使竞争成为必然，而竞争将直接促使创新的发生；第二，地理上的集中加快了信息的传播，包括商品制造商、供给商和顾客在内的群内组织都能够轻易地获取和交流创新的信息，而这些信息恰好是创新活动要解决的问题的一部分；第三，沟通的便捷使区域内的所有企业能够快速地采纳这种创新。由此可见，巴顿的研究给出了产业集群和创新之间的关系，但两者的内部作用机制如何并未深入分析。而迈克尔·波特的研究是综合性的，他的探讨兼顾了企业经营的外部环境和内部条件两部分，并最终指向了产业集群理论。波特以价值链为主要工具，对全球竞争的常规策略进行了分析，并创造性地将产业集群纳入到了竞争优势理论的分析框架之中，并以此为基础创立了基于产业集群的新竞争经济理论。该理论认为：产业集群能够促进集群内企业进行持续创新，并有可能成为创新中心。而企业间的持续联系也有助于企业完成对技术、机器及部件的改进工作，使之更加适用于市场的需求，而这一切都源于企业相互之间的学习。集群内企业之间的竞争也为创新提供了源源不断的动力。产业集群具有的这种柔韧性和灵活性，能使企业紧随市场变化，并采取积极的创新活动。同时，集群内专业人才市场的出现，降低了雇员和企业之间的寻找成本、信息成本和交易成本，而产业集群内企业之间的模仿也进一步使成本下降。这些因素的共同作用又进一步推动了集群的创新与发展。

随着高科技产业的快速发展，在欧洲，学者们提出了创新环境理论。该理论的出现源于对区域经济中的理性思考。这种理论的核心之处在于，发掘利于新企业成长与现有企业创新的外部条件，主要强调产业内创新主体的集体效率情况和创新主体创新行为之间的相互协同以及社会根植性。其中，环境是产业集群的发展基石，环境的优劣决定着创新性结构能否与创新活动和创新机构相互连接。此外，在对传统经济理论和创新理论的假设进行重新检验的过程中，该理论又将产业集群的核心假设进行了提炼，并将其称为"创新相互依赖假设"。在该假设中，创新活动具有通过经济网络前向和后向的倾向，并以此为基础聚集在一起。并且，经济条件（外部环境）作为创新网络中供应商与用户的密度为限制和激励条件，使集群的创新活动出现了地区性的差异。

在创新与空间的关系方面，伦德瓦尔（Lundvall）在国家创新系统框架内对此进行了研究。得出的结论是，创新过程中的知识需求和空间相邻的重要性两者之间呈正相关，创新过程越是激进，通用知识就越缺乏。尤其对于"激进式创新"而言，原有的规范增加了相互之间沟通的难度，加之原有的技术不再适用企业的发展，技术的使用者就极难领会生产者的信息情况。同时，由于通用评价标准的缺乏，难以跨地区得到的相互信任和私人友谊就被提到了明显的位置，空间的相邻就显得越发重要。

国内关于产业集群创新的研究开始于 20 世纪 90 年代，具有代表性的是王缉慈的研究。他对产业集群理论进行了系统的概括，并论证了产业集群与区域创新之间的关系。他认为，强化竞争优势是增强区域竞争能力的关键所在。这需要通过培育具有地方特色的产业集群，营造良好的区域竞争环境来完成。此外，产业集群的形成因素和发展机制也是多方面的，除了初始条件下的偶然因素以外，还包括专业化的劳动力（人才）市场、充足的原料和设备供应商、市场的可接近性、优秀智力资源和良好自然资源的存在、能够共享的基础设施以及相关的政策激励等。这些因素将共同促进企业在特定区域进行自然集聚。此外，如前文所述，产业集群的存在能产生外部经济性，并由此能够获得规模效应，所以又对包括交易成本、合同谈判成本、执行成本和技术服务成本在内的各项成本的降低和生产力的提高都有一定的促进作用。在健全的市场制度条件下，企业进行自然集聚有助于增强专业化趋势和劳动分工。在此过程中，企业间的信任状况和社会规范程度也会得到明显增强。由此一来，产业集群高效的网络化互动和合作就涉及了企业活动的方方面面——人员培训、金融服务、技术开发、产品营销、出口销售、利润分配等，并有可能以此为基础组建起跨区域的合作组织。更为重要的是，一种创新的氛围的存在，将使产业集群内部各企业之间通过一定形式的接触，相关的信息和知识，尤其是隐含知识（经验）就会得到很好的流通，这对创新也将起到较好的促进作用。[①] 所以，在社会资本缺乏的地区，通过公共政策干预，实行产业集群战略就显得十分必要。

对技术创新在集群内部的扩散方式以及由此引发的技术创新的"集群效应"理论有深入研究并对中小企业集群与技术创新之间的关系进行了分析的当首推仇保兴。此外，王珺提出了产业集群创新能力的动态性增强和扩展的理论观点，该观点认为应当以地方政府为主体，通过外部引入和创新组织的公司化运作以及创新活动的市场化扩散来实现产业集群创新能力的动态性增强和扩展。考虑到创新投资风险和创新产品外部性都相对较强，中小企业群组成的传统产业区的创新动机不强，甚至模仿动机会超过创新动机的事实等诸因素，应该强化政府作用和引入主导创新源，以此来突破中小企业的创新瓶颈，同时加大力度鼓励创新组织以公司化运作的模式增强企业的创新能力和技术扩散机制，中小企业也可以通过向外界购买的方式获取新技术。而对于技术交易难度大的问题，可以考虑通过政府的补贴来实现。

刘友金使用了"集群单元"这一概念，以此来对集群的创新工作加以分析。他认为，所谓集群单元，指的是在由若干关联企业和机构，包括相应基础设施在内的相互作用的基础上，有机结合起来的集合体。而当这一集合体达到某种"网值"时，"场效应"（集聚功能）就会发生。其原因在于：第一，集群单元作为创新群落演化的内核，具有一定的极化功能、扩展功能以及自组织功能；第二，集群单元的形成和发展对集群的产生起着决定性作用。因此，要培育具有创新能力的群落，必须将培植有效的集群单元放在首位，而其中的优势集群单元则对整个集群有控制和引导作用，能够决定群落的创新演化方向；第三，集群发展的内部条件是集群发展的内因，而集群单元间的互补性和企业之间的亲缘关系是产业集群不断创新和快速发展的基本前提之一，从这个角度来看，基础设施、风险投资、制度文化环境等外部条件与集群单元的地位是等同的。

（2）区域创新体系与产业集群创新之间的关系。

从一般意义上讲，区域创新体系的概念来源于演化经济学，因其过分强调了企业经理人在社会互动中不断学习和改革而进行选择的作用，企业的发展轨迹也由此被决定。实际上，这种互动已经超越了企业自身，涉及范围极其广泛，包括区域内部的大学、科研院所、教育

[①] 当然，单纯地理上的集聚和基础设施的共享并不能完全看作是真正意义上的产业集群。产业集群首先是企业自组织或有组织的综合体，而不是组织之间的简单混合。同时，产业集群的成功基础在于充足的社会资本和相互信任的人际关系（关系资本），其中，社会资本来源于对某种文化习俗和人际关系的全面认同，以及对法律规范的共同遵守。

机构以及金融服务部门等。而当在区域内部存在了这些机构和部门，并且它们之间开始了频繁互动时，一个区域创新体系也就因此而存在了。基于此，笔者认为，区域创新体系是区域经济理论和创新理论相结合的产物，它所研究的是特定区域的创新问题。存在于一定地域范围内的区域创新体系，能够把新的区域经济发展要素以及这些要素的组合纳入到区域经济系统当中，并由此创造出一种新的更为有效的资源配置方式，使区域内的各项资源得到充分的利用。在这一过程当中，区域的创新能力被提高了，产业结构得到了升级推动，区域竞争优势也因此形成，区域经济发展也将因此而实现。根据笔者对已有的研究成果以及相关实证资料的查阅分析，可以得出这样的结论：产业集群本质上是一个特殊的创新系统，创新效应的释放是产业集群的主要优势之一。区域创新体系的目的在于，推动区域内的新技术和新知识的产生、流动以及更新和转化。从这一角度分析，区域创新体系一般包括以下几个基本构成要素：

一是主体要素。即区域创新活动中的行为主体，通常是指企业团体、大学、科研机构、中介组织和地方政府等。其中，企业作为技术创新主体，是区域创新体系的核心，同时也扮演着创新投入和产出主体以及收益主体的角色。在这个由五大主体要素构成的网络组织中，区域创新网络的界限非常清晰，同时，区域创新体系的构成需要各个参与主体在创新活动中建立紧密的联系。而实际上，区域创新体系的参与主体能够借助产业网络与社会网络创建一个创新网络，在该网络组织中，企业通过所占有的创新资源，开发出新的产品和技术，区域创新体系的产出随即形成。

二是环境要素。创新环境则是维系与促进创新的保障因素，市场环境是企业创新活动所处的大环境，具体包含创新体制、相关基础设施建设、社会文化心理活动以及创新的保障条件等。由于创新不单纯是某个企业的孤立行为，任何创新活动都需要与外界环境之间进行大量的物质、能量和信息的交流。因此，对企业创新过程的研究必须将其与其所处的环境因素一同考虑。此外，企业创新能力的培养和提高，以及创新绩效的改进等，都要求各种与之相关的主体建立紧密的联系。

三是功能要素。通常是指区域创新体系的行为主体之间的关联以及运行机制，一般涉及制度创新、技术创新和管理创新的机制与能力。这就要求区域创新系统的主体运营机制必须健全，而且各主体能够自觉合理地进行联系，并保持高效率的运行。同时，依托包括企业、科研机构、学校、政府以及中介机构在内的主体，使信息能够高效流动、资源得到合理配置、优势发挥完全的机制。此外，与环境要素一样，功能要素也可以通过主体要素，尤其是企业的行为、特征以及经济效果等反映出来。

（3）集群式技术创新的特点和作用。

通过对产业集群创新定义的界定，可以概括出产业集群创新能力的定义。笔者认为，产业集群创新能力是一种支撑和支持产业集群创新的力量，它包括集群创新系统中的人力资源要素、信息要素、资产要素和成员组织要素的内化知识存量的总和。而人力资源要素一般是指当地的劳动力市场和各成员组织内部的员工；信息要素一般是指以文本、计算机及其网络等为载体的格式化知识；固定性资产要素通常包括所有集群内部生产设备、基础设施和社会资本等要素；成员组织要素则是指集群创新系统的所有成员。他们具有相同或相似的风俗文化和价值观，也建立了相互间的社会网络。

研究表明，产业集群创新能力是支撑集群创新和持续技术竞争的基础。它是嵌入在集群内部的知识和信息，但不包括那些存在于集群外部的知识和信息。产业集群创新能力的持续积累和发展，使得集群创新系统内的知识转移和积累不断进行，从而表现出产业集群创新活动的持续开展和技术竞争水平的不断提高。其主要表现形式为：以企业、中介机构、大学、科研机构、政府等为主体进行整合，整合的动力源自共同的利益和发展目标，通过不断地进行创新，推动产业集群竞争能力的提高，最终实现产业和群内企业的可持续发展。

3　南阳市中医药企业技术创新集群类型及模式的现状分析

3.1　中医药产业发展现状

医药工业初具规模。全市现有医药加工企业 43 家，生产有化学药、中成药、中药饮片、医疗器械、医药包装等六大类、480 个品种。1999 年，总产值达到 15 亿元，实现利税 9 836 万元，出口创汇 800 万美元。其中，产值超亿元的企业 5 家，利税超 500 万元的 4 家，在整个医药工业中，中药企业 11 家，1999 年完成中成药总产量 4 000 吨，产值 4.5 亿元，实现利税 3 000 万元。其中，宛西制药股份有限公司跻身国家中医药工业 50 强，该厂生产的浓缩六味地黄丸、月月舒等产品，畅销全国各地和 10 多个国家、地区。

中药材种植形成气候。全市种植中药材 150 多种，面积 180 万亩。以山茱萸、辛荑花、桔梗、丹参等 30 多个品种为主的中药材种植面积达到 110 万亩。其中，山茱萸年产量 350 万千克，市场占有率 60%；辛荑花年产量 240 万千克，市场占有率 70%。

中药流通网络基本形成。以市医药公司为龙头，市、县、乡三级医药购销供应站及批发零售网点为主体的医药商业流通网络已经确立，年营销额达 3.5 亿元；全市大部分制药企业在外地设有销售网点；内乡马山口、南召鹿鸣山等中药材主产区已形成以中药材交易为主的农贸市场。

医药研究开发体系已具雏形。建有南阳理工学院国医国药系、南阳中医中药学校、南阳卫校药剂专业、南阳农校种植专业、南阳中医中药研究所、张仲景医史文献馆等教育、科研机构，办有《国医论坛》刊物。拥有以南阳市医院为龙头的 18 家县级以上中医院，其中，国家示范中医院 1 家，省重点建设中医院 5 家。初步建立起教育、科研、医疗为一体的综合服务体系。

3.2　南阳市中医药企业技术创新集群类型

OECD 的集群分析报告将产业集群分为三个层次：国家层次——联系经济结构的产业集团；部门或产业层次——产业间和产业内生产链的不同阶段的联系；企业层次——围绕一个或几个核心企业形成的专业化供应商。

由于不同层次的集群资源配置的方式不同，通常认为国家层次的产业集群形成多数来源于政府意志下的制度安排，即所谓的组织设计类型，而后两者则可以看作是自发生成的类型。前一类型如高科技园区、出口加工区等，体现了作为设计主体的政府发展目标与战略意图；后一类型则依据地理位置、文化传统、产业联系和市场集聚而建立。

根据知识产生和扩散中的不同方式，产业集群有四种类型（Pim den Hertog，1999）：一是自发产生的集群；二是知识密集型集群；三是吸收型集群；四是自足型集群。从分布的产业看，第一种类型是来源于知识生产的自主创造性及知识对整个经济的驱动力，涉及的产业如金属与电工（电子）、化工（材料）、非商业服务（基础研究）；第二类是知识密集型和价值创造，如商业化服务；第三类是知识吸收型集群，如建筑、医疗业；第四类是自足型集群，如农业食品集群。

以传统产业为特色的中小企业集群具有自发生成的特点。南阳市作为医圣张仲景的故里，中医药文化积淀丰富，在地理上属我国中草药传统主产区之一，中医药产业为传统支柱产业。为推动这一传统产业持续、健康、快速发展，进一步壮大区域经济，南阳市政府自2000年以来实施了"南阳市张仲景医药创新工程"（以下简称"创新工程"）。因此，从企业资源配置和集群类型的划分来看，应属于政府主导下的组织设计类型与自发生成类型的混合类型与知识吸收型的融合。

集群的表现形式有许多，每一种形式都有其自身独特的发展轨迹、组织原理以及特殊问题。1998年联合国贸易与发展会议根据集群内企业技术的总体水平、集群变化的广泛性以及集群内企业间相互协作与网络化程度这三个标准，将集群分为非正式集群、有组织集群、创新集群、科技园区和孵化器以及出口加工区等五种表现形式。非正式集群企业的基础设施和技术水平远远落后于产业前沿，大多生产淘汰产品，工人技能水平低，几乎没有用来支持技术升级的连续性知识。产业前后向联系很差，企业间缺乏信任、没有共享信息的传播，集群内部竞争残酷，企业间协调与网络特性不明显；有组织的集群主要特征是企业间相互交流，解决共同的难题，尤其是在基础设施和公共服务机构方面可采用集体建设的方法。集群内以小企业居多，但是许多企业通过培训和"学徒制"提高员工的技能水平，企业的科技能力不断得到提高；创新集群主要是从事知识密集型生产活动，有着极强的产品设计、工艺创新以及技术适应能力，并将这种能力与市场有效对接，使集群迅速成为具有极高出口率的全球竞争者；科技园区、孵化器和出口加工区属于有组织集群或创新集群的特殊表现形式。因此，按照这种分类，南阳市中医药企业集群属于有组织的集群。

3.3 企业技术创新集群模式与省内外比较

3.3.1 省内外发展现状

中医药产业开发并非只是南阳一地看到其无限广阔的前景，国内许多省份都将目光聚集在传统中医药行业上，尤其是改革开放以来，医药企业呈现出集群化发展的态势。作为振兴东北老工业基地经济的重要一环，中药也被东三省确定为重点发展行业。其中以吉林省通化市的发展最具特色。通化市是长白山麓只有65万人口的小城市，借助长白山区丰富的药材资源，先后造就了通化东宝、修正、茂祥等一批成功企业和像镇脑宁、天仙丸、斯达舒等一批名牌中成药，累计发展了68家以中药为主的生产企业，2002年医药产值达44亿元，实现利润10亿元左右，医药企业纳税占当地财政收入的70%，通化医药实现的利润占吉林全省药业利润的近80%。

石家庄也提出了建设"药都"的设想；中医药大省四川正在和香港合作，大跨度提升中医药产业；西部大开发中药也是发展重点；沿海发达省份中医药行更早一步形成集团化，向国际化迈进，尤其是浙江省利用浙东南盛产的中草药资源和便利的近海优势，积极发展原料药及中间产品的加工出口业务，经济效益相当可观。

3.3.2 南阳中医药产业发展的比较优势

（1）具有独特的人文资源。南阳是医圣张仲景的故乡，是中医药的重要发祥地之一。

随着张仲景医药文化的广泛传播，南阳已成为国内外中医名家朝拜医圣并进行学术交流的地方。南阳丰厚的中医药文化积淀孕育出一代又一代名医，促进了中药材资源的开发利用。"医圣故里"这一独特的中医药人文资源，是南阳发展中医药产业的巨大优势。

（2）具有丰富的中药材资源。南阳北靠伏牛山，东扶桐柏山，西依秦岭，南临汉江，地处南北气候过渡带，具有地形的多样性和立体性气候条件，适宜多种动植物的生长。全市盛产中药材2 347种，储量2.5亿千克，且多为无污染的有机药材，其中道地名优药材30多种，是全国中药材主产区之一。

（3）具备一定的产业开发能力。已培育出一批中药骨干企业，具有较强的生产加工能力。其中宛西制药股份有限公司和普康制药集团的主产品生产线已通过国家GMP认证。中医药研究开发、服务保障体系初步形成，为中医药产业开发奠定了良好基础。

（4）具有得天独厚的区位优势。南阳地处我国东西结合部、南北通讯光缆干线，312、207、209国道和正在兴建的许－南－襄高速公路，焦枝铁路和新建的宁－西铁路均交汇于南阳，南阳将逐步成为全国重要的交通、通讯枢纽。在国家实施西部大开发战略中，具有承东启西、通南贯北的带动和辐射作用。南阳的区位优势，为实施中医药产业开发提供了便利条件。

（5）具有广泛的社会共识。南阳是全国持续高效农业科技示范市和"中国21世纪议程"地方可持续发展示范城市，国家有关部门对南阳发展高效农业和中医药产业极为重视和支持。市委、市政府在启动实施"行动计划"中，把中医药产业开展作为重点扶持的十项支柱产业。国内外许多高层知名人士，特别是中医药界的专家学者十分关心和支持南阳中医药事业的发展，合作交流的热情比较高。全市广大干部群众对实施中医药产业开发也具有强烈的愿望和热情。

（6）具有广阔的发展前景。目前，国际社会对传统天然药物需求日益扩大，中医药现代化科技产业已成为21世纪国际产业发展的新热点。中国加入世界贸易组织后，中医药在国际上的地位将不断得到提高，市场需求量也会迅速增加。为此，人们已把中医药产业公认为"朝阳产业"。1997年，国务院18个部委联合出台了《中药现代化科技产业行动计划》，为中医药产业开发提供了可靠保证。目前，中医药产业正面临新的发展机遇。南阳作为医圣故里，占有天时、地利、人和的综合优势，中医药产业开发的前景将十分广阔。

3.3.3 比较分析

目前，集群战略和政策得到了联合国工业发展组织、经济合作与发展组织等机构的提倡和推广，很多国家都把公共政策重点转向地方集群战略。随着我国加入世贸组织，市场的不断开放，我国各产业将面临激烈的国际竞争，集群战略是有助于提高国家竞争力的重要政策措施。在发展集群的过程中，南阳市应借鉴其他省市中医药创新集群发展的经验教训，建设符合中西部欠发达地区实际、具有本区域特色的中医药企业创新集群发展体系。

通过综合分析南阳中医药产业发展的现状、优势和潜力可以看出，实施"创新工程"，可以借助弘扬张仲景医药文化，进一步强化南阳中医药产业的重要地位和作用，提高南阳在国内外的知名度，扩大南阳的对外合作与交流；可以提升并改造南阳传统中医药，加速中医药产业化、现代化步伐，使南阳潜在的中医药资源优势，尽快转化为经济发展优势，促进《行动计划》的启动实施和全市经济、社会的全面振兴。因此，实施"创新工程"符合南阳经济发展实际，符合国家实施中药现代化的总体要求，顺应国际国内中医药界专家和广大南阳人民的意愿。从近三年来的实施情况看，"创新工程"受到了国家、省和社会各界的高度重视与支持，引起了全市各级干部和广大群众的热情关注和积极参与。

3.3.4 模式选择

3.3.4.1 模式划分

美国经济学家罗森伯格把技术创新集群分为：时间意义上的技术创新集群（M型技术创新集群）和空间意义上的技术创新集群（T型技术创新集群）。M型技术创新集群表现为由于需求或出现成群的在技术上并无直接联系的技术创新。T型技术创新集群表现为当一项或几项重要的技术创新出现后，会随之涌现出一系列在技术上与之相关的技术创新。

从企业的角度看，T型技术创新集群分为企业内技术创新集群和企业间技术创新集群。企业内技术创新集群主要表现为企业基于某项创新技术而持续进行一系列相关创新所形成的集群。企业间技术创新集群主要表现为由某项创新技术而引发和促成的多个企业同时或相继进行相关创新而形成的创新集群。

企业集群内的技术创新，一般是围绕着集群内的主流产品渐进展开的。一般说来，创新模式主要有：第一，基于技术轨道（trajectory）的顺轨性创新模式。这种创新往往表现为一种持续的创新行为，比如产品特征或形式、工艺技术得到持续的改进。第二，基于技术平台（platform）的衍生性创新模式。这种创新模式是指集群内企业在特定的技术平台上以满足市场的差异化需求而展开的创新活动，与单个企业不同，企业集群的技术平台是指集群内企业总体在某一产品领域内，生产和制造一系列产品所积累或达到的水平。第三，向技术关联域（related field）发展的渗透性创新模式。由于企业集群内聚集了许多"同质"和关联度很高的企业群体，一旦有新的产品或工艺技术在集群内出现，很快就会在集群内传播、溢出和渗透，从而将一个创新活动发展成一群创新活动。

3.3.4.2 模式选择

在我国的经济发展中，少数传统产业出现了集聚，如江浙的丝绸、江西的瓷器，但由于长期实行计划经济，产业集群的倾向并不突出。在20世纪80年代末掀起的"开发区"浪潮中，全国各地新建立了各类科技园区、高新技术开发区和出口加工区，争相发展所谓的高新技术项目，这种一哄而上的做法无法形成本质上的产业集群，相反重复建设严重，各地产业结构趋同，缺乏产业分工和产业特色。一个区域的经济发展不可能在所有产业部门占尽优势，优势的形成往往植根于特色，区域的经济特色就是产业集群化的显现。因此，产业集群化发展应当作为地区发展定位的认识基础，各地对自身的优、劣势应有清醒的客观认识，克服急功近利、浮躁的心态。印度Triuppur、巴西Sinos Valley的众多实例充分说明，将新技术与地方知识技能相结合，应用于纺织、制衣、皮革、医药、食品加工等这样的传统部门，集群同样可以取得长足的发展。

从目前的实际情况来看，南阳市中医药产业在其产业规模、经济效益、集群创新成熟度等诸方面同通化、浙东南等发展成熟地区均存在着一定的差距，因此，我们可以认为这是一个集群式创新的初始阶段。在起步阶段借鉴其他省市中医药创新集群发展的经验教训，确立适合本地域情的集群发展模式，建设符合中西部欠发达地区实际、具有本区域特色的中医药企业创新集群发展体系，显得尤为重要。这就是：紧紧依托独特的人文资源和丰富的自然资源这两大优势，采用由企业内创新集群向企业间创新集群渐进式逐步发展的集群创新模式，应当是南阳市中医药企业集群式创新发展的一种比较客观而又切实可行的模式选择。

3.4　实施集群式创新战略的对策建议

3.4.1　目前产业集群存在的问题

（1）中医药工业发展缓慢，产业整体竞争力不强，集群创新水平偏低。全市中医药企业数量少、规模小、辐射带动能力差；骨干企业少，产品档次低、竞争能力弱；不少企业经营管理粗放，科技开发能力差，发展后劲不足。除了像"宛西制药"等少数企业具有适应市场的应变能力，并拥有知名品牌，中小型企业大多生产传统产品，产品的种类、质量、工艺的精致程度都缺乏特色，处于基于技术轨道（trajectory）的顺轨性创新阶段，创新水平偏低。最近几年，中医药需求增加量较大，但集群并没有对市场变化作出灵敏反应，对产业发展方向把握还不够。还有，由于对专利保护等不够，导致产品的被模仿、次质量产品时有出现。

（2）集群内交易成本偏高，降低了合作效率。集群内的交易主要是指种植药农、药材供应商、前后向原料加工企业、辅助支撑机构之间的交易。由于受到区域内产业政策导向、集群创新水平、区域内外市场化差异等因素的影响，集群内交易成本比较高，而且企业和辅助支撑机构间的合作还有待于加强。

（3）已有中医药科技含量普遍不高，尤其是中药材种植水平低。已开发产品多为传统产品，市场类同品居多，针对克服各类疑难杂症的拳头产品、市场前途看好的环保产品、保健品较少；大部分品种种植分散，区域化、集约化水平低。已形成的基地，建设标准不规范，产品质量不高，规模优势不突出，市场竞争能力不强。

（4）中药材市场流通不畅。全市既没有中药材专业市场，也缺乏中药材农贸市场，加之大部分县乡药材公司信息不灵，经营困难，服务滞后，严重制约了中药材的正常种植与经销。

（5）产业链条各环节专业化分工协作的网络尚未完全形成。集群内资源配置不尽合理，企业之间前后向技术关联度不高，阻碍产业集群的进一步发展。目前企业更多的是单兵作战，未形成产业的整体力量，达不到很强的国内、国际竞争能力。相近企业的后向联系少，尤其新产品从试制到投产，极少在本地诊疗系统完成最初的临床检验与应用，还没有完全形成本土化经营。此外，企业之间在业务上的关联并不多，中小企业在某些产业环节向大企业提供专业化中间产品也较少，没有真正形成专业化产业网络，使得企业的辅助材料供应商和市场在区域外部，与本地联系较少。

（6）中医药教研基础薄弱，产学研合作机制尚未建立。现有的中医药教学、科研机构起步晚，基础差，规模小，发展慢，与中医药产业开发的需要不相适应。区域内现有南阳理工学院国医系、南阳中医药学校、南阳卫校张仲景研究所等研究机构，这些机构也都有一定的研究能力，但由于缺乏良好的合作机制，这些大学或科研机构并没有充分地成为集群创新的重要智力来源。同时，区域内大部分已形成竞争力的产品如"仲景牌"六味地黄丸、福森双黄连等都不是来自上述邻近的科研机构，并且仅有的少部分的科研成果本地转化率也很低。

（7）资金保障不力，缺乏有效的风险投资机制。传统中医药产业的改造必须借助现代高科技来完成。高新技术产业对资金的需求量相对较多，且多数是风险性投资，大都具有高风险、高收益的特征。集群内企业多为政府投资，资金来源渠道单一，供应后劲不足，致使大部分企业生产设备老化，产品研发投入不够。同时，没有建立起产权交易市场，没有完善的风险投资退出机制，缺少与风险投资发展相配套的比较完善的法规体系。因此，区域内的高科技企业很少参与风险投资，其他投资者也介入不多。

（8）中医药人才严重不足，人才培训、教育等市场机制尚不完善。既缺乏能够带动中医药产业开发的高层次人才，又缺乏能够支撑中医药产业发展的实用型人才。特别是在中药材规范种植、新药研究开发等领域的专业人才奇缺。

区域内人力资源市场开发程度较低，职业培训、教育等中介机构和服务机制尚不完善，企业之间的人才交流、人力资源共享都暂时无法实现，这已成为制约产业集群长足发展的直接瓶颈。

3.4.2 对策建议

只有借鉴国内外产业集群发展的成功经验，结合本区域的实际，适时规划和实施产业集群发展战略，分步骤、分阶段、有重点地开展工作，才会推动富有特色的南阳中医药企业创新集群持续发展。在综合各种要素的基础上，笔者认为具体对策应围绕以下做法开展。

（1）制定本区域创新集群发展战略。通过制定和实施南阳市中医药企业集群式创新发展战略（即"创新工程"），实现促进集群内产业的有机复合与区域内企业事业单位间紧密的网络化联系，激发区域产业整体创新能力、竞争能力的提高，实现区域内中医药产业的集群化发展。在战略制定中，充分考虑了产业集群建设任务的阶段性、系统性和不同阶段的工作重点，使产业集群发展的硬环境建设与软环境建设密切结合，协调一致；产业的规模增长与产业内在协作网络发育相协调，力求做到系统把握，循序推进，不断提高。"创新工程"由基本思路、指导原则、发展目标、实施步骤、内容体系、保障措施六部分组成。以下对前四项做一介绍：

基本思路。充分发挥南阳中医药资源优势，以弘扬张仲景医药文化为动力，以市场为导向，依靠现代科技，推进技术创新，培育集医教研、产工贸为一体的中医药教育、研究、种植、加工、销售、诊疗一条龙的"六大"中医药产业化体系，使中医药逐步成为全市新的经济增长点和有特色的优势产业。

指导原则。在实施"创新工程"中，坚持六个原则：一是"六位一体"（人才培养、研究开发、基地建设、生产加工、市场流通、中医诊疗），综合开发原则；二是继承发扬，科技创新原则；三是市场导向，效益第一原则；四是重点突破，规范运作原则；五是依托资源，优势集成原则；六是机制创新，开放带动原则。

发展目标。到 2005 年，全市中医药产业总产值达到 50 亿元，实现利税 5 亿元。到 2010年，总产值达到 100 亿元，实现利税 10 亿元。具体包括：①中医药工业发展目标：到 2005年，全市中药工业总产值达到 25 亿元，实现利润 2.5 亿元，出口创汇 2 000 万美元。培育一批骨干企业，其中产值 10 亿元以上的企业 1 个，5 亿元以上的 2 个，1 亿元以上的 4～5 个；开发出一批仲景牌名优产品，其中国家级 2 个以上，省级 6 个以上。②基地建设目标：建成十大种植基地；到 2005 年，种植面积达到 300 万亩，产量 2.5 亿千克，产值 20 亿元，实现特产税 1.3 亿元，出口创汇 2 500 万美元；培育 3～5 个道地特色品牌。③基础设施建设目标：建立比较完善的中医药人才培养、研究开发、基地建设、生产加工、市场流通和中医诊疗等六大体系。完成张仲景国医大学、张仲景研究院、中医药研究开发中心、中药材科技示范园、张仲景医院、张仲景博物馆等六个重点工程。

"创新工程"的实施步骤。第一步，工程启动期（2000 年 3 月—2000 年 12 月）。主要任务是做好宣传发动和项目规划论证工作，制定出台具体实施规划和配套方案。选择一批基础较好的项目启动实施。第二步，全面实施期（2001 年—2005 年）。全面实施六大建设体系和规划工程项目，把规划中的所有项目层层分解落实，广泛开展招商引资，争取国家立项和资金支持。完成中医药产业开发的阶段性目标。第三步，巩固提高期（2006 年—2010 年）。完善提高六大建设体系和项目建设水平，确立南阳在国内的中医特色地位和中药产业优势地位，使中医药产业真正成为南阳的优势支柱产业。

（2）发挥政府的作用。

积极发挥政府的引导和推动作用。一是帮助和引导区域内企事业单位成立各种行业协会、研究会、俱乐部，增强他们之间正式和非正式的交流沟通，扩大合作机会，激发创新灵感。二是加强政府与企业之间的非正式合作、沟通、服务关系，改变企业落伍后即不闻不问的状态，经常性地举行各种说明会、住处通报会、研讨会、文体活动、合作洽谈会等，创办面向区内社会的综合性网站、出版物等信息传媒，扩大政企沟通和企业间横向沟通和信息交流，提高企业的区域归属感、认同感。三是从促进创新体系和社会服务体系建设，为产业集群成长创造适宜条件的角度出发，全面做出各项规划，使规划系统体现出实施产业集群发展战略的需要。四是政府在重点扶植产业集群时，应将优惠政策由原来简单的地区倾斜，逐渐转向对集群的技术倾斜和产业倾斜，加强基础设施建设，积极引导对集群发展有益的公共物品的投资。重要举措有：

①牵头成立相关组织，加强组织保障。成立领导小组，由市领导任组长，各相关部门为成员，组成"创新工程"协调领导小组。主要职责是，负责"创新工程"的统一组织领导，研究制定发展规划、政策措施和实施方案，协调解决"创新工程"实施中的重大问题。领导小组下设办公室，办公地点设在中医药管理局。主要职责是，负责"创新工程"的日常工作，对领导小组议定的事项实施检查、督导；成立专业小组。成立招商引资、项目、基地建设、人才培养等专业小组。主要职责是，负责相关任务的规划、组织实施工作，确保各项任务落到实处；成立专家咨询委员会，吸收国内外高层人士和知名专家，对南阳中医药发展战略、规划实施、产业方向、功能定位等重大问题咨询论证，为领导小组提供科学决策依据。

②提供政策保障，制订产业开发与人才供给配套政策。

充分利用国家、省市有关产业政策，从南阳实际出发，制定符合"创新工程"需要的配套政策措施。对中医特色专科建设、中药材基地建设、骨干企业培育、新产品开发研究、医教研、产工贸结合、专业人才引进，在计划审批、建设用地、税费征收、职称评定、资金保障等方面予以特殊优惠。用政策调动各方面参与"创新工程"的积极性；落实"抓大放小"有关政策。促进中医药产业向规模化、集团化方向发展，扶持民营科技型企业参与产业开发，使之享有与国有企业同等的待遇；落实中医药开发保护相关政策。强化对优质、高效药品和疗法的扶持，落实中医药知识产权政策，保护中医药研究、生产者的权益。

制订特殊优惠政策，广泛吸收国内外专家和科技人才参与南阳中医药现代化科技产业的研究开发，集聚人才、技术等科研力量；有计划地培养一批在中医药研究、生产管理、国际贸易、知识产权等方面的高层次人才；制定科技创新人才奖励办法，对有突出贡献的科技人员，予以特殊奖励。

③拟订机制保障。打破部门所有、条块分割的传统格局，以市场为导向、以经济利益为纽带，形成以企业为主体、以基地建设为基础、以医疗科研机构为依托，政府统一领导、规划、扶持的中医药产业开发运行机制。以三个"有利于"为标准，实行"低门槛"开明政策，优化环境，放水养鱼，谁先发展支持谁，谁发展快支持谁，谁当龙头扶持谁。用宏观调控有力、微观运行富有活力的新机制，加速产业扩张。

④完善服务措施。经济综合部门加强宏观指导与协调，落实产业扶持政策，为中医药产业、产品、企业组织结构调整提供服务；涉农部门认真落实农业结构调整政策措施，鼓励农户种植药材；科技、医药、教育等部门要加强中医药信息开发，为中医药产业开发提供市场、成果、技术、法规等信息服务；财政、金融、保险等部门要拓展融资渠道，为重点项目实施提供投资服务。尽快形成全社会、全方位关心支持服务中医药产业开发的优良环境。

（3）加快企业组织结构调整，重视大企业发展，进一步放开搞活中小型医药企业，培育骨干企业和企业集团。加大"抓大放小"力度，继续实施"三改一加强"，加快资产重组和制度创新，培育和发展大型企业集团、"小型巨大"企业、名牌产品企业、出口创汇大户和高新技术企业。打破所有制界限、行政区域界限和行业界限，鼓励强强联合、科工贸联合、产学研联合，增强医药产品、企业、行业优势和竞争能力。支持现有药厂的改组改造，做大做强，优势互补，各具特色。积极推行联合、兼并、租赁、托管、出售、股份制等多种改革形式，进一步放开搞活中小型医药企业。通过实施"抓大放小"，催生和扶持一批产业带动能力强的中药龙头企业。到2005年，全市力争2个中药制药企业进入国家50强，4个以上进入省50强。

同时，加快所有制结构调整，大力发展非公有制企业。进一步改善投资环境，制订完善优惠政策，加大招商引资力度，吸引国内外奖金、技术、人才，参与南阳中医药产业开发。加强同国内外大型制药企业、科研单位、港澳台客商的联合与合作，引导他们到南阳建设基地、投资办厂或开展贸易。支持个体私营经济参与中医药产业开发。

（4）促进企业与市场的融合。

由于我国各地长期形成的地方保护主义，地方部门条块分割严重，集群与市场的前向联系薄弱，内部缺乏竞争机制。企业应虚心听取来自用户的反馈信息和使用心得，尤其是营销决策人员应拓宽与顾客的接触面。同时，企业应密切关注产品的发展情况，主导趋势，获取新的技术，最终促进集群企业的产品向高附加值转变。主要措施有：

①建立中药材信息系统。建立完善南阳张仲景中医药信息网，发挥电子商务网上交易优势，直接与国际国内药材销售中心联网，在北京、上海、广州、香港、澳门等城市和地区设立信息站，构筑面向国内外的中药材信息传送通道。

②发展中药材农贸市场。依托中药材种植基地，积极发展以中药材购销为主的农贸市场，形成中药材区域性流通的集散地。培育经销大户和"经纪人"队伍，增强农贸市场的对外辐射能力。

③建立中药材配送中心。依托市、县医药公司和药材采购供应站，建立公司与基地、公司与企业、公司与医疗机构、公司与市场、公司与农户的双向供求合作关系，采取批发、零售、直销、服务上门等形式，进行中药材配送中介服务。

④建立外向型销售渠道。加强同境内外大型中药加工企业的合作，建立稳固的中药材供求关系。加强对外营销业务，在各大城市设直销网点和贸易窗口。加强同港澳台客商的联合

与合作，扩大中医药对外贸易。

⑤尽快建立完善的良种繁育服务体系，加强道地药材品种的选育和改良，特别要加强对无公害中药材品种的培育。

（5）用高新技术改造传统中医药产业。

首先是采用现代生物技术，加快对传统制药工业的改造、提升，提高现有中医药企业发展水平。积极引导支持化学制药企业利用人才、资金、技术、设备优势，开发生产中成药，走多元发展的路子。创造条件促使其实现西药企业中药化，研制开发中西合成产品。支持新技术、新工艺、新材料和新产品开发与生产，加快实施 GMP 认证，推进企业进步和产业升级。

其次，在行业中应积极采用信息技术，建立市场信息→科研成果→产业化→商品的快速反应体系。通过加强南阳张仲景中医药信息网站的建设，大力发展中医药电子商务。积极推广应用数字化技术，利用网络技术、信息技术对市场做出快速反应。企业在生产管理中要广泛推广应用计算机辅助设计/制造系统（CAD/CAM）、计算机信息管理系统（CIMS）、计算机辅助过程计划系统（CAPP）、柔性加工系统（FMS）和计算机管理信息系统（MIS）。

最后，运用环保技术开发环保产品，主要是各类保健药品，提升产品的环境竞争力，使产品从传统的价格竞争转向非价格竞争。拟采取的措施有：

①建设中药材科技示范园。以宛城区新店园艺场为基础，以环保型优质无公害示范种植为基准，选择适宜我市大面积推广的中药材品种，建设集规范种植、养殖、良种选育、栽培技术推广为一体的科技示范园。

②建设张仲景药用植物园。依托张仲景中医药博物馆，规划建设集科技开发、中试孵化、观光游览、实习培训为一体的药用植物园。分设三个园区：一是仲景方药园，依据张仲景《伤寒杂病论》中的组方、药味进行分组培育种植；二是药用百花园，种植适宜在南阳生长，并具有观赏价值的药用花草；三是药用动物园，引进适宜南阳生长的水生、陆生药用动物、禽类进行繁育。

③建设有机无公害中药材种植示范园。以南阳市药品药材有限公司为依托，在南召县留山镇建设天然中药材种植示范园。重点发展山杏、山桃、辛夷、天麻、茯苓、丹参、柴胡等品种。实行立体种植，做到以木本养草木，以短线品种养长线品种。

④建设规范化、规模化种植基地。根据市场需求和道地药材的品种分布，在主产县市区建立起无公害中药材种植基地。按照区域化布局、标准化建设、专业化生产、集中连片开发的要求，重点建设十大基地：山茱萸基地、辛夷基地、天麻基地、桔梗基地、麦冬基地、栀子基地、黄姜基地、杜仲基地、丹参基地、半夏基地。每个基地建成 1~2 个符合 GAP 标准的种植示范点。

道地药材是最好的药材，是谓"药材好、药才好"。"好药出名医，名医用好药"说的也是这个道理。为适应中药产业化发展的需要，南阳市立足本地资源环境优势，规划建设了十大中药材种植基地：

辛夷示范基地：地处八百里伏牛山深处的南召县，是国家命名的"辛夷之乡"。规划以南召县为主体，辐射带动其他地区开展辛夷规范化、规模化种植。到 2005 年，全市规模种植优质辛夷基地面积力争达到 11 万亩，总面积达到 18 万亩，国内市场占有率达到 60%。

山茱萸示范基地：西峡是国家命名的"山茱萸之乡"。规划以西峡县、内乡县为主体，按照 GAP 规范要求，高标准建设山茱萸种植示范基地。2005 年全市优质山茱萸基地面积力争达到 67 万亩。国内市场占有率达到 70% 以上，使南阳山茱萸的面积、产量继续保持全国第一。

桔梗示范基地：规划以桐柏县为主体，建立桔梗高产高效示范基地。到 2005 年，全市优质桔梗基地面积力争达到 5 万亩，产量达到 1 300 万千克，年产值达到 1.3 亿元。

栀子基地：唐河境内多为平原，土地肥沃，土质、气候构成了栀子最佳的生长环境。因此规划以唐河县为主，建立栀子示范种植基地。到 2005 年，全市优质栀子基地面积力争达到 6 万亩，产量达到 600 万千克，年产值达 6 000 万元。

麦冬基地：地处平原地区的邓州市，是道地麦冬的传统种植区。规划以邓州市为主体，建立麦冬示范种植基地。到 2005 年，全市优质麦冬基地面积力争达到 1.5 万亩，产量达到 450 万千克，年产值达到 4 500 万元。

杜仲基地：312 国道穿越镇平、内乡县境，沿 312 国道两旁开辟杜仲种植基地，绿化了道路景观，又可创造经济效益。因此，规划以镇平、内乡为主体，建立杜仲规范化种植基地。到 2005 年，全市优质杜仲基地面积力争达到 30 万亩，产量达到 200 万千克，年产值达到 4 000 万元。

半夏基地：在仲景经方中，半夏是仲景经方的主要原料，是南阳中药材八大名产之一。以唐河等地种植历史最为地道悠久。规划以唐河县为主体，建立半夏生产基地。到 2005 年，全市优质半夏基地面积力争达到 5 000 亩。

天麻基地：八百里伏牛山为天麻的生长提供了良好的环境。规划以地处伏牛山的西峡县、内乡县、南召县为主体，建立天麻种植基地。到 2005 年，全市优质天麻基地规模力争达到 1 180 万穴，种植面积达到 50 万亩，产量达到 1 亿千克，年产值达到 3.4 亿元。

黄姜基地：南阳是黄姜的原产地，亩产可达 2.5 吨，每吨市场价 1400 元，效益非常显著。规划以淅川县、内乡县为主体，建立黄姜生产基地。到 2005 年，全市优质黄姜基地面积力争达到 50 万亩，产量达到 1 亿千克，年产值达到 2 亿元。

丹参基地：方城"裕丹参"有着悠久的种植历史，在全国久负盛名。规划以方城县为主体，发展丹参规模化、科技化种植。到 2005 年，全市优质丹参基地面积力争达到 7.5 万亩，产量达到 1 500 万千克，年产值达到 1.2 亿元。

⑤建设中药材良种繁育基地。以南阳市健民医药有限公司为基础，筹建南阳仲景药材种子公司，在卧龙区王村乡建立种子种苗基地，为全市中药材种植提供服务。

（6）进一步实施名牌战略。

市场竞争归根到底是质量和品牌的竞争，品牌是产品品质形象、企业整体素质和社会形象的标志，是企业赖以生存和发展的最基本条件。因此，要努力加强品牌培育，实施名牌战略。

首先，要加快产品结构调整，培育开发名牌产品。鼓励企业采用先进技术、先进工艺，改造传统生产中比较落后的工艺流程，提高主导产品的科技含量和附加值。进一步加大新产品开发力度，选择确定优质品种系列，依托大专院校和科研单位，开展科技攻关和产品开发，促使企业产品结构向新型、高效、天然抗生素、现代中成药和生物药方向发展。达到每个大型企业有国家名牌，每个中型企业有省级名牌。规范中药材加工，改变传统炮制方法，引进先进的饮片加工技术和萃取技术，发展优质、新型饮片，生产以全生物药型或半生药型的袋泡剂及单位药材提取的精制颗粒。采用现代包装技术，做好原产药材的精包装，提高产品档次。形成低耗材、低成本、高科技含量、高附加值的中药材加工能力。

其次，狠抓质量管理，以质量求生存。质量检测部门在行业协会制定的质量标准指导下，对企业的产品实行质量检查，避免集群产品质量的"柠檬"问题，树立南阳中医药产品良好的市场形象，尤其避免"低档、伪劣"产品的出现；同时企业要积极进行质量体系认证，通过认证取得产品信誉；地方主管部门要继续做好原产地域产品保护工作，以提高产品的知名度、质量信誉和无形资产价值。

最后，要注意进行品牌延伸，通过品牌延伸来拓展市场。另外，还要加强对专利的保护，给予创新者相应的回报，避免名优新产品很快被模仿，通过对创新企业适当的补偿，使企业保持创新积极性。

（7）不断创造仲景新文化，推动创建有利于创新集群发展的区域特色文化。文化的构建是一个十分复杂的系统工程，它需要宣传舆论的导向和耐心的引导以及政府的有力支持，也需要制度上的系统创新。南阳市作为我国为数不多的历史文化名城，其中医药创新集群发展必须紧紧围绕"张仲景医药文化"来展开。这是因为，张仲景人文文化产品有区别于其他文化产品的特殊性，即仲景文化的商品属性。它不仅具有精神属性的强大力量，即它所体现出来的人类对于医圣学信仰等精神要素，还具有商品属性的物质生产能力，即生产能满足人们对仲景文化需求的商品，从而获得良好的经济、社会效益。因此，仲景人文文化产品不仅具有使用价值，还具有作为商品赖以交换的价值。目前，可以采取的措施有：①研究规范张仲景画像，上报国家主管部门认定、发布，申请邮政部发行张仲景纪念邮票。②整修医圣祠。对医圣祠进行全面的维修改造，增加景观、充实内涵，提高品位，扩大影响，使其成为国内外医药者拜谒医圣和进行学术交流的阵地。③兴建张仲景中医药博物馆。博物馆计划设医圣张仲景、中国历代名医、中医药发展史、中医药标本、中医药基础知识等馆、室。办成全国有较大影响的中医药宣传教育阵地。④举办张仲景医药国际博览年会。在每年的仲景诞辰日（农历正月 18 日）举办张仲景医药国际博览会。邀请国家和省有关部门、国内外有影响的大专院校、科研单位、医疗机构和中医药企业汇集南阳，开展学术交流、商贸洽谈等活动，举办"张仲景学术思想交流研讨会"，研讨中医药发展的动态趋势，展示南阳中医药产业发展成果，不断扩大南阳中医药在国内外的影响。⑤补充完善中药指纹图谱。中药指纹图谱技术作为国际社会公认的中药质量控制手段，已经被美国 FDA、加拿大药用及芳香植物学会等欧美国家所接受。中药指纹图谱的建立，必将有利于以仲景品牌为代表的中国中成药走向世界。

（8）加速相关产业链的整合，促进集群内产业分工协作体系的建立，进一步提高集群内部规模效应，实现中医药产业各链条的良性互动。

自 20 世纪中叶以来，企业竞争逐步从过去注重单个企业发展战略，向企业联盟以及企业集群战略演化，企业集群通过协同效应所显现的竞争优势，不仅日益备受关注，而且集群战略已成为企业、区域发展的重要模式。面对全球产业结构调整的新特点，必须要进一步提高集群内部规模效应，加强专业化分工和市场化运作，提升区域产品配套开发创新能力，提高主导产品质量档次和名牌效应，完善产业社会化体系，以提高企业集群协同效应。

首先，加快产业结构调整，突出中医药工业发展。修订完善工业结构调整规划，把发展医药工业特别是中医药工业摆上重中之重的位置，集中资金、项目、人才重点扶持。加大医药工业结构调整力度，推进现有企业资产重组，壮大企业规模。积极推进农工商结合，形成中药种植、加工、制剂一体化，推动中药材、中成药生产专业化、经营集约化、质量标准化。鼓励有条件的企业到国内外发展加工贸易。对区域的相关产业布局要努力按照有利于分工协作、本地结网，进一步壮大中医药创新集群来安排项目，对于区域内新成立的医药企业的区位决策也应该明确是以产业集群为导向的。针对现在区域内产业配套能力弱的现状，可以以大中型企业或企业集团为龙头，通过产业环节的分解，衍生出一批具有分工协作关系的关联企业。经过2～3年的努力，使医药工业成为整个工业的优势主导产业，中医药工业产值、税利占整个医药工业的比重提高到50%以上。

其次，要迅速建立产业基础辅助体系，即中医诊疗体系。其主要内容为：①建立南阳张仲景医院。以南阳市中医院为基础，组建"南阳张仲景医院"。加大投入，充实内涵，提高质量，完善功能，使之成为集中医医疗、科研、教育、康复为一体的"三级甲等"中医医院。②完善中医药服务网络。按照国家中医药管理局《关于切实加强农村中医药工作的意见》要求，完善以县级中医院为龙头、乡镇卫生院为枢纽、村卫生室为基础的中医服务网络。③突出中医院特色建设。选择一批有一定基础和社会影响的专科或专病为重点，集中人力、物力进行培育。同时广泛吸纳外地的成功经验和最新成果，嫁接改造我市的特色专科。尽快形成院有专科、科有专病、病有专术的规模特色优势。到2005年，建成1～2个国家级特色专科，3～5个省级特色专科。④加强中医学术研究与创新。进行中医药古籍文献、历代名家学术思想以及当代名老医药专家学术技术专长和临床经验的整理和研究；挖掘研究民间方药；总结和提高中医适宜技术，加快向基层中医医疗机构的辐射。到2005年，对中医急救和5～10种疑难重症治疗有新突破，取得5～10项省以上科研成果，引进推广10～15项适宜科研技术。⑤造就新一代名医。选拔一批中青年学科带头人，作为高层次人才培养对象，采取名老中医专家带徒、名牌大学进修、研修攻读学位、专业课攻关、专项基金资助等措施，到2005年，造就一支享誉全国的中医专家队伍。

最后，加快"张仲景医药文化"的产业化进程。张仲景人文文化产业主要表现为以下几种形态：①科教产业：它包括中医科技和中医教育。以中医筛选评价、中药材种植技术服务、中药工程技术研究、中药新药研究开发为主体，形成健全的研究开发产业体系；组建张仲景国医大学，大力发展中高等中医职业技术教育，引进开发高层中医药人才，强化农民种植、养殖的科普培训，在满足工业产业发展对科技和人才需求的同时，拉动教育产业经济增长。②文化观光产业：通过建设高标准的中药科技种植示范园，开发引进先进技术，发挥其龙头和窗口示范作用，引导环保型无公害资源保护开发。按照GAP标准，建立规范化、规模化种植基地。这一产业也将同时成为独特的中医药文化观光旅游的风景线。③媒介广告产业：张仲景人文文化产业的发展，需要通过各种媒体来大量地传播张仲景人文文化。无论是媒体广告、户外广告、互联网，还是其他形式的信息传播机构，都将因张仲景人文文化传播过程中挟裹而来的巨大资本而获得可观的利润。而且，这些媒体也会以传播张仲景人文文化的新闻炒作力度，提高宣传质量和艺术欣赏水平，形成张仲景人文文化的浓厚思想意识氛围，从而吸引社会各界、各产业对这一文化现象的关注和兴趣，并由此吸引其他产业把丰厚的广告资本投向传播媒介，媒介广告将因此而呈现出勃勃生机。④会展产业：致力于挖掘张仲景人文文化思想的深刻内涵，大力弘扬张仲景医药文化思想，在国家中医药管理局、河南省政府的大力支持下，南阳市于2002、2003年连续两年成功地承办了两届"中国·南阳张仲景医药创新工程推介暨经贸洽谈会"这种国际性的改革开放大型会议。通过这个窗口，张仲景及中医药文化在全世界范围内得到了广泛的传播，使南阳走向了世界，让世界了解了南阳，带动了南阳其他产业的发展。据统计，会前和会议举办期间，全市累计洽谈签约项目757个，其中签订合同项目涉及农业、工业、科教、旅游、卫生、交通、城建、电力等多个领域，这在南阳的历史上也是前所未有的现象。如今，会展产业已成为张仲景人文文化的重要组成部分。这一产业的出现，丰富了人类经济活动的物质内容，开创了人类用中医药科学征服自然和改造自然的新形式。它必将有力地推动张仲景人文文化产业中工业产业的发展壮大，并与中医药工业产业一起，共同形成张仲景人文文化的主导产业。

（9）加强地方公共机构的建设。公共机构可以强化集群企业与上游供应商以及国际市场的联系，促进企业间互助协作以及同业对话，如共同营销、共同设计、合同培训等，提高企业间合作的效率，还可以在提高信息、提供基础设施等方面提高政策质量，改善政府行为。政府应当通过尽快出台相关法规和优惠政策，促进各类公共机构的建设，如市场调查机构、技术咨询机构、科技成果交易中心、知识产权事务中心、律师事务所等，鼓励公共机构在集群内发行专业性报纸和学术杂志，对产业进行深入研究，推动地方的信息传播与交流。

（10）通过进一步完善"产学研"合作机制，构建三方互动的研究开发体系。可以尝试建立以政府引导的、企业参与的中医药研究机构和教育培训的社会实践或实习基地。要围绕重大主题，组织产学研联合攻关等活动，为区内企业突破重大技术难关。主要途径有：①建立张仲景研究院。在南阳市中医药研究所的基础上，建立南阳市张仲景研究院，成立张仲景研究会。主要对张仲景学说及有关文献进行系统性研究整理；中医、中药、剂型方面的临床应用研究、成果转化及推广；开展与国内外的学术交流，收集中医药最新发展信息，办好《张仲景研究》杂志。②建立中医药研究开发中心。依托南阳现有的大中专院校、科研机构、医疗单位、骨干企业、种植基地等，建立中医药研究开发中心。主要任务：一是中药筛选评价。利用现代科学技术手段，收集、筛选民间中医秘、单、验配方，进行研究、评价、开发；从南阳中药材资源中，筛选一批产量高、品种优、适宜南阳种植的中药材品种；筛选评价有开发价值的中医药科技成果、适宜技术。二是中药材种植指导。研究南阳道地中药材质量标准；开发野生中药材人工栽培技术；采用现代遗传技术培育中药材优良品种；指导中药材规范化种植。三是中药新药研究开发。利用现代科技手段，开发高效、优质、安全的现代中药，重点研究开发治疗心脑血管、恶性肿瘤、呼吸系统疾病、老年病、妇女及儿童疾病、免疫系统疾病等新中药制剂及天然抗生素；加强中药新剂型的研究，改善用药途径；研究开发张仲景品牌的保健品、化妆品、食品等系列产品。③建立中医药科研试验室。围绕实施"创新工程"，引进先进设备、先进工艺和现代技术，建立符合国家标准的三级中医药科研实验室。实行对外开放，为中医药产业开发服务。

（11）进一步加大对集群内产业的资金投入力度，建立健全资金保障体系。

①建立多元化的投资体制。在现阶段，进一步加大政府对集群的资金扶持，逐步形成以政府投入为引导，企业投入为主体，金融投入为支撑，形成全社会多渠道、多形式投资格局。同时，要充分利用龙头企业的带动作用，在较短时间内促成1~2家企业成功上市。

②建立产业开发基金。基金来源：一是从财政预算中每年切出一块专项资金；二是从有关职能部门掌握调控的开发基金中划出一块；三是从大型中骨干企业中筹集一部分；四是积极争取各界、各方面捐资。基金实行有偿使用，滚动发展。投资方向主要是高效示范基地建

设和产品开发、高新技术企业项目的贷款担保和贴息等。

③争取医药专项投资。力争使"创新工程"列入国家、省中医药开发计划，争取国家和省专项资金扶持。

④大力吸引外资。充分利用资源优势和政策优势，大力吸引外商、外资开发南阳中医药产业。

（12）实施人力资源战略，建立健全人才培养体系。

人才是科技进步、经济发展的关键因素。产业集群发展需要以人力为本的企业合作和交流。因此，专业人才的引进、培训、教育和合理利用则显得极为重要。重视、善待、善用人才是企业实施名牌战略的前提，是企业提高竞争力和创新能力的根本。人力资源问题应提高到战略高度来认识。在未来几年中依据产业发展的需要，采取如下措施，持续不断加大引进、培养人才力度，并将企业是否有人力资源计划作为对企业领导的考评指标，从而将人力资源战略落实到企业的自觉行动中。具体措施包括：

①筹建张仲景国医大学。按照国家教育部"共建、调整、合作、合并"方针，以南阳中医中药学校、南阳卫校、南阳农校、南阳理工学院国医国药系为基础，筹建"南阳张仲景国医大学"。主要培养中医药科研、临床、种植、贸易、管理等实用型人才。筹建工作分两步实施：第一步，组建"南阳高等职业技术学院"；第二步，积极创造条件，兴建"南阳张仲景国医大学"。

②引进开发高层次人才。制定优惠政策，建立新型人才集聚机制，引进六大体系建设中急需的高层次人才。在软环境建设上，要对高素质人才落户本区提供全方位的政策便利和物质支持，使南阳成为吸引各类人才的大磁场，把人才高地建设战略真正落到实处。重点引进带有中医药科研课题、研究成果的科研开发人才、工程技术人才、高教人才及高经医疗人才。加强同国内外知名院校、企业集团和科研单位的合作交流，分期分批选派专业技术人员、经营管理人员外出学习深造，培养和造就一支适应中医药产业开发需要的骨干人才队伍。

③加强中医药职业技术教育。调整现有理、工、农、医类普通中专的教学结构，增设中医药专业；调整、优化现有职业中专、职业高中、农村成人专业培训机构，积极发展中医药职业技术教育，大力培养面向农村、企业和医疗机构直接从事种植、加工、经营的实用人才。加强药农的专业技术培训，提高药农的专业素质。

参考文献

[1] 郑利. 当前河南省中医药产业的发展战略研究 [D]. 西南财经大学，2004.
[2] 柳卸林. 技术创新经济学 [M]. 北京：中国经济出版社，1993.
[3] 宋泽海. 基于协同论的冶金企业技术创新整合机制研究 [D]. 天津：天津大学，2006.
[4] 袁庆明. 技术创新的制度结构分析 [M]. 北京：经济管理出版社，2003.
[5] 张乃平. 中国汽车工业创新系统研究 [D]. 武汉：武汉理工大学，2003.
[6] 傅家骥. 技术创新学 [M]. 北京：清华大学出版社，1998：187.
[7] 吕政. 90 年代以来河南省工业发展和结构调整的新特点 [J]. 中国工业经济，1998，(7)：8-12.
[8] 张宗庆. 论市场化改革的路径依赖 [J]. 江苏社会科学，1999，(1)：29-31.

［9］弗里曼. 日本：一个新国家创新系统［M］. 北京：经济科学出版社，1992.

［10］吕剑龙. 效率原则下的企业制度创新体系研究［D］. 西安：西北大学，2002.

［11］林毅夫. 制度、技术与中国农业发展［M］. 上海：上海三联书店，1994.

［12］杨克华. 基于行业价值链的医药企业战略选择研究［J］. 技术经济，2003，（1）：31 - 34.

［13］陶剑虹. 2002 年中国医药市场预测［J］. 医药世界，2002，（6）：41 - 43.

［14］胡元佳，卞鹰. 国内外医药产业政策比较［J］. 中国药业，2004，（5）：22 - 25.

［15］张庆. 论中医药产业比较优势向竞争优势的跨越［J］. 软科学，2007，21（3）：98 - 107.

［16］毕开顺. 中药色谱指纹图谱质量控制方法研究［J］. 中草药，2005，34：25.

［17］王跃生. 中药质量现代化发展现状与思考［J］. 中国中药杂志，2003，28（12）：1108.

［18］黄晖. 运用循环经济改造中医药产业发展模式的设想［J］. 中国中药杂志，2005，30（17）：1322.

［19］陈士林，苏钢强. 中国中药资源可持续发展体系构建［J］. 中国中药杂志，2005，30（15）：1142.

［20］马建堂. 中国行业集中度与行业绩效［J］. 管理世界，1993，1：35 - 38.

［21］孙国君. 河南省医药产业市场集中度浅析［J］. 中国药房，2004，（10）：43 - 44.

［22］杨晓明. 河南省的中药竞争力究竟弱在哪里［J］. 对外经贸实务，2006，（8）：17 - 20.

［23］金苏. 河南省中药知识产权保护的现状与发展对策［J］. 首都医药，2006，（6）：34.

［24］张东生，刘健钧. 论创业投资风险控制的制度安排［J］. 财贸经济，2000，（3）：19 - 20.

［25］王少坤，燕兰英. 中药指纹图谱应用于中药质量控制的局限性［J］. 药学进展，2001，25（6）：352.

［26］刘世锦，杨建龙. 核心竞争力：企业重组中的一个新概念［J］. 中国工业经济，1999，（2）：41 - 42.

［27］刘小玄，韩朝华. 中国的古典企业模式：企业家的企业——江苏阳光集团案例研究［J］. 管理世界，1999，（6）：38 - 39.

［28］厉以宁. "入世"后企业怎样提高竞争力［J］. 经济学家，2000，（4）：27 - 29.

［29］姚志坚，程军，吴翰. 技术创新 A - U 模型研究进展及展望［J］. 科研管理，1999，（4）：39 - 41.

［30］李晟，李瑞彬. 中国专业风险投资机构现状研究［J］. 中国软科学，1999，（2）：36 - 37.

［31］游光荣. 中低技术依然"垄断"中国产业［J］. 中国科技信息，1998，（14）：19 - 22.

［32］张陆洋. 河南省部分省市发展高技术产业风险投资的研究［J］. 中国软科学，1999，（7）：34 - 36.

［33］卫之奇. 美国高技术产业风险投资［J］. 中国软科学，1999，（8）：41 - 43.

［34］王俊豪. 现代产业组织理论与政策［M］. 北京：中国经济出版社，2000.

［35］王岳平，郭怀英. 中国大型企业集团发展及其结构特征分析［J］. 经济研究参考，

2002，（49）：2.

[36] 曹棣泉，常科. 论国药企业竞争优势的构造 [J]. 经济与管理，2002，（6）：14.

[37] 孙国君，邱家学. 试论医药企业的规模经济 [J]. 中国药房，2003，（9）：519.

[38] 吴芳芳. 浅谈中医药产业存在的问题和21世纪面临的挑战 [J]. 中医药信息，2003，30（5）：61-62.

[39] 应维华，杨金凤. 中药企业的SWOT分析及战略选择 [J]. 中国流通经济，2005，11：31-33.

[40] 李伟. 跨国公司进入对中国产业组织的影响——基于市场结构内生性的分析 [J]. 经济问题，2005，（1）：31-32.

[41] 张树义，李肖军，武振业. 试论企业战略联盟分配问题 [J]. 系统工程理论方法应用，2002，11（3）：39-42.

[42] 汪忠华. 中药指纹图谱在中药品质评价和质量标准研究中应注意的若干问题 [J]. 中国药品标准，2002，3（1）：23.

[43] 史怡然，赵静，王一涛. 中药专利保护的难点分析及建议 [J]. 中药研究与信息，2005，7，（4）：37-40.

[44] Abernathy W. J., Utterback J. M. Patterns of Innovation in Technology [J]. Technology Reviwe，1978，80（7）：40-47.

[45] Aktouf O., Chenoufi M, Holford W. D. The False Expectations of Michael Porter's Strategic Management Framework [J]. Problems and Perspectives in Management, 2005 (4)：181-200.

[46] Anders H. P., BoerH., Gertsen F. Learning in Different Modes：The Interaction Between Incremental and Radical Change [J]. Knowledge and Process Management, 2004, 11 (4)：228-238.

[47] Arogyaswamya B., Kozio W. Technology strategy and sustained growth：Poland in the European Union [J]. Technology in Society, 2005, 27 (3)：453-470.

[48] Asheim B T, A Isaksen. Location, agglomeration and innovation：toward regional innovation systems in Norway [J]. European Planning Studies, 2007, 5 (3)：299-330.

第二章　人力资本问题

1　人力资本与经济持续增长的内在机制分析

1.1　人力资本的概念及类型

关于人力资本的概念，学术界目前还没有统一的共识，但大都同意舒尔茨对人力资本的定义。即人力资本是体现在劳动者身上，通过投资形成并由劳动者的知识、技能和体力所构成的资本。概括地说，人力资本是指人类具有的认识和改造自然与社会的能力。具体地说，人力资本是指人们具备的完成特定任务所需要的体力、智力、情商等能力的总称。它是以一定的天赋为基础，通过后天多种途径投资而形成。人力资本是由许多不同的资本形态所构成，且具有无限的差异性和多种类型。根据人的能力大致可分为三大类：即一般型人力资本、专业型人力资本、创新型人力资本。一般型人力资本，是指承载者具有社会平均的知识和一般的分析能力、计算能力、学习能力和适应能力，对应的社会角色则是普通的劳动者。专业型人力资本，是指承载者具有某项特殊的专业知识和专业能力，对应的社会角色一般都是接受过正规的专业知识教育或职业培训的社会成员。它包括下面两类：技术型人力资本，指承载者具有在给定的技术条件下，加工生产特定物品或完成特定工作的专业技能，对应的社会角色大致是技术专业人员；管理型人力资本，指承载者具有在给定制度条件下，对各种资源进行协调、配置、组合的能力，对应的社会角色大致是管理专业人员。创新型人力资本，是指承载者具有社会稀缺的创新能力，他们的创新活动，往往能突破既定的技术或制度的"瓶颈"约束，并能引起企业生产可能性边界外移或生产函数的上移。创新型人力资本可以分为战略创新型人力资本、制度创新型人力资本和技术创新型人力资本。战略创新型人力资本，是指承载者具有改变区域内经济发展整体行为、活动方向或运行轨道，从而构建新的生产函数的创新能力，对应的社会角色大致是企业家；制度创新型人力资本，是指承载者具有变革企业管理制度，从而使同样价值的生产要素组合并能带来更大产出的创新能力，所对应的社会角色大致是管理创新人员；技术创新型人力资本，是指承载者具有提高企业技术水平，从而使技术可能性边界外移的创新能力，所对应的社会角色大致是技术创新人员。另外，人力资本具有以下特征：一是价值的优越性，即人力资本能使组织在创造价值和降低成本方面，比竞争对手更优越；二是不可仿制性，即人力资本是任何竞争对手都无法模仿和复制；三是难以替代性，即人力资本是任何其他资源都难以替代的资本。

在经济增长理论中人力资本的内涵不断深化。早在 1776 年，亚当·斯密在其《国富论》中指出：一国的经济增长的主要动力在于劳动分工、资本积累和技术进步。他第一次把人后天获得的有用的才能归于固定资本，认为它具有和物质资本一样的特征，但并未作深入的研究。其他的古典经济学家们，如马尔萨斯和李嘉图等，也没有考虑人的技能因素，只从资本、土地等要素规模报酬递减规律出发，得出长期经济增长最终会停止的悲观结论。尽管其后马歇尔指出：最有价值的投资是对人的投资，甚至美国经济学家沃尔什在 1935 年正式提出"人力资本"的概念，经济学家们在很长一段时间里还是沿袭以前的认识，将经济增长中人的因素视如同质的简单劳动力。20 世纪 30 年代，最早提出的且有现代意义的哈罗德－多马模型和 50 年代新古典增长理论的索洛－斯旺模型也没有考虑人力资本的因素。即在要素边际产品递减和规模效益不变的假设下，长期持续的经济增长，哈罗德－多马模型认为是取决于外生的人口增长率，而索洛－斯旺模型则认为是取决于外生的技术进步。此后的经济学家们在探讨经济系统是如何内生地决定一国经济持续增长中，才有一条重要的思路，就是将人力资本引入经济增长模型且借以内生经济系统中的技术进步。

20 世纪 50 年代，美国舒尔茨、贝克尔等大力提倡重视人力资本在经济增长中的作用，并建立以劳动要素分析为中心的，包括人力资本的概念，形成比较完善的人力资本理论。舒尔茨在长期的农业经济研究中发现，从 20 世纪初到 50 年代，促进美国农业产量迅速增长和农业生产率提高的重要因素已经不是土地、劳动力的数量和物质资本，而是人的能力和技术水平的提高。同时，舒尔茨还测算出人力资本投资的贡献份额高达 33%，进而证明人力资本是一国经济增长和发展中最重要的推动力量。

20 世纪 80 年代以来，卢卡斯、罗默等经济学家进一步拓展了人力资本理论，他们的研究着重致力于解决经济增长内生化问题，并提出在人力资本溢出模型和基于"干中学"思想的模型中，将人力资本作为一个独立的因素引入模型，运用更微观的方法把舒尔茨的人力资本概念和索洛的技术进步概念具体化为每个人的、专业化的人力资本，并区分人力资本的内部效应和外部效应，得出经济增长的源泉是人力资本积累的结论。在罗默收益递增型的增长模型中，将特殊的知识和专业化人力资本视为经济增长的主要因素，认为它们不仅能形成自身递增的收益，而且还能使资本和劳动等要素投入也能产生递增收益，从而使整个经济的模型收益递增。总的来讲，卢卡斯和罗默的思路就是专业化的知识和人力资本积累是内生的技术进步，而知识的外溢性或人力资本的外部性保证了技术进步，使全球经济范围的规模收益递增，从而使经济长期持续增长。也就是说，人力资本理论出现后，人的能力具有了经济学的含义，并逐渐成为经济增长和发展的重要因素之一。

1.2 人力资本在现代经济增长中的作用

人力资本理论认为：人力资本和其他资本一样，作为生产过程中的投入要素，能增加产出而获得收益。新经济增长理论认为，人力资本不但作为投入要素对产出有直接作用，而且通过提高其他要素的生产率和更有效的要素组合增加产出。因此，人力资本的作用既体现在促进经济总量或人均经济总量的增长上，还体现在经济结构优化和经济增长方式的转变上。

1.2.1 人力资本是经济持续增长的源泉

首先，人力资本是生产过程中必不可少的投入要素。在传统经济中，人力资本的作用并不十分显现。在现代经济中，科学技术已成为经济增长的"发动机"，使人力资本在生产中的决定性作用越来越显现，而且其他资本及要素的作用均依赖于人力资本的水平。

其次，人力资本是推动经济持续增长的主要动力。卢卡斯曾提出：人力资本可区分为两种效应，即"内在效应"和"外在效应"。内在效应是指增加人力资本的投资，能使自身产生递增收益；外在效应是指增加人力资本能使资本、劳动力等其他要素产生递增收益。这不但体现在使其他生产要素的边际产出的增加上，而且还体现在使单位产出的投入成本下降上。因此，人力资本这两种效应的结合，能减弱或消除资本、土地等要素边际收益递减规律对经济增长的不利影响。

最后，人力资本是技术进步的现实基础。一是人力资本是技术创新的主要因素。不但 R&D 部门人力资本是专门从事技术创新，而且一般部门人力资本也具有科技发明和创新的功能。二是人力资本是技术扩散和技术应用的必要条件。因此，技术扩散不仅需要专业的人力资本作为传播的载体，而且技术也需要具有一定人力资本水平的劳动者去应用。三是人力资本是技术积累的重要载体。

1.2.2　人力资本是推动经济增长方式转变的根本动力

因为经济增长方式分为粗放和集约两种。粗放型增长方式是指要素投入数量的增长速度快于产出的增长速度，其特征是依靠外延的扩张；而集约型增长方式则相反，主要依靠的是技术进步，通过提高劳动生产率和生产要素的利用率来实现经济增长，其特征是依靠内涵的提高。为此，要实现经济增长方式的转变，人力资本是关键。其理由是：一是人力资本能提高劳动生产率，改善资本边际产出递减趋势，并使要素更有效的组合和应用，减少单位产出的要素投入。二是科技进步的作用与人力资本是密不可分的。

1.2.3　人力资本是产业结构优化和产业升级的重要因素

随着科学技术的应用和人力资本水平的提高，工农业生产的增加所需要的要素投入越来越少，为第三产业的发展提供了所需要的人力、物力、财力资源。而且人力资本投资的高收益率使人均工资得到提高，再加上一、二产业对技术和信息的需求加大，又为第三产业的发展提供了市场基础。

当今发达工业地区都把人力资本密集型产业（或知识密集型产业）作为产业升级的目标，其中某些产业如信息产业已成为许多地区的支柱产业。继日本和亚洲"四小龙"的高速增长之后，中国从 1978 年起实行以市场化为导向的经济体制改革，吸引了大量的各种投资，也为存量人力资本和物质资本的更有效配置打开了空间，结果是到 2003 年的 25 年里，年人均实际 GDP 增长率超过 8.0%，在世界上首屈一指，中国的国力得到迅速增强。

1.3　对经济增长理论的理性分析

经济增长的原因、经济增长的内在机制及经济增长的实现途径，历来就是经济理论研究中的核心问题。纵观经济增长理论的发展，许多经济学巨匠（如 A. Smith、K. Marx、D. Ricardo、J. Schumpeter 等）都对经济增长问题做出过非常精辟的论述，并留下了许多真知灼见的理论成果。20 世纪 30 年代，Harrod-Domar 首先建立起研究经济增长的数学模型，将经济增长理论引入了"现代"时期，从而实现了经济增长理论从思想分析到模型分析的第一次飞跃；50 年代，Solow 将经济增长理论引入了"新古典"时代，成功地解决了经济增长路径的稳定性问题，并发现了技术进步对经济增长的重大贡献作用，这是经济增长理论研究的第二次飞跃；80 年代中期以来，以 Romer、Lucas 为代表的一批经济学家，致力于技术进步的内生化研究，探讨经济增长的内生机制，从而实现了经济增长理论从外生均衡分析到内生机制分析的第三次飞跃，将经济增长理论引入了"新"时代。

经济增长模型的演进过程从本质上讲就是研究方法论不断深化的过程，可以说每一次重大的理论突破都来源于对生产函数及其假定的修正。Solow 与 Harrod 的根本区别在于，Solow 用资本和劳动可以完全替代的假设替换了 Harrod-Domar 模型中要素替代刚性的隐含条件，从而成功地解决了经济增长路径的稳定性问题。"新"增长理论的核心工作则在于修改了新古典增长模型所使用的生产函数，在新古典主义的生产函数中加入了人力资本的投入，引进了技术进步方程，并放松了新古典生产函数对递增规模经济的限制等。就模型分析技术而言，则经历了从均衡分析到最优增长分析、从外生分析到内生分析的深化过程。

1.4　经济可持续增长的内生机制

区域经济体在经历了主要依靠有形要素（资本和劳动力）的投入、结构的优化配置以及制度上的创新所实现的经济增长之后，都面临着如何能够保持经济持续稳定增长的问题。原则上讲，要实现经济的持续增长，则需要实现从外延式增长方式向内涵式增长方式的转变，即从主要依靠要素数量的扩充转向主要依靠技术进步（全要素生产率）的提高。目前关于经济增长方式的转变问题受到了决策者的极大关注，因此在经济学界引起了广泛而热烈的讨论，有关这方面的理论研究很多，但大都停留在定性分析及增长核算方面。在前人有关内生增长理论研究的基础上，通过对技术进步含义的进一步剖析，引进了新的生产函数和新的技术进步方程，在严谨的数理分析基础上探讨了经济持续增长的内生机制。

1.4.1　技术进步的含义

以 Romer 、Lucas 为代表的内生增长理论对以上问题从不同的侧面进行了分析与解释，在理论上取得了重大突破。"新"增长理论的研究工作主要沿着"Arrow - Romer"和"Uzawa - Lucas"两条建模路线展开。沿着"Arrow - Romer"的思路，以在生产中的累积资本代表当时的知识水平，直接将技术进步内生化，但却忽视了人力资本所体现的技术进步；沿着"Uzawa - Lucas"的思路，引进人力资本要素，认为技术进步主要取决于人力资本水平的高低及从事人力资本建设的投入程度，但却忽视了累积资本中所体现的技术进步。可以说沿着任何一条建模路线都只是侧重于问题的一个方面，但却不是问题的全部。

技术进步主要体现在两个方面（除制度创新因素外）。一方面，生产中的累积资本（机器设备等）体现了有形资本的技术水平，这种技术水平的高低来源于研究开发（R&D）部门所生产的新设计、新发明等；另一方面，从事教育、研究开发及产品生产的人力资本水平（如劳动者的素质及技能等），体现了劳动者从事生产与管理的效率水平，这种技术水平来源于人力资本的建设（如正规教育、在职培训、实践学习等），人力资本水平体现了劳动者的生产效率和组织管理效率。因而，应该将技术进步划分为两部分：以有形资本为载体的硬技术部分（R）和以劳动者为载体的软技术部分（H）。硬技术与软技术一起共同推动了生产的高效率，从而推动了整个经济的持续增长。

1.4.2　内生增长模型的描述

把经济分成三个部门，即最终产品部门、人力资本部门及 R&D 部门。最终产品部门生产出用于消费的消费品（C）及用于生产的投资品（I）；人力资本部门生产出用于人力资本部门、R&D 部门及最终产品部门所使用的人力资本（H）；R&D 部门生产出用于最终产品部门及 R&D 部门所使用的新技术、新发明和新设计，即 R&D 资本（R）。

假定人力资本部门主要使用一部分已有的人力资本存量生产出新的人力资本；R&D 部门使用该部门已有的人力资本存量及 R&D 资本存量生产出新的 R&D 资本；最终产品部门使用一部分已有的人力资本存量、原有的资本存量及 R&D 资本存量生产出新的消费品与投资品。这样，可以把生产函数及技术进步方程的内生机制做如下描述：

$$Y = C + \dot{K} + \delta_1 K = A_1 K^\alpha \left[(1 - v_1 - v_2) \ H \right]^\beta R^\gamma$$

$$\dot{H} + \delta_2 H = A_2 \ (v_1 H)$$

$$\dot{R} + \delta_3 R = A_3 \ (v_2 H)^{\eta_1} R^{\eta_2}$$

其中，H 代表人力资本数，R 代表 R&D 资本数；v_1，v_2 分别是用于人力资本建设及 R&D 资本生产的人力资本数占总人力资本数的份额；δ_1，δ_2，δ_3 分别是资本、人力资本及 R&D 资本的折旧率。

生产的最终目的是为了满足人们日益增长的消费需求，即使得全体消费者的消费效用最大化：

$$\max \int_0^\infty \frac{C^{1-\sigma} - 1}{1 - \sigma} \mathrm{e}^{-\rho t} \mathrm{d}t$$

其中，ρ 为时间贴现率，表示人们对于推迟消费的耐心程度；σ 为消费的边际效用弹性的负值（$\sigma > 0$）。

因而，生产与消费的最优增长路径可以由下述内生增长模型给出：

$$\begin{cases} \max \int_0^\infty \frac{C^{1-\sigma} - 1}{1 - \sigma} \mathrm{e}^{-\rho t} \mathrm{d}t \\ s. \quad t. \\ C + \dot{K} + \delta_1 K = A_1 K^\alpha \ [\ (1 - v_1 - v_2) \ H]^\beta R^\gamma \\ \dot{H} + \delta_2 H = A_2 \ (v_1 H) \\ \dot{R} + \delta_3 R = A_3 \ (v_2 H)^{\eta_1} R^{\eta_2} \end{cases}$$

运用最大值原理解此动态最优化问题，可以获得一组微分方程系统，从而决定内生变量 $C \ (t)$，$K \ (t)$，$H \ (t)$，$R \ (t)$，$v_1 \ (t)$，$v_2 \ (t)$ 的最优增长路径。

1.4.3 经济增长的内生机制分析

下面对所提出的内生增长模型做适当简化，以清晰地把握经济增长的内生机制。

设 $h \ (t)$ 代表一个区域经济体的平均人力资本水平（如人均接受教育的年数），则 $h \ (t) \ L \ (t)$ 为一个区域经济体所拥有的总人力资本数。并假定人力资本水平的增加主要源自于原有人力资本水平及从事人力资本建设所投入的人力资本份额，因而有：

$$\dot{h} \ (t) \ = \theta_1 v_1 \ (t) \ h \ (t)$$

其中，$v_1 \ (t)$ 是从事人力资本建设所投入的人力资本份额，θ_1 是人力资本建设的生产效率。

进一步假定，R&D 资本的生产主要取决于原有 R&D 资本的水平及投入到 R&D 产品生产的人力资本份额，这样：

$$\dot{R} \ (t) \ = \theta_2 v_2 \ (t) \ R \ (t)$$

其中，θ_2 是 R&D 部门的生产效率，$v_2 \ (t)$ 为投入到 R&D 部门的人力资本份额。

以上两式很好地描述了一个经济体技术进步的演进机制，称之为技术进步方程式。

最终产品部门依据下面的生产函数进行生产：

$$c(t)L(t) + \dot{K}(t) = A \ [K(t)]^\alpha \ \{[1 - v_1(t) - v_2(t)]h(t)L(t)\}^\beta \ [R(t)]^\gamma$$

其中，$c \ (t)$ 为人均消费量，$L \ (t)$ 为劳动力总数（不仿假定劳动力总数即为人口总数）。为了简便起见，此处不考虑各种资本的折旧。

这样，在上述状态方程的约束条件下，全体消费者的效用最大化问题为：

$$
\begin{cases}
\max \int_0^\infty \dfrac{c(t)^{1-\sigma}-1}{1-\sigma} L(t) e^{-\rho t} dt \\
s.t. \\
c(t)L(t)+\dot{K}(t)=A[K(t)]^\alpha \{[1-v_1(t)-v_2(t)]h(t)L(t)\}^\beta [R(t)]^\gamma \\
\dot{h}(t)=\theta_1 v_1(t)h(t) \\
\dot{R}(t)=\theta_2 v_2(t)R(t)
\end{cases}
$$

运用最大值原理，经过适当的数学运算，得到下述微分方程系统（推导略）：

$$
\begin{cases}
\alpha \dfrac{c(t)L(t)+\dot{K}(t)}{K(t)}=\sigma \dfrac{\dot{c}(t)}{c(t)}+\rho \\[2mm]
\dfrac{\dot{h}(t)}{h(t)}\dfrac{1-v_1(t)-v_2(t)}{v_1(t)}=\sigma\dfrac{\dot{c}(t)}{c(t)}-\alpha\dfrac{\dot{K}(t)}{K(t)}-\beta\dfrac{\dot{h}(t)}{h(t)}-\gamma\dfrac{\dot{R}(t)}{R(t)} \\[2mm]
\qquad\qquad\qquad\qquad +(1-\beta)\dot{\ln}[1-v_1(t)-v_2(t)]+\rho-\beta n \\[2mm]
\dfrac{\dot{R}(t)}{R(t)}\dfrac{\gamma[1-v_1(t)-v_2(t)]}{\beta v_2(t)}=\sigma\dfrac{\dot{c}(t)}{c(t)}-\alpha\dfrac{\dot{K}(t)}{K(t)}-\beta\dfrac{\dot{h}(t)}{h(t)}-\gamma\dfrac{\dot{R}(t)}{R(t)} \\[2mm]
\qquad\qquad\qquad\qquad +(1-\beta)\dot{\ln}[1-v_1(t)-v_2(t)]+\rho-\beta n \\[2mm]
c(t)L(t)+\dot{K}(t)=A[K(t)]^\alpha \{[1-v_1(t)-v_2(t)]h(t)L(t)\}^\beta [R(t)]^\gamma \\[2mm]
\dot{h}(t)=\theta_1 v_1(t)h(t) \\[2mm]
\dot{R}(t)=\theta_2 v_2(t)R(t)
\end{cases}
$$

由此微分方程系统确定了内生变量 $c(t)$，$K(t)$，$h(t)$，$R(t)$，$v_1(t)$，$v_2(t)$ 的最优增长路径。但求解过程涉及复杂的非线性方程，本项目不打算在这方面做深入的探讨。

下面着重考察一下经济增长理论中通常所关注的平衡增长路径（Balanced Paths）问题。

所谓平衡增长，即各主要经济变量的增长率为常数，即 $\dfrac{\dot{c}(t)}{c(t)}$，$\dfrac{\dot{K}(t)}{K(t)}$，$\dfrac{\dot{h}(t)}{h(t)}$，$\dfrac{\dot{R}(t)}{R(t)}$ 均为常数。这样，$v_1(t)$，$v_2(t)$ 必然为常数。

通过对上述微分方程系统做复杂的数学运算，得出如下结果：

$$
\frac{\dot{c}(t)}{c(t)}=\frac{\dot{k}(t)}{k(t)}=\frac{\beta}{1-\alpha}\frac{\dot{h}(t)}{h(t)}+\frac{\gamma}{1-\alpha}\frac{\dot{R}(t)}{R(t)}+\frac{(\alpha+\beta-1)n}{1-\alpha}
$$

此式说明，只要人力资本水平及 R&D 资本水平在不断增长，则经济的持续增长就成为可能，即使人口或劳动力不增长或负增长。式中的前两项即为技术进步的作用，包括以有形资本为载体的硬技术部分和以劳动者为载体的软技术部分，技术进步作用的大小取决于人力资本部门与 R&D 部门的生产效率的高低及所投入的人力资本份额的多少。而技术进步对经济增长贡献的大小则取决于有形资本、人力资本及 R&D 资本的弹性的大小，有形资本及人力资本的弹性越大，则软技术进步对经济增长的贡献越大，有形资本及 R&D 资本的弹性越大，则硬技术进步对经济增长的贡献越大。式中的最后一项代表了劳动力增长的规模经济效应，当 α + β > 1 时，劳动力增长对人均经济变量的增长起正面作用，当 α + β < 1 时则起负面作用。

进一步的推导可以得出整个经济系统的平衡增长条件为：

$$\frac{\dot{c}(t)}{c(t)} = \frac{\dot{k}(t)}{k(t)} = \frac{\dot{y}(t)}{y(t)} = \frac{\beta[\theta_1 - (\rho - n)] + (\alpha + \beta - 1)n}{\beta\sigma + (1 - \alpha - \beta)}$$

$$= \frac{[\gamma\theta_2 - \beta(\rho - n)] + (\alpha + \beta - 1)n}{\beta\sigma + (1 - \alpha - \beta)}$$

此式表明，经济的均衡增长率依赖于人力资本部门的生产效率（θ_1）与 R&D 部门的生产效率（θ_2）的大小以及时间贴现率（ρ）的大小，与人力资本部门的生产效率及 R&D 部门的生产效率成同方向变化，与时间贴现率成反方向变化。因此，人力资本部门的生产效率及 R&D 部门的生产效率越高，则经济增长率越高；现时的储蓄率越高（即人们推迟消费的耐心程度越大），则经济增长率越高。这里，尽管均衡增长率与人口或劳动力的增长率有关，但即使人口增长率（n）等于零或小于零，经济的持续增长仍是可能的。

通过上面的理论分析可以看出，一个经济体要实现经济持续增长，靠的是技术进步（包括硬技术进步与软技术进步），靠的是人力资本与 R&D 资本水平的不断提高。因此，政府尽快加强对人力资本及 R&D 资本的投资力度，不断增加对教育与科技的投入，加快实施"科教兴国"战略，是经济体可持续发展的必由之路。

2 河南省区域经济体经济发展现状分析

综观新古典增长理论、"新"增长理论、结构主义发展理论及制度变迁理论，它们都对经济增长的源泉及内生机制从一个侧面或几个侧面进行了分析，但却在另一些问题面前显得乏力。新古典主义在完全竞争均衡条件下，把国民生产总值的增长看作是资本积累、劳动力增加和技术进步长期作用的结果，但却没有对技术进步产生的原因做出满意的解释。以研究内生技术进步为核心的"新"增长理论，通过建立以人力资本为核心的技术进步方程，成功地解释了经济增长的内生机制，发现人力资本的规模及人力资本的生产效率是经济增长的关键因素，因此，一个国家要实现长期稳定增长就必须致力于人力资本的投资。

2.1 河南经济发展现状

2.1.1 河南经济的快速发展

"十五"期间，河南省连续五年保持了较高的增长速度和增长质量，综合经济实力跃上新台阶。生产总值突破 10 000 亿元，人均生产总值突破 10 000 元，均提前一年实现"十五"计划确定的目标。经济结构进一步优化，产业素质明显提高。粮食综合生产能力稳步提高，优质粮食和畜产品生产加工基地初步形成；工业技术装备水平提高，产业升级步伐加快，产品链条逐步拉长，精深加工能力增强，支柱产业和高新技术产业进一步发展壮大；新兴服务业和现代服务业较快发展，二、三产业比重比"九五"末提高 4.2 个百分点；城镇化率达到 30.5%，城乡面貌得到较大改善。基础设施建设成效显著，公共服务保障能力不断增强。高速公路通车里程超过 2 500 千米，比"九五"末翻两番以上；发电装机容量突破

2 800 万千瓦，比"九五"末增长近 1 倍；疾病防控体系、医疗救治体系建设基本完成，乡镇卫生院改造全面展开。改革开放深入推进，建设服务型政府取得积极成效，县域经济和开放型经济较快发展，经济增长的内生机制增强。社会事业全面发展，城乡居民收入和生活水平进一步提高。科技创新能力增强，科技进步对经济增长的推动作用进一步增强；高素质人才培养能力迅速提高，高等教育毛入学率达到 17.1%，普通高校在校生比"九五"末增长 2 倍多；生态建设和环境保护工作全面加强，森林覆盖率、城市污水集中处理率、城市垃圾无害化处理率继续提高；城镇居民人均可支配收入和农民人均纯收入分别达到 8 600 元和 2 706 元，分别比"九五"末增加 3 478 元和 721 元；五年累计新增就业岗位 400 多万个，城镇登记失业率年年控制在 4% 以下。总体上看，"十五"时期是我省综合实力提升幅度大、城乡面貌发展变化快、人民群众得到实惠多的一个时期。十一五规划期间，2006 年全省生产总值 12 464.09 亿元，人均生产总值达到 13 279 元。全部工业增加值 4 923 亿元，工业对经济增长的贡献率达到 56.7%，增速居全国第 4 位，进入了全国第一方阵。其中，第一产业增加值 2 049.42 亿元，增长 7.3%；第二产业增加值 6 762.40 亿元，增长 17.7%；第三产业增加值 3 652.27 亿元，增长 12.0%。三次产业结构由上年的 17.9：52.1：30.0 变化为 16.4：54.3：29.3，二、三产业比重比上年提高 1.5 个百分点。2007 年 河南省 GDP 突破 1.5 万亿元，比上年增长 14.5% 左右，与 2002 年相比，经济总量翻了近一番；人均生产总值突破 2 000 美元。县域生产总值 10 400 亿元，占全省的 69%。全省 108 个县（市）中，有 20 个地方财政一般预算收入超 5 亿元，有 4 个超 10 亿元。城镇化率达到 34.3%，较上年提高 1.8 个百分点。全年地方财政一般预算收入 861.46 亿元，比上年增长 27.0%。十五规划以来，河南 GDP 值的发展速度一般在 9% 左右，经济增长速度连续几年高于全国的平均水平，基本属于新兴工业大省和经济大省。

2.1.2 目前河南省快速发展的经济可持续性不强

经过"十五"的发展，我省经济社会发展站在了新的战略起点上。然而是什么力量导致了经济增长？这种高速度增长，仅仅是由要素投入增长带动的短期现象，还是可持续的长期趋势？人们普遍关注经济增长的可持续性，理由是河南的全要素生产率太低，不足以支持可持续的增长。河南经济增长近来越来越表现出静态的特征，表现出资本－产出比不断上升的特征，这一过程一般被定义为"资本深化"，而这种状态是不具有可持续性的。其关键理由是，河南经济增长的资本－产出比不断上升，由于资本形成受制于递减的边际定律的影响，将导致产出增长不可长期维持；并在一定假设下，根据不同方法测算，经济增长的全要素生产率在下降，这必将导致河南经济增长不能持久。

在河南的工业产业中，目前仍以传统产业为主，2012 年全省国有及规模以上工业中，重工企业完成工业增加值 1 243.29 亿元，比上年增长 21.8%，对全省工业增加值增长量的贡献率达 75.6%，而轻工企业完成工业增加值 510.8 亿元，比上年增长 16.1%，对全省工业增加值增长量的贡献率仅为 24.4%。在产业内部，原材料、初级加工产业比重大。河南 2012 年拉动经济增长的主要是煤炭、电力、冶金、建材等能源和原材料工业，高技术产业仅占全部工业的 3.8%。2012 年河南省资源型产业比重高达 67.8%，在中部六省仅低于山西，比江西 56.6%、安徽 52.5%、湖南 52.0%、湖北 47.1% 都高，也高于全国平均水平

47.8%。河南省工业技术创新能力和竞争力不强。2012 年公布的全国企业 500 强中河南只有 25 家，与河南省经济总量在全国的比重落差很大。

从产业结构在中部地区的比较情况看，河南第一产业所占比重居高不下，第三产业所占比重明显偏小；非公有制经济严重滞后，所占比重明显偏小；利用外资明显偏少，经济外向度明显偏低。在中部六省中，河南第三产业在 GDP 中所占的比重最低，表明河南省的产业结构还不合理，调整还远未到位，任务还十分艰巨（见表3.2）。

表 3.2　2012 年河南三次产业结构与其他中部省份比较

省份	第一产业所占比重（%）	第二产业所占比重（%）	第三产业所占比重（%）
河南	18.7	51.2	30.1
山西	8.3	59.5	32.2
安徽	19.4	45.1	35.5
湖北	16.2	47.5	36.3
湖南	20.6	39.5	39.9
江西	20.4	45.6	34.0

资料来源：《2013 年中国统计年鉴》

从规模以上工业企业经济效益看，河南在实现工业增加值和实现利税的绝对值方面占有较大优势，但工业增加值的增长速度慢于江西和湖南，与其他几省相比优势也不明显；实现利税的增长速度则慢于山西、江西和湖南，仅位居第四位。而企业经济效益综合指数低于湖南和湖北，位居第三位；提升幅度低于湖北，虽位居第二，但仅高于山西、江西、湖南一个多百分点（见表3.3）。

表 3.3　2012 年中部六省规模以上工业经济效益比较

省份	实现工业增加值（亿元）	增长速度（%）	实现利税（亿元）	增长速度（%）	企业经济效益综合指数	提高百分点（%）
河南	2 332.68	23.6	742.87	34.9	148.8	17.4
山西	1 242.9	21.5	478.4	48.4	143.7	16.4
安徽	1 190	21.2	403	22.2	145.4	13.1
湖北	1 664.73	22.8	573	26	149.40	17.53
湖南	1 198.14	24.1	450.64	43.4	160.12	16.09
江西	617.8	26.1	156.58	44.2	129.3	16.1

资料来源：《2013 年中国统计年鉴》

上述情况表明，河南经济增长的质量和效益不仅与沿海发达省份相比存在相当大的差距，就是同中部六省相比，河南省在一些指标上也处在中游状态甚至下游。所以，我们必须在努力提高经济发展速度的同时，努力在转变经济增长方式和提高经济效益方面，走在中部地区前列。

2.2　经济增长的综合因素分析

处于高速增长的河南应认真借鉴经济发达地区所走过的历程，在继续有形资本的高投资率的同时，不断优化结构，维持其资源的有效配置，并逐渐增加对无形资本的投资率，以保持经济持续稳定的增长。

我国著名学者李小建把区域经济增长的因素归结为四个方面：资源禀赋、资源配置能力、区位条件、外部环境。国内其他学者对经济增长理论的研究成果也比较丰富，综合相关研究成果，我们可以对经济增长的影响因素做如下分类：

2.2.1 供给因素

劳动力的增加、有形资本存量的增加、投资于正规教育及非正规教育（如在职培训及实践学习等）所形成的人力资本存量的增加、投资于研究与开发所形成的 R&D 资本的增加、规模收益递增，等等。

2.2.2 结构因素

结构因素对经济增长的作用由部门间边际生产率的差异所引导的以及由需求结构变动所引发的资源再配置效应。不合理的经济结构会对经济发展起制约作用。优化的经济结构可以带动和促进经济增长。即通过对产业结构、技术结构、规模结构等经济结构的升级、分类、分布等影响经济发展。经济发展的过程，实质上也是经济结构不断调整优化的过程。推进经济结构的战略性调整，是实现经济增长方式和经济体制"两个根本性转变"的内在要求。

2.2.3 制度因素

制度因素对经济增长的作用是指适当的激励机制、完善的市场竞争体系及合理的制度安排所激发的经济效益。制度因素不是以任何客观的指标来衡量经济活动，而是立足于个人之间的互动来理解经济活动。在考察市场行为者的利润最大化行为时，必须把制度因素列入考察范围。制度是内生变量，它对经济增长有着重大影响。相应的分析框图如图 3.2 所示：

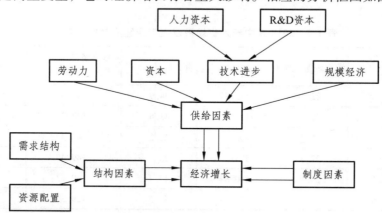

图 3.2　经济增长的综合因素分析框图

2.3　加大人力资本投入，实现经济增长方式转变

河南省经济目前尚处于高速增长发展阶段。2005 年全省生产总值 11 536.20 亿元，成为全国第 5 个经济总量超万亿元的省份；人均生产总值突破 1 万元，达到 11 236 元。2006 年，全省生产总值 12 464.09 亿元，人均生产总值达到 13 279 元。全部工业增加值 4 923 亿元，工业对经济增长的贡献率达到 56.7%，增速居全国第 4 位，进入了全国第一方阵。十五规划以来，河南 GDP 值的发展速度一般在 9% 左右，经济增长速度连续几年高于全国的平均水

平。整体上河南省目前进入工业化中期阶段；从产业结构看，河南省工业化进程正处于工业化中期阶段的早期，在此阶段，工业和服务业开始逐渐成长，农业在国民经济中的地位开始逐渐减弱，产业结构处于高变动阶段。由需求结构效应所引发的产业结构变动，促使劳动力及资本等资源从生产率相对较低的部门流向生产率相对较高的部门，从而加快了经济的增长。经济的高速增长率与结构的高变动率相辅相成、互相促进是这一阶段的显著特征。因此，这一阶段的经济增长不仅表现为劳动力和资本的增长效应，而且还表现为需求结构效应和资源配置效应，另外技术水平也伴随着经济增长有所提高。

任何一个经济体的经济成长都经历了或正在经历着从不发达阶段向发达阶段的过渡过程，而河南的经济则尚处在发展水平上，离成熟的发达经济还有相当的一段历程。可以预见，随着充满效率的市场经济体制的建立和完善，必将推动河南经济进入稳定持续快速增长的新阶段。在新阶段，经济已经完成了工业化过程，呈现出明显的一元经济结构特征，有形资本的积累达到了相当的强度（单位劳动力的有形资本），如果土地和自然资源是固定的，而且劳动力投入在长期中增长缓慢，则不可避免地会出现有形资本的边际生产率逐渐减小（正如新古典主义所阐述的"边际收益递减规律"），并且资源再配置的结构效应亦发挥遗尽（因为经济已实现了一元结构）。因此，主要依靠要素投入（即外延式增长）及结构转换效应所实现的经济增长已不能持续下去，经济增长方式必须转变为以内涵式为主，即主要依靠全要素生产率（或技术进步）的提高。此时，应不断增加对人力资本、R&D 资本等无形资本（代表技术进步水平）的投资，由于有形资本和无形资本之间的互补性，当有形资本增加时，对无形资本的投资能够延缓有形资本边际生产率的下降（这正是内生增长理论所倡导的）。因此，河南经济在由发展中状态向发达状态过渡时，人力资本的作用将越来越大。

3 人力资本投入与河南经济持续增长的实证分析

3.1 结构转换与经济增长

3.1.1 结构转换对河南经济增长的作用

河南经济自改革开放以来，实现了令世人所瞩目的快速增长，这一方面归功于改革开放政策的实施（制度创新的成效），使经济效益有了较大的提高，另一方面则归因于产业结构变动所伴随的资源配置效应。

表 3.4 和表 3.5 所列出的关于河南 1987—2005 年间的产业结构和劳动力结构变动的有关数据表明，河南的经济结构在近 20 年当中发生了明显的转变。第一产业的劳动力份额由 1987 年的 83.5% 下降到 2005 的 60.1%，第二产业和第三产业的劳动力份额则由 1987 年的 7.4% 及 9.1% 分别上升到 2005 年的 21.4% 及 18.5%，并且农业过剩劳动力一开始就以大致相同的规模分别向第二产业和第三产业转移。在农业劳动力向外转移的过程中，第二产业和第三产业吸收劳动力的幅度，开始也许前者较大，但以后越来越以第三产业吸收劳动力为主。从产业结构数据看，第一产业的产值份额由 1987 年的 28.1% 下降到 2005 年的 17.2%，第三产业的产值份额则由 1987 年的 23.7% 上升到 30.8%，但第二产业的产值份额则变化不大，开始有所下降，然后微有上升，徘徊在 50% 左右。所以从产业结构上看，近 20 年河南经济结构的变化主要发生在第一产业和第三产业。

表 3.4　1987—2005 年间的劳动力结构变动情况

年　份	劳动力总数（万人）				劳动力构成（合计＝100）		
	合　计	I	II	III	I	II	III
1987	2 072	1 731	152	188	83.5	7.4	9.1
1988	2 377	1 930	211	235	81.2	8.9	9.9
1989	2 591	2 125	203	261	82.0	7.8	10.0
1990	2 867	2 337	237	292	81.5	8.3	10.0
1991	3 443	2 778	347	316	80.7	10.1	9.0
1992	3 816	2 941	507	367	77.1	13.3	9.0
1993	4 015	2 831	697	486	70.5	17.4	12.1
1994	4 102	2 869	734	499	69.9	17.9	12.2
1995	4 236	2 911	773	550	68.7	18.3	13.0
1996	4 372	2 983	813	575	68.2	18.6	13.2
1997	4 529	3 091	847	589	68.3	18.7	13.0
1998	4 643	3 120	881	641	67.2	19.0	13.8
1999	4 819	3 092	972	754	64.2	20.2	15.6
2000	4 987	3 110	1 041	835	62.4	20.9	16.7
2001	5 128	3 131	1 125	881	60.9	21.9	17.2
2002	5 278	3 161	1 176	940	59.9	22.3	17.8
2003	5 433	3 219	1 218	994	59.3	22.4	18.3
2004	5 532	3 317	1 201	1 014	60.0	21.7	18.3
2005	6 390	3 842	1 365	1 182	60.1	21.4	18.5

资料来源：《河南统计年鉴—1990，1995，2001，2006》

表 3.5　1987—2005 年间产业结构的变动情况

年　份	国内生产总值（当年价格，亿元）				产值构成（合计＝100）		
	合　计	I	II	III	I	II	III
1987	3 124.1	35.4	59.2	39.5	28.1	48.2	23.7
1988	3 198.1	58.9	93.5	25.7	31.5	47.9	20.6
1989	3 217.8	59.4	99.0	46.4	30.1	48.5	21.4
1990	3 273.0	65.6	135.5	54.0	32.4	47.2	20.4
1991	3 293.0	76.8	183.0	57.7	34.0	46.0	20.0
1992	3 309.0	96.8	146.2	60.0	33.8	45.6	20.6
1993	3 362.0	105.5	165.7	77.0	33.0	45.0	22.0
1994	4 364.4	2 541.6	3 866.6	2 556.2	28.4	43.1	28.5
1995	4 402.2	2 763.9	4 492.7	2 945.6	27.0	44.0	29.0
1996	4 462.5	3 204.3	5 251.6	3 506.6	26.8	43.9	29.3
1997	4 528.3	3 831.0	6 587.2	4 510.1	25.7	44.1	30.2
1998	4 609.2	4 228.0	7 278.0	5 403.2	25.0	43.0	32.0
1999	4 647.9	5 017.0	7 717.4	5 813.5	27.1	41.6	31.3
2000	5 052.8	1 161.6	2 294.2	1 597.0	20.5	46.1	33.4
2001	5 533.1	1 234.0	2 510.5	1 788.6	21.8	43.9	34.3
2002	6 035.4	1 288.1	2 968.5	1 978.8	20.9	48.4	32.7
2003	6 867.3	1 198.2	3 180.2	2 358.9	19.3	49.0	31.7
2004	8 553.5	1 649.0	4 182.3	2 722.2	18.5	50.4	31.1
2005	10 587.8	1 892.2	5 514.9	3 181.7	17.2	51.0	30.8

资料来源：《河南统计年鉴—1991，1996，2001，2006》

但是，河南的经济结构与发达地区的经济结构相比还有相当大的距离，第一产业的劳动力比重（大约61%）和产值比重（大约20%）还非常高，继续经济结构转换的任务还非常重大，因此在今后相当长的一段时期内，在注意实现总量增长的同时，还要继续抓住新技术革命的有利时机，不断优化经济结构，使产业结构逐步迈上高级化的台阶。转变经济结构，是要在不断提高劳动生产率、大力发展农村经济、实现农业现代化的过程中完成劳动力自农业的转移，从而实现经济结构的转变。

3.1.2　经济增长的实证模型

下面以河南1987年以来的经济发展数据为依托，建立经济增长的实证模型，以分析劳动力、资本、结构变动、技术进步对经济增长的贡献作用。

首先，我们来估计如下对数线性生产函数（即 Cobb – Douglas 生产函数）：

$$\text{Ln}(Y_t) = \gamma t + \alpha \text{Ln}(K_t) + \beta \text{Ln}(L_t) + u_t \tag{1}$$

其中，α，β 分别是资本和劳动力的产出弹性，γ 为外生的技术进步率，u_t 为随机变量。

表3.6　河南经济的劳动力、资本及产出的变化情况（1993 – 2005）

年份	GDP（Y） （亿元）	资本存量（K） （亿元）	劳动力（L） （万人）
1993	3 624.100	8 516.635	40 152.00
1994	3 877.787	9 151.577	40 955.04
1995	4 203.956	9 711.139	42 159.60
1996	4 421.402	10 257.65	43 364.16
1997	4 820.053	11 037.92	44 970.24
1998	5 327.427	11 826.89	46 174.80
1999	6 160.970	12 999.65	48 182.40
2000	6 958.272	14 473.21	49 788.48
2001	7 610.610	16 362.81	50 993.04
2002	8 480.394	18 402.46	52 599.12
2003	9 422.659	20 635.63	54 205.20
2004	9 821.312	22 392.59	55 008.24
2005	10 183.72	23 931.74	56 614.32

资料来源：《河南统计年鉴—1991，1996，2001，2006》及《数量经济与技术经济研究》（97.8）。

运用表3.6所提供的时间序列数据（1993—2005），对模型（1）进行参数估计（使用EVIEWS），可以得到如下估计模型：

$$\text{Ln}(Y_t) = 0.019\,6t + 0.747\,5\text{Ln}(K_t) + 0.138\,1\text{Ln}(L_t) + (AR(1) = 0.720\,6)$$
$$\qquad\quad (0.672\,5) \qquad\ (2.082\,8) \qquad\quad (0.460\,6) \tag{2}$$
$$R^2 = 0.998\,1 \qquad DW = 1.034\,5 \qquad F = 2\,417.776$$

从估计模型（2）的结果可以明显地看出，资本弹性远高于劳动力弹性，说明资本增加对经济增长的贡献远高于劳动力增加对经济增长的贡献，并且劳动力弹性在统计上是不显著的，因而劳动力对经济增长的贡献并不明显。这一实证结果与河南情况是基本吻合的，河南是一个人口大省，劳动力相对过剩，而资本则相对稀缺，因此经济增长最重要的源泉来自储蓄与投资的增加所不断形成的资本积累。河南经济在此期间的技术进步率为1.96%，这便是被许多经济文献称之为全要素生产率的增长率的数值，其中包含了结构配置效应、制度创新效率及技术水平提高等因素的综合作用结果。进一步，我们可以计算各影响因素对经济增长的贡献份额，计算结果列于表3.7。

表 3.7　1993—2005 年间经济增长的测算结果之一

	技 术 参 数	对经济增长的贡献
产出增长（%）	9. 39	100
资本弹性	0. 747 5	76. 1
劳动力弹性	0. 138 1	3. 8
技术进步率（%）	1. 96	20. 1

现在，我们在模型（1）的基础上，引入结构变动因素，重新建立带有结构变量的经济增长模型如下：

$$\text{Ln}(Y_t) = \gamma t + \alpha \text{Ln}(K_t) + \beta \text{Ln}(L_t) + \eta \text{Ln}(U_{1t}) + u_t \tag{3}$$

其中，U_1 为第一产业的产值占国内生产总值的比重，它很好地反映了产业结构的变动情况，也可以将它定义为结构转换系数（注：Clark 所定义的结构转换系数是第一产业的劳动力占劳动力总数的比重），U_1 的值越小（绝对值越大），说明结构变换的速度越迅速，产业结构的高级化程度越高。

运用表 3.5 和表 3.6 所提供的有关数据可以对模型（3）进行估计，得到如下估计模型：

$$\text{Ln}(Y_t) = 0.012\,74t + 0.682\,8\text{Ln}(K_t) + 0.272\,0\text{Ln}(L_t) - 0.224\,3\text{Ln}(U_{1t}) + (AR(1) = 0.756\,6)$$
$$(0.533\,9) \qquad (2.463\,7) \qquad (1.170\,6) \qquad (-2.331\,8)$$
$$R^2 = 0.998\,7 \qquad\qquad DW = 1.194\,4 \qquad\qquad F = 2\,442.614 \tag{4}$$

对估计模型（2）和（4）进行比较发现，引进结构变量后，资本弹性有所下降（从 0.747 5 下降到 0.682 8），而劳动力弹性则有所上升（从 0.138 1 上升到 0.272 0），这是因为产业结构的变动引起了劳动力从生产率较低的部门向生产率较高的部门的流动，从而大大提高了劳动力的生产效率（大约为一倍），提高了劳动力对经济增长的贡献份额。但技术进步率却从 1.96% 下降到 1.274%，下降的部分（0.686%）恰好是由于结构变动所引起的资源优化配置对经济增长的贡献。结构变量的产出弹性是负值，正好说明第一产业的产出比重的下降将对经济增长产生正面作用，这便是资源再配置效应。类似地，我们可以重新计算各种影响因素对经济增长的贡献份额，计算结果列入表 3.8。

表 3.8　1987—2005 年间经济增长的测算结果之二

	技 术 参 数	对经济增长的贡献
产出增长（%）	9. 39	100
资本产出弹性	0. 682 8	71. 1
劳动力产出弹性	0. 272 0	7. 5
结构变动产出弹性	− 0. 224 3	7. 9
技术进步率（%）	1. 274	13. 5

应当指出，我们这里定义的结构转换系数不同于 Clark 系数，它是第一产业的产出比重，而不是第一产业的劳动力比重，是有一定道理的。随着经济的增长，人均收入水平不断

提高，从而引起需求结构的变动；而需求结构的变动必然要求产业结构发生相应的变动，这必然引发各种资源在各部门之间重新配置，从而最终引起各产业的产值比重发生变动。因而无论需求结构的变动，还是资源的重新配置，都是一些中间过程，而对经济增长产生最终影响的是各部门间的产值比重的变动。

3.1.3　实证分析结论

现阶段实物资本积累是河南经济增长的源泉。实物的资本积累是河南经济近二十年来最重要的增长源泉，其对经济增长的贡献份额高达 70% 以上，因此，对于还没有完成工业化的河南而言，要保证经济的持续快速增长，就需要在相当长的一段时期内保持较高水平的投资。

现阶段推动产业结构升级仍然可以加快经济增长。劳动力对于经济增长的贡献与结构变动对于经济增长的贡献是互补的，即结构变动对经济增长的贡献份额越大，则劳动力对经济增长的贡献份额亦越大。这是因为，产业结构的变动引起了劳动力从生产率较低的部门向生产率较高的部门的流动，从而提高了劳动力的生产效率，进而提高了劳动力对于经济增长的贡献份额。因此，对于产业结构尚欠发达的河南而言，在相当长的一段时期内要致力于发展第三产业，继续优化经济结构，尽快推动产业结构升级，从而实现经济资源的有效配置，加快经济的快速增长。

结构变量的引进，产生了资源配置效应，使得全要素生产率的增长率降低了一个相应的份额，可见忽视经济结构变动的增长核算方程高估了技术进步对经济增长的贡献份额。如前所述，河南经济的产业结构还有待于进一步高级化，因而经济结构转换所带来的资源配置效应在相当时期内还将对经济增长产生积极影响，所以在做增长核算时应该充分考虑到结构转换对经济增长的贡献份额，而且继续优化结构、促使资源有效配置以推动经济的更快增长应成为政策决策的重要内容。

3.2　技术进步与内涵式增长

按照经济增长的新古典分析，由资本及劳动力投入所解释的部分 $[\ln(Y_t) = \gamma t + \alpha\ln(K_t) + \beta\ln(L_t) + \eta\ln(U_{1t}) + \xi\ln(H_t) + \theta\ln(R_t) + u_t]$ 可以定义为外延式增长，而由资本与劳动未解释的部分或称之为 Solow 余值的部分 $[\ln(Y_t) = \gamma t + \alpha\ln(K_t) + \beta\ln(L_t) + \eta\ln(U_{1t}) + \xi\ln(H_t) + \theta\ln(R_t) + u_t]$ 则被定义为内涵式增长。通常人们在做增长核算时即是估算外延式增长及内涵式增长的贡献份额，并且非常关注内涵式增长的贡献份额，即全要素生产率的贡献份额。但 Solow 余值并非天赐之物，那么技术进步是如何产生的，它的真正内涵又是什么，这都有待于我们做进一步的探讨。在上一部分，通过引进结构变量，具体测算出了资源配置效应，从而解释了全要素生产率的其中一小部分，那么余下的部分又是怎样产生的呢？

根据内生增长理论的分析，技术进步主要来源于人力资本和 R&D 资本的生产。人力资本以劳动者为载体，体现了劳动者的素质与技能，包括劳动者的生产效率和组织管理效率，它构成了技术进步的软技术部分。R&D 资本则以生产中的实物资本（如机器设备等）为载体，体现了生产中所使用的资本品的技术水平，它构成了技术进步的硬技术部分。硬技术和软技术一起共同推动了生产的高效率，这就是技术进步的内在机制。

3.2.1　人力资本与 R&D 资本

人力资本是指人们花费在教育、健康、训练、移民和信息获取等方面的开支所形成的资本，之所以称为人力资本，是因为无法将其同它的载体分离开。人力资本的显著标志是它属于人的一部分，人们在教育、健康、训练、移民和信息获取等方面的开支即构成了人力资本投资，这种投资行为提高了劳动者的知识水平和生产技能，增进了劳动者的身体健康，从而提高了劳动者的生产效率，所以人力资本的投资对产出的作用是通过人力资本水平的提高而间接进行的。关于人力资本的测量问题，目前经济学界所普遍使用的方法是用劳动者人均受教育年数来度量人力资本水平的高低。很明显，这种测量方法存在一定问题，一方面它仅仅是正规教育所形成的人力资本的度量，而忽视了工作训练、健康、移民、信息获取等方面所形成的人力资本，因而是不完全的；另一方面它没有对接受不同程度的教育加以区别，这样只要在小学、中学、大学接受一年教育，其人力资本就增加 1。另一种测量方法是用劳动者接受相当程度的教育水平所需要的社会和个人投资之和来测算，这种测量方法的优点是既可以反映劳动者所受教育的年数和教育程度，又可以反映教育质量随时间的变化，但缺点是它度量的是人力资本的投入而非人力资本的产出。当然，真正对产出增长起作用的是人力资本的产出而非人力资本的投入，所以用人力资本的产出度量人力资本更加科学，但其度量方法应进一步科学化与精密化，如对不同程度的教育赋予不同权数进行加权平均，对形成人力资本的其他方面也做适当的估算，所有这些问题都需要做进一步的研究。

R&D 资本是由研究与开发活动所形成的资本，按照联合国教科文组织对研究与开发活动所下的定义，R&D 资本是为增加知识的总量（包括人类、文化及社会方面的知识），以及运用这些知识去创造新的应用而进行的系统的、创造性的工作。可见，创造与创新是研究与开发的决定性因素。用于研究与开发活动的开支即是 R&D 投资，而 R&D 资本则是研究与开发活动所创造出的新设计、新发明等。这些新设计、新发明作为中间产品促成了新资本品的产生或使得原有资本品的技术水平升级，这就提高了生产中所使用的实物资本（机器设备等）的技术水平，从而大大地提高了实物资本的生产效率。因而，R&D 投资提高了 R&D 资本水平，即提高了生产中所使用的资本品的技术水平，从而提高了资本品的生产效率，可见 R&D 资本的投资对产出的作用也是通过 R&D 资本水平的提高而间接进行的。关于 R&D 资本的测量方法也有两种，一种是用 R&D 资本的产出来度量，即用新设计、新发明的数目（发明专利数）来度量 R&D 资本的水平高低，但如何对影响程度不同的专利发明进行区别对待并作相应的加权平均，目前在这方面的研究还很少。另一种测量方法是用 R&D 资本的投入来度量，即采用研究与开发活动的开支（扣除一定比例的折旧）累积额来度量 R&D 资本，这种作法的优点是简便易行，从某种程度上讲 R&D 投资水平的高低的确反映了 R&D 资本水平的高低，但它毕竟是 R&D 资本的投入而非产出。当然，真正对产出起作用的是 R&D 资本的产出水平而非 R&D 资本的投入，所以如何科学地度量 R&D 资本的水平还有待做进一步的研究。

在以下的实证分析中，出于数据的可得性和方便性，人力资本和 R&D 资本则采用相应的投入形式，即用国家的教育经费投资和研究与开发投资来度量人力资本和 R&D 资本。

根据本项目前面的有关分析，经济增长的决定因素分别是：资本、劳动力、结构变动、技术进步，而技术进步又取决于人力资本和 R&D 资本，所以可计量的经济增长模型应包含如下投入要素：实物资本、劳动力、结构变量、人力资本、R&D 资本，相应的经济增长模型如下：

$$\ln(Y_t) = \gamma t + \alpha\ln(K_t) + \beta\ln(L_t) + \eta\ln(U_{1t}) + \xi\ln(H_t) + \theta\ln(R_t) + u_t \tag{5}$$

其中，H_t、R_t 分别代表 t 时刻的人力资本数及 R&D 资本数，其他符号的含义不言自明。这里我们仍然引进了一个随时间变化的外生项（γ），以表明那些未包含在模型中但却对产出起影响作用的其他所有因素，如制度创新效率等。

关于人力资本的测算方法，这里采用文献的有关计算结果，即劳动者的人力资本数量取决于其所受教育水平，大小等于在某个时期劳动者获得这样的教育水平所需要的国家教育投资，社会总人力资本数则等于全体劳动者所内含的人力资本之和。这样测量出来的人力资本在一定程度上反映了劳动者所受教育的年数与教育程度。人均人力资本数则为社会总人力资本数对全体劳动者求平均而得，有关数据列于表 3.9 中。

关于 R&D 资本的测算方法，这里采用文献所使用的计算办法，即用不变价的研究开发支出减去每年 10% 的"折旧"后累积来测算 R&D 资本。由于中国关于研究开发活动的统计数据不够翔实（自 1988 年以后才有这方面的统计），所以我们使用国家财政科技拨款代替研究开发支出来近似地计算 R&D 资本，有关计算结果列于表 3.9。

表 3.9　河南经济的人力资本、R&D 资本的有关测算结果（1991－2005）

年份	人力资本总数（H） （1990 年不变价，亿元）	人均人力资本数（AH） （1990 年不变价，元）	R&D 资本数（RD） （1990 年不变价，亿元）
1991	584.541	596.01	26.0746
1992	729.278	718.09	39.0073
1993	839.090	918.05	43.2186
1994	1 083.139	1 096.49	46.3737
1995	1 519.015	1 309.34	56.4355
1996	1 585.737	1 271.89	76.3996
1997	1 556.892	1 227.57	80.7012
1998	1 666.904	1 340.63	80.4452
1999	1 647.578	1 353.90	81.8683
2000	1 861.165	1 512.19	88.7441
2001	1 991.91	1 750.57	93.7933
2002	2 097.29	1 901.10	94.3990
2003	2 180.30	1 972.92	116.7445
2004	2 228.14	2 086.54	754.2414
2005	2 268.28	2 099.81	162.1663

资料来源：《中国科技统计年鉴—2006》。

运用附表 3.5、附表 3.6 及表 3.9 所提供的有关数据（全部换算成 1990 年不变价），对模型（5）进行参数估计，得到如下结果：

$$\ln Y_t = 0.705\,2\ln K_t + 0.293\,5\ln L_t + 0.155\,9\ln AH_t + 0.008\,1\ln RD_t - 0.195\,3\ln U_{1t}$$
$$\quad(6.81)\qquad\quad(1.67)\qquad\quad(2.65)\qquad\quad(0.06)\qquad\quad(-1.31)$$

$$R^2 = 0.997\,0 \qquad\qquad DW = 0.683\,6 \qquad\qquad F = 846.994\,8 \tag{6}$$

从估计模型（6）的结果可以看出，有形资本及人力资本对经济增长的贡献是显著的，而 R&D 资本对经济增长的贡献并不显著。通过比较估计模型（4）及估计模型（6）发现，引进人力资本及 R&D 资本变量后，提高了有形资本对经济增长的贡献（有形资本弹性从 0.682 8 上升到 0.705 2）以及劳动力对经济增长的贡献（劳动力弹性从 0.272 0 上升到 0.293 5），这是因为无形资本（人力资本及 R&D 资本）的增加提高了有形资本及劳动力的生产效率。各种影响因素对经济增长的贡献份额的计算结果列于表 3.10。

表 3.10　1991—2005 年间河南经济增长的测算结果

	技术参数	对经济增长的贡献份额
产出增长（%）	10.226 3	100
有形资本弹性	0.705 2	70
劳动力弹性	0.293 5	8
人力资本弹性	0.155 9	15
R&D 资本弹性	0.008 1	1
结构变动弹性	−0.1953	6

关于经济增长的源泉以及各影响要素对经济增长的贡献份额一直是经济学家们所关注的问题，M. Boskin 与 L. Lau 对西方七个工业化国家的经济增长源泉进行了测算，具体结果见表 3.11。

表 3.11　Sources of Economic Growth in Seven Industrialied Countries

Country	Capital	Labor	Human Capital	R&D Capital	Technical Progress
Canada	20.5	23.1	2.8	10.0	43.6
France	42.5	−4.1	4.8	11.6	45.2
West Germany	40.2	−10.3	4.6	15.5	49.9
Italy	27.2	−1.9	5.8	15.8	53.0
Japan	43.8	2.2	2.1	14.2	37.7
United Kingdom	49.8	−5.2	4.9	8.3	42.1
United States	32.3	18.4	2.4	9.9	36.9

资料来源：B. Smith & C. Barfield《Technology, R&D and the Economy》The Brookings Institution, 2001.

3.2.2　实证分析结论

根据上面关于河南经济增长的实证分析以及与西方工业化经济体经济增长过程的对比分析，我们可以得出如下结论：

（1）在经济发展的初期阶段，人力资本对经济增长的作用远远大于 R&D 资本的作用，随着经济发展过程向成熟阶段的过渡，R&D 资本的作用将逐渐增大并超过人力资本的作用。河南经济在近 20 年的成长过程中，人力资本的贡献份额大约在 15% 左右，而 R&D 资本对经济增长几乎没有产生明显的作用。与此形成鲜明对比的是，在西方发达国家经济的增长过程中，R&D 资本的作用（大约 10% 左右）明显超过人力资本的作用（大约 5% 左右）。这是由人力资本及 R&D 资本的自身变化规律所内在决定的，对人力资本及 R&D 资本的投资需要较长的孕育期才能对经济增长产生明显的作用，R&D 资本的孕育期则显得更长。另外，只有当人力资本达到相当的水平时才能进行研究与开发，因此 R&D 资本对经济增长的作用相对于人力资本对经济增长的作用要滞后一段时期。鉴于上述分析，为了保证经济持续稳定的增长，实现经济从外延到内涵增长方式的转变，河南必须加强对无形资本的投资，并且越快越好，在各种无形资本的投资中，首先是对人力资本的投资，然后是对 R&D 资本及其他形式的无形资本的投资。这就要求政府加快实施"科教兴豫"战略，增加教育和科技的投资，提高全民族的素质，培养高层次的科技人才，加大研究与开发活动的力度。

（2）人力资本及 R&D 资本对经济增长的贡献与有形资本及劳动力对经济增长的贡献是互补的。从对估计模型（6）与估计模型（4）的对比分析可以看出，引进人力资本与 R&D 资本变量后，提高了有形资本及劳动力的弹性，从而增加了对经济增长的作用，人力资本的作用在河南目前的发展阶段上显得更大一些。这是因为人力资本及 R&D 资本的增加提高了有形资本及劳动力的生产效率，至少能够延缓有形资本及劳动力边际生产率的下降。

（3）有形资本及劳动力对经济增长的贡献份额大约80%左右（其中以有形资本的贡献份额为主，高达70%），无形资本与结构变动对经济增长的贡献份额大约20%左右（这便是未被有形投入所解释的 Solow 余值），可见河南目前的经济发展过程尚处于以外延式增长为主的阶段。引进人力资本及 R&D 资本变量后，外生的技术进步率消失，因而我们对 Solow 余值及全要素生产率的内涵有了充分的理解，它包括结构变动、人力资本及 R&D 资本等。

值得指出，以上有关河南经济增长的实证分析结果随着人力资本与 R&D 资本测量方法的改进以及数据翔实性的提高将得到进一步的精确与完善。

河南经济已经持续了近20年的高速增长，但这毕竟还是以外延式增长为主的阶段，而且制度创新、结构变动等所产生的效率迟早也将释放完毕（尽管目前还在发挥作用），那么河南经济还能不能再实现持续稳定的增长，这是人们所普遍关注的问题。可以预见，随着政府对教育与科技投入力度的加强，人力资本与 R&D 资本将出现较快的增长，从而大大提高技术进步（人力资本、R&D 资本等无形资本）对经济增长的贡献作用，进而加快经济增长方式由外延向内涵的转变，最终实现经济持续稳定地增长。

（4）1987 年以来，河南省人力资本存量不断提高，并且由于存在人力资本的外部性，必然导致人均物质资本上升。但这种人均物质资本和资本－产出比的上升由于人力资本边际报酬递增的作用，将使整个经济具有可持续的增长。另外，人力资本存量上升，尤其专业化人力资本存量上升是技术创新的重要条件，对经济增长作用往往以全要素生产率的形式表现出来，是经济增长得以持续的重要条件。

（5）物质资本积累是河南省过去20多年经济增长的主要贡献因素，同时也意味着我省存在严重的偏向于物质资本投资的现象。虽然在改革开放以来人力资本存量有所上升，但增长缓慢，不过近几年来有所改善。所以，我们应认识到，保持物质资本积累的同时，应该继续加大对公共教育支出，尤其是高等教育和科技的投入，更好地发挥人才的作用，使高比率的资本形成、高素质的劳动力和技术进步能够形成良性互动，从而保持我省经济的持续增长。

4　河南省基于人力资本的人力资源开发战略思考

一个区域的经济增长与其人力资本的积累呈正相关的关系，对于快速而成功的经济增长而言，人力资本是一项至关重要的资产。实现经济的可持续发展起着重要作用。河南地处中原，人口众多，资源丰富，在历史上曾经为全国经济社会发展做出过极其重要的贡献，曾经是全国政治、经济、文化中心地域。同时，河南承东启西，连接南北，交通便利，具有一定的区位优势。因此，党中央、国务院在坚持推进西部大开发，重振东北老工业基地的同时，提出要促进中部地区崛起的重大战略规划。这充分表明在我国经济进入一个新的发展阶段的同时，中原地区的经济也进入一个新的发展阶段，迎来了经济加速发展的历史机遇期。要想实现中原的真正崛起，关键在人。因此，探讨如何利用人力资本为中原崛起服务无疑具有巨大的现实意义。

河南是第一人口大省，人力资源在数量上的优势是事实，但在质量上的现状却丝毫不容乐观。如何招揽人才、开发人力资源，变人力资源优势为人力资本优势，进而转变为经济社会发展优势，成为各级政府、企业、专家学者及全社会关注的问题。

4.1 人力资源开发的性质

"人力资源"是具有劳动能力并且可资利用的人或人口总和。人力资源的基本特性在于与物力资源、自然资源相对，与产品、成果相对，因而具有"天然性、原生性"，正是这一属性才会有"人力资源开发"的可能性。与自然矿产资源开发和生物资源开发相比，人力资源开发具有以下属性：

①社会性。人力资源开发是人的社会性活动，是人的自我发展活动。人力资源开发是一种人力资本投资活动通过增加人身上的资源来影响其未来货币收入和心理收入的活动。②全面性。人力资源开发概念比人力资源管理、人力资源能力建设、人员培训等内涵更加丰富。③战略性。人力资源开发具有人力资本投资性质，而不是福利措施，需要以当前效用的"牺牲"来换取"未来"的收益。着眼于未来长远目标，任何人力资源开发活动具有战略性质。④多样性。人力资本开发主要在于人的知识、技能的智力因素的开发，同时也包括性格、情感、意志的非智力因素的开发，还要包括生理素质的开发。⑤时效性。人力资本开发要求及时开发和依次开发，人力资源开发必须及时。⑥连续性。人力资源开发具有社会累积效应。人力资源具有生物性，因而具有一般生物资源开发的再生性特征，如遗传变异性等，但更为主要的是它的社会性，即人的社会关系属性的再生产。就个体而言，包括它的价值观和态度的再生开发，它的价值实现和自我完善；就社会而言，人力资源开发不仅包括人力资源数量的增长，而且包括人力资源质量的提高、结构的优化和使用效率的提高，这种提高具有人力资本积累的累积效应。

4.2 人口转变对经济增长的影响

一般认为人口因素和经济发展之间的关系是双向的，即人口因素会对经济增长的形态方式和速度产生影响，同时经济增长的结果也会影响人口增长的速度和人口转变过程，不过以历史的眼光看，人口因素在经济发展过程中的作用其认识的形成是有一个过程的，这主要是由于以下两个方面的原因：第一，人口转变的实际过程在不断发生着变化，因此人口转变实际的经济效应要经历一段时期才能够得到完整的观察，对于发展中国家来说，这一点尤其明显。第二，如果通过经验分析的方式来探讨人口转变和经济发展之间的关系，则需要观察不同的经济体之间的差异性并由此总结出具有规律性的认识，但是直到 20 世纪 80 年代，用以比较各国之间差异的跨国分析资料并不具备，有关发展中国家的资料更是匮乏，因此对人口和经济发展之间关系的论断也大多基于假设或者理论推断，相应的实证分析比较缺乏。随着跨国资料日益丰富，将人口学和经济学理论结合起来并实证地分析人口转变和经济发展之间的互动关系也就成为可能。

观察人口经济学家对人口转变和经济增长关系的认识大体经历了以下阶段：首先在 20 世纪 70 年代以前，对于人口在经济发展中角色的认识基本上是消极的人口增长危害论占据了主导地位，尤其强调所谓的人口爆炸对经济发展可能造成很强的负面效果。时任世界银行总裁的 McNamara 阐述人口与发展关系的观点可以说代表了当时的主流看法。他认为人口增长对人类社会造成的消极影响不亚于核子战争。同样的论断在其他一些研究中也得到体现，例如，1971 年美国科学院（National Academy of Sciences）NAS 发表了题为人口快速的增长后果和政策含义的研究报告，该报告指出，人口增长的结果乏善可陈而且列出了经济欠发达国家可以从更小的人口规模中获益的 17 条原因。

然而对人口增长和经济发展之间完全消极的认识并不能完全解释世界各国后来的经济发展实践，由此对人口增长和经济增长之间关系的认识也开始发生转变，同样是 NAS，也同样是就人口和经济之间关系发表研究报告，15 年之后的观点却有明显的差异。在题为人口增长和经济发展政策问题的研究报告中，美国科学院的人口学家和经济学家们认为，人口增长和人口规模对经济发展既有正面影响也有负面影响；人口增长和经济发展之间既有直接联系也有间接联系；以前认为由人口所引发的问题实际上主要应该归因于其他因素；人口因素的作用在于有时会使一些基本问题恶化，使其症状更早更明显地得到暴露，对人口增长和经济发展之间的这种认识，实际上代表了人口增长利弊论的基本思想。

几乎在同一时期，经济学理论也为客观地认识人口问题做出了重要贡献。新经济增长理论指出，促进经济增长最重要的机制在于人力资本的积累。Barro 等人 1995 年则通过经验分析，明确了人力资本积累对于促进经济增长的决定性作用，并探讨了生育率水平和人力资本经济增长等因素之间的关系。由此人们不再简单地以人口数量来观察其对经济发展的利弊，而是更深入地分析人口数量、人力资本和经济增长等变量之间的相互作用，显然这种分析方式较之简单的数量危害论有了实质性的进步，也具有更明确的政策指导意义，因为我们可以更清楚人口影响经济增长的作用机制。如果较高的出生率稀释了人力资本和物质资本，投资会阻碍经济增长，但具有较高人力资本的劳动力也同样可以成为推动经济增长的积极因素。

4.3　河南人力资源现状分析

4.3.1　人口数量多，社会负担重

河南省人口数量位居全国第一，2012 年年底，河南省总人口为 9 717 万，少年儿童系数为 21.23%，老龄人口占 11.2%。具有经济活动能力年龄段的人口数量为 6 935 万人。少年儿童抚养系数为 29.75%，老年抚养系数为 10.37%，总抚养系数为 40.12%。2004 年年底全国少年儿童抚养系数为 28.36%，老年抚养系数为 11.54%，总抚养系数为 39.90%。可以看出，河南省的人口基数大，且社会总抚养系数高于全国平均水平。人口数量多，人力资源水平偏低，成为中原地区经济发展的沉重负担。

4.3.2　人力资源丰富，人才竞争力不强

中原地区人口数量多，人力资源十分丰富，但人口素质并不高，教育水平低，高层次人才缺乏。河南省教育经费的投入明显不足，教育经费占 GDP 的比重和人均经费在全国分别

排在第 27 位和 30 位。低学历层次人口占绝大多数，而高层次人才（专科以上学历）比重在全国排在第 29 位。我们必须清醒地认识到国际、国内的人才竞争和智力竞争越来越激烈的现实，必须清醒地认识到中原地区经济发展的相对落后和人才资源相对匮乏的现实，制定出符合中原地区经济发展的现实需要和长远需求的人才和人力资源开发规划。

4.3.3 现有人才资源结构不合理，人才配置错位

2012 年年底河南省各类专业技术人员总数为 1 364 110 人，其中教学人员占 64.76%，农业技术人员占 2.02%，科学研究人员占 0.35%，工程技术人员占 10.76%。全省具有中高级职称的人员数量为 560 613 人，其中教学人员占 61.76%，农业技术人员占 0.21%，科研人员占 0.53%，工程技术人员占 10.96%。从人才的行业结构来看，工业领域人才比例偏低，农业领域人才严重不足，在专业技术人才总量中只有 44 万工业人才，占人才总量的 13%；农业技术人才只有 10 万人，占人才总量的 3%，大大低于全国 7% 的平均水平。这种人才结构远不能适应河南省工业化、城镇化、农业现代化发展的现实需要。为了保证中原地区经济的协调发展，我们要大力提高劳动者素质，进一步优化人才结构。

4.3.4 人力资源流失与短缺并存

联合国最近把高新技术分成八大领域，即信息科技、生命科技、新能源与再生能源科技、新材料科技、空间科技、海洋科技、环保科技和管理科技，而这些方面的人才中原地区均是短缺的。目前中原地区人力资源供求严重失衡，在高新技术人才总量严重不足的同时，还存在着大量的人才流失和闲置。河南省每年考入省外重点院校的学生毕业后回河南工作的不足 1/4，同时，中原地区富余劳动力多，2012 年河南省劳务输出总量达 1 411 万人，外出务工人员遍及全国各地及世界 40 多个国家和地区。这种人力资源流失与短缺并存的局面在很大程度上制约着我省经济的发展。

4.3.5 人力资源的资本化程度低

河南省虽然有着丰富的人力资源，但人力资源的资本化程度低，与发达地区相比差距显著。河南庞大的劳动力队伍多数是非熟练劳动力，人力资本的总量并不大。专家指出，我国国民受教育年限与发达地区的差距主要表现在接受高层教育人口比例过低和初中以下学历人口比例过大。据全国第五次人口普查资料显示，2000 年我省从业人员中仍然以初中及小学教育水平的人员为主体，占 75% 左右，其中仅接受过小学教育的占 33%，而接受过高中和中等职业技术教育者占 12.7%，接受过高等教育的占 4.7%。这种受教育水平远远低于发达地区。

4.3.6 人力资源产业、行业分布结构性矛盾突出

人力资源的产业构成既是经济发展水平的表现，又会影响经济的后续发展。人力资源产业构成总的趋势是第一、第二产业相对削弱和第三产业的发展壮大。发达地区一般第一产业就业人口比重低于 10%，第二产业就业人口比重为 20% ~ 40%，第三产业就业人口比重为 50% ~ 70%。河南省目前的现状是：第一产业就业比重过高，第三产业就业比重及其增加值都偏低，属于农业劳动力转移缓慢的就业结构。

4.3.7 城乡人力资源素质差异巨大

农村劳动人口人均受教育年限为 7.33 年，而城市是 10.20 年。接受过大专及以上教育的人口，在城市、县镇和农村劳动力之间的比例分别为：20:9:1。万人科技活动人员，最大的依次是：济源、郑州、焦作，最小的依次是：驻马店、信阳、开封；万人企业研究与实验

发展人员，最大的依次为：济源、郑州、濮阳，最小的依次为：驻马店、商丘、开封。

我省是一个人口大省，除人力资源外，其他多数资源处于相对不足的状态。从有关数据来看，我省的人均土地面积、人均森林面积都低于平均水平。矿藏的人均储量也满足不了经济发展的需要。因此，要真正实现社会经济的持续增长，降低自然资源的约束，减少对外的依赖程度，充分发挥我省的人力资源优势、加速人力资本的投资具有特殊的重要意义。

首先，从资源的现状看，人力资源是我省最丰富、最有发展空间的资源。大力开发人力资源，转化人力资本，能够扬长避短，缓解我省人口相对过多、自然资源相对不足的境况，降低自然资源对经济发展的约束。人力资本的投资，一方面，能够有效地提高人力资源的知识水平和生产技能，提高人力资源的适用性和创造性，为经济的持续发展，特别是实现资源节约型的经济增长提供必要的条件。另一方面，人力资本的投资不仅消耗较少的自然资源，而且通过科学进步的形式，能够减少对自然资源的消耗或提高自然资源的利用率。例如，新能源、新材料的开发利用以及节能技术和新工艺的推广使用，等等。

其次，通过人力资本的投资和积累，实现社会的技术进步，改变我国经济的增长模式。改革开放以来，我省开始市场经济的转型，并取得了很大的发展。但在经济增长的模式上，依然采用增加资本投入和劳动力投入、靠投资拉动的粗放型方式。这种增长模式不仅不符合我省具体的资源状况，也不利于经济的持续发展。现代的经济理论和实践证明，经济的增长主要不是靠投资的拉动，而是依靠技术进步和效率提高来实现的。这个技术进步和效率提高的主要途径，就是人力资本的投资和积累。因此，加速人力资本的投资和积累，对改变我省经济的增长模式、实现社会经济的持续发展有着特殊的意义。

此外，人力资本的投资还会对社会和经济产生综合性的影响，产生直接和间接的效益。人力资源的劳动技能和综合素质的提高，能够有效地促进就业，降低人口的失业率，缩小收入的差距。劳动力的质量提高，使技术装备能够得到更好的使用，物质资本的投资效率进一步提升。通过人力资本的投资，能够有效地提高国家的科学技术水平，增强自主创新能力，提升我国的国际竞争力。

由此可见，对于河南这样一个"人力资源丰富、自然资源紧缺、资本资源紧俏"的省份，充分发挥人力资源优势、加速人力资本的投资，对改变经济增长模式，实现经济的持续发展具有特殊的重要意义。

4.4　河南省人力资源向人力资本转化中存在的问题

人力资本投资是人力资本理论的核心。人力资源仅表示人本身的属性，而人力资本更强调人的知识和技能水平及本身所具有的潜力，更多地表明人自身素质培养和开发的社会环境和社会属性。除非对人力资源进行投资，为获得后天的生产能力必须支付一定的成本，包括直接的支出、因接受教育和训练而放弃的收入和为寻找、转移到较好的环境中所花费的各种费用，否则，人力资源是不能自动转化为人力资本的。投资越多，人力资本存量就越大。人力资本开发途径分为四种形式：就业前的正规教育、就业后发生的在职培训、各种成人教育、个人和家庭适应就业形式变化所发生的迁移。

河南省人力资源向人力资本转化中存在的问题是：

4.4.1　教育事业发展还相对落后

（1）体制落后。河南省现行的教育体制是计划经济的最后一个堡垒。这主要表现在：

考试方式、专业建设等都由政府规定,学校很少有自主权;竞争机制不充分、不完善;对考生的机会不均等;等等。

(2)教育投入不足。河南省教育发展速度相对缓慢的一个主要原因就是我省的教育投资长期不足。物质条件的落后严重制约了我省教育的健康发展,影响了人力资源向人力资本的转化。

(3)高等教育规模偏小且地区性结构失调。目前河南省对高等教育的需求非常强大,但由于资金和师资严重短缺,硬件设施跟不上,导致高等教育供给严重不足。由供求双方决定的教育规模只能根据供给能力来决定,这样高等教育规模偏小。城市人口进入高校的比例远远高于农村,大学毕业生绝大部分流向城市,农村成为人才净输出地。

(4)成人教育把关不严、质量不高。在很多高校,成人教育被当作创收的手段。招生时没有严格的淘汰机制,学生基础参差不齐;不顾自身办学条件,盲目上新专业、热门专业;个别专业有名无实,教学计划与内容与老专业类同;管理混乱,没有稳定的教师队伍和针对成人教育的教学计划,照搬针对全日制学生的教学计划,学生出勤率低,考试纪律松散,教师出题有意降低标准,学生普遍存在混文凭的想法,教学质量不能保证。

(5)对非正规教育重视不够、投入不足。省财力的薄弱以及对非正规教育的经济本质缺乏认识,限制了对非正规教育投资的增长。具体表现在:职前教育、再就业者的培训、农村及贫困地区的职业技术教育投入不足。企业在参与非正规教育方面没有形成系统工程。除了一些经济效益好、观念超前的大中型企业外,绝大多数企业对在职人员的职业培训、干中学普遍投入不足,对职前教育投入更缺乏热情。

4.4.2 人力资源流动不充分、不合理

河南省的固定户籍制度对人力资源的流动和合理有效配置是一个最大的障碍。目前,森严的户籍制度虽然在一些地方已经有了突破,但多数地方还在维持旧的管理制度。河南省现行的人事档案管理制度和劳动管理制度也在一定程度上阻碍了人力资源的流动。员工的工资、社会保险、职称等都与人事档案中所记录的工龄、资历等相联系,而人事档案由用人单位掌管,很多用人单位把它当作限制员工"跳槽"的武器,限制了人力资源的流动。一方面,河南省人力资源的流动由于上述因素的制约而表现得不够充分;另一方面,河南省现有的人力资源流动呈现出梯形分层次流动的特点。

从地区来看其流动方向为:贫困地区—较发达地区—发达地区—核心城市—省外。从企业来看,其流动方向为:国企和民企—合资企业—跨国公司。人力资源流动的这种特点存在着不合理的因素:由落后地区向发达地区的单向流动,将使得发达地区的人力资本更加集中,落后地区的人力资本大量流失,将加剧落后地区和发达地区在人力资本和经济发展上的差距,这种差距将使得这种单向流动的动力更加强大,于是会形成一种恶性循环;企业间的人力资源流动将会使得国有企事业单位的人力资本大量流失,不利于国有企事业单位的发展。

4.4.3 人才大量外流

与人力资源流动相伴随的是人才外流。大量的人才外流,进一步加大了河南省与发达省份在人力资本和经济发展水平上的差距。

4.5   人力资本投资不足的衍生后果和原因分析

4.5.1   人力资本投资不足的衍生后果

4.5.1.1   经济增长的"人才瓶颈"。

经济的发展要依靠物质资源和人力资源的共同投入，其中人力资源是主导性的因素。科学技术需要人才来发展研究，经济管理需要人才来运作，创新与改革需要人才来实现。即便是引进的先进技术和设备，也需要人才去消化和使用。人力资本的投资不足，导致社会人才短缺，人才的供给满足不了经济发展的需要，从而制约经济的正常发展。我省在不同时期产生的人才短缺问题正是人力资本投资不足的真实反映。

4.5.1.2   劳动力资源结构性的问题。

人力资本的投资不足使我省的人力资源没有得到很好的开发利用。相当部分的劳动力是教育程度较低、没有专业技能的最初级的普通劳动力，尤其是来自农村的大量农民工。而接受了高等教育或拥有专业技能的较高层次的劳动力在人力资源中的比重则明显偏低。这种不合理的劳动力构成会产生结构性的就业问题。一方面，企业急需的各类高级人才和专业人员长期短缺，难以招聘；另一方面，大量教育程度较低、没有专业技能的初级普通劳动力却没有合适的劳动岗位，就业困难，长期过剩。更重要的是，从经济结构的角度来看，这种劳动力的构成会在一定程度上造成产业优化和调整的障碍，制约经济的发展，增加社会的成本。

4.5.1.3   物质资本投资的低效率。

物质资本的投资与人力资本的投资是相互依存的。先进设备的引进使用，需要具备一定知识、掌握相应技能的人来完成；网络技术、ERP、SCM 等先进信息技术的投资引进，需要接受过专门教育和培训的人来消化吸收。在人力资本投资不足的情况下，投资的技术设备不能有效地发挥作用，引进的先进技术不能有效地消化吸收，从而降低物质资本的投资效率，减少物质投资的回报。从我省的实际情况来看，由于人才供给增长过慢，缺乏相应的人才，不少企业巨额投资的先进装备和 ERP、CRM 等先进系统，都没有发挥理想的效率，大多是在低水平上运行的，实际利用率较低，造成了很大的浪费。这些情况都与人力资本投资不足、物质资本质量与人力资本质量存在差异有着一定的关系。

4.5.1.4   社会发展的诸多矛盾。

人力资本投资落后于物质资本投资，使得社会的物质条件和物质环境的发展快于社会精神条件和精神环境的发展，往往产生人的意识、行为、道德与社会、制度、环境的矛盾或不协调现象。如：改革开放以后，社会的经济体制和法律制度都有了很大的变化，市场经济已经得到了基本的确立。但不少经济管理人员，特别是高级管理人员，他们的管理意识、手段、方法、策略都未能得到相应的提高改善，以适应社会体制的变革。因此，非理性的投资决策、行业供求的大起大落、两败俱伤的恶性竞争等反复重演的低水平错误，违法经营、做假账、不诚信等道德性的问题，污染环境、破坏生态等愚昧的行为，成为社会较为普遍的现象。不可否认，它们都与人力资本投资落后于物质资本投资有着一定的关系。

4.5.2   人力资本投资不足的主要原因

4.5.2.1   对人力资本在经济发展中的作用认识不足。

社会对人力资本在经济发展中的作用认识不足是造成人力资本投资问题的主要原因。长期以来，认为基本建设、固定资产的投资是经济增长的主要因素的观念一直占据主导地位，从政府到企业，都注重物质资本的投资，忽视人力资本的投资。事实证明，物质资本与人力资本是相互联系、相互作用的。在一定意义上，人力资本对经济发展的作用较之物质资本更为重要。早在 20 世纪 70 年代，美国的经济学家、人力资本理论的创始人西奥多·舒尔茨就指出人力资本的投入对经济发展和社会进步起着决定性的作用。"余数理论"的创立者、美国的爱德华·丹尼森运用定量分析的方法对美国经济增长的要素贡献率进行了精确的分解计算，论证出 1929—1957 年间，美国经济增长的诸多要素贡献中，有 23% 的份额要归因于美国教育的发展。再以德国和日本为例，第二次世界大战后德国和日本的物质资本受到极大的破坏，两国的经济之所以得到迅速的重建和发展，重要的原因在于它们都拥有丰富的人力资本。因此，在认识上和实践上，根本改变观念，重视人力资源的开发，注重人力资本的投入，是充分利用我省人力资源优势、实现经济持续发展的重要措施。

4.5.2.2　人力资本投资的间接性和滞后性。

物质资本和人力资本的投资和使用有着明显的不同特点。它们主要表现在：物质资本的投资周期相对短，投资收效快，效果明显。人力资本投资的周期长，见效慢，效果也不如前者明显，因此，人力资本的投资具有一定的滞后性。物质资本的投资，如对厂房、机械设备的投资，一般产生直接的、显性的效果，容易被人们理解和计算。而人力资本的投资，特别是基础教育、医疗保健方面的投资，其效果往往是长期的、社会普遍受益的，很难进行精确的计算，因而具有明显的间接性。

4.6　河南省人力资源向人力资本转化的对策

4.6.1　提高对人力资本重要性的认识

转变观念，提高对人力资本重要性的认识，对人力的使用要变"成本"理念为"资本"理念，充分认识到人力资源的实质是一种潜在的资本性资源，人力资本投资的收益率高于任何其他形式的资本投资。尤其要推动领导决策层树立人力资本意识，从而带动全社会形成重视人力资本投资、加快人力资源向人力资本转化的意识和氛围。在人力资本理论看来，由于科技知识在社会生产过程中运用得越来越广泛和深入，劳动者所能掌握的知识与技能日益成为生产发展的关键。相应地，这种体现在人体内、对生产发挥着重要促进作用的有用知识和技能，实际上已成为一种与物质资本相对应，甚至比物质资本更重要的"资本"——人力资本。

4.6.2　大力发展教育事业，形成学习型社会

大力发展教育事业，形成学习型社会，深入推进"科教兴豫"战略。从经济增长的原因看，由教育所传授的这种有用知识和技能的积累，就像其他生产要素一样成为现代经济增长的重要动力和源泉。"从人力资本形成的途径看，教育是人力资本形成的主要途径。教育的内涵和外延很广，包括学校正规教育和非学校教育。"在人力资本理论看来，教育之所以在现代经济条件下成为经济增长的重要源泉，主要是由于教育等所形成的人力资本在生产诸要素中发挥着越来越重要的替代作用，即智力因素取代原来的资本、土地等生产要素的投入。

河南省教育事业应朝着以下几个方向发展：

4.6.2.1　素质教育

素质教育是当前世界教育倡导的一种教育方式与思想。素质教育是以培养能力、发展个

性为目的的全面教育，用一句话概括就是既要注重 IQ（智商），又要注重 EQ（情商），还要注重 AQ（逆商）。不管是基础教育还是高等教育，传授给学生的都不应该仅仅是知识和信息本身，更为重要的是传授给学生获取知识和信息的方法，培养应用知识的技能，同时让学生学会思考问题、解决问题。

4.6.2.2　全面教育

社会发展需要具有综合能力的复合型人才。为此在教育中，要强调综合科学的重要性；在课程设置时，则要强调文理科的相互渗透和相互交叉。高等院校同时应注意建立跨学科的科研与教学组织。在引进师资的时候要注意吸引不同学科、不同背景的人才。

4.6.2.3　终身教育

由于知识老化加速，在人的一生或整个职业生涯中，大学阶段只能获得所需知识的10%左右，而其余的90%都要在工作中不断学习才能获得，而且人们的职业角色会不断变化，因此需要不断"充电"。这正是终身教育的必要性所在。我国在人力资源向人力资本转化的过程中，也必须把终身教育作为教育的一项基本政策，构建完善的全民终身教育体系。

4.6.3　大力推进产学研结合

教学、科研、生产相结合，是现代经济发展的一大趋势。高等院校和科研机构要把科研工作的重点放在提高创新能力和加快科技成果转化上，加强与企业合作。科研机构可以向企业化转制或者在有条件的情况下并入企业或与企业组成研发、生产联合体。各级政府应积极搭建高校、科研机构与企业之间、科技成果与资金之间的桥梁，为人才寻求与经济的结合，为科研成果转化为现实的生产力创造好的环境。

4.6.4　加快人才市场建设，完善其服务功能

人才市场是人力资源向人力资本转化的桥梁。我省的人才市场虽有了一定的发展，市场配置人力资源的基础性作用得到一定程度的发挥，但程度不高。要加快人力资源向人力资本转化，必须推进人才服务机构的社会化、市场化和产业化，加强人才市场信息化建设，运用现代咨询手段整合人才信息资源并及时发布人才供求信息。人才服务机构要根据市场需求创新服务方式，开展人事代理、人才租赁、人才测评等新型服务。

4.6.5　建立和完善有效的激励机制

激励机制主要包括三个方面：经济利益、权力地位、文化氛围。最主要最有效的是经济利益激励。近年来我国已经出台相关法律，允许技术成果拥有者将技术折价入股，成为公司的股东。今后我们要进一步完善各级人力资源的经济利益激励机制：①高科技人才以科技成果所占产权的比例应该不受限制；②管理人才要给予期权激励；③一般员工都可持股；④建立和健全社会保障制度，保证失业者和社会低收入阶层有基本的生活保障。根据需求层次论，仅仅依靠经济利益激励是不够的，尤其是对一些相对高级的人力资源来说，还应给他们提供发挥才能的空间和舞台，营造尊重人才的氛围。

4.6.6　形成人才吸引、引进机制

张维迎教授指出，竞争，不管是人才的竞争、技术的竞争，都是表面的，竞争核心是体制，是制度。如果一个地区的制度使得优秀人才都往外流，搞多少"人才工程"都于事无补。人事制度是发现人才、使用人才、留住人才的根本性制度。我们要改革传统的僵化的人事制度，改变选拔和使用人才的传统观念，打破"由少数人选人"和"在少数人中选人"以及论资排辈的传统用人方式，建立科学的人才评价体系和激励机制，不拘一格地使用人

才，形成人尽其才、才尽其用的选人、用人机制。要吸引人才，防止人才外流，还必须制定和完善人才政策，对人才实行政策倾斜，在薪酬、工作条件、科研开发经费资助以及住房、家属就业、子女入学等方面都可以给予特别政策，为他们创造良好的生活条件和工作环境。

借鉴珠江三角洲和长江三角洲的人力资源开发经验，中原崛起必须充分借鉴"长三角"和"珠三角"等发达地区的人力资源开发经验。这两个地区在我国区域经济竞争格局中居于非常明显的优势地位，其竞争优势的形成，经历了一个由要素引入到自身内生机制形成这样一个过程。这些区域在对外开放过程中，大量引进外资，直接引进竞争力强的优势产业、先进技术、先进企业管理模式和高科技人才。随着企业的发展和市场机制的完善，市场要素与市场机制、竞争、创新等方面形成了良性互动，大大提升了人力资本的竞争力，涌现出了一大批企业家、高级管理人员、市场销售人员、研究开发人员、工程师和技术工人，成为企业的重要竞争力资源。这种由"内"而"外"的人力资源开发措施，对中原地区的人才战略具有借鉴意义。中原地区要加大人力资源开发的力度，采取有效措施和特殊政策，引进高层次管理人才和科技人才，最终达到人力资源和社会资源的互动开发。加快中原地区人力资源向人力资本的转化，通过市场的优化配置，人才资源就能转变为推动经济社会发展的第一资本。人才问题是一个战略问题，也是事关中原崛起的全局性问题。没有经济的增长，人力资本开发就不可能持久，不搞好人力资源开发，经济的增长就难以为继。人力资源作为一种特殊的资本性资源，对它的开发和充分有效的利用，是增加社会财富的真正源泉，也是社会良性运行的重要组成部分。因此，在中原崛起的过程中，我们要继续深化改革，通过改革完善用人机制，并制定有利于人力资源向人力资本转化的宏观经济政策和法律法规，营造一个良好的文化氛围，促进人力资源向人力资本的转化。

中原崛起，关键在人才。实施人力资源开发战略是实现中原崛起目标的重要保障。只要我们坚持科学的用人观念，大力推进人力资源开发，就一定可以形成中原大地人才辈出的良好局面，使中原地区走在中部崛起的前列。

5 案例：南阳市农村富裕人力资源转移问题

5.1 南阳市农村人力资源基本情况及转移现状调查分析

5.1.1 南阳市农村人力资源基本情况

南阳市人口众多，辖1市2区10县，总面积2.66万平方千米，总人口1 054万。在河南18个省辖市中面积最大，人口最多，发展潜力巨大。在地理分布上属以盆地浅山区为主、平原为辅，人均可耕地面积较少的地区。同时，由于近几年来农村生活条件的改善，农业机械化水平不断地得以提高，使大量的农村劳动力得以从祖辈司守的土地中解放了出来，形成了如今劳动力过剩的局面。

2009年年末全市总人口1 069.48万。全市城镇人口269.29万，占27.05%；乡村人口800.19万，占72.95%。全年净增人口4.89万，自然增长率为4.58‰，是一个农业和人口大市，农村人口899.5万，其中贫困人口90.91万。截止到2009年年末，南阳市农村劳动力537万，其中富余劳动力为259.6万。

5.1.2 南阳市农村人力资源转移现状调查

针对农村劳动力大量剩余的状况，自20世纪90年代以来，南阳市各级政府和农民自身，均从各自角度出发，本着维护社会稳定、增加经济收入、缩小贫富差距和充分发挥人力资源优势的目的，采取了一系列的措施，比较持续、全面地推动着剩余劳动力的就地和异地转移，在待转移劳动力培训、农业产业化、城市化进程、转移劳动力社会保障、实施效果等诸方面取得了一定的成绩。

（1）转移的初步成效。

2000年以来，全市农村外出务工人员返乡后共创办各类企业2 500多家，带动就业7万多人。企业实现增加值30多亿元，上交税金1.5亿元。2005年，市委、市政府首次把劳务经济纳入政府目标管理体系，把新增农村劳动力转移就业30万人，输出总量达到170万人次，务工收入突破100亿元，纳入县市区政府年度责任目标，并签订了目标责任书。上半年创收达55.4亿元。从市劳动和社会保障局再就业办了解到，截至6月底，全市农村外出务工人员达162万，创收55.4亿元。

（2）转移的实施现状。

一是劳动力转移培训初见成效。以中等职业技术教育为重心，其他教育形式为辅助的职业教育培训体系初步形成。2005年市教育局等7部门出台了《关于进一步加强中等职业教育工作的意见》，文件对全市今后职业教育的发展从方向、师资、资金等方面做出了详尽的规划。从1958年南阳市创办第一所技工学校开始，至今已发展到18所，在校生达1.2万人，年招新生4 000人，年举办下岗失业、转岗、再就业、农村富余劳动力转移等短期培训0.28万人。6月17日，河南省贫困地区劳动力转移培训南阳农校基地成立。近年来，类似南阳农校这样的培训基地充分发挥人才、技术优势，致力于农村富余劳动力转移工作，累计为国家培养高中级专业技术人才和管理人才30万余人，为贫困地区劳动力转移培训做出了积极的努力。这些培训基地的成立将推进南阳市贫困地区劳动力有序转移，促进贫困地区农民尽快脱贫致富，并带动贫困地区经济、社会全面发展。

二是"阳光工程"已经启动。2004年，为贯彻落实中央1号文件和省委4号文件精神，实施《2004年—2010年南阳市农民工培训规划》，南阳市启动实施了"南阳市农村劳动力转移培训阳光工程"。一年多来，共筹措培训补助资金360万元，组织58家培训机构围绕市场需求，按照订单培训，开展了电子、电工、电脑、电焊、建筑、服装、餐饮、制造等专业和岗位的培训，完成职业技能培训1.8万人，转移就业1.6万人，圆满完成了培训转移任务。2005年，市委、市政府把开展农民职业技能培训、提高农民的致富本领作为向全市人民承诺办好的"十件实事"之一。日前召开的市阳光工程工作会议，要求市今年要完成职业技能培训1.3万人（含邓州市0.2万人），引导性培训2.6万人（含邓州市0.4万人），新增转移农村劳动力30万人以上，有组织的转移输出比重达到40%以上。

三是注重发展劳务经济，加快农村劳动力转移步伐，不断加大劳务输出，把人力资源优势转化为经济优势。

2004年，大部分县区在外务工人员超过10万人，年均创效益7.2亿元。着力打造"输出基地联县、县联乡、乡联村、村联组"的劳动力转移大格局，强力实施以"政策发动、机构推动、部门联动、典型带动"为核心内容的"四动"战略，3年来，劳务输出共达400万人次，劳务收入总额达200多亿元，农民人均现金收入增长至1 601元，有力地促进了农村经济乃至整个市域经济发展。其主要做法是：

①健全一个网络。各级政府高度重视劳务输出工作，切实加强对劳务输出工作的组织领

导，建立健全服务网络。市政府成立了劳务输出工作领导小组，并在市就业办设立劳务输出办公室，统筹安排全市劳务输出工作，各县、乡镇也成立了相应的领导机构，各村设立劳务信息中心，明确一名村干部为信息联络员，形成了上动下联、领导有力、责任明确、运转协调的服务网络。劳务输出办公室通过劳务输出大厅和电视台，利用电子屏和滚动字幕等形式定期发布用工信息；乡、村利用电视、广播、黑板报的形式发布用工信息。市、县劳务输出工作领导小组定期对广东、北京、上海、江苏、浙江等主要劳动力市场进行考查，与用工单位签订务工合同，有计划地组织输出劳务人员，把劳务输出的网络延伸到全国各地，确保了外出务工的科学性。

②完善一个体系。加强劳动力市场建设，创新劳务输出工作机制，逐步完善市场体系。2004 年，各县、市建立了劳务人才市场，开展免费求职登记，并对外出务工人员分门别类地进行登记，全面掌握人员分布、人才构成、年龄层次等有关情况。依此制订出 2004 年至2008 年劳务输出五年工作规划，保证了剩余劳动力转移工作的科学、有序、协调推进。同时，积极探索、勇于创新，率先在部分县市成立了劳动力派遣公司，为农村求职人员提供信息咨询、求职登记、劳力派遣、人事代理及相关服务。至目前，已累计为各招聘单位外派5 000 余名前来求职的人员，并为 1 570 名灵活就业人员办理了养老、失业保险补贴手续，直接补贴资金 180 万余元。

③确立一个导向。积极采取各种宣传形式，明确舆论导向，加强科学引导，使全市干部群众充分认识到劳动力输出工作的重要作用，动员全社会的力量，支持、参与和解决剩余劳动力转移问题，适时召开市、县、乡、村三级劳务输出工作领导小组成员会议，层层召开城区居委会、村委会干部、党员和村民代表会议，充分利用广播、电视等新闻媒体，大力宣传外出务工发家致富和归乡创业致富的典型。通过宣传，破除了部分群众观念陈旧、不愿离开故土和胆小怕事、不敢走出家门的思想，使广大群众转变了思想观念，在全社会形成了打工光荣的良好舆论氛围。

④打造一个平台。积极发挥职业技能培训平台作用，努力提高劳动者素质，增强市场竞争能力。加大培训力度，通过采取以会代训、电视讲座、培训班等形式，向广大群众传授各种实用技能。创新培训形式，要求各培训机构以市场需求为导向，开展订单培训、定向培训，努力做到学以致用。加大对国际劳务市场的开拓，通过与郑州国际合作集团有限公司及河南金城国际技术交流有限公司等联外单位合作，开辟了赴日本、韩国、约旦、南非等国家的研修生、技术工及普工等多个工种，拓宽了就业渠道。

⑤叫响一类品牌。劳务输出不仅是数量的竞争，更是质量的竞争、品牌的竞争。近年来，积极依托本地的特色企业和产业，开展诸如围绕三属企业培育"云钢重工""南阳校油泵""红宇制造"品牌，围绕"中国柞蚕之乡"打造"南召织女"品牌，围绕鸭河口库区发展"南召海员""社旗海员"品牌，围绕南阳人的吃苦敬业壮大"唐河保安"品牌等。通过发挥优势、培育特色、打造品牌，使南阳劳务增加了含金量，增强了市场竞争力，先后向国内外输出制造工人 80 000 名，优秀织女 6 000 余人，海员 300 余人，保安 18 000 余人，取得了较好的社会和经济效益。实现了"三赢"，即务工者得回报，用人单位得利益，又叫响了南阳劳务的品牌。

⑥兑现一个承诺。对外出务工取得成功，返乡投资创业的人员，积极兑现在资金筹措、税收等方面的优惠扶持政策。如社旗县下洼乡周庄村的彭耀东，1995 年到毛里求斯当海员，

2004 年在家乡已累计投资 80 多万元办起了工厂，还安排 52 名农民兄弟就业，在投资当年即享受了各类政策扶持优惠。据劳动部门统计，像彭耀东这样的创业返乡人员，全南阳市就有 20 000 余人。

四是劳动保障体系处于探索阶段。党的十六届四中全会把构建社会主义和谐社会放到与建设物质文明、政治文明、精神文明并列的突出位置，而劳动保障既是公共政府最重要的职能，又是构建和谐社会最基本的制度，更是协调当前社会与经济发展、缓解社会矛盾的最直接最有效的手段。近年来，南阳市积极寻求劳动保障与构建和谐社会的着力点，从改革完善社会保障体系、促进劳动关系和谐稳定两方面入手，充分发挥了劳动保障"稳定器"和"助推器"功能，有力地保证了全市社会大局的和谐稳定，促进了市域经济的快速发展。面对南阳市进程务工农民较多、社会保障任务繁重的严峻现实，以构建健全完善的社会保障体系为目标，克难攻坚，强力突破，取得了显著成效。一是针对农民工的社保体系改革已着手实施。目前，南阳市针对农民工以养老、医疗合作、工伤三个险种开始在部分选定企业中进行了试点，为今后全市进城务工人员社会保障工作的进一步发展奠定了坚实的基础，为加快改革、促进发展、稳定社会起到了重要作用。二是社保基金征管形成新机制。在社会保险费的征收上，加大稽查稽核力度，确保社会保险费应收尽收，2004 年征收企业养老保险费超目标任务 26 个百分点。在管理上，规范了各项业务制度，建立了全市首家养老金指纹鉴别系统，健全了医疗保险信息监控网络，完善了社保基金监管，确保基金安全。加大劳动关系协调力度，促进劳动关系和谐稳定。近年来，南阳市以协调劳动关系为主线，以劳动保障执法监察为手段，大力开展维护劳动者合法权益行动，规范劳动力市场秩序，减少群体性劳动纠纷和争议，促进劳动关系和谐稳定发展。包括：①加大劳动保障执法力度，规范劳动力市场秩序。先后开展了"劳动合同签订""清理拖欠农民工工资""社保基金稽查稽核"等十余次劳动保障执法检查，2004 年检查企业 180 余家，涉及职工 50 000 余人，督促签订、续订合同 19 740 份，规范了劳动力市场秩序，为广大劳动者创造了稳定、可靠的工作环境。②着力改善农民工就业环境，维护农民工合法权益。市委、市政府出台了十余项文件，对进城务工农民在子女入学、居住、户口等方面给予政策倾斜，依法维护农民工合法权益。同时，各有关部门充分发挥各自职能，通过强化监察和服务手段，为农民工进城就业创造条件。③规范劳动用工制度，完善劳动仲裁程序。由市委、政府"两办"牵头，联合劳动和社会保障、宣传、广电、工会等部门，定期开展劳动法律法规宣传活动，推行劳动用工备案制度，规范劳动用工。加大解决劳动纠纷和争议力度，不断完善劳动仲裁程序，提高劳动仲裁的质量和效率，为广大劳动者提供绿色通道式的服务，为依法开展行政执法、及时协调劳动关系提供了重要保证。

五是农业产业化初具雏形。注重培育龙头企业，搞好农工、农商对接，使农业产业化有了长足发展。如今年 1~6 月，全市乡镇新建续建涉农项目 110 个，总投资达 7.8 亿元。目前，全市乡镇农业龙头企业已发展到 1 000 多家。其中，年销售收入过 100 万元的有 200 多家，40% 的农户在龙头企业的带动下进入产业化经营轨道。围绕农业产业化做文章，着力培育和发展了一批农字号龙头企业、龙头市场和龙头服务组织，吸纳农村劳动力达 100 万余人。着力推动"公司＋科技＋基地＋农户"和"公司＋中介组织＋农户"两种发展模式。前者，帮助农民增收，即鼓励引导农户连片种植，形成规模化基地，企业与基地的农户签订定品种、定田间管理方法、定收购价格的"三定"合同。农户按合同要求进行生产，企业按不低于保护价的价格收购农产品，"上不封顶，下有保底"。在充分保障农户基本收益的前提下，形成农工合作关系。推行标准化生产，打响农业品牌。农业产业化需引导农民观念的转变，让种田人也有标准化理念。大部分乡镇都建立了比较完整的农产品加工标准，从种子选育，到田间管理、收割、脱粒、运输，最后到加工、包装、销售，全程控制。粮农们算了一笔账：过去靠人工收割、人工碾压脱粒，表面上一亩地能省下三四十元的机械作业费，但造成粮食等级下降的损失很大。现在的种粮户，就是晒谷也在地面铺一层防水布，不让地上的沙子混进谷子里，更不会在公路上碾稻了，防止路面上的沥青污染粮食。农业产业化将实现农民与企业双赢。农业产业化经营是稳定销售渠道、减少风险、增加农民收入的重要举措。后者在规模效益上较为明显。就养殖业来说，公司负责为养殖户提供优良种畜、饲料、饲养技术、防疫、检疫和收购等服务，可保证畜产品优质优价，减少市场风险，提高规模效益。同时，各"农"字号企业一头联市场，一头联农民，既有了稳定、可靠的农副产品原料来源，又强化了发展基础。农业产业化的发展，还在农村剩余劳动力转移方面发挥了积极作用。如唐河县埠江面粉加工厂，一个企业就有200多农民从事加工和运输服务。今年全镇围绕农副产品加工、运输，转移劳动力2 200多人。农业产业化带来的体制创新，为乡镇基层干部施展才华、服务农民、服务企业，打造了一个崭新平台。

六是城市化进程取得突破。多年来，我市始终坚持把城镇建设作为市域经济、县域经济发展壮大的平台和突破口，实施两轮驱动发展战略，城镇建设在规模扩展、功能完善和品位提高上，坚持高起点规划，高标准建设，高水平管理，不断加大投入，城市功能得到进一步完善，城市框架不断拉大。在城市建设中，市委、市政府以科学的发展观为指导，以建设豫西南区域性中心城市为目标，努力扩大城市规模，完善城市功能，提高城市品位，增强城市的辐射、带动能力。至2004年底，中心城区建成面积达到65平方千米；城市人口达70万；供水普及率达91.7%；燃气普及率达74.8%；垃圾处理率达100%；人均公共绿地面积14平方米。以道路建设为重点，按照景观路的标准，新建道路39条，形成了七纵七横的城区干道网络。新建解放广场、中心广场等一大批城市广场；旧城改造快速推进，拓宽了中州东路、卧龙路等城区道路；完善配套城镇供水、供气、公交、公园、游园等功能型基础设施，中心城区的聚集效应和辐射带动效应明显增强。至2004年底，11个县城建设面积达到129平方千米，城市人口102万人，建成区面积达363.5平方千米。全市城镇人口269.29万人，城镇化率达27.05%，区域性中心城市的雏形已经初步形成。通过开发小商品批零、钢材、陶瓷、果蔬批发等市场，多渠道安置农村进城务工人员就业，使2 000余名农村务工人员当上了小老板；成立了全市首家县级家政服务中心，推出家庭保姆、保洁、陪护、钟点工等服务，帮助3 000名农村务工人员找到了绿色就业通道。围绕小城镇建设、旅游及第三产业做文章，就地转移劳动力15万余人。

5.2 南阳市农村人力资源转移中存在的问题及其原因分析

（1）农村新增劳动力数量巨大，转移劳动力任务任重道远。

南阳市既是农业大区，又是全省第一人口大市，农村劳动力总量大，增长快。2004年年末全市总人口1 069.48万人。全市城镇人口269.29万人，占27.05%；乡村人口800.19万人，占72.95%，占全国农村人口的1/10。截止到2004年12月，全市有农村剩余劳动力约259.6万人。这些大量农村剩余劳动力以隐蔽失业的形式散布在农村。根据《南阳市

2004 年国民经济和社会发展统计公报》推算，2004 年自然增长率为 4.58‰，农村劳动年龄人口年均增长率为 1.25 %，2006—2010 年农村劳动年龄人口年均增长率为 0.4 %。根据这一增长率计算，"十一五"期间南阳市每年新增农业劳动年龄人口约 10 万人。即使以后农村劳动人口年均增长率有所下降，由于南阳市农村劳动人口基数庞大，每年新增农村劳动人口仍然远远超过社会需求。另外，由于农业资本有机构成的不断提高，农业对劳动力的需求还会不断减少，这无疑会造成农村剩余劳动力规模的进一步扩大。

加入世贸组织对处于传统农业大区第一产业的就业格局必然会造成较大冲击。根据我国的入世协议规定，2008 年我们将完成加入世贸组织的各项承诺。加入世贸组织虽然有利于对外贸易的长期稳定发展，但从短期看，将使第一产业的就业机会减少，加入世贸组织后从国外进口优质低价的大宗农产品，可能使我国粮食和棉花价格在国际市场的压力下走低，影响农民收入，进而影响农村就业。如果按目前我国进口粮食持续增长的势头计算，同比减少的就业机会约千万个，这将造成农村剩余劳动力进一步增多。

（2）农村劳动力文化素质普遍较低，已成为制约劳动力转移的严重障碍。

劳动者的文化素质高低与农村劳动力的转移和农民收入密切相关。农村劳动力素质低，一方面难以接受科技知识，农业劳动生产率难以提高，致使广大农村的生产大多仍停留在传统耕作模式上，农村劳动力退出农业生产的基础不稳。另一方面，农村劳动力适应不了非农产业的发展要求。因此，外出务工者大多只能从事一些简单的、危险性大、劳动强度高的工作。外出就业的农民一般都是具有较高文化素质或者有一技之长的人，即具备基础文化素质或技术文化素质。在基础文化素质方面，据调查，目前南阳市外出务工经营的农民，高中以上文化程度的比例达到 23.7 %，小学及以下文化程度的比例只有 17.7 %，2004 年，南阳市农村劳动力中小学以下文化程度的占 37.92 %，远远高于外出务工劳动力文化水平的平均数，高中以上文化程度的仅占 14.78 %，远低于外出务工经营农民高中文化程度 23.7 % 的水平。在技术文化素质方面，据调查，目前全市有各类技术工人 68 万，其中经过培训，达到初级以上技术等级的仅有 11.3 万人，高级工、技师、高级技师仅占技术工人总数的 1.9 %，技师、高级技师仅占到技术工人总数的 0.5 %。这一结构比例远远低于 4% 的全省平均数，与沿海经济发达地区平均数 8% 相比，更是不可同日而语；与国家规定的高级工要达到技术工人总数的 35%，技师、高级技师要占到高级工的 30% 要求相比，更是相去甚远。而在全市近 170 万的外出务工人员中，经过技术培训的不到 2.6 %，且 90% 是仅有初级技术水平。这样一个文化程度结构比例和技术结构比例，不仅影响南阳市的经济发展，也影响了外出务工劳动者的经济收入，同时也是导致下岗失业人员不断增加的一个根本原因。文化基础层次低，使得部分外出务工找不到工作；缺乏职业技术，致使部分从业者始终处在上岗—下岗的恶性循环中，唯有依靠政府提供公益岗位实现就业。

（3）劳动力市场发育不够成熟，农村劳动力转移盲目性随意性较大。

目前，南阳市劳动力市场的发育程度不高，特别是在劳动力供求信息收集与发布、劳动力中介组织发育、劳动就业服务体系等方面，还不能充分适应农村剩余劳动力转移的要求，农村剩余劳动力流动处于半无序状态。由于缺乏对农村劳动力就业的充分组织与指导，因而农村劳动力主要靠地缘关系、"投靠亲友"和"老带新"等形式流动为主。2004 年，南阳市自发性转移的劳动力占外出劳动力总量的 44%，通过亲友介绍的占 21 %，而有效组织转移的只有 35 %，随意性、盲目性很大。

（4）农村非农产业对剩余劳动力的容纳能力有限，就地消化能力不足。

改革开放以来，乡镇企业发展迅猛，给农村经济发展注入了新的活力，同时也为农村剩余劳动力向非农产业转移提供了大量的就业机会。据统计，"六五"时期，乡镇企业劳动力就业人数平均每年增加552万人；"七五"时期，平均每年增加688万人。"八五"以来，随着乡镇企业资本有机构成和吸纳劳动力成本的提高，乡镇企业主要是在技术含量不变的情况下靠投资的外延扩张而吸收劳动力的。接受农村剩余劳动力的数量在减少，吸纳劳动力的能力在减弱，平均每年仅增加100多万人。与此同时，农村个体、私营工商业等其他非农产业容纳农村剩余劳动力的人数也在减少。据2004年南阳市农调队重点调查资料推算，农村非农产业对剩余劳动力的吸纳不到全部劳动力转移的四分之一。从南阳市来看，近年来不少县市乡镇企业对劳动就业的贡献在总体上呈现出增长滞缓态势，与部分年份相比甚至略有下降。

（5）滞后的城市化水平以及城镇自身严峻的就业形势制约着农村劳动力转移空间的扩大。

南阳市是一个资源相对丰富，但经济基础薄弱，生产力发展水平不高的传统农业大区。而传统农业与现代化工业的极大落差，科技、教育等的不发达，资金、人才的缺乏，导致南阳市城镇化发展缓慢，城镇化水平在全省，乃至全国一直处于中下游水平。据测算，2004年南阳市城镇化水平为27.05%，低于全国平均水平约10个百分点。从城镇化和工业化的关系看，城镇化的一般规律是与工业化相依相长，大致同步进行的，但南阳市城镇化发展水平明显与工业化水平不同步。目前，全市的工业化已经进入由初期向中期过渡的加速发展阶段，而城镇化水平还处于起步阶段，城镇化明显滞后于工业化。从城镇发展模型来看，不仅偏离钱纳里"发展模型"的标准结构，而且还低于发展中国家的城市化程度。根据世界101个国家统计，人均GDP在500~800美元时，城镇化水平为57.7%~60.1%。2004年南阳市的人均GDP已为1010美元，而城镇化水平仅为27.05%。城镇化的发展滞后，导致了城市对剩余劳动力的吸收功能弱化，城乡一体化进程缓慢。在城市，随着国有企业改革的进一步深化，尤其是入世后，为了提高产品在国际市场的竞争力，产业结构调整的力度在不断加大，企业为了减员增效，进行大规模的资产重组，从而导致城市大批人员失业，这就对农业剩余劳动力向非农产业转移产生了直接的阻力。

（6）制度性障碍造成农村劳动力转移的力度先天弱化。

首先，计划经济时期形成的户籍、就业体制，虽然有所改革，但并未从根本上改变。以城乡户籍身份画线，在制度层面上，它强化了就业领域的城乡分割的制度性歧视，强化了城里人和乡村人的身份等级色彩。从生活层面看，它直接恶化了外来劳动力立足城市的制度环境，强化了外来工对于城市社会的不认同甚至敌意，往往带来不良的社会后果。其次，农村土地制度实行集体所有、家庭联产承包经营，在联产承包的实践中，土地基本上是按人头平均，土质也是按肥瘠平均搭配。土地作为最基本的生活保证，农民不愿轻易放弃。这既不利于土地的集中和规模化经营，也使许多农民成为城乡"两栖"、流动就业的兼业农民。

（7）农民工社会保障缺失严重地阻碍了整个南阳经济的发展和城镇化进程。

南阳是全省第一人口大市，全市农村富余劳动力有259.6万，每年新增劳动力10万，大量的农村富余劳动力拥入城市，正日益成为我们生活中不可或缺的一分子。在目前农村社会保障制度很不健全的情况下，工伤、医疗和养老已成为农民工最大的心中之"痛"。首先，南阳农民工社保制度存在的问题较多，并且具有普遍性。主要表现在以下几个方面：

①有关社保的法律制度建设滞后。南阳市目前还没有建立统一的、适用范围较大的社会保障法律制度，保费的征缴、支付、运营、统筹管理也不规范，与之相辅的方法相当欠缺；社会保障工作在许多方面只能靠政策规定和行政手段推行。虽然出台了相关条例，但较为分散，割裂了统一的社会保障制度。由此导致了社会保障的覆盖面小，保障程度差。

②保障覆盖面窄，制约保障功能的发挥。目前社会保障水平最高、范围最全面的是本地的城市居民，其次是本地农村劳动力，最后才是农民工。城市职工普遍享受着养老、医疗、失业、生育和工伤五大保险；在一些地方，也有部分镇村依靠城市保障标准和村镇财力情况为本地农村劳动力自办养老、医疗保险；而外来农民工一般不享受任何保险待遇（部分从事高危工种的工伤保险除外）。虽然从经济发展的实际情况看，存在这种差别有其合理性，但保障制度的不平等，是农民工流动的障碍因素之一，也制约着保障功能的发挥。另外一个突出的问题是缴费率过高。据统计，养老、医疗、失业三项保险仅雇主缴费已达到工资总额的30%左右，个人三项保险缴费合计也在工资额的10%左右，明显高于多数国家的社会保险缴费水平。过高的缴费率大大影响了企业的人工成本及赢利水平，致使很多企业以各种方式逃避参保。而农民工较低的工资收入，更难以负担如此高的保险费用，使有关保险制度陷入恶性循环。

③难以实施有效管理，制度漏洞很多。当前，我市社会保障资金运作很不规范，缺乏监管措施，资金管理中挪用违规问题时有发生。各项社保都由多个部门负责，相互协调衔接不够。另外，现有的社会救济、社会优抚等社保制度基本上是在计划经济时建立的，随着社会发展和城镇化的推进，急需进行整合。

④农民工缺乏忧患和长远意识，导致保障资金难以筹集。农民工中很多人不愿意享受社保，他们的真正需要是能拿到工资，回家盖房、结婚、改善目前的生活状况，至于其他，没有现有利益来得实在。另外，多数农民工对事物的发展只顾眼前利益，缺乏忧患意识和长远打算，再加上收入不高，难以承受一年几千元的保障金。由此导致保障资金的筹集只能依靠国家政府，筹资渠道单一，保障资金严重不足。

5.3 南阳市农村人力资源转移的战略与对策建议

农村富余人力资源的转移问题不仅仅是农业和农村的问题，而且是事关城市化建设、经济发展和社会稳定的大事。当前，根据南阳市在农村劳动力转移方面存在的问题，要做好农村劳动力转移就业工作，应提出以下建议和措施：

5.3.1 从战略和全局高度充分认识转移农村剩余劳动力的极端重要性

把转移农村剩余劳动力纳入国民经济和社会发展的整体目标，制订中长期转移规划，有计划、有组织、有步骤地开展这项工作。

农业是国民经济潜在的就业压力最大的部门，随着城乡隔绝体制被逐步冲破，农村的就业压力已不仅涉及农业持续发展和农村社会稳定，而且直接传导到城市，使城乡就业日益融合为整体性问题。在这个大背景下，一方面，解决城市问题已不可能回避乡村因素单独考虑；另一方面，乡村就业状况对城市的影响愈来愈大。因此，建议有关部门切实贯彻十六届三中、四中、五中全会和中央一号文件精神，统筹城乡发展，把农村就业与城市就业一并纳入国民经济发展中长期规划，系统分析，统筹兼顾，做出全面安排。

要坚定不移地确定实施异地转移为主，就地消化为副的整体转移战略。促进农村剩余劳动力转移，必须正确判断劳动力的需求究竟在哪里。从大量的研究和经济运行看，目前及今后一个时期，大中城市和沿海发达地区将成为农村剩余劳动力转移的主要去向。把拓宽农村劳动力跨区域流动渠道、大力推进异地转移、加速农村剩余劳动力向大中城市和沿海经济发达地区流动作为农村劳动力转移的战略制高点。同时，要继续高度重视农村周边小城镇和村落各类就业实体，从体制和制度建设两个方面充分挖掘其对农村剩余劳动力的吸纳能力。

5.3.2 积极推进农业产业化进程，努力实现剩余劳动力的就地消化

由于南阳市属传统农业大区，农村剩余劳动力基数偏大，同时，城市在吸纳农村剩余劳动力的总量和吸纳能力的增长速度等方面存在着一定的局限性，大力推进农业产业化进程可以最大限度地吸收农村劳动力，增加农民收入，缓解城市化进程的部分压力，是就地解决剩余劳动力就业问题的最基本途径。具体措施为：一是认真贯彻落实中央两个一号文件和省委一号文件精神，不折不扣地把各项支农惠农政策落到实处，建立农民增收的长效机制，为农业产业化发展奠定牢固的经济基础。二是全面落实好省委省政府《关于推进农业现代化建设的意见》、市委市政府《关于大力推进农业产业化经营的意见》，突出抓好龙头企业和农民专业合作组织建设两项重点。三是加快特色农产品和生产基地的建设。突出抓好特色支柱农产品的种植、加工、销售一条龙产业化工作，进一步做好中草药、辣椒、香菇、小麦、玉米、甘薯等优势作物的深加工，拉大产业链条，增强就业容量。四是做大做强以"南阳黄牛"为代表的畜牧养殖、畜产品加工业，走农户（养殖场）＋品牌＋规模并行发展之路。五是加大农业科技投入，不断推进科技进步，彻底实现以科技种田、科技饲养、科技加工为主题的农业科技创新新局面。六是进一步完善以股份合作制为主导的多种形式并存的产业化经营模式，多渠道促成农村资金、技术、土地、农业机械在农户、农业龙头企业间实现多种方式的结合与流动。七是从财政和基层金融机构两个层面加大对农户的资金扶持力度，减轻和消除制约农户扩大经营和脱贫致富的资金瓶颈。

5.3.3 不断多渠道提高农村劳动力的文化素质

该举措可以增强待转移劳动力的市场竞争能力，满足农业现代化和城市化对农民素质的要求。加强农村教育和劳动力就业培训，提高农村劳动力素质，增强其转移的竞争力。通过教育和培训，提高农村劳动力的综合素质和竞争力，是解决农村剩余劳动力问题的治本之策。农村劳动力文化素质低是制约其转移数量特别是转移层次提高的重要因素。随着市场经济的发展和经济增长方式的转变，社会各方面对劳动力素质的要求越来越高，面对劳动力市场的新态势和农村经济发展的需要，必须采取措施提高农村劳动力素质。

第一，继续不折不扣地贯彻实施"阳光工程"。2005年阳光工程的主要目标任务是：完成职业技能培训5万人，引导性培训10万人，新增转移农村劳动力30万人以上，有组织的转移输出比重达到40%以上。培训对象是：年龄在16岁以上，从事农业生产劳动的劳动力、普通初高中毕业生或回乡青年。培训时间要保证15天~90天。职业技能培训实行"订单培训"，根据市场需求，以制造业、服务业、建筑业为重点。要完成今年阳光工程的目标任务，需要各地各有关部门切实加强领导，重点把握好"六个结合"。一是政府推动与学校主办相结合。各级政府和有关部门要通过制定规划、财政支持、组织动员、舆论宣传、监督管理等措施，动员和组织广大农民、培训机构和社会各界参与阳光工程，推动阳光工程的实施。同时，各级政府和有关部门要将转移培训具体工作交给培训机构来承担，对培训机构实

行"五自主"，即自主招生、自主培训、自主管理、自主介绍就业和自主跟踪服务。二是宣传引导和政策激励相结合。要通过广播、报刊、电视等新闻媒体，广泛宣传实施阳光工程的重要意义和有关政策，宣传阳光工程实施中涌现出的先进单位和先进个人，使广大农民、培训机构和社会各界了解阳光工程，支持阳光工程，参与阳光工程。要用公开竞争、评选择优的办法，公平公开公正地开展培训基地的认定和项目单位的评选工作。并对培训基地和项目单位实行动态管理，对承担任务完成不好的培训机构，要及时淘汰出局。三是制度规范与检查督促相结合。为规范阳光工程的实施，在具体工作中要落实好六项工作制度，即培训券、第一节课、公示、台账、月报和检查验收制度。对培训对象、培训专业、培训内容、基地的认定等进行统一的规范。要切实加强督察工作，严格奖惩措施。四是订单培训与打造品牌相结合。各地要继续坚持订单培训，继续做大做强我市唐河保安、社旗海员、镇平玉雕、南阳校油泵四大劳务品牌，努力在全市打造一大批具有地方特色和竞争优势、享誉国内外的劳务品牌。五是加强监管与强化服务相结合。要按照管培分离的原则，对培训机构的宣传、招生、培训、就业和跟踪服务等环节进行全程监管，确保培训质量和就业效果。要积极创造条件，为培训机构提供便捷有效的公益服务。要定期或不定期地举办各种类型的供需洽谈会、用人见面会，为培训机构同用人单位的合作搭建平台。要积极引导和鼓励社会资本和个人资本参与培训基地建设，帮助培训机构改善办学条件，提高培训质量和就业效果。六是部门主管与部门合作相结合。农业部门作为阳光工程实施的牵头部门，要切实负起责任来，要把阳光工程当作一项重要工作，抽调精干人员，组成专门机构，抓好具体工作的落实。同时，要切实加强部门的合作，积极争取相关部门的支持，形成工作合力，努力在我市形成政府统筹、农业部门主管、相关部门齐抓共管的工作格局。

第二，对目前在校学习的学生，应严格按照"教育法"的规定完成九年制义务教育，为以后的就业打好基础。

第三，各级财政部门要加大对农村劳动力培训的投入，为农村富余劳动力转移培训提供良好的培训条件，尤其是要加强农村教育基础设施建设。政府应进一步增加对农村教育的投入，不断改善农村教学条件，加强农村师资队伍建设，提高农村师资素质，实施远程教育，提高农村教育质量。

第四，要利用各种办学形式，强化对农村劳动力的培训。发挥劳动力供给量充足和劳动力成本较低的优势，大力发展中等和高等职业教育，开发区域人力资源，形成全国性的技术工人培训基地；同时适应产业结构的调整和升级，整合高等教育资源，提升科技研发能力，培育高素质复合型人才，把南阳建成科技研发基地和人才培训基地。鼓励有培训资质和能力的民办培训机构发挥作用，逐步形成覆盖城乡、服务于城镇和农村广大劳动者的职业技能开发培训服务体系。尤其是要大力加强农村中等职业技术教育，应根据城市就业需求，加强对农村人口的职业教育，提高农民的职业技能，使他们顺利地融入城市的产业发展体系。一要提高农村中等职业教育的比重，扩大职业教育办学规模；二要坚持职业介绍和职业培训相结合，针对市场变化和生产发展需求，超前组织农村劳动力定向培训和灵活实用技术培训。适应市场经济及农村实际需要，在职业中学设置实用的专业和课程，使职业中学毕业的学生系统地掌握一至两门实用技术，以便毕业后能尽快就业。三要重视成人文化技术培训，积极探索加强农村职业教育和就业培训的新途径，如根据区域经济结构的调整，由政府进行有重点的培训等。有计划、有重点、分层次建立就业培训网络，使农民掌握必要的基本职业技能，以适应就业工作的需要。

5.3.4 建立和完善城乡统一的劳务市场，建立健全关注农民、城乡兼顾的就业服务新体系

一是制定城乡一体化劳动力市场总体规划，逐步连通城乡劳动力市场，充分发挥城乡职业中介机构的作用，强化监督和管理，形成统一市场规则。加强与企业的联系沟通和用工信息的动态管理，进一步完善县、乡、村三级劳动力市场信息联网工作。劳动力市场是生产要素市场的重要组成部分，应按照城乡统筹就业的原则，逐步建立统一、开放、竞争、有序、城乡一体化的劳动力市场。当前工作的重点一是大力发展各种形式的劳动就业中介组织，为农村劳动力转移提供信息渠道，逐步形成包括就业信息、咨询、职业介绍、培训在内的社会化就业服务体系，帮助劳动力对转移成本、收益、风险做出正确的判断，以减少因盲目流动而遭受的损失；努力掌握本地区劳动力知识需求信息、企业用工技术信息，把有意愿转移到其他行业去的农村劳动力组织起来；利用各种宣传媒体，教育农民转变择业观念。二是加快劳动力市场信息网络建设，充分发挥乡镇劳动就业服务所的作用，逐步建成能够覆盖城乡的就业服务网络。三是逐步建立统一的就业制度。鼓励农村富余劳动力有秩序地向城镇转移，取消阻碍农村劳动力合理流动的各种限制，农村劳动力与城市劳动力享受同等的劳动就业权利，享受同等劳动保障待遇。四是要注意改善劳动力就业的"软环境"，规范市场主体行为，使企业和劳动者双方的合法权益都得到保障。

5.3.5 进一步构筑以创建劳务品牌为核心的劳务经济支柱产业

全方位组织农村劳动力输出就业，大力发展"劳务经济"。

一是要制定优惠措施，鼓励农村劳动力外出务工。对外出农村劳动力办理有关证件的，应提供方便快捷的服务。各级就业服务机构和中介服务组织不得私立名目对外出务工的人员收取管理服务费。外出务工农民已承包的土地，非本人自愿不许强行收回或调整。村组织要关心外出务工人员的家庭生产生活，特别是主要劳动力同时外出务工的家庭，农忙时应组织帮工。外出务工人员回乡建房的，相关部门应给予支持。

二是扩大劳务输出规模。应将劳务输出工作纳入经济和社会发展规划，统筹安排劳务输出工作，通过部门联合运作，各级各类劳务输出机构纵向、横向联营，建立劳务输出联合体，扩大输出规模，提高输出质量。

三是要把创建劳务品牌作为进一步发展壮大劳务经济的核心工作常抓不懈。大批勤劳、智慧的南阳务工者在闯天下的同时，也打响了自己的劳务品牌：唐河保安、社旗海员、镇平玉雕、南阳校油泵成为南阳市叫响全国的四大劳务品牌。从四大劳务品牌的创建过程来看，可以划分为三种模式：一是利用传统产业做大做强。如镇平素有"中国玉雕之乡的美誉"。该县历届政府都将扶持发展玉雕产业作为支柱产业匠心打造。南阳飞往广州的航班上，近半是做玉器生意的；从镇平县发往深圳、杭州、乌鲁木齐等几十个大中城市的大巴，每天都有100多辆，车上80%的乘客是做玉器生意的镇平人。劳动部门统计，全国约有5万余名经营玉器的镇平人，"镇平玉器"叫响全国。二是借助本地区企业独有的技术优势辐射带动。20世纪70年代初，南阳市油泵油嘴厂上马投产，培养出了一批技术精湛的生产工人。80年代末开始，部分技术工人走出盆地闯天下。通过亲带亲、邻帮邻的滚动式发展，如今在全国各地，从事校油泵的南阳人有四五万人，全国80%的校油泵门店都是南阳人开设的。"南阳校油泵"遍布全国，已成为响当当的品牌。目前，全国共有"南阳校油泵"门店约1.2万家，

每年赚回5亿多元。南阳校油泵行业协会成立，更有力地促进了该产业的发展。三是结合地方特色通过后天努力，构筑创新品牌。唐河县通过构筑政策、信息、服务、培训、维权五大平台，培养出了一大批技能过硬、素质优良的保安队伍。如今，唐河保安在京达2.1万人，唐河也赢得了"保安城"的美称。社旗县把发展劳务经济作为县域经济发展的支柱产业之一，强化岗位技能培训。至目前，社旗县已累计向日本、新加坡、巴西、毛里求斯等20多个国家和地区输送捕捞渔工6 436人次，年创汇220多万美元。据劳动部门统计，2005年上半年，南阳市有162万外出务工人员外出"淘金"，创收达55.4亿元。这其中，近三分之一是四大劳务品牌从业人员创造的，南阳农民正以优异的技术、良好的形象更加自信地闯练天下。

5.3.6　加快发展乡镇企业和民营经济，增加劳动力就业容量

要推动乡镇企业实现体制转换和结构调整，扩大乡镇企业的就业容量。同时提高企业档次，扩大生产规模，吸纳农村富余劳动力进入乡镇企业，就业一人，致富一家。改革开放以来，乡镇企业和民营经济的发展对于缓解农村劳动力就业压力，做出了重要贡献。今后乡镇企业和民营经济仍然是吸纳农村剩余劳动力的重要载体。因此，各级政府今后仍然必须把发展乡镇企业和民营经济摆在重要的战略地位，积极扶持乡镇企业和民营经济的发展。第一，各级政府要在保持现有政策稳定的基础上，按照国家的产业政策，进一步落实、健全和完善有关乡镇企业和民营企业的优惠政策，继续支持乡镇、民营企业的发展，逐步提高和壮大乡镇、民营企业的规模、效益和水平。第二，对现有的乡镇、民营企业要进行分类指导和扶持。对于效益好的企业，要采取"放水养鱼"的政策，鼓励它继续发展；对于效益差的企业，政府要从资金、人才、技术等方面给予支持，使它摆脱困境，走向健康发展的轨道。第三，对于将要建立的乡镇、民营企业，各级政府要根据国家的产业政策、市场经济要求及本地区产业结构进行全面、合理规划，并给予优惠的政策大力扶持。同时，还要为民营经济的发展创造良好的外部环境，促进其快速发展，以增加其吸纳农村剩余劳动力的能力。

5.3.7　加快以乡镇小城镇建设为基础，县市中心城市建设为核心的城镇建设步伐

逐步推进城镇化进程，加快农村富余劳动力向非农产业的转移和向城镇的聚集。遵循区域非均衡发展理论，中西部地区以省会城市及具有优势和特色的地级市为主，重点发展区域性中心城市，辐射带动区域整体发展，实现中部崛起，促进西部大开发。作为中原城市群重要一翼的南阳，目前城市化进程较为滞后，加快城市化进程应学习和借鉴国内外发达地区和国家的成功经验，在发展理论、发展思路、发展实践等方面进行新的变革，紧密结合南阳市的实际和发展远景目标，明确城市化发展理念。这个理念主要包括：

（1）确立发展中心城市为核心的城市化发展思路，充分发挥其规模效益，以中心城市的发展带动区域城市化水平的提高和小城镇的发展。制定优惠政策优先发展中心城市。通过出台各种优惠政策，在一定时期内集中有限的建设投资，强力打造中心城市，实现中心城市超常规、高速度、跨越式发展，增强集聚、辐射功能，带动区域整体发展。南阳独特的区位、交通优势，丰富的自然、人文资源和广阔的发展空间，使南阳有充足的条件能够发展成为区域性中心城市和现代化较大城市。独特的区位条件：南阳处于陕西、湖北、河南三省相邻的区域，是东引西进、北煤南运、南水北调的必经之地。独特的区位条件，使南阳能够建设成为我国东引西进的桥头堡、南北大通道的枢纽和省际区域性中心城市。便利的交通优势：宁西铁路、焦柳铁路和三条高速公路在南阳交会，形成我国中部地区重要的"米"字

形交通枢纽；4D 级南阳机场，可供各类大型客机全天候起降；呼和浩特至北海、西安至合肥两条国家级光缆通讯干线会于南阳，形成便捷的信息高速公路网等，为南阳参与更大范围的区域经济分工协作提供了有力的保障。丰富的自然资源：水资源是制约城市发展的重要因素，而南阳丰富的水资源居河南省首位，总量逾 70 亿立方米。南阳系中国矿产品资源最密集地区之一，南阳电力资源丰富，比较优势明显，城市发展极具潜力。因此，在条件允许的前提下，要适度超前拓宽城市框架，尽可能扩大城市规模，拓展城市发展空间。以"四城连创为载体"加快中心城市建设，尽快使南阳城区发展成为具有较大规模和较强带动能力的较大城市。

（2）把城市和乡村作为一个整体来思考，统筹城乡发展，统筹区域发展，统筹经济社会发展，统筹人与自然和谐发展。从区域层面来统筹考虑经济结构、农村经济、人口转移和城市发展，把外来工对住房、学校等设施的需求纳入城市整体建设规划，不能人为地把城市和乡村分离开来。尤其是要树立可持续发展的观念，认清人口多、底子薄、环境保护低起点高要求的市情，在产业发展、城市布局、交通网络建设、农村人口转移中，走可持续发展的生态城市建设道路。

（3）依托大资源，构筑大产业，依靠产业发展带动城市化，增强区域性中心城市的核心竞争力。

工业化是推动城市化最重要、最直接的动力，是城市化的加速器；旅游业和文化产业是扩大城市知名度、延续城市生命力的助推剂。

推进城市化进程，必须发展工业化，实行产业带动，通过工业化为城市发展注入持久的活力，以提高城市的人口容量，为进城农民提供足够的发展空间和就业岗位。加速工业化发展，加快工业化进程是加速农业、农村经济发展，促进整体经济发展，保持社会稳定、国家长治久安的重大举措。整个工业化战略必须充分利用相对充裕的人力资源发展劳动密集型工业。南阳市目前正处于城市化加速发展的初期，城市产业经济实力不强，工业基础相对薄弱，城市化发展缺少应有的活力，动力尤显不足。因此，必须首先从对城市化影响最大、关系最为密切的内在动力方面寻求根本上的支持，即从城市产业经济的发展，尤其是工业化方面来寻求南阳市城市化的动力机制。南阳应充分发挥交通、能源、人力资源的优势，优化发展环境，加强招商引资力度，以工业园区为载体，大力发展劳动密集型产业、资源型产业，建设中国中部地区新崛起的工业基地，形成工业化、城镇化发展的强大支撑。通过统筹发展劳动密集型产业和资本密集型产业的关系，积极拓展产业链条，带动城市就业，增强城市的区域吸引力，尽可能多地容纳农村剩余劳动力。要高度重视城市化的外在动力因素，如积极建设以快速交通为主导、多层次、现代化的交通体系，完善城市区域内的各项基础设施建设，扩大城市与外界的物流、人流、信息流、资金流，增强城市在区域中的辐射能力等。

借助南阳"首批国家历史文化名城"的名片效应，充分发掘文化产业和旅游产业的优势，进一步扩大城市知名度，诠释城市的凝聚力和向心力，以快速发展的旅游业和文化产业带动其他二、三产业的发展，并最终实现城市人口容纳量的进一步提高，为农村剩余劳动力的城市化转移发挥助推作用。

（4）确立"大南阳"城市群发展战略。南阳市要快速缩小与发达地区的城市化的差距，真正实现在中原崛起中的隆起带作用，就必须调整发展思路，确立新的发展模式，重新定位区域性城市群的含义，整合全市力量，把全市作为一个豫、鄂、陕省际间区域性中心城市群来规划、建设、经营和管理，构筑全市 13 个县（市）区和周边 8 地市结构有序、功能互补、整体优化、共建共享的镶嵌体系，达到规模效应、积聚效应、辐射效应和联动效应的最大化，从而实现"大南阳"城市群发展战略所产生的综合效应。目前，南阳市已初步具备省际间区域性中心城市群发展的基本条件：一是南阳市人口密度接近 400 人／km²，与周边地市合计总人口高达 4 000 余万，已满足大型城市群带发展对人口规模和集聚的要求。二是南阳市已建成和在建或准备建造贯通各周边省、市的铁路和高速公路交通体系，并且以高速公路为主导的交通体系建设正逐步向县（市、区）延伸，满足了发展大都市区对交通网络的要求。三是南阳市的人口密度高于周边省份的相邻地区，如能有效地整合空间资源，把全市作为一个大都市区来看待和经营，就能相对周边省份形成一个财富聚集的战略平台和经济隆起带。具体来说，今后南阳市大都市区的营造应着重从以下几方面着手：

①强化中心城市南阳和其他 13 个县（市）、区的中心功能和辐射带动作用。以中部省际间区域性中心城市为目标定位，充分发挥在全市城镇化进程中的龙头作用，不断提升其在河南省和跨省区域中的地位和作用，以成为全省经济发展的新的隆起带。依托大框架，构筑大城区，做大做强中心城市。做大城市规模，做强城市实力，中心城市才能产生集聚效应和辐射带动作用。根据城市人口增长规律、经济社会发展态势和生态环境容量，到 2010 年，南阳中心城市规模为 100 平方千米、100 万人，到 2020 年为 200 平方千米、200 万人，到 2050 年远景规划达到 380 平方千米、350 万人，更远的将来，相应发展官庄、鸭河口、镇平及周边城镇建设，形成以中心城区为核心，以周边卫星城镇为支撑的现代化城市群。

②建设城市之间便捷的快速交通体系，构建联系迅捷的经济圈，使全市形成具有强大吸引力和凝聚力的都市区。要巩固和提高铁路运输的地位，继续加快全市高速公路建设，力争在较短时间内使所辖县（市）、区的县城及周边地市都有高速公路贯通，以高度发达的交通体系构建起联系便捷的经济圈。一是以铁路、高速公路等高速交通网为依托，构建南阳与其所属的 13 个县（市）、区联系的半小时经济圈，使 13 个县（市）、区的服务条件与南阳相同，整个区域都有同等水平的各项服务设施和吸引力，减少各县、市之间的差距。就目前而言，应尽快完善以四条过境和环城高速为框架的新城区规划并逐步建设落实。二是在南阳市和周边地市之间建设快速通道，形成 1～2 小时经济圈，使南阳市的吸引力和服务水平与周边地市相同。从而使区域中心城市、周边地市、县城、重点镇共同组成一个较大的连绵都市区，构筑出介于郑州、武汉、西安三大都市圈的区域性中心城市带，形成河南省乃至我国中部地区南北与东西资源交汇的中心点。依托年货运通过能力 10 亿吨的交通枢纽优势和年货物编组能力 6 000 万吨的大型铁路编组站，构筑大市场、大商贸、大流通发展格局，以物流园区为载体，兴建钢铁材料、建筑材料、机电化工、农贸产品等各类大型专业市场，发展集包装、仓储、运输等专业化一条龙的现代物流产业，形成中原乃至全国的大型物流基地，增强南阳中心城市的集聚力和辐射力。

③加快城镇化建设进程，增强农村小城镇容纳劳动力的能量。要通过进一步提高县城发展水平和对农村区域的综合服务职能，提高小城市发展水平，使小城市的内在潜力和经济影响力得到最大限度的发挥。国际经验表明，工业化与城镇化的同步发展，对于提供更多的就业机会是至关重要的。由于南阳市城镇化水平较低，不同地区城市化进程发展不平衡，因此，要从实际市情出发，走多样化的城镇化道路。第一，大力发展县级小城市。选择几个基础好、潜力大的小城市，选择一批发展前景好、城区面积较大、有一定实力的县城，加快发

展成为小城市。近期应着力加强镇平、邓州、唐河、内乡、方城 5 个区域次级中心城市的规划建设，接受中心城市辐射，强化和分担中心城市功能，发挥县域各乡镇与中心城市的联系纽带作用，推动城镇化梯次发展。第二，积极发展小城镇，尤其应大力发展沿线、沿边城镇带。近期应在已有 20 个明星镇的基础上，重点加强 50 个重点镇的规划建设，形成布局合理、功能完善的特色城镇，成为区域城镇体系的重要支撑。南阳市的市情决定了现有城市不可能容纳如此大量的农村剩余劳动力，依靠小城镇二、三产业的发展吸纳是最有效最便捷的途径。小城镇更接近农村，就业弹性大，灵活性强，无疑是农村剩余劳动力转移最有希望的落脚点和向大中城市继续迁移的中转站。小城镇是连接城市和农村的纽带和桥梁，是农村发展非农产业的基本载体。因此，小城镇是南阳市农村剩余劳动力转移的主要聚散地和乡镇企业的基地，应当把小城镇建设当作一项战略任务来抓。发展小城镇的重点是县城和中心镇。人口大县和县域经济相对发达的县可在加快县城发展的同时，选择一至两个中心镇加快建设。在今后的小城镇建设中，应注意以下几点：首先，引导乡镇企业发展与小城镇建设相结合。小城镇接近于农村，乡镇企业集中在小城镇，农民就近转入小城镇就业，与土地的关系维持一段时间，既可降低农村剩余劳动力转移的成本和风险，又可有效地避免在大中城市吸纳能力有限的情况下，农民大量涌入城市所产生的种种问题。为了促进小城镇的发展，应制定优惠政策，鼓励乡镇企业连片发展，引导技术要求高的乡镇企业向小城镇积聚。其次，小城镇建设要科学规划，合理布局。要切实把环境保护和生态建设纳入小城镇规划之中，正确处理经济发展与生态平衡的关系、资源开发与环境保护的关系，实现经济效益、社会效益与生态效益的统一。最后，要完善城镇就业和社会保障制度，解决进入城镇的农民在养老、医疗、保险、失业等方面的问题。

④注重城市特色建设，着力突出生态城市建设特色，努力实现一市、一城、一镇一色的布局特色。坚决杜绝城市建设照抄、照搬西方发达国家和国内某些城市千篇一律、低密度扩张和城市郊区化的错误做法，健康推进南阳市的城市化建设。建设水平较低、起步较晚虽属南阳市城市建设存在的劣势，但这些劣势所导致的对自然资源和生态环境的破坏程度也相对较低的现状，却为今后的生态化建设创造了先机。牢牢地把握这一机会，突出生态化，坚持走可持续发展的城市化建设之路，必将极大地拓展城市的发展与生存空间，为农村剩余劳动力带来更多、更持久的就业机遇。

5.3.8 建立有利于农村劳动力转移的政策机制

城市要实行相应的配套政策来接纳进城农民，形成农民就业培训、子女教育等政策保障体系，其子女入学、入托、就业应与城镇居民一视同仁。清除农民进城的体制性障碍。农村要为剩余劳动力的流动创造尽可能的宽松条件，解决农民进城后的后顾之忧和返乡后的发展之路。

第一，进一步改革城乡分割、城区封闭的户籍管理制度，建立以劳动关系为纽带、以居留期限为依据的有利于生产力发展的自由流动的新户籍管理制度，从根本上改变农民与市民在地位、身份、就业、住房、补贴、劳保、福利等方面仍然存在着明显不平等的状况。现有户籍制度造就了社会保障制度的城乡二元化特征。现有的户籍制度是农民工所面临的社会保障、劳动就业等方面差别与歧视的制度基础，也是改革过程中迄今为止变化最小和最为缓慢的社会经济制度之一，它是在计划经济制度下建立的。近几年南阳出台了购房落户等新的举措，但制度惯性和部门利益严重地阻碍着户籍制度改革，限制了农村劳动力在城乡之间、地区之间的有序流动，阻碍着城镇化进程的推进，在社会保障制度方面也表现为城乡二元化特征。改革户籍管理模式，逐步废除农业和非农业户口二元制管理模式，推行按实际居住地进行登记的户籍管理制度，不得设置用工数量和户口指标加以限制，进一步完善全市户籍管理计算机网络，实现全市城乡统一户籍管理，保证就业人员自由流动。

第二，实现城乡社会保障的一体化。社会转型导致国家有限的社会保障资源无法满足农民工的需求。中国社会正处于由传统型社会向现代型社会快速转型的过程中，其主要特征是从计划经济向市场经济转化，逐步建立由市场机制来配置社会资源的经济运行方式。社会转型一方面使我国经济得到了前所未有的发展，另一方面也导致了社会分层结构的迅速变化，加速了层次间的差异。原有的社会保障制度已经很难保证他们的生存和发展，原来的"高标准、低覆盖"也已经不适应新的形势。逐步建立起社会化的农村养老保险制度，从而淡化和消除农民将土地作为养老保险的心理。社保逐步建立农民工社会保障制度，首先必须转变观念。中国的城市化、工业化进程，中国的经济发展，需要减少农民的数量，这也是解决"三农"问题的治本之策。其次加强法制建设，强化劳动的监察。社会保障在任何国家都是立法先行，首先是法律，然后才有制度，最后才实施。在南阳尽管有相应的社会保障政策，但是权威性不够，法制建设目前是滞后于社会保障制度的建设要求，该加快建设步伐。另外，还应该强化劳动监察。对进城务工农民，各用工企业和单位必须及时兑现工资，严禁克扣。南阳有着庞大的劳工队伍，但只有40人从事劳动监察，人员严重不足，只有加大劳动监察力度，农民工社会保障制度才能落到实处。再次是分层分类来解决农民工的社保问题。第一类是已经城市化的农民工，他们多年在城市工作，有较为稳定的职业和生活来源及相对固定的住所。这类农民工应逐步纳入到城市的社保体系中，建立相应的医疗养老等保险制度。第二类是以农业为主，以务工为辅的类型。对这部分农民工不能用城市的社保体系来覆盖，他们打工几个月挣的钱是要带回去的。需要建立适合他们的大病统筹等制度，缓解减轻他们出现重大疾病或困难时的经济压力，逐步缩小他们与城市居民的巨大差距，这有利于整个社会持续、稳定、健康和谐的发展。对农民工社保制度的制定，必须充分考虑到流动性这个基本特征。农民工有流动，就要求社会保障能够随之进行转移。我市农村目前基本上是农民家庭自筹保障，各险种处于试点阶段，覆盖率不足10%。当农民工返乡时，其相关保障没地方能够接受。即使有些地区在进行社保试点，但二者标准不一致，也无法链接，可操作性很差。因此，把农民工纳入城镇化社保体系中，必须具备的一个基本前提是必须实行全国统一的社保标准，或承认地区间保障水平的差别，统一保障资金的收缴比例和发放办法，研究制定出一个合理的个人保障资金的区际转移办法，这需要在长期的实践中不断探索。

第三，加强管理，切实保护外出劳动者的合法权益。一是不允许任何部门、任何单位以任何名义对农村富余劳动力就业乱收费、乱干预，政府各部门要旗帜鲜明地保护农民工的合法权益。二是要建立以各级工会为主，法律援助和行业协会参与的社会农民工专门维权机构，义务帮助农民工维护自身的合法权益。三是要坚决清理和取消歧视性的政策和做法，取消各种不合理和不合法的收费。

第四，在农村实行有利于农村劳动力合理流动的各种配套政策，创造有利于农村剩余劳动力转移的条件。一是改革农村现行土地政策。为了让农民无后顾之忧地向城镇和非农产业转移，要尽快以法律形式赋予农民长期而有保障的土地使用权，让其对承包经营的土地有一个稳定的预期。农民转移到城镇或非农产业经营后，其承包经营的土地，可根据自愿原则依法有偿转让给他人经营或允许保留其承包地 5～10 年，待期满后再对原承包地实行有偿流转。二是对农村富余劳动力外出就业和进城务工，各有关部门在办理各项证照手续时，要一律从简或减免费用。三是劳动和社会保障、银行等部门要继续为农民创业提供小额贷款的扶持。四是对外出打工农民回乡创业和带来投资的，应视同引进外资给予各项政策优惠，以促进农村剩余劳动力的就地消化。

6　河南农村人力资源投资的战略对策

河南省是农业大省，同时河南省农村人口又占国民人口的大多数，如何把河南省农村人力资源转变为人力资本，需要进行哪些投资，是我们面对经济一体化挑战的一项重要的任务，认真准确地对农村人力资源进行分析，如何对农村人力资源进行投资是摆在河南省农业现代化面前的一项重要的问题，这个问题的解决对开发利用好农村人力资源和推动河南的农村发展以及整个社会经济发展的进步都是十分重要的，同时这也是我们全面建设小康社会的内在要求。

6.1　农村人力资本投资的概念界定

农村人力资源是推动农村经济发展的基础资源，农村劳动力是农村人力资源的主要组成部分（一般来说，农村劳动力的数量包括农村中有劳动能力的人）。传统经济学认为，经济增长要素包括土地、劳动力和资本的投入。可是今天已经进入了知识和信息经济高速发展的时代，推动社会经济进步的已经不是土地、劳动数量和资本存量的增加，而更多地体现在人的知识、技能水平的提高。生产力的决定因素不是劳动者的数量而是劳动者所具有的知识、科学技术水平和有竞争力的工作质量上。因此，过去靠农村劳动力数量出产量的日子已经不能推动农业的生产以及农业现代化的进程，直接影响国民经济的全面发展。所以只有向农村人力资源进行投资，使他们的知识和生产技能都得到提高，也就是说，要把人力资源通过开发投资使之转化为人力资本，这才是推动农业经济发展的根本动力。

而要使人力资源能成为人力资本，就必须要对人力资源进行投资。人力资源投资是指为了使作为人力资源载体的现实的和潜在的劳动者掌握必要的知识、技能从而提高人力资源素质所进行的投资，也包括劳动者为了追求更好的体现自身所拥有的人力资源的价值或获取更满意的收益等目的而在不同领域、不同单位之间流动时所进行的投资。人力资源投资的最终目的是为了提高人力资源的利用效率。因此，从这个意义上说，对劳动者进行投资是使之在数量的基础上达到质量的提高，从而成为我省农业和农村发展的根本动力。人力资源的投资是人力资本理论的核心，向人力资本投资的重要形式有教育和培训。

据此，对河南省农村人力资源的投资可以理解为：河南省农村的人力资源投资就是指在对全体农村进行认真分析的基础上，确定以农民为主的不同人口类群中的质量（知识和技能）差别。同时利用教育和培训等多种渠道，有效地进行人力资本投资，努力提高农村人口素质，实现河南省农业的现代化。

6.2　河南省农村人力资源投资的现状

我们应该看到，改革开放二十多年来，随着农民知识和从业技能的提高，河南省农村农民收入也得到了提高，文盲，半文盲率得到了降低，农业得到快速的发展，同时农民的生活有了较大的改善。而这成果正是我省对农村人力资源投资的二十多年的结果。河南省的人力资源投资具体表现在两个方面：一是政府对农村人力资源的投资，二是农民自发或无意识地对人力资源进行投资。

6.2.1　政府对人力资源的投资

随着改革开放和市场经济的深入，河南省农村和农业发展遇到了许多新课题。这包括农民收入如何提高、农村剩余劳动力转移、小城镇建设等许多问题，这已经是摆在我省农业发展新形势下必须要解决的一些问题。因此，政府在广大的农村地区采取一系列的措施，例如：普及九年义务教育和职业教育，在特殊贫困的地区实行"希望工程"，推广和普及农民培训和绿色证书制度等。

6.2.2　农民自发或无意识地进行人力资源投资

面对经济一体化的浪潮，我们的产业结构、产品结构、生产技术该如何调整，提高自身的知识和技能是我省农民在大潮中为了求生存、求发展所必须做出的决策：①农民自发组织的专业技术协会；②农业专业化经营和产业化发展；③农村剩余劳动力的转移，主要以外出打工为主。根据调查显示，一般农村社区中外出打工的人数可占劳动力人数的百分之十五到百分之三十。农民通过这些活动，农民的组织化程度和科学文化素质得到提高，在某种程度上降低了生产经营过程中的组织成本和成本交易，适应了农业市场化的客观要求，并促进了当地的经济发展。

6.3　河南省农村人力资源投资所面临的问题

河南省农村人力资源的投资的确取得了不小的成绩，但现状仍不容乐观，在河南省农村人力资本的形成和积累过程中，还存在着一些严重的、需要解决的问题。这些情况主要表现在以下三个方面：

6.3.1　农村人力资源丰富、人力资本质量不高

河南省农村人力资源巨大，但人力资本质量不高。河南省虽然人力资源丰富，但存在质量较低，且结构失衡，数量多，质量差的问题。具体体现在：文盲、半文盲等低素质的人口众多，就业人口文化程度偏低。根据第五次人口普查显示，河南省 24 岁以下的青年上学的只有 15.75%，虽然 24 岁以下青年文盲率为 5.72%，但受教育程度低，85.71% 的人只具有小学或初中文化程度，受过中等教育的人口比重为 12.46%，而受过高等教育的人口仅为 1.83%。而且根据调查显示的数据情况还发现，这其中受教育程度低的人口绝大多数是在农村，可见农村的基本教育问题不容乐观，这同时也给对农村人力资源的投资带来了许多影响：①加大了对农村人力资本投入的成本；②延长了投资收益的长期性和滞后性；③扩大了河南省农业与世界农业的差距。显然，河南省农村人力资源现状不能适应当今世界农业现代化和高速发展的信息化对从业劳动力素质的要求。

6.3.2　农村职业教育和技术培训滞后

河南省在农村职业教育和技术培训方面的投入严重不足，极大地影响了农村人力资本的积累和形成。我省与发达国家相比，农业人口当中参加职业培训的比例差距很大，资料显示：芬兰为 46%（1990 年），美国为 52%（1998 年），瑞士为 38%（1993 年），挪威为 37%（1994 年），加拿大为 35%（1996 年），法国为 31%（1995 年），德国为 48%（1998

年)。而河南省的情况是,许多农民终身没有接受过职业训练,也没有参加过任何培训活动。据统计,全省约半数的行政村没有建立农民文化技术学校,农村劳动者的年培训率只有20%左右。在农村,人才培训模式、教育内容和教学方法都不同程度地存在着脱离农村实际现象。可见,我省农村教育的现状难以满足农业、农村和农民的实际需要,更不能适应我省农村长远发展和我省农业现代化建设的需要。

6.3.3 农业科技人员稀缺

河南省农业科技人员数量少、质量低,且接受专业技能培训的机会较少,致使从业的人力资本专业知识"老化",无法与当代世界农业知识接轨。在世界上,每万人中科学家和专业技能人员的数量是:以色列有140人,美国有80人,日本有75人。由于河南省农村人力资本投入较低,使得从事农业技术的人员不能满足农民对科技服务的要求。据2012年《中国农村发展报告》统计显示,我省农村所拥有的农村农民科技人员的数量仅占农村劳动力总数的0.66%。同时这里也存在人力资源浪费的情况,许多农业科研人员并非从事本专业的工作活动,对农业、农村、农民缺乏基本的认识,不愿意组织农民、培训农民,缺少对农业工作的热情。这就导致先期对人力资本投资的巨大浪费,使得人力资本不能发挥自己的效用。

6.4 农村人力资源投资的战略对策

河南省是一个农业大省,拥有着巨大的农村人力资源,如何使这么多的人力资源迅速地转化为人力资本,我们现有的农村人力资本又能否适应世界经济一体化的发展需要。这些问题都需要我们有强大的农村人力资本来解决和实现的。21世纪是信息高速发展、知识经济引领主流的世纪,因此就要求有高素质的人力资源。有了高素质的农民,才能有农业的现代化和农村的富裕生活。所以加大对我省农村人力资源的投资"势在必行",在制定相应的战略对策时,我们不仅要与国际上的农业人力资源投资看齐,更要立足本省的实际情况,因地制宜。根据以上对农村人力资源的现状和问题的分析,提出对我省农村人力资源投资的几点战略对策。

6.4.1 政府对农村人力资源的投资

政府是农村人力资源投资建设的主要投资者,所以政府在这期间的作用也最为重要。①政府部门仍要继续加大对农村基础教育和培训的投资,同时各部门也要广开渠道,筹集教育和培训的经费,提高地方教育和培训水平。地方政府促进区域经济持续健康发展的重要作用是组织好教育和培训工作。政府农业推广体系与农民协会和农业企业的结合是市场经济条件下河南省农业推广体系的特点。因此,稳定农业科技推广队伍可以采取多种方式和方法。现代科学技术应用于生产,取决于一定数量的专业技术人员和农民专业户以及示范户的素质。应多增加用于这些方面的教育和培训投入,这是实现科技兴农的必要保证。②政府在对投资项目中,要改变只重物资设备的优异和数量的增加的错误观点。要重视对使用这些设备的人才的培养,使之达到人与设备相配套。③政府应创造适合的工作环境、生活环境和人际环境,吸引和留住农村技术人才。同时也要防止人才不合理的流动和不许人才合理流动的两种错误倾向,避免农村技术人才的浪费。④各级政府部门应加大对农村从业人员的成人培训工作,这是迅速提高农业劳动力素质的最有效途径。我省农村人口众多,而且其中绝大部分是缺乏劳动技能、知识层次低的劳动力,这是农业发展面临的压力,同时也说明在我省农村有效开展培训工作的重要性。由于这种培训是在生产中指导的在职培训，所以，就要以农民为中心，针对当地农民的特点，理论联系实际地开展培训工作，使农民发挥主动性和创造性，只有这样我省的农业发展才能得到动力。

6.4.2　社会对农村人力资源的投资

农业是国民经济的基础，是社会各行业存在之本。农业产品又是我们从事各项工作的生存保障。农业、农村、农民在我们生活中发挥着强大的基础性作用。但对农民歧视的思想和待遇不公的现象仍然存在，大多表现在对进城打工的农民的待遇问题上。社会是人们生活的活动载体，同时也是对农村人力资源投资的环境载体。只有发挥全社会对农业、农村、农民的关心，帮助和改善农村人力资源的现状，提高农民的知识文化水平，才能使我们的社会得到全面的发展，才能把我们的"小康"社会建设得更美好。

6.4.3　企业对农村人力资源的投资

企业是市场经济的主体，在市场中发挥重要的职能作用。把企业引进到农村人力资源的投资开发中，是我省农村经济快速发展的主要动力。农村的产业化发展需要企业的投资和建设，企业作为对农村经济建设的龙头，就需要对农村剩余劳动力（转移到企业的人力资源）进行培训，使之转变为企业的劳动工人，这不仅解决了农村剩余劳动力的问题，同时通过专业培训也提高了劳动者的技能水平，从而为企业创造更大的利润。对于农业企业则可以与当地的农业生产者相结合，不仅可以节省生产成本，同时也给农村产业化发展提供了支持，使农民不再成为农业市场中的被动者，而变成市场中的主动者。客观上，企业也为农村人力资源的投资提供了良好的投资环境。企业的介入不仅给农村人力资源的投资提供了充足的资金，加快了农村人力资本的迅速转化过程，实际上也解决了农村剩余劳动力就业的问题，同时更推动了农村产业化的发展。

6.4.4　家庭、个人对农村人力资源的投资

我省农业生产经营，一直以单一的家庭生产经营模式为主。为了适应农业市场经济的需要，农民就必须主动放弃单一式的家庭生产经营模式，改变"靠天，靠自己吃饭"的日子。采取家庭、个人对农村人力资源投资的形式，通过自行组织和联合，成立农民协会。进行"自我培训"，在合作协会、组织中，进行经验交流，互助互学，从而提高从业的技能水平。同时也要在家庭生产的基础上，通过组织化经营与市场接轨，使农产品的产、销都能在市场中健康的进行，既符合了市场对农产品的供需变化要求，也使农民了解到了市场，不仅有利于稳定农产品市场，同时也保护了农民切身的利益。

总之，开发和利用好农村人力资源，加大对农村人力资源的投资，是解决我省农村人力资源问题的必由之路。只有我省的农村人力资源问题得到了解决，我省的农村劳动者素质才会得到提高，沉重的农村人口负担也能尽快地转化为人力资源优势。只有"培育有文化、懂技术、会经营的新型农民，发挥亿万农民建设新农村的主体作用"，我们的农业才会实现现代化。

7　结　论

河南省是一个人口大省，河南省当前面临的形势是，人均资源量远低于全国平均水平。面对严重的自然资源的相对短缺，我们除了走可持续发展之路，逐步由物质资源的优先开发

转变为人才资源的优先开发，别无他途。尽管目前河南省劳动者的科学文化水平还不是很高，但只要我们用可持续发展观转变资源观，努力开发人力资源，完全可以把河南省由一个劳动力资源大省建成一个人才资源大省，把人口压力转化为人才优势。同时，河南省具有贯通南北、承接东西的优越区位，战略地位重要。只要我们抓住以城市化为主导，推进区域经济一体多样化的战略机遇，加快中原城市群的建设，发挥河南省在全国区域发展大格局中承接东部、带动中部、振兴西部重要增长极的功能和两大经济圈的战略支点作用，增强河南省吸引力和辐射力，将发展模式由资源粗放型转变为人力资本密集型，河南省人口可持续发展面临的庞大人口总量与人均资源量下降矛盾、劳动力资源丰富与人力资本贫乏的矛盾、低发展型老龄化与高社会成本的矛盾、就业人口结构型过剩与社会稳定协调发展的矛盾将会逐步得到解决。

总之，我们相信，通过确立人力资本投资的长远策略，经过政府、社会和居民的共同努力，在未来的河南会出现这样一种良性循环：普遍的人力资本升值增加了居民的普遍收入，进而形成消费需求增长的中坚力量；使得经济增长的内生性力量不断增强，于是，政府、社会和居民拥有更多的人力资本投资资金；然后，当人力资本再次升值时，消费需求、经济增长又被不断强化，依次循环往复。当然，人力资本投资的长远策略并不是"毕其功于一役"的，它的实施效果受到包括人口增长的压力、二元经济结构等诸多因素的制约。但是，我们依然坚信于此，因为，经济增长的本身就是人的素质的提高、人的全面发展，这既是经济增长的起因，也是经济增长的归宿。

当然，本项目的研究也存在着一些缺陷和不足：首先，由于各种条件的限制（如人力资本度量指标统一性的缺乏、某些指标的不可计量性、相关数据获得的困难等），本项目在理论与实证分析中对人力资本全面内涵的把握有所欠缺，没有将所有能够反映人力资本的指标纳入到模型中，这使得对人力资本与区域增长关系的分析不够完整，可能遗漏某些因素；其次，人力资本对区域增长滞后性的时间长度也同样值得商榷；最后，人力资本作为生产要素之一，如果能够结合资本、技术等其他要素进行全要素分析，应该更加有助于全面地理解河南区域增长背后的各种经济动力机制，从而制定出更加完善的发展战略。

第四篇　农业结构转型问题

1　提出问题

1.1　问题产生的背景及意义

区域农业结构是农业内部各行业、各品种生产的比例关系，包括农产品的品种结构、农业的内部结构和农业生产的地域结构三个最基本的层次[6]。区域农业结构转型则是指上述三个层次的农业结构在调整的过程中，通过技术进步、产业和产品创新，超越既有的均衡与协调，形成从量变到质变的飞跃，达到新的均衡与协调，实现从低级（低层次、低科技、低附加值）向高级（高层次、高科技、高附加值）的升迁。

1978年农村改革以前，我国农业结构单一。由于片面强调"以粮为纲"，综合经营的发展受到了严重抑制[16]。70年代末，我国农村率先改革。1981年，我国政府制定了"决不放松粮食生产，积极开展多种经营"的政策方针。这标志着我国农业结构的调整进入了一个新的时期。此后，伴随着经济体制改革的不断深入和城乡居民收入水平的提高，我国农业结构开始了加速调整。

经过30多年改革和发展，我国农业和农村经济进入了一个崭新的发展阶段[22]。农产品供给由长期短缺变为总量基本平衡、丰年有余，农业的发展由资源约束转为资源与市场双重约束，农业由解决温饱的需要转向适应进入小康的需要，人们对农产品质量有了更高的要求。面对这一新的形势，我国农业生产结构性矛盾日益突出，农业产品品种不够丰富，优质农产品相对不足，不能满足市场对农产品优质化和多样化的需求；农业区域性结构相雷同，地区比较优势未能得到充分发挥。所以，欲实现农业的进一步发展以及强化其对农民收入的贡献能力，必须转向以市场为导向、以质量和效益为中心、加快农业结构转型的轨道上来。所以，积极推进我国农业和农村经济结构的战略性调整具有重要意义[28]。

村域是人类进行生产、生活的基本地域单元之一[23]，也是发展现代农业、推进新农村建设的重要载体之一[22]。村域经济是农村经济的基础和最重要的组成部分，村域作用的发挥程度，关系整个农村经济发展大局[15]。发展村域经济能有效地促进农村经济和社会发展全面进步，改善农村基础设施条件，发展农村社会福利事业，加快农民奔小康步伐，加速农村城镇化进程，进而加快实现共同富裕目标的速度。因此，要大力发展村域经济，切实壮大村级集体经济实力。改革开放以来，我国推行了家庭承包经营，极大地调动了农民的积极性，解放和发展了生产力，村域经济有了一定的发展，这些年的实践证明，村域经济的发展程度对村民生产生活具有正向促进作用。

经过30多年转型发展，我国村域经济出现了"三足鼎立"的态势[22]：其一，欠发达村域集体经济有较大恢复和发展，发达村域集体经济实力越来越强；其二，欠发达村域家庭经济份额继续保持主体地位，发达村域家庭经济份额逐年降低；其三，个体户、中小企业主和新型合作经济等新经济体仍然是市场竞争最具活力的市场主体。但在国内外市场上，村域市场主体仍然是市场竞争中的弱势群体，这种状况如果长期得不到改变，其中一部分可能由市场竞争中的弱势群体退化为需要社会救助的弱势群体。因此，加速推进村域市场主体及其生产经营方式转型，仍然是新阶段我国农村综合改革的中心任务。

目前我国约有 64 万个行政村，是我国农业的"产业园区"、农民生活的家园，如果其中多数村域不能如期完成转型发展任务，"三农"现代化乃至国家富强都将成为一句空话。可以说，村域经济转型发展状况直接影响农户收入增长，决定村级组织运转效率、农村社区建设和公共服务水平以及村民的生活品质，事关我们能否如期实现全面小康和"三农"现代化的目标。

区域经济发展理论，在 20 世纪后半叶获得了大发展[42]。社会经济现象在不同空间尺度上的反映，是区域经济学家研究的一个重点领域[43]。村域经济转型研究是区域经济学的新拓展，但村域经济研究却没有引起重视，多数经济学家们的兴趣都集中在大经济区（东中西部）、大都市带（长三角、珠三角、京津唐）和大行政区域（省域）发展规划和政策研究上，忽视了村域经济转型研究[22]。村域经济空间狭小，经济结构单一，产业链条短、规模小，长期投资不足，基础脆弱，既不具有大经济区域的特征和功能，也没有完整的行政区域的调控手段。特别是在欠发达的中部平原区，受传统农业经济影响深厚，村域经济发展相对薄弱，农业结构较为单一，农民收入来源缺乏多样性，尤其是农村人口比重较高的河南省中部平原区。河南省是我国的一个农业大省，也是我国第一人口大省[3]。河南省的农业问题关系到整个中部地区，甚至整个国家的农业现代化步伐。

基于以上背景，从村域角度探讨农业结构转型问题具有重要的现实意义及理论意义。自然村是我国地域尺度上的最小单元，农业结构转型同农民生产生活息息相关，从自然村角度探讨农业结构转型对于真正认识农业发展程度、农民生产生活状况具有重要意义。而村域尺度的研究是从更加细微的视角进行较为深入地探讨，能够获取到宏观统计数据中不能得出的实地材料，也有望能得出较为特殊的结论。

本研究以"欠发达农区村域农业结构转型动力机制研究"为选题，刻意将农村区域经济研究视角锁定在村域层面，用村域经济社会的发展变化佐证我国农村转型发展的巨大成就及基本规律，展示其中的多样性、区域性，同时又以村域个案研究为起点，以村域整体发展变化为落脚点，尽可能从全貌上反映村域农业结构转型的起点、基础与约束条件、目标与路径、动力机制、不同模式和区域差异等基本理论问题，有助于为农区发展提供政策借鉴。

1.2 研究方法

本研究借鉴国内外的重要研究成果及成功经验，采用调查分析、比较分析、综合评价的方法，对村域农业结构转型的方向、动力机制和措施等进行较为系统的研究。

第一，调查分析。深入案例村进行实地调查，并走访多位重要的乡村领导干部，搜集同本研究相关的一手资料。随后对搜集到的信息进行筛选、判断、总结等，运用相关理论抽象、总结、概括出具有学术价值的材料。

第二，比较分析。农业属于国民经济的组成部分之一，农业结构调整必然从属于整个国民经济结构的调整；农业受自然条件和社会经济条件的"双重"制约，不同地域发展要素之间的联系和区别也都是十分明显的；改革开放以来，我国已进行过几次大的农业结构调整，新一轮调整既是在过去基础上进行的，又有很大的不同，而村域农业结构转型又有其独特的一面。因此，在研究中，运用系统论、层次论等，对新一轮村域农业结构转型和以往几次村域农业结构转型进行比较分析，得出它们之间的异同点，并总结农业结构转型过程中较为普遍的特点。

第三，综合评价。农业结构转型受多种综合因素的影响，因此，笔者力求尽可能多地对村域农业结构转型所涉及的各种因素进行全方位的分析，并综合提出基本的框架。以收集到的各种数据、资料为基础，结合实地调查，对村域农业结构转型现状、所处背景、转型机制及转型措施进行分析，从自然生态条件、社会经济条件等方面分析把握村域农业结构转型的特征要求，预测更广泛的市场经济及国际国内竞争条件下村域农业结构转型的发展趋向。

1.3 研究问题

农业发展进入新阶段后，向农业结构调整要效益，逐渐成为各地增加农民收入的重要手段[24]。那么，这一途径的实施效果到底如何，有必要进行微观层面的实证评价。为此，本文以河南省中部欠发达平原区一自然村落——找子庄村为例，探讨村域经济发展过程中存在哪些问题，促进村域农业结构转型的动力机制有哪些，如何加强农业结构的有益转型以促进村域经济的快速发展等一系列问题，总结制约村域经济发展的诸多因素，了解在经济转型时期村域经济发展动力机制和发展趋势，在此基础上试图对欠发达农区村域农业结构转型过程中存在的问题、转型措施以及转型机制做一初步总结。进而探讨农业结构调整（尤其是种植业结构调整）与农民收入增长的相关性，进一步验证农业结构调整对农民增收的效应这一命题。主要内容如下：

（1）村域农业结构转型的动力机制分析。农业结构转型是生产力发展的内在要求。经过连续多年的结构调整，村域农业有了很大发展，但当前面临的问题依然很多。通过对近些年中牟县姚家乡找子庄村农业结构转型的实际成效及当前农业和农村经济发展面临的现实问题的调查研究，探讨推进新的村域农业结构转型的社会经济驱动因素。

（2）村域农业结构转型的影响机制分析。农业生产是多方面自然、经济因素共同作用的结果，农业结构转型也必然受到多方面因素的影响制约。调查研究当前条件下案例村农业发展所处的经济和社会背景及自身基础，全面分析农村经济系统多元目标、农产品市场化趋势、农业功能演变特征、农业与非农产业的关联效应等对村域农业结构转型所产生的影响，正确把握村域农业结构转型的条件和基础。

（3）村域农业结构转型的目标模式分析。研究农业和农村经济的构成要素及其相互关系，从现状结构出发，研究当前村域农业结构的"战略性"转型与过去的"适应性"转型的差异特征，确立转型的主体定位、主导方向和主攻目标，提出村域结构转型的目标层次，实现农产品品种和品质结构、种植业结构、农业内部结构、农村经济结构、农业区域结构及其外部结构等的全面优化。

（4）村域外农业结构转型的支撑体系分析。研究与村域农业结构调整密切相关的外部因素，从政府职能、基础设施条件、科技进步、市场建设等方面分析推动村域农业结构转型的着力之点，形成整体优化的体制环境。

1.4 研究框架

笔者的研究思路是：理论积累—理论提炼—转型现状—动力机制—主要问题—转型措施—得出结论。首先，对农业结构转型的基础理论进行阐述，进而对找子庄村农业结构转型的研究现状进行评述，并整体分析和比较研究；其次，对促进村域农业结构转型的动力机制进行分析；再次，找出找子庄村农业结构转型中存在的问题并提出进一步转型的有效措施；最后，结合上述的具体研究得出相关结论。研究的技术路线如图4.1所示。

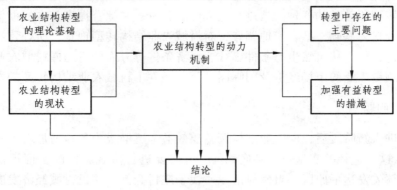

图4.1 研究的技术路线

2 理论基础

2.1 农业产业化理论

农业产业化是指以市场为导向、以提高经济效益为中心、以资源开发为基础，实现区域化布局、专业化生产、社会化服务，逐步形成以市场促产业，集种养加、产供销、贸工农、农科教为一体的生产经营体系[27]。它能够改造传统的自给自足的农业生产经济，使之和国内外市场接轨，逐步实现农业生产的专业化、商品化和社会化，进入市场经济大循环圈内，彻底解决农业生产率低和比较效益低的问题。在我国，农业结构演变的专业化和规模化趋势被概括为农业产业化。就传统农业生产某些环节独立而形成新的产业因素这一个侧面而言，农业产业化实质上是农业的非农产业化，因为这些相关的环节和劳务主要属于非农产业部门，它是农业小部门化趋势在农村地区的表现。农业生产经营的专业化、规模化，不仅表现在农业生产区域相对专一和集中方面，而且最终由于资源结构和生产手段技术升级方面的变化，表现为生产组织质的变迁与量的扩张。

农业产业化理论指明了农业结构转型所涉及的组织形式和转型的方向[30]。只有建立各种形式的农业产业化经营模式，才可能达到农业结构转型的目的。第一，农业产业化可以使农业结构转型同市场紧密结合在一起。农业产业化的经营组织通过向农户及时反馈市场信息，为农户开辟销售渠道，从而将分散的农户小生产与大市场连接起来。第二，农业产业化可给农业结构转型提供必要的资金和技术支持。目前，我国农民还不富裕，国家的财力也有限，农业资金投入的不足成为农业结构转型的一个制约因素。农业的技术贡献率不高，农业技术推广水平较低是主要原因之一。而农业产业化的经营组织具有一定的经济实力和技术实力，可以为农业结构转型提供资金和技术支持。第三，农业产业化可以提升农业结构转型。

在农业产业化经营条件下，由于龙头企业对经济效益的追求，从而能够引导生产基地的农户投资于具有优质化、高效化、特色化的农业生产项目。这样的农业结构转型市场化程度较高，是一种较高层次的转型。

2.2 区域经济发展的比较理论

农业产业结构调整的主要依据之一是比较优势理论。要使按比较优势调整后的农业产业结构充分实现其比较利益[12]。"比较优势理论"最初由英国著名古典经济学家大卫·李嘉图提出用来研究国际贸易的基础，如今其应用早已超出了起源时研究的范畴。现在，我们把这个理论引入农业结构转型研究中。根据李嘉图的比较优势理论的含义，只要存在着生产技术上的相对差别，就会出现生产成本和产品价格的相对差别，从而使各地在不同的产品上具有比较优势，使分工和贸易成为可能。因此，生产并出售本地具有"比较优势"的农产品，购买其具有"比较劣势"的农产品，就会获得"比较利益"。

比较优势理论一般用于分析一国在开放条件下国内生产和消费应当保持什么样的结构才能最大限度地提高国民福利水平。比较优势主要表现在两个方面：一是比较成本优势，指在各国具有相同的资源禀赋情况下由于要素生产率或技术水平不同而引起的生产成本的相对差异所形成的优势。二是资源禀赋优势，它是指在技术不变的情况下由于不同国家之间拥有的资源禀赋数量存在差异而产生的生产成本的相对差异所形成的优势。

比较优势理论为农业结构调整指明了方向[27]。就某一时点来说，一国的农业结构调整必须以现有的资源为依据，发展具有比较成本优势、资源禀赋优势的农产品。就长远来说，一国应通过农业技术进步、提高农业要素的生产率，以增强和形成比较优势，并且将其同国家农业竞争力的增强联系起来。

瑞典经济学家奥林和他的老师赫克谢尔进一步发展了李嘉图的理论，提出了"资源（要素）禀赋学说"，从生产要素比例的差别而不是生产技术的差别上，解释了生产成本和产品价格的不同，从而导致了比较优势的产生。对于农产品来说，其理论可以概述如下：不同的农产品需要不同的生产要素比例，而不同的国家或地区拥有的生产要素比例是不同的。因此，各国或各地在生产那些能够比较密集地利用其较充裕的生产要素的商品时，就必然会有比较利益产生。这里的生产要素既包括劳动力，也包括资本、土地以及其他要素。

"比较利益"是从供给方面对产业结构变动产生决定性影响的因素。"比较利益"的高低反映了与生产供给能力有关部门的资源（资本、劳动力、自然资源）耗费水平[31]。市场价格高、相对成本较低的产业，就有可能在相对收入上占有优势，从而吸引资源向该行业流动，使其得以迅速扩大。所以，比较利益的变动会从供给方面推动农业产业结构的变化。

2.3 区域经济可持续发展理论

区域发展是同地域人们追求的目标[20]，而区域发展可持续性，则是较理想的型式[39]。可持续发展是一种兼顾局部利益和全局利益、当前利益和长远利益，使生态和环境质量不断提高、人口数量得到有效控制、人口素质不断趋向优化的协调发展。可持续农业则是指这样一种农业："管理和保护自然资源基础，调整技术和机制的变化方向，以便确保获得并持续地满足目前和世世代代人们的需要。因此是一种能保护和维持土地、水和动植物资源，不会造成环境退化；同时在技术上适当可行、经济上有活力、能够被社会广泛接受的农业"

（FAO，1992）。

可持续农业是通过管理和保护自然资源基础，调整技术和机制的变化方向，以确保获得并持续地满足目前和长远社会发展需要的农业。要求能够保护和维持土地、水和动植物资源，既不会造成环境退化，同时又在技术上适当可行、经济上有活力、能够被社会广泛接受。农业可持续发展与农业结构调整的关系体现在两个方面[27]：第一，可持续农业给出了农业结构调整的约束条件。在农业结构调整的过程中，必须合理利用、保护、改善自然资源和生态环境，达到生态可持续发展。第二，农业可持续发展要求农业结构调整必须满足人们对农产品的需求，增加农民的收入，缩小城乡差距，达到经济可持续发展。

可持续农业给出了农业结构转型的约束条件。依据这一理论，在农业结构转型的过程中，必须合理利用、保护、改善自然资源和生态环境，发展生态农业。生态农业强调通过生物与环境之间的良性互动增加农业产出，同时达到保护环境的目的[40]；同时，要求农业结构转型必须满足人们对农产品的需求，增加农民收入，缩小城乡差距，达到经济可持续发展。

2.4 区域经济干预理论

农业结构的转型离不开政府的财政支持。农业结构的转型固然要依靠市场机制的作用，但如同许多国家的实践所证明的那样，结构转型的顺利实施，无法离开政府的财政支持。如果政府的工作仅仅停留在口头指导上，就不可能达到预期的目标。根据我国的实际情况，目前可适当提高适销对路的粮食产品的保护水平。在政府制订的粮改方案中，特别强调了按保护价敞开收购农民余粮，从而稳定了农民收入的"大头"，保护了农民的利益。但是，由于保护价格水平偏低，加之地方利益和部门利益的影响，以至农民收入增量中从出售粮食中获得的部分非常有限。所以，适当提高保护价已成了现实的迫切需要。目前学术界流行一种观点，认为我国许多大宗农产品价格已接近或超过国际市场价格，故提价的余地很小。这是一种是似而非的观点。的确，与国际市场相比，我国的农产品价格已经不低，但这并不意味着不能适当提价，更不能成为降低定购价和保护价水平的依据。我国农民人均土地经营规模狭小，技术含量又不高，根本无法与发达国家竞争。在这种情况下，政府必须通过保护价机制保护农民利益。事实上，日本、欧盟的农产品价格均比国际市场价格高出很多，其政府都实行了较高的农业保护[44]。当然，相比之下这里似乎存在一个是多数人保护少数人还是少数人保护多数人的问题。但这同样又是一个认识的误区。在比较的时候，应该选择非农业纳税人人均粮食消费水平这一主要指标，也就是说保护价针对的是农产品，而不是农业生产者，保护价保护的只是量和数量符合市场需求的商品粮部分，而不是所有的粮食产品。所以，笔者认为，国家应该及时提高粮食的定购价和保护价水平，这是国家正当的财政支出，它不仅可以增加农民收入，刺激农村最终消费，而且也是协调利益关系、促进社会公平发展的重要途径。换言之，我们需要重新认识国家财政与农民利益的关系，需要摒弃财政本位的思想，而以9亿农民利益为重。至于如何通过改革国有粮食企业而减少亏损挂账，那是另外一个问题。当然，对农民利益的保护，绝不限于价格机制的狭窄范畴，而是有广泛的内容的，其中最主要的是利农的金融政策和支农的财政政策。在宏观范围内，对农业采取更加广泛和有力的保护和支持政策，应当成为中国农业发展的政策选择的基本原则。地方政府应有意引导农户的示范效应的带动作用，在可持续发展较好的村域进行广泛宣传，不失为一个很好的借鉴方法[1]。

2.5　技术创新理论

熊彼特的"创新理论"是一种非均衡的经济发展理论。按照熊彼特的观点，创新是引入一种新的生产函数，从而提高社会潜在的产出能力。这具体地表现在两个方面：一是带来新商品和劳务的创造。二是在既定的劳动力和资金的情况下，提高原有商品和劳务的产出数量。因此，创新不仅可以提高生产商品和劳务的能力，而且可以增加品种。创新还具有一种扩散效应，促进经济发展的加速与飞跃。

技术是农业产业关联的内在因素，技术进步必然引起农业结构的变化。农业的发展预示着变化，预示着要打破均衡。对农业发展的挑战就是要在农业当中不断打破均衡，从一种非均衡到另一种非均衡，取得越来越高的劳动生产率。这个过程的四个基本因素就是技术变化、制度变革、人力资本的投资以及在研究与促进技术和制度变革方面进行投资。农业结构转型就是农业从一种非均衡到另一种非均衡的过程，在农业结构变革方面，首要的是技术的变革。

2.6　需求理论

"供给会自己创造自己的需求"，这就是著名的萨伊定律。凯恩斯指出，这个定律的缺陷，是把"总供给价格"与"总需求价格"相等的"特殊假定"经常化了。从长期来看，供给方面不成问题。经济中的问题是有效需求不足。需求结构的变动在很大程度上影响产业结构变动。

一般认为，在封闭经济条件下，产业结构的变化是需求结构变动和相对成本（比较利益）变动相互作用的结果。在开放经济条件下，需求结构变动和相对成本变动，再加上一个国际贸易因素，这三个因素是决定产业结构变动的基本因素。

我们知道，人的需求是多种多样的。这种无限多样的需要按人们所赋予的重要程度，可以分为各个不同的层次。按照恩格斯的划分，人的需求有三个层次，即生存需要、享受需要和发展需要。这种划分同样适用于农产品。对农产品的需要结构就是按照人们需要等级的先后次序排列的有机构成。

这里所说的需求是指有支付能力的需求，因而它总是与可支配收入之间存在着某种函数关系。这种函数关系简称为消费函数，即：$C = C(Ya)$，其中 Ya 是可支配收入，C 是消费支出。显然，当收入有限而不能满足所有层次需要时，人们自然倾向于首先满足最基本需要，只有随着收入的提高才逐渐提高需求程度。因此，需求结构的一个基本特征是对各类商品供给的丰富水平具有不同的反应。随着人均收入水平的不断提高，需求的重点会逐步向更高的层次转移。需求具有引导生产的作用，因而农产品需求结构的变动会导致农业产业结构的变动。

3　找子庄村农业结构转型状况

3.1　案例村选择

3.1.1　选择依据

本研究以河南省南阳市唐河县找子庄村为例进行村域经济研究，是因为该村是欠发达农区，特别是南阳盆地平原地区发展村域经济的先进典型，积累了一些加快发展的经验。该村不但运用先进的农业实用科学技术准确把握市场需求，大力发展特色农业；而且依靠自身资源内联外引，合理开发，延长产业链，大力发展优势产业。找子庄村的大棚西瓜已成为享誉全省乃至周边省市的知名品牌。找子庄村的发展独具特色且充满活力，代表着河南省村域经济的发展方向，产生了很好的示范带动和辐射作用，为加快村域经济的发展树立了榜样。

3.1.2 案例村概况

找子庄村位于唐河县的西南部（大约 N32°32′，S112°03′），距唐河县城约 35 千米，隶属于龙潭镇，地处南阳盆地西南边缘。该村交通条件优越，北边有焦枝铁路、宁西铁路等通过，沪陕高速、312 国道、40 国道横穿南北从村边经过，向北与上述各条交通线交汇，向南10 千米与湖北省道接轨，交通条件十分便利。

找子庄村属典型的中纬度暖温带大陆性季风气候，四季分明，气候温和，雨热同期。年平均日照 2 366 小时，日时数多，总辐射量大，年平均气温 14.2 ℃。全年农耕期为 309 天，作物活跃生长期为 217 天，无霜期为 240 天，有利于多种植物生长和农作物复种。该村以沙质地壤为主，有适宜西瓜生长的土壤、光、热、水等自然条件，并有较长的西瓜种植历史。

找子庄村现有 6 个村民组，325 户，1 366 口人，耕地面积 2 600 亩，80% 为沙质土壤。自 1998 年开始，该村围绕农业结构转型这条主线，大力发展大棚西瓜产业，通过采取示范引导，为群众提供技术、资金、销售服务等系列措施，使大棚西瓜产业迅速成为全村群众的增收致富主导产业。2012 年，全村种植大棚西瓜 1 320 亩，占全村耕地面积的 50.8%，从事大棚西瓜种植户数占全村户数的 90%，种植效益达 660 万元以上，使全村人均增收达4 800 元。

3.2 找子庄村农业结构现状

目前该村人均纯收入在 5 500 元以上。饮食及营养主食以面粉、大米为主，肉蛋奶及蔬菜等副食品供应充足。近年来，该村住房条件大为改善，85% 以上的农户为两楼的农家院落。在文化教育方面，该村 60 岁以上的农民文盲占 40%，45～60 岁的农民文盲率为 20%，青壮年多为高中文化程度。文化娱乐生活以电视、电脑为主，电视机普及率为 120%，电脑为 10%。由于文化服务、文化产品较为丰富，农民的生活总体上比较富余。

找子庄村以大棚西瓜生产为主导，积极扶持大棚草莓、大棚蔬菜种植，着力推广农业生产良种良法。目前主要发展富硒西瓜、早熟西瓜、延秋西瓜等优良品种，拉长上市时间。在西瓜种植过程中推广无公害种植技术，销售过程中实行品牌战略，注册的"五洲绿园"牌西瓜被评为河南省名牌农产品；同时成立优质草莓种植合作组织，大力发展大棚草莓。目前，已形成大棚西瓜规模种植。大棚西瓜、大棚草莓、蔬菜亩收入可达 10 000～15 000 元。

3.2.1 种植业结构

找子庄村在传统种植业结构中显示多样性（见表 4.1）。目前找子庄村的农作物有西瓜、辣椒、小麦、花生、玉米和蔬菜。西瓜是该村的支柱产业，西瓜种植是农民增收和村域经济发展的主要渠道。辣椒种植面积则仅为 300 亩，与找子庄村所在中牟县是全国著名的大蒜生产基地不相符合，这主要和该村的自然条件有关。该村主要为沙质土壤，不适合大蒜的生长，之所以仍有村民种植大蒜，一是受周边村的影响，二是西瓜收成之后为了抗重茬而种植大蒜。小麦种植面积仅 118 亩，占全村耕地面积的 4.5%，主要原因是小麦价格偏低，经济效益不如大棚西瓜。在调查中了解到，目前该村村民吃粮主要到市场购买。花生种植面积大的主要原因是沙质土壤适合花生生长，早熟大棚西瓜在每年的五一前后采摘后正赶上花生种植，在同一块土地上可以实现西瓜和花生的复种，再加上近两年花生价格不断提高，导致花生种植面积稳中有升。玉米种植面积较小，且收成之后玉米主要作饲料之用。为充分利用现有资源，大棚蔬菜也随着大棚西瓜种植面积的增加发展起来，故蔬菜的种植面积相对较大。

表4.1　2011年找子庄村农业结构现状

主要农作物（亩）		主要畜产品（头，只）		主要林木（亩）	
西瓜	1 500	牛	5	杨树	1 200
辣椒	300	猪	198	枣树	300
小麦	118	羊	300		
花生	2 000	家禽	500		
玉米	200				
蔬菜	1 476				

资料来源：唐河县龙潭镇政府

3.2.2　养殖业结构

找子庄村养殖业发展较为缓慢。由于村民较为重视大棚西瓜带来的经济效益，找子庄村养殖业发展相对滞后于种植业。表4.1显示该村各类畜产品数量相对较少，且多以户为单位分散养殖，没有形成规模。该村有一个养鸡场和一个养猪场，但效益一般。

3.2.3　林业发展状况

找子庄村林业发展程度相对较高。该村主要有杨树和枣树，二者种植面积共1 500亩，全村土地总面积为5 700亩，以此数字计算，该村的森林覆盖率为26.31%。我国第五次森林资源清查结果显示我国森林覆盖率为16.55%，与此数字相比，找子庄村的森林覆盖率较高。调查得知找子庄村近年来以"人均一亩树"为目标大力发展植树造林，使林木覆盖面积迅速扩大。

3.3　找子庄村农业结构演变

我国农业发展的过程，实际上也是农业结构不断调整和优化的过程[29]。改革开放30年来，我国农业结构调整的重点、目标在不断变化，内涵日益丰富，要求越来越高，其战略意义也越来越明显。同全国范围的农业结构调整相对应，找子庄村农业结构演化大体经历如下历程：

第一阶段（改革开放以前）：1978年农村改革以前的计划经济时期，找子庄村农业结构实际是历史传统的延伸。农业以种植业为主，种植业以粮食为主，粮食生产又以高产作物为主，核心是追求粮食高产，主要目的是解决吃饭问题。该时期虽然也提出了农、林、牧、副、渔五业并举，但实际上基本是一种片面的种植业结构，找子庄村水资源贫乏，渔业没有发展，牧业也处于从属地位，林业有所发展，但当时以防风固沙为主要目标，主要种植荆条、槐条等，经济林种植很少。这种局面使得找子庄村经济作物发展相对滞缓，农业生产结构长期滞留在"农业—种植业—粮食"的低级阶段，破坏了农业生产内部的相互配合和协调发展，降低了农业发展的整体绩效。该时期找子庄村农业结构基本呈现"一元"种植业结构特征。

第二阶段（改革开放初期第一轮农业结构调整）：计划经济体制向市场经济体制过渡时期，短缺市场尚未转向相对过剩经济以前，主要是改变"以粮为纲"，提出"决不放松粮食生产，积极发展多种经营"的方针，实行农、林、牧、副、渔并举的方针。中国的改革始于农村，更具体地说是始于农村家庭联产承包责任制的推行，它冲破了人民公社"三级所有，队为基础"的框框，改吃"大锅饭"的分配制度为按劳分配，极大地调动了广大农民的生产积极性，中国各地农村发生了翻天覆地的变化，找子庄村农村经济也翻开了崭新的一页。1983 年，全村粮食产量大幅增加，成为历史上第一个高产年，扭转了农业长期徘徊的局面。到 1986 年，在"绝不放松粮食生产，积极发展多种经营"及"鼓励一部分人先富起来"的政策引导下，找子庄村涌现出一批养羊专业户，农民收入实现了快速增长，农村居民消费发生了重大变化，农产品需求结构也发生了巨大变化。

第三阶段（改革开放后 80 年代中期的第二轮农业结构调整）：粮食、棉花连续几年丰收后出现"难卖"现象，国家为解决粮食、棉花库存积压问题，决定改革粮食、棉花和其他农产品的流通体制，在农产品的价格形成中更多地引入市场机制。在当时粮食、棉花供大于求，而其他多数农产品仍然供不应求的背景下，引入市场机制意味着抑制粮食和棉花的生产，鼓励其他农产品生产。然而，这种大背景却没有给找子庄村的农业结构造成显著的影响，其原因是：找子庄村粮食产量虽然在 1983 年以后较以前大幅提高，但由于过去底子薄，产量提高后也仅能达到交完公粮后可以满足自用的水平，并没有太多的余粮可卖；再者由于土壤等自然条件所限，找子庄村没有棉花种植，所以当时全国出现的粮食、棉花难卖现象并没有在该村表现出来。1985 到 1990 年，该村仍然以种植业为主，同时花生种植面积相应扩大，畜牧业小幅发展，林业开始更新品种，经济林种植面积有所扩大。

第四阶段（20 世纪 90 年代的"两高一优"调整）：20 世纪 90 年代中期以来，农村经济得到快速发展[21]。伴随着我国农业开始进入由传统农业向现代农业转型的新阶段——农业的高产、优质、高效阶段，找子庄村农业结构也应时而动，尝试向着效益优先的方向发展。1994 至 1995 年，找子庄村曾一定规模地栽种苹果树和葡萄树，但由于地质、技术、水利等方面的原因，最终没有成功。这个阶段找子庄村农业结构转型曾尝试过多种办法，虽然没有取得明显成效，但在尝试中吸取了教训，积累了经验，为以后农业结构的成功转型打下了基础。同前一阶段相比，该阶段农业结构变化不大，但农、林、牧均有一定程度的发展。

第五阶段（当前进行的新阶段战略性农业结构调整）：随着农业和农村经济发展进入农产品供给由长期短缺转向总量平衡、丰年有余的新阶段，以及经济全球化进程的加快，党和政府及时做出了推进农业和农村经济结构战略性调整的重大决策。在这一方针政策的引导下，通过这次实际始于 1998 年的农业结构战略调整，找子庄村农业结构有了较大优化与提高。结合当地自然条件和市场需求的变化，从 1998 年开始找子庄村开始种植大棚西瓜，以后种植面积逐年递增。西瓜种植使该村的农业总产值和人均纯收入大幅提高。这一阶段进行了林业品种的更新换代，大面积种植杨树，使该村的森林覆盖率提高到 25% 以上。畜牧业也有一定发展，但没有形成规模，仍然以农户分散养殖为主。

3.4 农业结构转型对农民收入的影响

村域人类活动主要表现为村域内的农户活动[23]。农户是农业生产中最基本的决策单元[8]。农户行为之间的差异在一定程度上影响着其收入水平的高低[9]。本研究从找子庄村随机抽取 120 个农户为样本，研究农业结构转型对农民收入的影响。在 120 个样本户中，2011 年 98 户为大棚西瓜种植户，22 户为非大棚西瓜种植户；2012 年 109 户为大棚西瓜种植户，11 户为非大棚西瓜种植户。

3.4.1　农业结构转型对农民收入具有显著影响

表 4.2　找子庄村主要指示变化一览表

指标名称	2002	2003	2004	2005	2006	2007	2008	2009	2010	2011	2012
村总人口（人）	1 340	1 340	1 348	1 348	1 348	1 373	1 369	1 364	1 364	1 366	1 366
从业人员（人）	650	650	650	650	650	700	700	718	720	720	720
耕地面积（公顷）	176	176	176	176	176	178	178	178	178	178	178
大棚西瓜（亩）	2	200	350	500	800	950	1 000	1 100	1 200 *	1 320 *	1 500 *
露地西瓜（亩）	380	300	210	130	40						
人均纯收入（元）	2 060	2 400	2 500	2 600	2 723	2 850	2 917	3 150	3 696	4 856	5 700

* 加硒大棚西瓜　资料来源：唐河县龙潭镇政府

鉴于找子庄村农业结构转型过程中主要表现为大棚西瓜种植面积的增加及传统农作物种植面积的减少，故在此分析农业结构转型对农民收入的影响时以人均纯收入为因变量，以大棚西瓜、耕地面积、从业人员为自变量（见表 4.2），选择逐步回归方法建立模型进行分析。分析结果表明，仅大棚西瓜种植面积对人均收入的影响是显著的（见表 4.3），且拟合度达到 67.7%。

表 4.3　大棚种植面积对人均收入水平的影响回归模型分析结果

	常数项	自变量 （大棚西瓜种植面积）	调整的 R^2
因变量（人均纯收入）	1653.758	1.935	0.677
T 值	4.290	4.688	
Sig.	0.002	0.001	

从计量结果中可知，找子庄村大棚种植面积每增加 1 亩，则可使当地人均纯收入增加 1.935 元。表明找子庄村大棚西瓜种植对其村民人均纯收入具有比较显著的影响。

3.4.2　大棚西瓜种植户收入水平明显高于非大棚西瓜种植户

大棚西瓜种植户家庭总收入明显高于以传统农业为主的农户（见表 4.4）。2010 年，大棚西瓜种植户家庭总收入为 15 689 元，以传统农业为主的农户家庭总收入为 8 979 元，比大棚西瓜种植户低 6 710 元。从人均水平看，大棚西瓜种植户家庭收入水平也高于以传统农业为主的种植户。大棚西瓜种植户家庭人均收入为 3 929 元，以传统农业为主的种植户家庭人均收入为 2 289 元，前者比后者高 1 640 元。在种植业收入方面，大棚西瓜种植户高于传统农业种植户。2010 年找子庄村大棚西瓜种植户家庭种植业收入的平均水平显著高于以传统农业为主的种植户，前者平均总收入为 6 680 元，后者仅为 2 998 元，相差 3 682 元。从人均水平看，大棚西瓜种植户高于以传统农业为主的种植户 750 元。

表 4.4 年找子庄村大棚西瓜生产与农户收入的关系（元）

农户类型	观测值个数	家庭总收入		种植业收入	
		总收入	人均收入	总收入	人均收入
大棚西瓜种植户	109	15 689	3 929	6 680	1 670
以传统农业为主的农户	11	8 979	2 289	2 998	920

资料来源：作者对找子庄村调查数据

3.4.3 大棚西瓜种植户之间收入亦具有差异性

表 4.5 2010 年找子庄村大棚西瓜种植面积与农户收入的关系

大棚西瓜种植面积	观测值户数	家庭总收入（元）		种植业收入（元）	
		总收入	人均收入	总收入	人均收入
小于 2.5 亩	27	14 248	3 312	4 860	1 215
2.5~6 亩	43	15 606	3 902	6 246	1 322
大于 6 亩	39	15 986	3 996	6 918	1 729

资料来源：作者对找子庄村调查数据

　　从以上分析可知，大棚西瓜种植户与传统农业种植户之间的收入存在显著差异，而不同生产规模的大棚西瓜种植户之间收入也存在明显差异。笔者将 109 户大棚西瓜种植户按种植面积分为 3 组：①种植面积小于 2.5 亩；②种植面积在 2.5~6 亩之间；③种植面积大于 6 亩。种植面积越大的农户，其种植业总收入相对越高。调查显示，第③组农户种植业收入平均为 6 918 元，分别高出第①组和第②组 2 058 元和 672 元（见表 4.5）。同时，大棚西瓜种植面积越小的农户，其人均种植业收入也越低。低种植面积的第①组农户人均种植业收入分别低于第②组和第③组 107 元和 514 元（见表 4.5）。

　　同种植业总收入及人均种植业收入相比，农户家庭总收入及人均收入在不同种植面积的农户组之间亦有相同表现（见表 4.5），主要在于总收入中有相当份额来自于种植业收入，且大棚西瓜种植面积越大，其总收入中种植业收入的份额越大。如在大于 6 亩的种植农户组中，总收入及人均收入中均有 43% 的比例来自种植业收入，在小于 2.5 亩的种植户中，相应数值分别为 34% 和 37%，种植规模居中的农户分别有 40% 和 34% 的家庭总收入及人均收入来自于种植业总收入及种植业人均收入。而样本数显示，种植规模居中的农户最多，约占种植户总样本的 40%。大棚种植户内部收入差异没有种植户与非种植户之间的差异显著。

4 找子庄村农业结构转型的动力机制

　　农业结构转型是一个复杂的系统，它是由农业结构转型的条件、转型的目标、转型的动力、转型的支持和约束等要素构成[10]。农业结构转型必须依据这些要素特点和变化要求进行。当前找子庄村的农业结构转型，就是依据自然条件、市场状况和经济发展的总体要求，以发展市场农业、现代农业和增加农民收入为目标，对农业内部各类构成要素的比例关系及其地位的调整。从理论和实践的角度来看，要实现农业结构转型的目标，就必须要有保障性因素和促进转型的动力因素支持，就必须对当前农业结构转型的动力因素进行分析，探索当前农业结构转型的动力源和动力体系，找出这些动力因素与农业结构转型之间的逻辑关系。

4.1　农民自身的趋利行为是促使农业结构转型的原动力

中国农民同世界其他国家的农民一样，同所有其他经济主体一样，是追求利益（效用）最大化的理性经济人[37]。在市场经济结构体制下，农民自主寻求经济来源的渠道和能力有显著增加，找子庄村农业经济结构转型正是在农民追求更多经济收入的刺激下发生的。这种自发性是农业结构转型的内在动力。农民收入的增减，决定了农民农业生产的积极性和进行农业结构转型的热情。如果农民收入增长缓慢，甚至下降，就会降低农民生活水平，弱化农民农业投入的积极性，就会出现农民抛耕撂荒、农业青壮劳动力向非农产业盲目转移的问题。这样不仅伤害了农民生产的热情，也损害了村域经济的协调发展[10]。在找子庄村，随着大棚西瓜种植效益日渐鲜明，农户种植大棚西瓜热情提高，导致整体上大棚西瓜种植面积连年提高。

4.2　政府支持为农业结构转型提供了外在保障

国家和地方政府日渐注重农村发展问题，"三农"问题引起社会各界的关注，在农业结构转型方面亦给予多方帮扶，而农业结构转型的目标就是要适应农业发展的特点和市场的需要，努力增加农民的收入，增强农业的竞争力，保证经济的协调、快速、持续发展。因此，政府农业结构转型的目标要求，就构成了促使农业结构转型的外在驱动力之一。找子庄村农业结构转型的目标是提高效益、增强农业竞争力、增加农民收入。政府相关农业政策的支持为农业结构转型目标的顺利实施及实现提供了可靠的政策保障，如近年来中央和国务院为解决农民收入增长缓慢的问题，围绕增加农民收入这个目标所采取地对农民生产直接补贴、取消农业特产税、减免农业税等政策及措施，为加快农业结构转型提供了有力的保障。而找子庄村所在的乡、村政府及相关部门的努力也为促进农业结构转型提供了动力。

1998 年以前，传统的种植模式使找子庄村的经济徘徊不前，为了找到适合该村发展的新路子，该村领导班子经过多方考察，决定打破传统种植模式，积极推进农业结构的有益转型，发展名、优、特、新农作物品种，推动农业产业化进程，以促使群众尽快致富。随后，该村以实现农民增收为目标，围绕农业结构转型为主线，大力发展大棚西瓜产业，通过采取示范引导，为群众提供技术、资金、销售服务等系列措施，使大棚西瓜产业迅速成为全村群众的增收致富主导产业。同时，该村还发展大棚辣椒、各类蔬菜及冬春大棚草莓等，其中辣椒、各类蔬菜亩效益 2 000～5 000 元，大棚草莓亩效益 3 000－7 000 元。一系列举措促使找子庄村农业结构的顺利转型，增加了农民的收入，使找子庄村成了农民增收的示范村和农业结构转型的典型村。

融资及技术问题是农业结构转型过程中遇到的困难之一。找子庄村农业结构转型也遇到了同样的难题，为解决农户资金和技术都缺乏的问题，乡政府及党委给予了及时的帮助，保障了农业结构转型的顺利实施。首先是提供技术服务。乡里常年高薪聘请大棚西瓜种植技术员驻村实地进行技术指导，定期从省、市、县农业部门邀请专家进行技术培训，及时解决种植户生产管理中的实际问题。截至目前，全乡群众已熟练掌握应用大棚种植育苗、嫁接等生产技术，在县科技部门的帮助下，全乡有 4 000 亩大棚西瓜使用了富硒技术。其次是做好资金服务。镇政府组织机关干部每人集资 6 000～15 000 元帮助农户发展大棚，同时积极协调金融部门发展小额贷款，同时还采取了为棚户赊农资、料物等形式，保障种植户尤其是困难户。为保障不耽误扣棚、种植，镇政府还建设了360万元的大棚西瓜发展基金，为发展大棚西瓜提供资金保障。最后是完善销售服务。西瓜销售，受市场、气候等多方面因素的制约，价格不稳定，为了棚户获得更好的经济效益，镇党委政府积极探索多种销售方式，拓宽销售渠道，帮助农户销售西瓜。2000年，受天气影响，大棚西瓜市场价格低迷，农民出现"卖瓜难"现象，为此，镇政府印制宣传小册子，并组织乡机关干部和村里销售大户带队，南下武汉、广州、成都等大中城市帮助瓜农销售。2006年，在南阳市委驻村工作队的帮助下，尝试了网上售瓜的方式，效果极佳，至今仍在使用。

随着产业规模的进一步扩大，农民经纪人队伍也逐渐扩大，乡政府采取措施，鼓励支持农民经纪人参与西瓜销售，找子庄村率先成立了农产品销售协会，同时，全乡多渠道筹资依托基地建市场，相继投入120万元，建成3个季节性专业西瓜销售市场。此外，为了进一步提升品牌和规模效应，乡政府鼓励种植户装箱和套袋销售，邀请质检部门公开对大棚西瓜进行无公害质量监测，积极申请省级大棚西瓜生产基地认证和商标注册。近年来，全镇大棚西瓜实现了全部注册销售。

找子庄村所在龙潭镇还专门成立了农业产业化推进领导小组和大棚西瓜生产指挥部，采取政策引导、项目支撑、加大投入等有效措施，一点一点扩大种植面积。为引导农户种大棚西瓜，仅2002至2003年两年间，镇、村组织群众到外地学习考察20余次，使群众对种植大棚西瓜有了新的认识。目前一亩地的纯收入是原来一亩地收入的10～20倍，农户也自觉地选择种植大棚西瓜。

随着全镇大棚西瓜种植面积的迅速扩大，原来种植户责任田内小地块已不适应大棚西瓜发展的需要，乡政府适时对全乡大棚西瓜用地进行了整体规划，统一组织各村按人均0.2亩调整预留大棚西瓜生产用地，各村相继成了大棚西瓜示范园，全乡大棚西瓜种植形成了连片成方、规模化的生产布局。这些均为找子庄村农业结构转型提供了可靠、积极、有力地发展保障。地方政府对找子庄村农业结构转型的作用机制见图4.2。

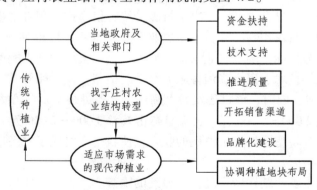

图4.2 地方政府对找子庄村农业结构转型的作用机制

4.3 技术进步推动农业结构转型

理论研究和实践都表明，制度安排是经济发展中起决定性作用的内生变量，而技术创新则是促进经济结构合理化演进从而推动经济发展的重要力量[16]。农业结构转型就是改进农业的生产结构，使之适应于生产技术进步、市场需求和人们生活水平提高的需要。找子庄村农业发展的进程表明，科技进步是农业结构转型的主要动力之一。科学技术使农业生产条件、手段发生了根本性的转变，拓宽了农业生产领域，使农业劳动生产率不断得到提高。从一定意义上讲，农业科技进步的过程，同时也是农业发展与农业结构转型的过程。

提高农产品品质是农业结构转型的灵魂。提高农产品的品质，就要放弃原来的生产结构，用新品种代替老品种，用高品质代替低品质。新品种和新品质源于新技术，没有新的技术突破就没有新品种代替旧品种，就没有高品质的产品代替低品质的产品[5]。从农业生产中看，农业结构调整是传统农业向现代农业转变的必然途径[33]。农业结构转型就是现代农业技术不断应用于农业生产实际的过程。社会对农业技术供给程度是农业结构转型持续性的基础。新技术的广泛应用是农业结构转型的关键，而新技术都有相应的新操作方法。如果农民对这一操作方法了解甚少或还没有完全掌握，就不能有效地处理生产中出现的某些问题，就会影响新生产项目效益的发挥，农民不认同新项目从而影响农业结构转型的彻底性[5]。

"科学技术是第一生产力"，农业技术是农业科学知识和生产实践相结合的物化形态以及知识形态的总称，作为农业产业结构转型动力的技术进步不仅是单纯的农业技术，还包括农业技术以外的一切能促进农业发展的技术进步。农业生产增长可以由劳动力和资本投入的增加而实现，也可以由这些要素产出效率的提高而实现。由于资源稀缺性，要素数量增加在具体的历史时期总是有限的，因而努力提高要素的产出效率，利用"技术进步"是非常有必要的。技术进步从供给和需求两个方面引起农业结构转型。

从供给方面看，技术进步促进经济增长，并且引起产业结构的变化，其推动产业结构变化的途径是：改变农业发展的制约条件，也创造了新的可能性。人们把科学成果用于更新农业生产技术、完善原有技术、推广新的技术手段，并且在此基础上重新装备整个农业产业，改变要素的比例关系，从而影响农业产业结构。技术进步直接引起作为生产力能动要素的人的一系列变化。农业生产者通过掌握先进的科学技术，不断在改造自然和发展农业生产中更好地发挥主观能动性，不断提高对自然的控制力；技术进步导致农业生产工具不断由简单到复杂、由低级到高级，引起农业生产水平提高；技术进步扩大了劳动对象，其范围及应用的不断扩展，使得农业生产纳入更多资源，创造出更高的生产力。技术通过对农业主体和客体的改变，深刻影响农业生产力的量变和质变，促使农业结构变化。通过运用科学技术和科学管理，生产体制、农业管理和操作都将发生巨大变化，生产效率和经济效益得以提高，从而通过技术结构和管理结构的变化影响农业结构。

从需求方面看，任何部门的产品，无论在量上还是质上，都受需求的支配。如果产品不能被社会承认，它就失去了存在的价值，它也不能再通过交换获得自己所需的产品，这个部门就无法继续生产。农产品生产同样受到需求的强烈约束，消费是生产的最终目的，各种农产品随技术进步不断推陈出新，改善质量，在人们的最终需求结构上引起了深刻的革命，诱发了相应农业结构的变化。技术进步使得单位农产品的实际成本下降，价格相应降低，此时，如果产品的需求价格弹性变化，这种产品的市场份额就会改变，从而改变农业产业结构。技术进步使得人均收入增加，需求的收入弹性较大的产品就会发展更快。特别是新的优质农产品出现，其需求从无到有，弹性很大，对农业结构影响更大。

市场经济是竞争的经济，构建市场农业、提高市场化程度，不仅需要增强农业的市场适应能力，而且更需要提高农业的技术水平，增强竞争能力。就前者而言，需要对农业结构进行合理调整，保持一个合理且优化的农业结构。这是保证农产品适销对路、避免产品积压、实现投入与产出成正比例关系的有效途径。就后者而言，需要农业结构的优化升级，提高农业的资本和技术含量，增加品种，提高质量，这是进一步提高农业效率、增强农业竞争力、提升农业市场地位的必要手段。实际上，无论从理论上还是从实践上看，农业技术成为农业结构转型的驱动力都是客观必然的。一方面，农业技术是改善农业结构、增强农产品市场适应性和竞争力、提高农产品产量和质量的有力的因素。虽然合理的农业结构使农产品有了一定的市场销路，也产生一定的经济效益，但这并不能保证农产品就具有很强的市场竞争力，农业生产就能够得到一个很好的经济效益，农业的质量和综合实力就提高了。因此，在农业结构调整时，把农业技术推广、生物基因、农业机械等先进的技术应用到农业结构调整中，这必将成为农业发展的极大推动力。另一方面，我国目前农业技术落后，基本上处于手工生产的状态，这种整体上的农业技术现状与发达农业国家技术水平相比，差距十分大，这就从反方向促使我们在进行农业结构转型时改变观念，重视农业技术，加强农业技术的推广使用，在农业技术构成与农业结构之间，存在着一定的逻辑联系。农业技术构成越高，农业技术水平越先进，对农业结构的质量要求就越高，农业的劳动生产率和经济效益就越好，市场竞争力就越强。反过来，要提高农业技术构成，增强竞争力，就必须调整和优化农业结构。由于农业技术构成的提高，是建立在一定的物质、技术和资本投入的基础上的，决定这种投入多少唯一的驱动力就是投入的回报率高低，换句话说，就是投入主体的经济收益好坏。如果农业结构合理，农产品生产和市场供应就有一个好的比例、好的效益，投入者就会加大投入，这就有利于农业技术构成的提高。反之，如果没有合理的农业结构，农产品与市场的适应性就差，农业投入没有好的经济回报率，那么就没有人愿意在农业上进行更多的投入，从而影响农业技术构成的提高。从现代农业发展要求和发达国家农业实践的经验来看，要提高农业技术构成，首先是加大技术投入，通过农业技术构成的提高来优化农业结构的构成和质量，提高农产品技术含量和附加值，增强农产品市场适应力和竞争力。提高农产品质量是目前开拓农产品市场的首要任务，也是重要途径之一[36]。如果农产品的品种多、品质好、价格高，投入的经济回报率高，农业投入主体的热情就高，投入量就增加。反过来，投入的增长，又促使生产主体不断地改进技术，提高农业技术构成，推动农业结构的调整和优化升级。我国农业技术构成比例低，在进行农业结构转型，实现自然农业向市场农业、传统农业向现代农业的转变过程中，必须加大农业的投入，特别是技术的投入，要高度重视农业结构中的技术因素，努力提高农业技术构成，实现农业结构转型和农业技术构成提高的良性互动。

大棚西瓜产量的高低，品质的好坏，除受土壤气候等自然条件的影响外，还和种植技术有密切关系。在乡村两级政府的帮助下，在专业技术员的指导下，找子庄村村民大多熟练掌握了用大棚种植育苗、嫁接等生产技术，有些农户的大棚西瓜使用了富硒技术。找子庄村大棚西瓜的种植采用温室育苗，移栽大田后用地膜和大小拱棚覆盖的西瓜种植技术，使种植西瓜的经济效益比采用传统种植技术提高了 2~3 倍。由于西瓜个大、皮薄、汁多、瓤沙且含糖量高，脆甜可口，所以很受欢迎。西瓜成熟后，县技术监督局会把检测车开到种植地免费对西瓜的糖分和农药残留进行现场检测。经省质量技术监督局批准，唐河县西瓜经检测合格后，均可贴上无公害西瓜合格证。

经过几年的努力，该村西瓜种植面积现已达到 1 320 亩，全部按照国家级标准，无公害栽培管理模式生产。主要品种有京欣、新欣早熟系列，无籽系列，富硒精品系列等 10 余种。

亩产量 2 000～3 000 千克，效益 3 000～5 000 元，仅此一项全村农民人均增收 1 000 元以上，早熟西瓜生产已成为找子庄村农业的支柱产业。

4.4　现代市场要求农业结构转型

中国的农业已经进入市场化进程[7]。当前我国村域农业结构转型，面临着资源约束和市场约束两大障碍，随着农产品买方市场的形成，产供销脱节和农产品流通受阻的市场约束逐渐强化[41]；与此同时，市场也越来越成为农业结构转型的重要驱动力[10]。市场之所以成为农业结构调整的驱动力，是由多方面因素决定的。

首先，从市场经济大背景来看，农业结构转型首先面临一个存在和发展的环境问题[10]。在社会主义市场经济条件下，市场在资源配置中起基础性作用，经济关系市场化、市场主体多元化、市场活动竞争化、市场开放化等构成了市场经济的基本特征。在社会主义市场经济这个平台上，任何市场主体、任何劳动产品，都要遵循价值规律，按照市场规则，通过价格、竞争、供求等市场机制运行来组织生产经营活动，来实现商品的使用价值和价值。农业作为国民经济的一个重要产业部门，在社会主义市场经济条件下，同样面临着市场的竞争，面临着同业内部和不同部门之间，甚至是外来农业的竞争压力。农业生产主体要参与市场竞争，农业产品也要面临着市场的选择和竞争的考验，不合理甚至落后的农业结构也必须进行转型。因此，从这个意义上讲，市场机制要求农业结构要进行市场化的调整，市场也成为农业结构转型的直接动力。

其次，市场作为农业结构转型的动力是由农业结构转型与农业市场化的关系决定的[10]。农业结构转型与农业市场化，是一个互为前提、相互联系的关系。一方面，农业结构制约着农业市场化的发展，没有合理的农业结构，农业生产必然出现生产与市场的量和质上的错位问题。农业结构是否合理，不仅决定了产品的供求状况、价格高低和竞争优势，而且也决定了农业投入与产出的有效回报程度。另一方面，市场化是衡量农业结构是否合理以及合理程度的一个基本的标准。合理优化的农业结构，其农业生产结构、农产品结构、农业生产布局结构等都更加适应市场发展的需要。事实上，市场要求合理的农业结构，合理的农业结构其本身就遵循了市场规律和市场法则，其生产行为也是合理的。合理的经济行为，就能够保证农产品为市场接受的程度和农业市场化的发展水平。农业结构越是合理，其投入与有效产出的比例越大，经济效益就越好，其生产行为更适应市场的需要，农业的市场化程度就相应要高。农业市场化程度越高，对农业结构合理程度要求也就越高，农业市场的需要和不断的竞争压力，促使农业结构不断地转型，不断地优化。双方的这种互动作用由此构成了农业生产主体经常进行农业结构市场化转型的内在动力和外在压力。

最后，当前我国农业结构与市场严重的错位奠定了市场化在农业结构转型中的动力地位[10]。从实践上讲，农业结构转型是现实农业市场变化的要求。由于社会主义市场经济体制的建立以及我国农业结构的多次调整，农业市场发生了重大的变化，这就成为农业结构转型的直接原因和直接动力。这些变化主要有：一是现实存在的生产单一、雷同，农产品少、品质不高，名优产品比例低，库存积压，农产品生产与市场严重错位的农业结构，同市场经济所要求的多品种、高品质、高技术、有特色的市场农业格格不入，发生了严重的冲突。这就迫切需要对农业结构进行大胆的转型，农业结构与市场错位的压力，就成为当前农业结构转型的外在动力。二是农产品市场供求关系的变化。我国农产品供给发生了由长期短缺变为总量基本平衡、丰年有余的历史性变化，这个变化使原有的"以粮为纲"为主导的农业结构不再适应现实经济发展的要求。这种农产品供求市场促使农业结构必须进行调整。三是中国入世后所面临的国际农业市场的激烈竞争，现有的结构不能适应，急需调整。国外发达国家农业生产规模大，技术条件好，劳动生产率高，农产品的品质优良，市场竞争能力强，这对入世后我国农业是一个极大的威胁和冲击，这就促使我国农业结构不得不面向市场进行转型[45]。

找子庄村农业结构转型正是在市场需求多样化、积极与市场接轨的基础上发展起来的。找子庄村利用市场带来的发展契机表现在以下几方面：①积极建设产地市场。镇村两级政府积极推进沿312国道与湖北濒临省道建立产地批发市场，并重点扶持找子庄等村西瓜交易市场，总占地面积100亩。找子庄村市场每天可销售西瓜100~300吨。同时加强了对市场的管理。②积极培养壮大农民经纪人队伍。镇政府组织成立了西瓜办、西瓜销售分会，2/3村都组织成立了经纪人协会，全镇共发展农民经纪人400余人，镇政府把南阳市禁止农用车进城等有关政策宣传给他们，使他们认识到这个政策是他们赚钱的大好时机，动员、鼓励他们租赁、购买面包车或箱式货车运输销售西瓜。同时，镇党委、政府研究出台了办法，对在西瓜销售工作中做出突出成绩的农民经纪人给予重奖，鼓励他们为西瓜销售作出贡献。③主动与省内外客商加强联系。把该镇西瓜的生产情况、价格走向及县委、县政府在优化环境方面的政策宣传出去，吸引外地客商前来购销西瓜。近年来，已与湖北、安徽、成都、南京、武汉、广州、长沙、西安等20多个城市和地区的40多个农贸市场取得联系，每年外销西瓜约2 000吨。④成立西瓜专业销售队伍，开展集团销售。镇村两级抽调成立了10多人组成的西瓜销售队伍，主要任务是利用各种关系加强与省直、市直各单位、各社区的沟通联系，推销西瓜。同时与曾在龙潭镇驻队的省市直两级单位保持联系，每年可销售西瓜500吨，预约定单5 000吨。⑤另辟蹊径，多渠道联系客商。镇政府曾派出专人带上精心制作的西瓜宣传小册子500份，到全国最大的西瓜生产地山东昌乐、河南西瓜生产名地中牟县去考察，一方面及时了解掌握西瓜销售行情，一方面联系客源，目前已有20多个客商到龙潭镇定购西瓜，每年可销售西瓜约3 000吨。⑥网上销售。把西瓜所有产量、指导价格等相关内容在网上发布。已有近100个外地客商通过网上发布的信息与镇政府热线联系，有近20名客商到该镇大量购买西瓜，网上销售的西瓜每年近5 000吨。

4.5 消费需求变化迫使农业结构转型

农业结构转型，旨在增加产品，提高有效供应，满足人民群众不断增长的对农业产品的物质需求[10]。人们消费结构尤其是农产品消费结构的变化，也要求农业生产结构的相应变化。从经济学上讲，生产结构决定消费结构，消费结构反作用于生产结构，消费结构的优化需要并促使生产结构的优化，优化的消费结构需要生产结构的相应性调整，二者是相互制约、相互促进的辩证统一关系。

一方面，农业结构转型，有利于优化农产品消费结构。这种作用主要表现在：一是为消费者提供基本的生活保障品，这是个基本点。在人类消费结构中，有衣食住行用几大类，其中最基础性的消费就是农业产品的消费。农业是消费者的衣食之源、生命和生活的基本保障，没有工业消费品的存在，消费者的消费水平最多是降低一个档次，而没有农产品的存在，消费者就无法生存下去。比如，如果农业结构中粮食种植结构不合理或严重失调，就会直接影响到消费者的食品保证问题，也危及国家的粮食安全。二是为消费者提供高质量的农产品消费结构。农业生产能够提供一个什么数量和种类的消费品、什么质量和档次的消费品，这是关系到消费者物质生活充裕和质量的问题。如果没有一个合理的、优化的农业生产结构，就不会有一个合理的平衡的农产品供应体系，消费者基本的生存需要就无法保证，消费水平就很难上升到更高的档次。一个合理的农产品结构，不仅保证了粮食的平稳供应，丰富了消费者的菜篮子，提高了农产品的质量和品质，而且使消费者的消费档次在衣食住行、健康质量等方面得到一个全面的提升。

另一方面，消费结构的变动推动农业结构的转型。消费结构是农业结构转型和是否合理的晴雨表，并反作用于农业结构转型[45]。主要表现为：一是农业结构是否合理、农产品能否与市场适销对路、农业生产的效益等，都可以通过消费结构构成、消费需求、消费价格等因子体现出来。二是多样化、高质化的农产品消费结构，将有力地推动农业结构的适应性转型。在市场经济条件下，人们的消费结构、消费方式、消费行为呈现出多样化、市场化、社会化、高质化的发展特点和发展趋势。农产品的消费是人类消费结构的基本内容，其消费结构同样具备这样的发展特点和发展趋势。人们消费结构的变化是社会生产力提高的反映，也是消费品市场竞争的必然结果。农产品消费结构的变化，要求农业结构要适应消费者的选择进行调整。比如，在目前我国居民消费由传统的解决温饱的需要转向小康的需要的转变时期，消费市场就表现为由传统的对农产品数的重视转变为对品种和质量的高标准、严要求。具体讲，在当前人们对农产品消费进行品种、品质保健、营养、色泽、口味等苛刻性选择的情况下，再加上农产品的生产竞争，这就要求农业生产者积极调整结构，生产出多品种、高质量、专用型、无污染环保型的绿色食品。

总之，市场经济条件下，必须重视市场、农业结构和消费者三者之间的内在联系。一方面，要通过消费者的市场消费选择和生产者的同业竞争等行为，来活跃和繁荣农产品消费市场，推动农业结构的优化调整。另一方面，要适应市场和消费者的需要，进行农业结构转型，通过农业结构转型，来满足和引导人们的消费，优化农产品消费结构。

近年来，找子庄村亦非常重视市场的消费需求趋向，致力于发展农业绿色产品，在搞好种植基地建设的同时，特别注重对产地环境进行保护，加强对产地周边环境的管理，不允许有排放废水、废气、废渣的企业存在，并采取了严格的质量控制措施，包括西瓜种植区位要选择在空气、水质、土壤无污染的地块，定期对土壤质量进行检测，并就施肥、病虫害防治等方面实施严格的防污染措施等。经过几年的规模发展，找子庄村西瓜形成了品质优良、上市早、瓜期长等特点，非常适合消费者的需求。

4.6　村落精英引领农业结构转型

在同一县域内，甚至相邻的村落，宏观环境、自然资源与文化传统完全相同，有的村经济很发达，而有的却非常衰败。对此，用区域经济学区位特点、区域资源禀赋、区域文化与区域政策方面差异的解释，往往显得有些苍白无力了[22]。浙江师范大学农村研究中心等机构曾经发布他们的相关研究成果，对此进行了尝试性的解析，认为村落精英对于村落的发展起着决定性作用[22]。

村落精英是指那些在农村组织并开展生产和交易等各种经营活动、以劳动或投资致富的群体[4]。他们大多勤俭持家，吃苦耐劳，头脑灵活，精打细算，敢冒风险，自强自立；他们不满足于单纯从事粮食作物种植，开展多种经营，获取多种收入来源；他们不满足于按人额定的土地包干份额，通过与村委会及其他农户签约，租地开荒，扩大土地经营的范围，实现多元化、规模化、专业化生产，从传统农业向现代农业和非农产业转移；他们以家庭为单位或合作合伙，开展农产品加工、运输、营销服务等延伸业务，开展多种形式的非农产业的经营活动；他们以本地资源与外来资本合作；他们走进外部世界承接订单，组织资源为市场生产商品而不是自给自足。总之，村落精英是中国农村村域经济发展的带头人。

精英的创业活动是村域经济发展的关键。他们是农村新技术、新品种的最先尝试者和传授者[4]。我国大部分普通农民承担风险的心理和经济能力较弱，在没有眼见为实的成功经验和收获把握前，一般不轻易投入资源（资金和土地等）。讨教与效仿邻里，是中国农民简单实用和有效的学习机制。因此，村落精英常常是广大普通农民学习并实践新知识的示范者。他们有能力率先接受并消费新产品，他们在村里开展多种经营并对外销售产品，是农村就业机会的创造者；他们在村里以多种方式帮助贫困家庭，资助孩子上学，参与修路等公益活动。研究发现，一个村精英数量的多寡，对于这个村村民人均收入水平提高，具有显著的正向影响。因此，培育更多的村落精英将会有助于促进农村经济发展，促进农业结构的快速转型。

曾被南阳市政府授予农业种植能手、市劳动模范荣誉称号的找子庄村农民陈宗刚是该村典型的村落精英，在找子庄村经济发展中起举足轻重的作用。他在带领农民致富奔小康的道路上，由一名普通的瓜农成为带领大家种植规模大棚西瓜的领头人后，又担起了解决西瓜销售难的经纪人角色。他先后6次去山东学习种植技术，在他的大力发动和带动下，全村大棚西瓜的种植面积逐年增加，也使全村人均收入逐年提高，找子庄村成为远近闻名的大棚西瓜专业村和农业结构转型典型村。为了能使西瓜品种得到优化，他在网上查阅了大量信息后，引进了京欣一号早熟西瓜和延秋礼品西瓜，拉长了西瓜的销售时间。在西瓜的销售问题上，他积极组织本村农民经纪人，成立了西瓜销售协会，拓宽西瓜销售渠道，通过互联网向全国发布西瓜销售信息，使该村西瓜远销武汉、长沙、石家庄、北京等地，销售量占全村西瓜总量的80%。为了把找子庄村发展成为一个远近闻名的西瓜明星村，把大棚西瓜产业做大做强，以村支部书记陈秋和为首的领导班子在目前成就的基础上进一步明确了工作方向和工作重点：一是继续扩大种植面积，力争达到2 000亩；二是不断更新西瓜品种；三是大力推广无公害化、标准化种植；四是完善服务体系，拓宽销售渠道。

5 找子庄村农业结构转型中存在的主要问题及对策

5.1 找子庄村农业结构转型中存在的主要问题

从上述分析可知，找子庄村农业结构在转型过程中得到不断优化，取得了一定的阶段性成果，但仍然存在许多不容忽视的问题。

5.1.1 村集体经济仍然薄弱

在沿海和一些经济较发达的省区，农村村组集体经营收入占有相当的比重，许多已超过家庭经营收入，但在欠发达农区农村总收入中，村组集体经营收入所占的比例极小，在农民所得收入总额中，从村组集体经营所得的比例也微乎其微，甚至有很大一部分村的集体经济根本没有营业性收入。目前找子庄村集体经济的发展主要体现在林业方面，但林业是在最近几年发展起来的，大多数林木都在生长期，还不能获得现实的收益。另外还有一小部分集体收入来自招商引资。在种植业和畜牧业方面，集体经济没有营业性收入。所以，与较发达地区相比，欠发达农区的集体经济需要大力发展。

5.1.2　产品结构单一，未充分发挥资源优势

虽然进行农业结构转型已经多年，农业结构在一定程度上得到了优化，但仍没有从根本上改变其结构单一的状态。找子庄村目前收入的主要来源是大棚西瓜，周围各村也在进行大棚西瓜的种植，一旦大棚西瓜大面积推广，找子庄村的竞争优势则无法显现。

5.1.3　农林牧发展不协调，畜牧业比重有待提高

现代农业结构的一个重要标志是，畜牧业产值接近或大于种植业产值，加工业产值又大于种植业产值和畜牧业产值的总和[34]。从表4.1的分析数据可知，找子庄村的种植业和林业都有较大发展，而畜牧业相对落后，存在着较大的发展空间。如表4.1所示，全村各类畜禽饲养数量都比较少，而且是以户为单位分散饲养，没有形成规模。所以，在整个农业发展中，畜牧业所占比重相对较低，有待大力发展。

5.1.4　农业生产与需求的市场信息不足

农业结构转型是农业生产市场化的产物。农业生产市场化是农业结构转型的方向[5]。农产品市场上有关产品供求状况、价格水平、生产资源状况等准确、及时的信息为农业结构转型指明了方向。经过多年的努力，虽然我国农业市场化程度已经达到了83%，已经初步形成了多种经济成分共同参与的农产品流通市场。可是，全国性或国际性的农产品市场体系却并不完善，局部性的区域市场比较多，农产品供求信息的供给与农民调整农业结构的需要相差甚远。分散的个体农民对具体农产品品种的种植情况、销售渠道、价格变化等信息了解甚少。农民很难获得和确认市场信息，即使获得和确认了市场信息，获得和确认的费用也相当高昂。农民是凭着经验根据局部农产品市场产品的需求状况和价格水平而获得市场信息从而调整生产结构。就是局部的市场信息，也因机制不健全而使得信息的收集、传递渠道不畅。由于农民所能够掌握的滞后、失真信息无法对农产品未来的价格趋势准确判断，形成了结构调整中你调什么，我调什么，先调得利，后调没利的现象，市场信息的不完全性导致农业结构转型的失败[5]。

5.1.5　村域间农业结构存在趋同现象

这里所讲的结构趋同，一方面是不同村域之间忽视自身比较优势，盲目求全求洋，导致自身强势产业不强，区与区之间农业内部结构趋同；另一方面在于农业结构调整按市场需求组织生产所产生的趋同，当市场上某种农产品价高畅销，就必然会立即诱发众多村一哄而起，大力发展这种农产品生产，这样导致许多地方农业结构转型出现趋同。趋同的农业结构导致市场上曾经的紧俏农产品产量不断提高，价格不断下跌，极大地挫伤了农民的生产积极性。众所周知，农业生产周期较长，因此要调整改变农业的产业结构，不是一朝一夕就能实现。科学的研究论证，一旦确定下来，就不宜轻易改变或放弃，农业结构转型的短期行为，违背了农业生产周期长的客观规律。村域应该充分发挥本地自然资源条件及研究市场发展趋势，不要因为结构趋同错过发挥发展机会。

5.2　促进农业结构有益转型的途径及措施

村域经济是农村经济中最重要的组成部分，村作用的发挥程度，关系着整个农村经济发

展大局[15]，而村域农业结构转型又是发展村域经济的有效途径，因此，必须因地制宜，采取有效措施，积极加强欠发达农区农业结构的有益转型。

5.2.1 发挥比较优势，培植主导产业

村域农业结构转型应认真研究本村优势，坚持因地制宜，发挥当地资源优势，立足当地资源条件确立主导产业，根据生产力发展水平选择经营模式，力避区域间的产业雷同和恶性竞争。农业结构构建的过程，实质上是农业产业资源要素的合理化组合的过程。生产要素比例的差别造成了生产成本和产品价格的不同，从而导致了比较优势的产生，村域在生产那些能够比较密集地利用其较充裕的生产要素的农产品时，就必然会有比较利益产生，就能够在相对收入上占有优势，从而吸引资源向该行业流动，使其得以迅速扩大。发挥比较优势在农业结构转型上的一个主要方向就是根据自身农业禀赋决定农、林、牧、渔的结构比例。依靠科技使大宗产品上档次，特色产品上规模，实行集中连片的规模生产经营；大力扶持龙头企业，发挥其带动作用，采取多种形式，促进种植、养殖、加工、服务的有机结合，把资源优势、生产优势转化为经济优势。

5.2.2 培育农民合作组织，加快农业结构转型步伐

农民合作组织是农民自己联合、民主管理、团结互助的一种有效形式，对提升农民组织化程度、增强农产品市场竞争能力、促进政府与农民的联系、保护农民利益，发挥了积极作用[25]。农民合作制度创新促进农业结构转型的深化[13]。随着市场经济的发展，农民走合作之路是一种必然的选择[11]。从长期来看，农业合作组织和农民都将成长壮大而成为未来的结构调整主体[34]。农民专业合作组织不仅能够规避市场风险，也是促进农户转型农业生产结构的重要力量。农民合作组织是当今世界最为成功的合作组织类型，也是当代世界合作运动的主体，是实现农村现代化的一个不可缺少的力量，是推动农村经济发展和社会进步、实现农村现代化的有效组织形式[26]。支持农民合作组织发展已经构成发达国家政府农业政策支持的重要组成部分。我国要借鉴世界各国农业组织发展的经验，大力提高我国农民的组织化程度，提高农民的交易能力，真正达到农民增收的目的。同时，提高农民组织化程度还可带动农业科技化水平和现代化水平的提高。找子庄村农民合作组织的初见成效已经为我们提供了成功的经验。

我国农民从事农业生产经营，还没有克服分散化、规模小、效益低、组织化程度低下的问题，这与农业结构调整的根本目的和方向是极不适应的[32]。目前真正意义上的农民合作水平还比较低，不能适应分散经营的农户实现社会化生产的需要。通过成立一个不以赢利为目标的农民合作组织，国家给予适当的支持，为农民提供市场信息、技术推广和生产资本的社会化服务，帮助农民开拓市场，实施产、供、销一条龙，把分散的小规模经营的农民组织起来，进入大市场，从而提高农民的组织化程度，加强其市场竞争力和谈判地位，减少市场风险，加快农业结构转型步伐。

5.2.3 坚持以市场为导向，确定村域农业结构转型的方向

由于农业结构转型一般滞后于市场需求结构转变，因此，欲实现农业的进一步发展以及强化其对农民收入的贡献能力，必须转向以市场为导向、以质量和效益为中心、加快农业结构调整的轨道上来[16]。众所周知，无论什么产品，只有卖出去并卖得好价钱才能实现价值，农产品也一样，无论是农、林、牧、渔各业生产的产品都必须得到市场的认同。当前，市场已成为决定农产品命运的关键。所以，村域农业结构转型，必须以市场为导向[19]，适应市

场需求，选择有市场前景、有销路、有效益的产品去发展。以市场为导向，一是不能"赶"市场。不能只是了解目前市场上什么产品畅销价高，什么产品滞销价低，不能盲目提倡"什么赚钱就种什么"，这实际是一种短期行为。必须同时对未来市场发展进行全面了解，即全面了解本地、省内、国内、国际市场及目前市场、未来市场等，同时还要特别注意对潜在市场即还未开发出来的市场进行了解研究，根据预测未来市场的发展需求空间而选择发展产业。二是不能"等"市场。要坚持开拓市场，确保产品货畅其流。产地批发市场是农民接受市场信息、了解市场行情和出售大宗农产品最便捷的渠道，也是鲜活农产品实行产业化经营的有效形式，对于促进农业生产的区域化、专业化，形成具有本地优势的主导产业和特色产品，具有直接的带动作用。三是不能搞"小"市场。不能只看本区域或者周围地域内市场的需求和变化，必须关注全国全世界的市场，在大范围的市场流通中寻找时机、准确定位。

5.2.4　进一步推进农业产业化，带动村域农业结构转型

新阶段战略性农业结构转型要求"跳出农业抓农业"，村域要在抓好基础农业的同时大力扶持和发展企业，发挥农业产业化企业的带动、辐射作用。缺乏企业的有效带动是现代村域农业结构单一的原因之一。企业在农业结构转型中，具有上联市场下联农民的桥梁作用。有了企业的带动，农民就可以根据产销合同进行专业化生产，按照合同确定的时间、品种、规格、质量、数量等要求，把农产品出售给企业，农民不必承担与市场直接打交道带来的风险，使农产品销售有可靠的保证，农业生产具有很强的季节性，周期性明显，而农产品的市场需求相对来说比较均衡，农产品的供给和消费二者存在着矛盾。这个矛盾不解决就必然会阻碍农业结构转型的顺利进行，影响农业结构转型的进程。要解决这个矛盾，必须有发达的农产品加工业来支持。大力扶持和发展企业，要把企业作为村域农业结构转型的重要环节来抓好，要立足现有加工能力，加快农产品加工、保鲜、储运等技术的引进和开发。对农业产业化企业，政府要在项目审批、贷款、税收、信息等方面制定扶持政策，调动企业的积极性；在抓好加工、保鲜贮存类型企业的发展同时，还要积极发展交通运输、中介服务、市场交换等类型的企业，使其能全面带动农业结构转型。

5.2.5　强化科技进步，推动村域农业结构转型

农业结构转型必须依靠科技支撑。目前村域农业结构还是以种植业为主体的现状仍未有太大变化，这在很大程度上是农业科技进步对农业结构的拉动不够，先进技术的实践应用性不足造成的。强化农业科技对农业结构转型的带动，要加大农业科技投入。目前，我国农业科研经费占农业国内生产总值的比重仅为 0.36%，相当于发达国家的十分之一，科技投入偏低。偏低的农业技术投入导致农产品科技含量不高，农业结构转型时对经济效益、技术要求和适应环境的研究不够，容易出现盲目转型的情况；或者转型以后农业科学技术难以为继，又回到了老路上。只有加大对农业科技的投入，才能运用科技来实现村域农业结构的不断转型和优化。强化农业科技对农业结构转型的带动还要提高农村劳动力科技素质。农村劳动力是农业结构转型的主体因素，农民要通过学习不断提高自身的文化水平，掌握科学知识，不断提高自己支配生产资料的能力，促进村域农业结构转型适应国内外市场的变化。当前村域农业结构转型的难题之一就是受农民文化素质的影响，绝大多数农民对农业科技的接受能力不强，减缓了农业结构转型的步伐。

5.2.6 发挥农民主体积极性，促进村域农业结构转型

在生产力里面，劳动者要素是对其他要素起决定作用的一个最基本的要素。劳动者要素作用的大小取决于态度。农民是农业生产的主体，是农村生产力中最活跃的因素，农民群众是农业结构转型的主力军，对农业和农村经济结构实行战略性转型，离不开广大农民群众的积极参与，所以农业结构转型要充分调动农民的积极性，激活农业结构调整的"动力点"。在市场经济条件下农民是独立的市场主体，是自负盈亏的风险承担者[18]，农业结构调整必须充分尊重农民的主体地位，把生产经营的决策权真正交给农民，这样才能调动和发挥农民的积极性、主动性和创造精神，才能有效地、全面地推动农业结构调整。

农民的积极性是农业结构转型的根本。新中国成立以来的历史经验证明，什么时候农民有积极性，农业就快速发展；什么时候挫伤了农民的积极性，农业就停滞甚至萎缩。调动农民的积极性，除要有符合农民利益的正确政策外，最关键的就是要尊重农民的自主权。在农业和农村经济结构转型中，要使农民的主体作用得到充分发挥，更应尊重农民的自主权。

强调尊重农民的生产经营自主权，并不是否定政府在农业结构调整中的重要作用，更不意味着政府可以撒手不管，无所作为。政府领导农业结构调整的工作重点要真正转到引导和服务上来，切实做好规划引导、政策引导和示范引导，做好信息服务、科技服务和销售服务工作，为农业结构调整创造良好的宏观环境，引导和帮助农民根据市场需求自主调整农业结构[18]。在农业结构转型中，有时会出现政府一头热，农民一头冷的现象。政府对农业结构转型雄心勃勃，运用各种手段大力发动农民按政府的统一规划进行生产，热情非常高。而农业结构转型的主体农民就不一样，他们未必会按政府的号召行事，他们大多数往往是坐等观望，看看政府的号召是否能真的给他们带来实惠，如果真有实惠，他们才会按政府的意图去做。否则他们仍会按老习惯行事，农民对农业结构转型缺乏应有的热情，不主动钻研市场需求变化规律，不主动学习农业新技术，影响了农业结构转型的进程。

从目前情况看，在我国市场经济还不完善的现实情况下，农民还不能够完全作为农业结构转型的市场主体，在农业结构转型中明确和尊重农民的主体地位，这与政府发挥积极作用并不矛盾。而政府的作用则是为农民进行农业结构调整创造有利的市场环境，发挥在结构调整中的主导作用[17]。在农业结构转型中，政府的作用是引导、服务和宏观调控。在农业结构转型中，政府发挥作用要特别注意防止两种倾向：一种是政府"越位"；另一种是政府"缺位"，这两种倾向都不利于农业结构转型的顺利进行。目前虽然已实行市场经济，但计划经济的影响还很大，政府转变观念，转变作风，特别应注意克服"越位"和"缺位"现象，从法律和制度方面对农民主体地位加以保障。

政府要尊重农民农业结构转型的生产经营自主权，不能代替农民决策，更不能对农民强迫命令。干部可以帮助农民分析市场行情，指导农民确定适应市场需求的种植养殖计划，帮助农民推销产品，但绝不能剥夺农民的生产经营决策权，代替农民决策，绝不能强迫命令、"一刀切"。如果违背了农民意愿，侵犯农民生产经营自主权，伤害农民生产经营积极性，农业结构调整就失去了主体推动动力，也绝对不可能获得成功。

6 结论与讨论

6.1 研究的主要结论

笔者通过对找子庄村农业结构转型的研究，着力分析了农业结构转型对实现农民增收和

促进村域经济发展的影响，并在此基础上，探讨了促进村域农业结构转型的动力机制及促进其健康转型的途径及措施，得出如下主要结论。

6.1.1 村域农业结构转型显著影响农民收入的增加及村域经济的发展

2010年找子庄村大棚西瓜种植户家庭种植业收入人均1 670元，家庭总收入人均3 929元，以传统农业为主的农户家庭种植业收入人均920元，家庭总收入人均2 289元，前者比后者分别高750元和1 640元。而大棚西瓜种植面积的大小也显著影响着农民收入。就全村范围来看，从2002年以来，随着大棚西瓜种植面积的增加，人均纯收入也相应提高。研究结果表明农业结构转型对农民收入及村域经济有极显著的正向影响。

6.1.2 村域农业结构的成功转型需要有相应的动力机制

农业结构转型是一系列动力机制的产物，如果动力机制缺乏，结构转型就会受到影响。强化结构转型动力机制建设是深化结构转型、增加农民收入的关键。找子庄村农业结构转型所取得的效果表明，要有效地发挥结构转型对增加农民收入和促进村域经济发展的作用，关键的任务在于完善结构转型所需要的一系列动力机制，即确立农民增收是转型的核心动力，完善政府支持转型机制，加强科学技术的推动机制，研究市场和消费促进机制，强化村落精英的引领机制。

6.1.3 加强村域经济的有益转型必须采取有效的转型措施

自2002年农业结构转型成为增加农民收入的一个重要手段以来，从近年来农民收入水平变化的趋势判断，结构转型并不一定能实现增加农民收入及村域经济的发展[5]。之所以如此，主要原因在于结构转型过程中是否采取了有效的转型措施，措施得力，则有助于成功转型，措施不力，则转型不顺畅。所以，要实现村域农业结构的有益转型，则必须采取有效措施，比如发挥比较优势，培植主导产业，培育农民合作组织，坚持以市场为导向，进一步推进农业产业化，强化科技进步，发挥农民的主体积极性等，以促进村域农业结构有益转型。

6.2 本研究尚存在的主要问题

本研究存在的主要问题及进一步的研究方向主要有以下几方面：

（1）主要采用实地调研方法，定量分析方面还显不足。同时，由于所选调研村的特殊情况，研究内容多集中于同被调研村相关的大棚西瓜种植方面，其他种植业较少涉及。

（2）村域农业结构转型是一个复杂的系统工程，涉及面较多，本应将其纳入村域经济发展以及结构调整的范畴，但鉴于篇幅限制，仅对农业内部的结构转型做了初步地探讨，从理论上梳理了农业内部结构转型过程，分析了村域农业结构转型的动力机制，总结出一些村域农业结构的普遍问题及解决建议，对于农业内部结构转型的一些问题，如农产品品种结构、品质结构等可作为进一步的研究方向。

（3）农民收入结构的调整。"三农"问题的核心是要解决农民问题，关键在于增加农民收入。农业结构调整的目的是农业生产率的提高、农业产出与农民收入的增加，最终导致农业效益的提高[17]。如何通过农业结构的调整促进农民收入的增加是农业结构转型的一个重要问题。

（4）农产品市场风险防范机制建立问题。农业市场风险主要是指农业在生产和购销的过程中，由于市场行情的变化、消费需求的转移、经济政策的改变等，或者由于经济管理不善、信息不灵、市场预测的错误、产品质量不佳等所引起的经济损失[38]。随着以市场为取向的流通体制改革的进一步深化，农业生产在经受自然风险的同时，还要承受经济风险压力。如何有效地对农产品生产和经营进行有力的调节，防备和减少农产品的风险，降低损失，努力将农产品市场风险控制在一定范围内，是当前发展农业、农村经济的一个亟待破解的重要问题。

（5）农业信息化建设问题。农民人均纯收入的提高与农民信息获取条件息息相关[2]。农业信息化对提高农业资源利用效率、农产品市场流通效率及农业生产管理水平起着十分重要的作用。目前，许多欠发达地区农业经济信息渠道不通，网络不健全，还没有建立起一个完整的从上到下纵向联系省市县农业部门，横向联系各地农贸和批发市场的信息网络，没有建立一套完整的信息收、发布制度，农业经济信息资源共享性低[14]。应用电子信息技术改造传统农业，是当前各国发展农业的共同选择。未来农业的成功与否，很大程度上取决于对现代信息资源的拥有和使用的能力。本研究虽有部分内容涉及农业信息化建设问题，但仍需进一步探讨在村域经济发展过程中，如何建立科学准确、反应灵敏和运转高效的农业信息体系这一亟待解决的问题。

参考文献

[1] 乔家君，李小建. 村域人地系统状态及其变化的定量研究——以河南省三个不同类型村为例 [J]. 经济地理，2006（3）.

[2] 乔家君，张卫星. 河南省农村经济发展的人文环境分析——对 16 个农村的调查 [J]. 地域研究与开发，2006（2）.

[3] 周青浮. 农户农业结构转型现状与对策分析——以河南省唐河县找子庄村为例 [J]. 安徽农业科学，2009（24）.

[4] 符钢战，韦振煜，黄荣贵. 农村能人与农村发展 [J]. 中国农村经济，2007（3）.

[5] 梁世夫. 农业结构转型的保障机制分析 [J]. 云梦学刊，2005（7）.

[6] 曹玉华. 区域农业结构调整与升级的几个原则 [J]. 成都大学学报，2008（1）.

[7] 洪民荣. 市场结构：农业市场化中的理论问题与政策 [J]. 当代经济研究，2010（3）.

[8] 周立华，樊胜岳，杨林，等. 农户经济收入与经营行为研究——来自黑河流域中游地区的调查 [J]. 经济地理，2012（6）.

[9] 邬晓霞，李小建，乔家君. 欠发达农区不同经济发展水平下农户行为比较研究——以河南省孔场村、新建村、郑楼村为例 [J]. 河南科学工作者，2005（8）.

[10] 阎占定. 当前我国农业结构调整的动力因素分析 [J]. 学术论坛，2005（1）.

[11] 宋彩凤，王甲午. 凌源市农业专业合作组织发展情况调查 [J]. 农业经济，2007（2）.

[12] 朱琴华. 经济转型期中国农业产业结构调整研究 [J]. 经济体制改革，2010（1）.

[13] 梁世夫. 深化农业结构转型的制度约束及制度创新路径 [J]. 长沙大学学报，2009（11）.

[14] 冯守相. 欠发达地区农业结构调整的思考 [J]. 浙江统计，2011（2）.

[15] 任艳霞. 村域经济为建设社会主义新农村奠定基础 [J]. 当代贵州，2008（1）.

[16] 李成贵. 中国农业结构的形成、演变与调整 [J]. 中国农村经济，1999（5）.

[17] 姚文新. 关于农业结构战略性调整的研究 [J]. 中国农村小康科技，2007（5）.

[18] 白选杰，张赞平，张玉平，张玉琳. 论河南省农业结构的战略性调整 [J]. 洛阳师范

学院学报，2012（5）.

［19］李兴稼. 论农业产业结构调整的基本原因［J］. 北京农学院学报，2009（1）.

［20］中国 21 世纪议程编制组. 中国 21 世纪议程——中国 21 世纪人口环境与发展白皮书［M］. 北京：中国环境科学出版社，1994.

［21］张红宇. 市场经济发展与农村调控体系［J］. 中国软科学，1994（9）.

［22］王景新. 村域经济转轨与发展：国内外田野调查［M］. 北京：中国经济出版社，2005.

［23］乔家君. 典型农区村域人地系统定量研究［M］. 北京：科学出版社，2005.

［24］董晓霞. 种植业结构调整对农户收入影响的实证分析［J］. 农业技术经济，2008（1）.

［25］孙彩霞. 积极推进我国农民合作组织创新［J］. 经济与管理，2009（1）.

［26］邱焕双. 农民合作组织——农村经济社会发展的有效选择［J］. 长春理工大学学报（社会科学版），2008，（1）.

［27］明辉，张文秀. 战略性农业结构调整的理论及应用［J］. 农村经济，2002（6）.

［28］张忠根，方志伟. 市场开放中的韩国农业结构调整及其对我国的启示［J］农业经济问题，2010（5）.

［29］张晓群，陈宝峰. 加入 WTO 与我国农业结构调整对策［J］. 中国农业大学学报（社会科学版），2012（1）.

［30］朱道华. 农业经济学［M］. 北京：中国农业出版社，2000.

［31］孟素芹，孟庆凯. 对农业结构调整的新思考［J］经济论坛，2011（8）.

［32］徐再城. 农业结构调整问题探究［J］. 都市经济杂志，2012（6）.

［33］朱文根. 中国农业发展面临的七大困惑与七项举措［J］. 中国农村经济，2008（2）.

［34］马凤才，孔碧. 农业结构调整的主体分析［J］. 农业经济，2010（8）.

［35］张开华. WTO 框架下农业结构战略调整的若干思考［J］. 农业经济问题，2010（7）.

［36］范小建. 对农业和农村经济结构战略性调整的回顾与思考［J］. 中国农村经济，2009（6）.

［37］马小勇. 理性农民所面临的制度约束及其改革［J］. 中国软科学，2010（7）.

［38］王吉恒. 农产品市场风险与市场预测研究［J］农业技术经济，2008（3）.

［39］陆大道. 关于地理学的"人－地系统"理论研究［J］. 地理研究，2002（2）.

［40］史明灿. 农产品出口如何应对绿色贸易壁垒［J］. 当代经济，2008（3）.

［41］史明灿. 河南农民收入增长问题及对策［J］. 河南农业，2007（3）.

［42］Wang Danhong. Solving the problems of bias and dispersion in selection by the Nobel Economics Prize winners in 2000. Science Times，24－10－2009. 3.

［43］Anselin，L. Spatial Econometrics：Methods and Models［M］. Dordrecht：Kluwer Academic Publishers，2008：284.

［44］Cui－ShiAn. Cui－S：A：Agricultural structure readjustment and agricultural engineering echnology Trnasactions－of－the－Chinese－Society－of－Agricultural－Engineering，2009，（16）.

［45］Anna Gueorguieva. A Critical Review of the Literature on Structural Adjustment and the Environment. World Bank Environment Department Working Pape. November，7，2010.

第五篇 县域经济发展问题

1 问题的提出

1.1 问题产生的背景、目的及研究意义

1.1.1 问题产生的背景

郡县治，天下安。县域经济是国民经济的基本单元，作为国民经济中相对独立的子系统和支撑点，在国家管理和国民经济中占有突出的地位和作用，充满着活力。自"十六大"提出"壮大县域经济"以来，县域经济越来越受到社会的关注。温家宝在十届人大五次会议所作政府工作报告中提到："努力增加种养业、林业收入，积极发展农村二三产业，特别是农产品加工业，大力推进农业产业化经营，支持龙头企业发展，壮大县域经济，拓宽农民就业增收渠道"[1]。2007年中央"一号文件"中指出："继续发展小城镇和县域经济，充分发挥辐射周边农村的功能，带动现代农业发展，促进基础设施和公共服务向农村延伸"[2]。在2007年，全国有26个省市区在政府工作报告中表述到"县域经济"，超过2005年的24个以及2004和2005年的22个。

县域经济的内涵在全面建设小康社会和建设社会主义新农村的进程中越来越丰富。"十六大"以来，县域经济与农产品加工、农业产业化、小城镇建设、劳动力有序转移、增加农民收入、全面建设小康社会、建设社会主义新农村等工作紧密结合。

发展壮大县域经济，是新时期统筹城乡发展、从根本上解决"三农"问题的战略举措，是小城镇建设、增加农民收入、全面建设小康社会、建设社会主义新农村的重要内容。县域经济承担着众多的历史重任，可以说，发展壮大县域经济是一个历史性的选择。

截止到2005年12月31日，全国县级行政区划有2 862个（香港特别行政区、澳门特别行政区、台湾省除外），其中：组成县域经济单位的县级市374个，县1 464个，自治县117个，旗49个，自治旗3个，特区2个，林区1个。全国县域经济总量：县域内人口总数达9.18亿，占全国总人口的70.24%；全国县域经济的地区生产总值达8.81万亿元，占全国GDP的48.10%。全国县域经济的平均规模：县域人口，平均45.70万；县域经济的地区生产总值，平均43.86亿元；地方财政一般预算收入，平均1.64亿元。全国县域人均地区生产总值为9 470元，是全国的67.5%[3]。2005年，河南省县域经济总产值达到7 247.1亿元，占全省生产总值的68.8%，对全省经济增长的贡献率为78.1%。河南经济总量和工业快步进入全国第一方阵，在中部崛起战略中走在了前列，一个重要支撑就是县域经济。发展县域经济，一直是我国各级政府和学者高度关注的课题。随着我国经济体制改革的进一步深入和社会主义新农村建设的进展，加快对县域经济，尤其是占不富裕人口多数的县域经济的

研究显得日益重要。

西峡县地处豫鄂陕三省交汇处，八百里伏牛山腹心地带；长江与黄河分水线，地理分布上属典型的内陆山区县，具有耕地奇缺、交通不便等传统不利因素。历史上经济发展长期处于停滞不前、贫穷落后状态。20世纪90年代以来西峡县经济和社会实现了跨越式发展，面貌发生了令人瞩目的变化。2005年GDP完成55亿元，比上年增长23%，居南阳市第一，分别比全国、全省、全市增速高出14个、9个、9.7个百分点，位居河南省综合经济实力排名第32位，是10年来增速最快的一年。2006年以62.4亿元GDP、3 497万美元的工业出口额摘取南阳市两项桂冠，地方财政总量和增幅继续位居全市前列。在一至六届全国县域经济基本竞争力评价中，从最初的638位升至462位，总体呈现强劲上升势头，并一举跃入第七届全国县域经济基本竞争力评价"中国中部百强县（市）榜"。按照国际工业化发展阶段量化指标，1 800美元（2006年）的人均GDP、73.9%的工业增加值贡献率、22.1:57.9:20的三次产业结构，标志着西峡县正从工业化初期向中期迈进，西峡经济从此跃上新的战略起点。纵观西峡县10余年来的经济发展，无论是在速度、质量和结构等诸多层面上均取得了令人瞩目的成就，也引起了各级政府和诸多媒体的关注与报道，作为昔日传统的内陆欠发达山区穷县，其经济发展的成功模式值得深入地研究与探讨。

1.1.2　选题的目的与意义

区域发展模式是区域经济学研究的核心内容。研究西峡县县域经济发展模式具有重要的理论与实践意义：其一，西峡县作为县域经济发展的成功典范，其10余年来的迅速崛起经验值得我们探讨；通过对西峡县县域经济发展模式的研究，寻求发展县域经济的有效途径与方法，探索发展思路，寻求其成功所在，用以指导其他类似县域经济的发展，同时有益于补充与丰富现有的县域经济发展理论与研究方法。其二，尽管西峡县县域经济发展取得了突出的成就，但其社会经济发展仍然存在着不足，经济发展模式仍有需要改进之处，笔者试图通过对西峡县县域经济的研究，探究西峡县县域经济发展模式的方向与对策，以期实现西峡县县域经济的进一步健康向上、可持续发展。

1.2　国内外研究动态

1.2.1　国内研究

县域经济是我国国民经济的重要组成部分，新中国成立以来我国不少专家学者从我国的基本国情出发，致力于县域经济的研究和探讨，特别是党的十六届三中全会以来，县域经济迅猛发展，引起了人们更多的关注与重视。

截至目前，我国关于县域经济的研究取得了一定的成就，不少学术成果见诸书籍报刊。如杨荫凯的《中国县域经济发展论》，从县域经济的基本内涵特征、壮大县域经济的时代意义、发展现状、发展基本思路、发展出路等方面做出了系统地分析与研究，提出了独到实用的见解[4]；王怀月编著的《中国县域经济发展实论》，也比较系统地介绍了我国县域经济在理论与实践方面取得的一些成果[5]。

东北财经大学的闫天池在"我国县域经济的分类发展模式"一文中，按县域的区位优势，把我国县域分为城郊县与非城郊县、山区县、平原县以及丘陵县；按主导产业模式把我国县域分为农业主导县、工业主导县和服务业主导县，然后根据各自不同的特点，提出了不同的县域经济发展模式[6]。

浙江师范大学的郭金喜认为：产业集群是欠发达县域跨越式发展的有效实现形式。落后县必须根据自己的实际情况，选择一两个主导产业作为突破口，重点扶持，通过政府的优化服务营造集群"栖息地"，以特色产业园推动集群升级发展[7]。

学者陆立军在《区域经济发展与欠发达地区现代化》一书中认为：欠发达县域推进现代化进程的三大基本战略：一是区域非均衡发展战略，二是产业优化战略，三是人口转移与再分配战略[8]。

河南省社科院的王彦武学者认为：县域经济有自己独特的特点，要坚持以民营企业为主体，加快工业化进程；以县城和中心镇为重点，加快城镇化步伐；发展以特色经济为方向，实现农业产业化经营[9]。

在县域的产业结构方面，著名区域经济学家刘再兴教授提出了选择主导产业的四个标准：市场占有率、比较劳动生产率、专门化率、产业综合波及效果，并详细计算了各地的产业优势[10]。

在县域经济综合实力评价方面，全国县域经济基本竞争力评价中心每年都要对全国县市的综合竞争力进行评价排序。其评价的依据是将县域竞争力分解为七大指标值，即：自然优势力、政府能动力、产业竞争力、企业竞争力、人力竞争力、县域经济活力和外界互动力，进行综合比较。如今已连续完成六届评价工作，具有一定的科学性[11]。

综上所述，目前我国县域经济的研究尚处于起步阶段，专家学者们所探讨的问题主要有以下几个方面：县域经济发展的现状、问题及对策；县域经济发展的道路模式与战略；涉及县域经济的专题研究，如产业结构调整、民营企业发展、农业产业化问题、小城镇建设等；县域经济综合实力及竞争力评价理论体系。

1.2.2　国外研究

县域经济是以县级行政单位为基本单元，属于中观性质的区域经济。尽管在国外与我国县域经济严格对应的经济单元并不多，但大多数的研究均借助于区域经济的研究。因此，本文以美国、欧盟为例对外国区域经济的发展模式做一简略介绍。

1.2.2.1　美国的地方经济振兴经验

美国为改变1929—1933年经济大危机形成的地区经济发展和人均收入极不平衡状况，实施罗斯福新政，相继推出多个区域经济开发法案，培养落后地区的自我发展能力。这些法案主要有：《摩梭沙滩与田纳西河流域开发法》（1933）、《地区再开发方案》（1960）、《公共工程和经济开发法案》（1965）、《阿巴拉契亚开发法案》（1965）、《联邦受援区和受援社区法案》（1993）。法案指明了美国的区域开发政策特点：注重法律手段的运用；实施灵活的地方税收制度；实行稳定有力的转移支付制度；标本兼治，注重产业结构调整；政府投资领域注重差别化；引导人力资源合理流动；高度重视科技的作用；注重对中小企业的支持[12]。

1.2.2.2　欧盟地区经济发展相关政策

欧盟为了改善扩大后各个成员国之间发展的不平衡现状，多年来一直把促进区域经济协调发展作为一项重要的政策，设立了专门的机构，制订了扶持计划，安排了专项资金，运用综合手段促进地区经济协调发展，并取得了明显成效。先后在欧盟内部设立了地区经济发展委员会、地区政策总司、农业总司、社会事务总司等机构，专门从事地区政策和社会发展的咨询评估研究服务等事务；通过制订战略规划，安排资金项目，积极协调地区发展。先后制订了1994—1999"六年规划"、2000—2006"七年规划"、2007—2013"七年支出计划"，并借助于结构基金、团结基金、金融手段和行政手段等调控实施[13]。

1.2.2.3　国外区域发展综述

就现有美国、欧盟区域发展政策的实践效果来看，有些地方是值得我们在发展与研究县域经济、促进区域协调发展方面予以参考和借鉴的。归纳起来主要有以下几点：重视区域协调政策的制定与完善，并坚持常抓不懈；加强规划和法律法规建设，增强经济社会调控的规范；进一步加强对欠发达地区的支持，并切实加强资金监管；增强政府自律服务意识，积极营造经济发展环境；高度重视中小企业对地区经济的促进作用。

1.3　研究的思路、方法、技术路线与创新之处

1.3.1　研究思路

笔者在参阅国内外研究县域经济发展理论的基础上，以西峡县县域经济发展为研究对象，通过对西峡县县域经济发展现状、发展特征、存在问题的描述与分析，同时结合西峡县自身、区域内外的纵向与横向比较，总结出西峡县县域经济发展的特点，并对其加以鉴别与评价，总结出西峡县县域经济发展的模式思路，分析其发展中存在的影响因素，寻求其进一步可持续发展的方法与对策，以期对同类型的内陆山区县域经济发展予以借鉴。

1.3.2　研究方法

1.3.2.1　实证分析与规范研究相结合

经济研究通常采用互为联系的两种方法，即实证研究与规范研究的方法。前者回答的是研究对象"是什么"，后者则着重回答"怎么样"。县域经济的研究就是要清楚两个问题：一是特定对象的县域经济发展状况如何？二是该县面临的经济问题应当怎样解决。前者属于实证分析的范畴，后者属于规范研究的范畴。在本研究中力图通过对西峡县县域经济发展的大量客观现象与历史资料的实证分析，运用规范研究方法，揭示问题的本质，总结发展模式，并提出有针对性的解决方案。

1.3.2.2　定性与定量分析相结合

县域经济的内容涉及质和量，研究县域经济必须兼顾定性分析与定量分析两个方面。定量分析就是运用数学方法进行统计分析，通过统计调查查阅大量原始材料，经过整理分析，从中找出县域经济活动的内在联系及其发展规律；定性分析就是运用归纳推理等逻辑方法，确定县域经济活动中各种制约因素相互间质的规律性。本研究在对西峡县县域经济综合实力评析时，借助于经济数学模型，运用特尔斐法对2005年河南省各县市主要经济指标定量计算分析，在河南省范围内对西峡县经济发展实力进行定位，进而对影响综合实力的各因素定性分析，寻求相互间的内在联系。

1.3.2.3　比较分析法

比较分析法是研究县域经济的一种有效方法。一般有两种具体形式：一种是纵向分析比较法，即对相同或相近的问题做历史对比分析；另一种是横向比较分析法，即对同一时期不同地区的同一经济指标进行空间分析比较。本文在分析西峡县县域经济发展状况时，分别使用了上述两种方法，从不同时段和不同空间两个层面，对县域经济的发展进行了分析，充分显示了该县县域经济的发展壮大里程。

1.3.3　研究的技术路线

（1）系统搜集相关文献资料，进一步了解国内外研究现状。

（2）结合西峡县县域经济发展的现状，借助历史数据资料，在充分调研的基础上，运用经济模型、数学分析方法，评价西峡县县域经济在河南省中的地位。

（3）描述西峡县县域经济发展变化情况，界定县域经济发展模式，总结县域经济发展的独特之处，归纳西峡县县域经济发展模式。

（4）分析影响县域经济进一步发展的因素及成因，提出解决问题的对策与思路。

1.3.4 创新之处

运用建立经济模型并细化分析的方法，就内陆地区欠发达县域经济的发展里程与发展现状，采用实证与规范分析相结合、定性与定量相结合、比较分析法等诸多经济现象分析手段，归纳出西峡县"遵循县域经济特色化、特色产业集群化的原则，依托本地资源，实施农业主导、工业拉动、城乡联合"的山区型县域经济发展道路模式。并对其成功与不足之处在不同区域范围内加以比较评价，以其作为类似县域经济发展模式选择的借鉴。

2 相关理论述评

2.1 区域发展模式相关理论

2.1.1 增长极理论

增长极理论最早由法国经济学家佛朗索瓦·佩鲁提出。该理论主张政府干预经济，实施集中投资，重点建设，适用范围较广。其主要观点：区域经济的发展主要依靠条件较好的少数地区和少数产业带动，应把少数区位条件好的地区和少数条件好的产业培育成经济增长极。通过增长极的极化和扩散效应，影响和带动周边地区经济发展。增长极的极化效应主要表现为资金、人才、技术等生产要素向极点聚集；扩散效应主要表现为生产要素向外围转移。在发展的初级阶段，极化效应是主要的，当增长极发展到一定规模后，极化效应削弱，扩散效应加强，进一步发展扩散效应占主导地位[14]。

理论评价及实践意义：增长极理论有着很强的现实指导意义。第一，增长极理论有着广泛的适应性。该理论是以不发达地区经济发展模式作为研究对象，指导不发达地区经济发展，对不发达地区经济发展有很强的现实意义。第二，有利于发挥政府的作用，弥补市场的不足。增长极理论主张运用政府干预的手段，集中投资、重点建设、集聚发展、注重扩散。由于不发达地区市场机制不完善，资本稀缺，信息不充分，需要政府根据实际情况，集中财力，选择若干条件较好的区域和产业重点发展，进而牵动整个经济发展。第三，增长极理论在实践中的成功事例很多。"都市圈"模式也是该理论的应用。

增长极发展模式也有其局限性：在培育增长极的过程中可能加大增长极与周边地区的贫富差距。主要是因为，增长极的培育和成长有一个过程，在起始阶段，极化效应很强，周边地区生产要素流向增长极，影响了周边地区的发展[15]。

2.1.2 点轴开发理论

点轴开发理论最早由波兰经济学家萨伦巴和马利士提出。该理论是增长极理论的延伸，也是从区域经济发展不平衡规律出发，研究欠发达地区的发展问题，是点与轴相结合的发展模式，适合于欠发达地区，对地区经济发展推动作用较大。

其主要观点：高度重视"点"即增长极和"轴"即交通干线的作用，认为随着重要交通干线如铁路、公路、河流航线的建立，连接地区的人流和物流迅速增加，生产和运输成本降低，形成了有利的区位条件和投资环境。产业和人口向交通干线聚集，使交通干线连接地区成为经济增长点，沿线成为经济增长轴。增长点和增长轴是区域经济增长的发动机，是带动区域经济增长的领头羊[16]。

理论评价及实践意义：该理论对地区发展的区位条件十分注重，强调交通条件对经济增长的作用。与增长极理论不同的是，点轴开发是一种地带开发，它对地区经济发展的推动作用，要大于单纯的增长极开发。

2.1.3　圈层结构理论

圈层结构理论最早由德国农业经济学家冯·杜能提出。该理论主张以城市为中心，逐步向外发展，适合于工业化程度较高的地区[17]。

其主要观点：城市在区域经济发展中起主导作用，城市对区域经济的促进作用与空间距离成反比，区域经济的发展应以城市为中心，以圈层状的空间分布为特点逐步向外发展。该理论把城市圈层分为三个部分，即内圈层、中间圈层、外圈层。各圈层有各自的特征：内圈层即中心城区，人口和建筑密度都较高，地价较贵，以第三产业为主；中间圈层即中心城区向乡村的过渡地带，居民点密度低，建筑密度小，以第二产业为主，并积极发展城郊农业；外圈层即城市影响区，第一产业在经济中占绝对优势，是城市的水资源保护区、动力供应基地、假日休闲旅游之地。

理论评价及实践意义：圈层理论总结了城市扩张和发展的一般规律，对发展城市经济、推动区域经济发展具有重大指导意义。尤其是我国正在大力发展中小城镇，提高城市化水平，这对我们合理规划和发展城市经济、合理规划中小城镇的发展更具有现实意义。圈层结构理论已被广泛地应用于不同类型、不同性质、不同层次的空间规划实践，并且发展成为大城市经济圈构造理论。我国的大城市比较重视该理论的应用，注重研究城市发展和边缘区的关系，提出了城市经济圈的许多构想。卫星城镇的规划、建设也是该理论的应用之一。卫星城镇依托大城市进行圈层布局，既强化了大城市的经济中心地位，又充分利用大城市的辐射促进了卫星城镇的发展，进而在较大的范围内促进了经济增长。

2.1.4　网络开发理论

网络开发理论是点轴开发理论的延伸。该理论主张加强增长点与面之间的联系，实现整体推进，适合于城乡一体化发展。

主要观点：在经济发展到一定阶段后，一个地区形成了增长极即各类中心城镇和增长轴即交通沿线，增长极和增长轴的影响范围不断扩大，在较大的区域内已经形成了商品、资金、技术、信息、劳动力等生产要素的流动网及交通、通讯网[18]。在此基础上，网络开发理论强调加强增长极与整个区域之间生产要素交流的广度和密度，促进地区经济一体化，特别是城乡一体化；同时，通过网络的外延，加强与区外其他区域经济网络的联系，在更大的空间范围内，将更多的生产要素进行合理配置，促进经济全面发展。

理论评价及实践意义：网络开发理论有利于缩小地区间发展差距。增长极开发、点轴开发都是以强调重点发展为特征，在一定时期内会扩大地区发展差距，而网络开发是以均衡分散为特征，将增长极、增长轴的扩散向外推移。该理论一方面要求对已有的传统产业进行改造、更新、扩散、转移；另一方面又要求全面开发新区，以达到经济布局的平衡。新区开发一般也是采取点轴开发形式，而不是分散投资，全面铺开。这种新旧点轴的不断渐进扩散和经纬交织，逐渐在空间上形成一个经济网络体系。网络开发一般适用于较发达地区或经济重心地区，在不发达地区不宜应用。网络开发理论注重于推进城乡一体化，加快整个区域经济全面发展。因此，该理论应用的时机应选在经济发展到一定阶段后，区域之间发展差距已经不大，区域经济实力已允许较全面地开发新区的时候。网络开发理论在发达地区应用取得了较好的效果。选取这种发展模式主要有两个原因：一是中心城市的生产成本日益加大，在利润最大化规律的作用下，生产要素向相对便宜的落后地区扩散和发展更加有利可图。二是当地政府的主动参与。政府加大了对不发达地区的基础设施投入，引导资金流向未开发地区，推进了城乡经济一体化发展。

2.1.5　产业集群理论

集群（cluster）一词在空间经济学、区位经济学、地理经济学中用得比较多，按照波特的定义，"集群是指特定的领域里相互联系的公司和机构在地理上的集中"。波特认为："集群包含一系列相关的产业和其他对竞争重要的主体。例如，它们包括，专业化投入品如配件、机器和服务等的供给商和专业化基础结构的供给者。集群通常向下游延伸到营销网络和顾客，并且平行扩张到互补产品的生产商以及通过技能、技术或共同投入品联系起来的业内公司。最后，很多集群包括政府和其他机构——如大学、标准评估机构、智囊机构、职业培训机构以及贸易机构——它们提出专业的培训、教育、信息、研究和技术支持[19]。"产业集群是指在特定区域中，具有竞争与合作关系，且在地理上集中，有交互关联性的企业、专业化供应商、服务供应商、金融机构、相关产业的厂商及其他相关机构等组成的群体[20~26]。这种经济现象，完全是在利益最大化的驱动下自发形成的。由于不同产业集群的纵深程度和复杂性相异，因此，产业集群超越了一般产业范围，形成特定地理范围内多个产业相互融合、众多类型机构相互联结的共生体，构成具有区域特色的竞争优势。产业集群发展状况已经成为考察一个经济体，或其中某个区域和地区发展水平的重要指标。从我国一些产业集聚区情况看，同类产品采取产业集聚的那些地方的竞争力，显著地强于没有集聚的地方，而且出现了投资者向产业集聚地区转移投资的趋势。

因此，产业集群作为一种先进的经济组织形式，在特定区域范围，将生产同一产品的中小企业集聚起来，以特有的组织结构形式，积小成大，聚弱呈强，既克服了小企业的缺点，也避开大企业的弱项。成熟的产业集群，有利于在经济活动中实现生产力的区域优化布局；有利于资源的整合配置与利用；有利于生产要素的集中和有效使用；有利于经济运行的组织和调节；有利于生产过程的精细化与专业化；有利于技术创新和降低成本。产业集群是提升区域经济综合竞争力，推进工业化进程的有效发展战略方式[27~29]。

2.2　县域经济相关理论

2.2.1　县域经济的含义

何谓县域经济，目前仍众说纷纭，尚无统一的看法。一些学者认为，从政治上看，县是我国基本的政治单元。从经济上看，县域经济是国民经济大系统中的一个子系统，是以县城为中心，集镇为纽带，广大乡村经济为基础的区域性经济网络[30]。从经济管理关系看，县域经济不是按经济类型划分的区域经济，而是按行政区划认定的区域经济。其重要经济活动基本上受县行政区划约束。从经济运行关系看，县域经济依靠其拥有的张力向县外扩展和渗透。因而，县域经济依靠其拥有的张力所能达到的经济边界又不仅仅限于界内。从内涵的综合性看，县域经济是城乡经济结合体和一、二、三产业的综合体[31~33]。县域经济是我国国民经济的一个重要层次，它经历了相当长的发展历史。随着社会的不断进步，县域经济的功能不断完善，地位日益提高。目前，已成为我国国民经济中具有综合性和区域性的基本单元，国民经济的基本支柱和协调城乡关系的重要环节。正是由于县域经济在我国经济中具有独特的地位，其类型众多，结构繁杂，要摸清其历史和现状，分清它们复杂的相互关系，预测其未来发展趋势都是相当困难而艰巨的任务。

因此，县域经济是一个开放的以县级区划内的国土为载体，以县域中心城镇为增长极、集镇为纽带、乡村为腹地，在全县范围内优化配置资源，具有城乡基本功能的空间经济系统[34~36]。

2.2.2　县域经济的特征

县域经济属于区域经济的中观范畴，在国民经济管理体系中处于宏观经济和微观经济之间的中间层次。具有以下四个基本特征：

2.2.2.1　系统性

从产业结构看，县域经济产业包括第一产业、第二产业和第三产业。在许多发达县市，二、三产业比重大幅度上升，第一产业比重呈现逐年下降趋势；从部门行业看，县域经济包括权限范围内的工业、农业、建筑业、交通运输业、教育、文卫等多种行业与部门；从所有制体制来看，包括县域内的国有、个体、民营等多个经济成分。因此，县域经济是我国社会经济功能比较齐全的基本单元，具有相对独立的完整体系[37]。

2.2.2.2　中介性

县域经济是一种中观经济。它是宏观经济（国民经济）与微观经济（企业经济）的中介。县域经济既有工业经济，又有农业经济，既有城市经济，又有农村经济，因此，县域经济具有明显的中介性。

2.2.2.3　开放性

县域经济的开放性是指县域生产要素的自由流动性，它包括向县域经济内部的开放，也包括向外部的开放。从经济管理系统看，县域经济是以县行政区划为边界的，带有一定的封闭性。但从经济发展的规律看，一定经济量的聚集，也必将出现县域内外的经济交流与互动，进而促进县域经济的全方位开放。

2.2.2.4　多样性

由于历史地理和自然条件等方面的原因和区域所具有的特性，县与县之间具有各自的优势和劣势，从而形成了各自的经济发展特点。因此，应当正视县域经济发展过程中存在的客观多样性，因地制宜，扬长避短，把握特点，尊重客观规律，可以使县域经济实现可持续发展。

2.2.2.5　特色性

县域由于受到主客观条件的制约，不可能具备全方位、全门类发展经济的能力，而只能依据有所为、有所不为的原则依托本地比较优势来发展特色经济；另外，县域资源的独特性、差异性也为县域经济的特色性奠定了客观物质基础。牢牢抓住所在县域经济的特色性，并通过县与县、县与大中城市之间的相互联系，相互辐射，扩大和张扬其特色性，进而奠定县域经济发展的优势产业与优势产品，是县域经济获得突破的途径之一[38~39]。

2.2.3　县域经济的类型及发展模式划分

我国国土面积广阔，县域众多，自然条件与经济基础千差万别，使得县域县情差异较大。因此，各县在制定经济发展战略、选择经济发展模式时，必须清楚本县的自然条件与社会环境的优劣势，结合实际特点选择发展模式，以免在发展过程中绕弯路，产生人力与物力资源的无谓浪费。目前，关于县域经济发展模式的研究也比较多，大致归纳起来有以下几类：一是按区位条件可分为市郊型、山区型、沿海型、平原（湖区）型等；二是按经济发展程度分为发达县、欠发达县、贫困县；三是按主导产业分为农业主导型、工业突破型、高科技产业带动型、劳务经济拉动型等；四是就某一发展特色定义的单一类型的划分，如资源依赖型、创新导向型、城乡联合型等[6][40]。下面就与西峡县经济发展模式相关或相比的县域经济发展模式做一介绍。

2.2.3.1 市郊型县域经济发展模式

市郊县即城市的郊区县。在这里，农村经济和城市经济紧密结合，既有为城市服务的商品性农业，又有发展工业的有利条件：既环绕城市，又背靠农村，因而是实现城乡结合、工农结合的纽带。市郊县经济与一般县域经济相比，具有两个明显的特点：①郊区县是城市和农村的过渡区，对城市具有很强的依附性。②市郊县凭借优越的区位条件具有经济发展的前驱性。根据市郊县经济形成和发展的客观规律和它在国民经济中的战略地位，应以服务城市、繁荣市郊经济和富裕市郊居民为指导方针，以建立产业结构合理、充满活力、具有较高生产水平和技术水平的相对独立的区域性经济体系为经济发展目标，使其成为实现农村经济现代化的先导。

2.2.3.2 山区型县域经济发展模式

根据县域内的地理条件，可将县域经济分为山区县、平原县和沿海县。山区县作为一个明显有别于市郊县、沿海县、平原（湖区）县域的空间实体，常与老（革命老区）、少（少数民族聚集区）、边（县城或大行政区域的边远地区）、穷（落后贫困地区）相联系，其经济发展面临着种种困境和制约。

发展山区县域经济，应结合县域本身的区位特点、资源条件、现有经济和工业发展基础，正确选择主导产业，选择工业生产点和工业生产组合链，大力发展地方特色的名优特产品生产，积极开拓与发展域外市场，筹措产业发展资金，逐步发展规模生产，提高效益水平，加速现代化工业生产的发展。

2.2.3.3 欠发达型县域经济发展模式

根据经济发达程度，可将县域经济分成贫困县、欠发达县和发达县。欠发达县是从一个县整体意义上的综合状况而言，着眼于我国现阶段总的发展水平，相对于贫困县和发达县而说的，其分类是相对的，具有可变性。欠发达县具有相对较好的经济基础，在其发展中，要紧紧依托资源优势，着力发展特色产业，注重产业结构的战略调整，加强优化力度，积极发展外向型经济，以实现其县域经济的快速发展。

2.2.3.4 贫困型县域经济发展模式

贫困县是一个相对的概念，是相对于发达县、欠发达县而言经济相对落后的县。贫困县收入水平低下，生活水平一般都低于平均生产水平以下，农业商品化程度低，温饱问题尚未解决，生产条件差、底子薄，教育落后，文化素质低。贫困县含义具有动态性，一方面划分贫困县的标准随着经济的发展而发生变化；另一方面，贫困县本身也是不断地发生变化的，贫困县不仅在自我纵向比较中显现出不断发展变化的趋势，且某些县在外部因素的影响下，会跳跃式地赶上甚至超过某些发达地区。要正确选择贫困县的发展模式，必须能够把握贫困县落后的实质。深刻认识制约其县域经济发展的瓶颈，找到突破点，寻求引起贫困县社会、经济结构的深层变革，形成多元、多层的动力结构，改变使其落后的生态、社会、经济环环相套的恶性循环状态，从市场需求出发，考虑自身劣势，立足本地资源，发展适合本地实情的产业，进而形成特色化，在不均衡发展中寻求贫困县跃进式前进的突破点。

2.2.3.5　农业主导型县域经济发展模式

这个模式特别适合于传统农业大县，其依据是农业产业化理论。农业发展的出路在于产业化，农业产业化是传统农业与市场经济对接的最佳发展模式。实现农业产业化，实施"规模经营、专业经营"战略。县域农业发展是县域经济发展的前提和基础。在市场经济的新形势下，贫困地区要改变农业自身弱质状况，从根本上实现由传统农业向现代农业的新跨越，必须走集约经营、专业经营、规模经营、加工转化、延伸增值之路。农业产业化可以把农业作为一个产业和市场经济衔接起来，它是农业现代化的必由之路，具有布局区域化、生产专业化、管理企业化、经营一体化、服务社会化等特征。而农村要实现农业产业化，首先要加大农业经营的科技含量，通过嫁接新技术，提高产品质量，提高农副产品及其制成品在国内外市场的竞争力。其次，要根据各地资源优势、技术优势和人文优势，发展专业化生产，重点建设一批外联国内外大市场，内联千家万户的龙头企业，实行一村一品，一乡一业。再次，由龙头企业带动一个系列，建立起主导产业。最后，在主导产业的带动下，通过种养、加工、流通的有机结合，发展起资源集中、资产集中、资金技术集中的大型农业企业集团，从而发挥规模优势，取得规模效益。

2.2.3.6　工业突破型县域经济发展模式

这个模式比较适合特色不明显的传统农业县以及工业弱县，其依据是工业化理论。发挥地区优势，鼓励发展各类型企业，创拳头产品，实施以"特"兴县战略。地区优势是指某个地区相对别的地区在发展经济上的特殊有利条件，和在此基础上所逐步形成的，以富有特色、生产费用低和竞争力强的某个部门、某个行业或某种产品。而拳头（名牌）产品则是主导产业的立足点，主导产业是县域特色的标志，发展拳头产品、支柱产业、特色经济可以带动相关产业和"板块经济"的发展。就一个县（市）来讲，有没有一两个在市场上立得住的支柱产业和拳头产品，对于其县（市）域经济的发展和农民收入的增加，往往具有举足轻重的重要作用。如何才能发挥本地独特的优势，形成自己有特色的产业和产品，能够在市场上有一种别人不具备的也难以替代的优势非常重要。首先，要找出当地原有的特长或传统。许多传统的工艺、手艺、技术、产品不仅有长久的生命力，而且就是在科学技术高度发达、市场经济高度发育的今天也不失其魅力和价值，有的还可以在新条件下推陈出新。其次，要瞄准国内外市场需求，千方百计去适应需求。一种特色产品如不能适应市场需求的变化，迟早会被市场淘汰，这种产品也就不能"特"起来。最后，要讲营销。如果要想让特色产业产品真正能"特"起来，"特"出去，必须把产品定位搞准，把销售渠道理顺，把市场经济搞活。

2.2.3.7　高科技产业带动型县域经济发展模式

发展高技术产业，实施名牌联动战略。下一个世纪人类将步入知识经济时代，而高技术产业是知识经济的第一支柱，知识经济正是以数字化信息革命为代表的高技术产业发展直接导致的结果。高技术产业的成功发展不仅可以改造传统产业，而且能生成新的产业和新的国民经济增长点。同时，高技术产业具有成长快速、技术含量高、产品对社会经济活动影响面大等特点。科学技术是第一生产力，也是县域经济工业化的强大推动力。有条件的县（市）可以以科技为突破点，发展高技术产业，创立名牌产品，发挥名牌效应，由此带动农业及其他各类型的企业的发展，从而推动整个县域经济的发展。

2.2.3.8 劳务经济主导型县域经济发展模式

这个模式特别适合边远的贫困县，其依据是城市化及劳动力转移理论。目前我国处于城市化的高峰时期，农村富余劳动力特别是贫困地区富余劳动力快速有序地向城市转移，农民在异地打工挣钱，在本乡本土消费，有力地拉动本土经济的发展；同时城市支持农村、工业反哺农业，积累了一定资金和技术的经济能人又返乡创业，带动县域经济的发展。有一部分贫困县在资源、资本、产业等方面都处于劣势，最大的比较优势就是富余劳动力，所以，大力发展劳务经济，把本地区的富余劳动力有组织地转移到城市或输出到发达地区，走农村来发展农村，迂回发展和曲线致富的道路。一些贫困县为了克服资本和资源两大约束，就扬长避短，充分发挥劳动力资源丰富的优势，大力发展劳务经济，把劳务经济作为县域经济发展的战略突破口。一方面，积极组织引导农村富余劳动力向发达地区转移，强化技术培训，逐步形成特色劳务品牌；另一方面，制定配套优惠政策，吸引有资本、有技术、有市场、善管理的经济能人返乡创业。

2.2.3.9 资源依赖型县域经济发展模式

通过依托当地自然资源或区位资源优势，发展资源开采及加工业或借助区位优势从事易货贸易或代理加工业发展区域经济。这种发展模式的特点是早期发展势头迅猛，行业类型单一；对自然资源的过度依赖或外部区位优势的弱化及丧失，在较长的时期内将逐渐减弱或抵消经济发展的后劲。

2.2.3.10 创新导向型区县经济县域经济发展模式

创新导向型区县经济是凭借本地区创新环境的优化，通过改变观念、改善生产要素质量、建立创新机制和形成创新行为来集聚创新要素和提升创新能力，以优先加快某一方面创新发展为先导，带动县域经济全面创新发展，并从持续不断的创新活动和不断涌现的创新成果中获得推动区县经济全面发展动力的一种经济发展模式。发展创新导向型县域经济，一般要把相对优势因素作为创新支点，以产业集群作为创新杠杆，通过政府、市场、科研机构以及它们之间的联合来撬动县域经济全面创新。

2.2.3.11 经济联合型县域经济发展模式

这种发展模式是通过实施经济发展不同阶段的县乡经济联合，促进县域经济整体发展。在县域内，存在着富裕程度不同，资源开发、基础设施建设等不同的差异，在自身发展能力有限的情况下，发展县乡经济的横向联合，有利于县域经济整体合理发展，有利于共同富裕。县乡经济横向联合是指不同的县（市）、乡（镇）、村、经济开发区在物质资料生产、流通、资源、技术开发过程中，彼此相关和相互依赖的各经济单位或组织之间，为了获得较高的经济效益，提高国民经济的整体素质，在平等互利的原则下，通过一定的合同、协议或章程，组织起来的各种联合体和各种经济联系。县乡经济横向联合的发展，对于促进生产力和经济建设的发展、科学技术的进步、人才的培养和合理流动，以及促进县域经济整体合理发展都有重要意义。县乡经济横向联合，可以有多种形式：如县内联合，县际、县市联合；经济较发达乡（镇）与欠发达乡（镇）的联合，发展水平相近的乡（镇）之间的联合；资源开发利用上的联合，科学技术上的联合；以强带弱的联合，互补式的联合等。但具体到某个县应采取何种联合形式，则要根据市场竞争、经济建设的需要和经济运行规律而定。

县域经济发展模式是在不同划分依据基础上提出的理论思考，具有一定的总结性及指导意义，其从区位条件及经济发展水平等来划分县情且归纳发展模式的研究方法具有一定可取性及科学性。但其对县域发展模式探讨中所考虑的因素相对单一，各县域经济类型的划分仅从一种划分依据出发，缺乏全面性，在指导实践中要注意把握，具体情况具体分析，不能照搬模式硬套经验。

3 西峡县县域经济发展现状

3.1 西峡县自然、人文环境概况

3.1.1 自然环境

3.1.1.1 地理位置

西峡县位于河南省西南部，伏牛山腹地，豫、鄂、陕交界地区，中心纬度位置位于东经111.4843度，北纬33.2899度，东临南阳盆地，西嵌秦岭，南襟荆襄平原，北负八百里伏牛山。辖区总面积3 454平方千米，是河南省第二区域大县。西峡境内地形复杂，北部是海拔高、坡度大的中低山地，南部是鹳河谷地，两侧是起伏大的低山丘陵。全县最高山峰犄角尖海拔2 212.5米，最低点位于丹水镇马边村，海拔181米，自然坡降为33%。

3.1.1.2 气候特征

西峡处于亚热带向暖温带过渡地带，属北亚热带季风区大陆性气候，气候温和，雨量适中，光照充足，年均气温15.1 ℃，年均降雨量800毫米左右，年均无霜期为236.2天，年均日照2 019小时。素有"春前有雨花开早，秋后无霜叶落迟"之称。

3.1.1.3 自然资源

一是植物资源。活立木蓄积量661.9万立方米，经济林面积88万亩，是河南省第一林业大县。森林覆盖率76.8%，拥有国家级、省级自然保护区5处，自然保护区面积占全县国土面积的22.2%，荣膺"生物物种基因库""天然植物标本园""中草药宝库"等多项省级桂冠。盛产林副土特产品128种，中药材1 380种，其中猕猴桃、山茱萸、油桐、生漆被誉为西峡"四大宝"。

二是矿产资源。已探明有开采价值的矿藏有38种，其中石墨总储量1.6亿吨，为亚洲四大矿床之一；红柱石、金红石、镁橄榄石储量上亿吨，均居全国首位，是全国最大的冶金保护材料生产基地。

三是水资源。境内河流众多，属长江流域丹江水系的鹳河纵贯全县南北，并与526条大小河流呈羽状分布于崇山峻岭之中。主要河流有鹳河、淇河、峡河、双龙河、丹水河等。年均水资源总量13.9亿立方米，人均是全省的6倍；水力资源可开发量10.4万千瓦，居全省县级第二位，是国务院确定的电气化试点县。

四是旅游资源。境内有河南省面积最大的老界岭国家自然保护区，被誉为"世界第九大奇迹"的恐龙蛋化石群、中原第一峰——犄角尖、"中原九寨沟"——龙潭沟瀑布群、天下奇观——云华蝙蝠洞、攀岩探险圣地——五道幢风景区以及石门湖风景区、寺山国家森林公园、哪吒故里等自然人文景观100多处，是河南省重点旅游县。

3.1.2 人文环境

3.1.2.1 人口与行政区划

截至 2005 年年底，全县辖 18 个乡镇、298 个行政村[①]（2006 年陈阳乡并入丁河镇，城关镇改设为 3 个办事处），总人口 434 600 人。其中，城镇人口 109 195 人，占 25.13%；乡村人口 325 405 人，占 74.87%。

3.1.2.2 区位优势明显

西峡县位于豫、鄂、陕毗邻地区的交通枢纽，宁西铁路、国道 312、311、209 线，省道 331、335 线和即将建成的宁西高速公路纵横穿越县境，形成了以铁路、高速公路为骨架，国道、省道为依托的快捷交通网络。

3.1.2.3 历史文化厚重

西峡山清水秀，物华天宝，历史文化一枝独秀。从仰韶遗址到西周故城，从凭吊三闾大夫的屈原岗到哪吒庙，从武则天的观花园到李自成的演兵场，从日本帝国主义战败投降的马鞍桥到宛西民团司令别廷芳的别公堰遗址……古迹遍布境内，传说令人神往。

3.1.2.4 旅游资源丰富

西峡是"世界第九大奇迹"恐龙蛋化石群的所在地。"伏牛第一峰"犄角尖、龙潭沟、五道幢、石门湖、鹳河漂流、蝙蝠洞、寺山森林公园等十大地质地貌奇观，构成了西峡多姿多彩的生态旅游格局。西峡作为伏牛山世界地质公园的核心区域，2006 年 9 月顺利通过了联合国教科文组织专家的验收，获得了伏牛山世界地质公园的殊荣。

3.2 西峡县县域经济发展现状

3.2.1 县域经济发展成就

3.2.1.1 工业经济迅猛发展，产业集群初步形成

以"四大产业"为龙头，坚持工业、农业一起抓，县乡工业一起抓，各种所有制工业一起抓，大力发展民营工业，实现了工业总量和质量的同步提升。一是中药制药产业群。以国家级农业产业化龙头企业宛药集团公司为主，企业达到 7 家，产值达 8.8 亿元，主导产品"仲景牌"六味地黄丸市场占有率达到 35%。宛药公司成为国内唯一拥有"月月舒"和"仲景"两大"中国驰名商标"企业。二是炼钢及冶金辅料产业群。以龙城集团、西保集团为主，炼钢产业年实现产值 30 亿元；从事冶金辅助材料产业的企业 59 家，年产值 35 亿元，产品全国市场占有率达到 95%。三是汽车配件铸造产业群。以西泵公司和西排公司为首，年产值 6 亿元，生产的汽车水泵、进排气管等汽车配件 50 个种类，1 050 个品种，占全国总量的 50%、30%。四是农产品加工产业群。形成了华邦公司、养生殿酒业公司、猕猴桃总公司等一批农产品加工企业。全县现有猕猴桃、香菇加工、冷藏企业 70 多家，年产值近 5 亿元。2005 年，西保、龙成、宛药三大集团产值分别达到 19 亿元、14.5 亿元和 8.8 亿元，占全县限额以上工业产值的 67%。全县工业总产值完成 94 亿元，增长 34.8%，工业增加值占 GDP 的比重达 60.8%。

---

① 西峡县辖 3 个街道、7 个镇、9 个乡：白羽街道、紫金街道、莲花街道、丹水镇、西坪镇、双龙镇、回车镇、丁河镇、桑坪镇、米坪镇、田关乡、阳城乡、五里桥乡、重阳乡、寨根乡、石界河乡、军马河乡、二郎坪乡、太平镇乡；南阳市黄石庵林场。

3.2.1.2 适时调整产业结构,特色农业优化升级

以建设"三大基地"为目标,农业特色产业突出。按照把西峡建设成为"农产品出口基地、原料供应基地和贸易集散基地"的发展定位,全县强力培育了特色优势比较明显的"果、药、菌"三大产业[41]。一是以猕猴桃为主导的林果产业。猕猴桃人工栽培面积9万亩,猕猴桃新发展3 500亩,品种改良5 200亩,总产量突破3万吨,面积和产量位居全国第二,是"中国名优特经济林之乡——猕猴桃之乡"。新建成华邦、兆丰两个猕猴桃加工贮藏项目,"万果山"牌猕猴桃荣获省名牌产品称号,猕猴桃生产—管理—销售—加工的产业链已具雏形。发展美国黑李、杏李、杏梅林果新品种5万多亩,成为全国唯一的"科技兴林示范县"。二是以香菇为主导的食用菌产业。食用菌年产量稳定在1.7万吨左右,约占全国总产量的1/10,成为全国十大商品香菇基地县和标准化示范基地县。食用菌产业实现了以木腐菌为主向草腐菌为主的结构转变,袋料香菇控制在2 000万袋以内,以白灵菇为主的草腐菌达到3 300万袋,建成了150万袋香菇标准化生产示范基地,被评为全国食用菌优秀基地县、食用菌标准化示范县、全省食用菌先进基地县,丁河、陈阳被评为全国食用菌优秀基地乡镇,双龙香菇市场被确定为全国、全省定点市场。三是以山茱萸、天麻为主导的中药材产业。西峡山茱萸面积22万亩,产量1 600余吨,是全国总产量的2/3,获得国家"原产地域保护产品"认证,是"中国名优特经济林——山茱萸之乡"。天麻人工栽培年均500万穴,是全国最大的天麻基地。中药材新发展4.2万亩,出口100多吨。三大农业特色产业对农民人均纯收入的贡献份额达到60%。

3.2.1.3 大力发展生态旅游,实现多元化经济增长

依托山水资源,培育发展旅游业。通过"政府引导、企业主体、市场运作、部门配合"的方式,开发生态旅游,打造新的经济增长点,先后开发建设了老界岭、龙潭沟、五道幢、鹳河漂流、石门湖、耍孩关、蝙蝠洞、荷花洞、老君洞、恐龙蛋、寺山国家森林公园等10多个景区,鹳河漂流被评为国家4A级景区,石门湖被确定为国家级水利风景区。高标准完善了宛药工业旅游项目和英湾、袁店猕猴桃观光园,填补了县属工农业旅游项目的空白。建成了鹳河中州国际饭店、五道幢宾馆、石门湖度假村,建设改造了200多家农家宾馆,旅游接待水平明显提高,成功举办了鹳河漂流大赛。旅游推介措施成效明显,旅游客源市场扩大优化。全年共接待游客75万人次,增长25.8%;门票收入2 016万元,增长55%;综合收入1.4亿元,增长52.7%,已经成为毗邻地区具有影响力的旅游热区,跨入河南省14个旅游开发重点县,被确定为全省唯一的旅游体制改革试点县。

3.2.1.4 探索发展循环经济,生态农业初露端倪

西峡是丹江上游、南水北调中线工程的水源涵养区、国家退耕还林区、天然林保护区、南水北调水源地重点水土流失治理区,随着国家南水北调工程的启动实施,水源保护区的战略地位显得更为重要。近年来西峡县委、县政府为从根本上解决城乡居民的燃料问题,坚持以农民增收为目的,以提高农业综合生产能力为核心,围绕"果、药、菌"特色农业采取有效措施,构筑生态农业,探索发展循环经济,取得了一定的成效[42]。首先是大力发展农村沼气。以农村沼气国债项目为依托,以农户为单元,以小型高效户用沼气池为基础,大力实施以养殖、种植、无公害农业生产为构成要素的生态家园富民工程,通过沼气综合利用技

术，发展庭院沼气生态经济，着力推广"牧—沼—果""林—菌—气"农业循环经济模式，实现资源利用合理化、农村经济高效化、农业生产无害化、农民家居清洁化。积极引导农户利用农作物秸秆、棉籽壳种植白灵菇等食用菌。菌袋废渣进入沼气池产生沼气，用沼气做饭、照明，用沼液、沼渣作有机肥料发展猕猴桃和中药材产业。据统计，全县利用沼气池年可节约木柴 15 万立方米，创社会综合经济效益 5 000 多万元。全县累计发展沼气池 18 000余个，发展沼气生态村 42 个，建立县级沼气综合服务中心 1 个，乡级服务站 18 个。其次是在全国首先大规模推动新能源新农村建设，为每户补贴 500 元，同山东亿家能太阳能有限公司签订协议，为首批两万西峡农户在今明两年陆续安装太阳能热水器。再次，打造一批生产标准高、产业品位高、科技含量高、循环程度高的生态农业示范区，以辐射带动全县生态农业的快速发展，全面提升现代农业水平。及时调整农业发展战略，狠抓无公害农产品生产。先后制订、推广、普及了无公害农业生产技术，其中《无公害食用菌安全质量要求》、《无公害山茱萸生产技术规程》被批准为河南省地方标准，填补了河南省食用菌和山茱萸质量标准的空白。《无公害香菇生产技术规范》、《无公害猕猴桃生产技术规范》被批准为南阳市农业地方标准，农业标准的制定和颁布实施在河南省处于领先位置。在全县建立 5 万亩无公害猕猴桃基地、22 万亩无公害山茱萸基地和 4 000 万袋无公害香菇基地。建立了西峡县农产品质量检测中心，对农产品生产过程和最终产品质量进行全方位检测，确保了农产品的质量安全。最后，新建成小水电站 3 处，继续实施小水电代燃料生态工程。

3.2.1.5 不断加大城建投入，基础建设成效显著

实施了一批集镇建设工程，"平改坡"552 户，集镇面貌和道路景观焕然一新。7 个集镇进入全市小城镇 50 强，双龙、西坪、二郎坪、太平镇实现了星级晋升，双龙被评为全国文明村镇[43]。目前，县城建成区面积扩大到 12.5 平方千米，建制镇 8 个，建成国家级重点集镇 1 个，星级集镇 8 个。全县城镇化水平由 2002 年的 37% 提高至 2005 年的 41%。被国家五部委联合授予"全国创建文明小城镇示范点"荣誉称号。完成了 108 个行政村 364 千米"村村通"工程，被评为全省农村公路建设先进县。宛坪高速公路工程进展顺利，即将通车运营。

3.2.1.6 加大经济开放力度，招商引资成果喜人

2005 年圆满承办了南阳市第四届张仲景医药节暨经贸洽谈会，参加了豫港投资贸易洽谈会等一系列招商活动，全年共达成合作项目 137 个，引资 16.6 亿元。争取政策性投资项目 194 个，到位无偿资金 2.59 亿元，位居全市前列。新建中外合资企业 2 家，合同引资 520万美元，实际到位 300 万美元。外贸出口 2 729 万美元，创历史新高，被评为全省对外开放重点县。

3.2.2 西峡县域经济在河南省中的地位评价

3.2.2.1 评价方法的选择与确定

在分析西峡县综合经济实力时本文试图从经济综合实力、发展速度及产业结构三个方面，依据综合性、科学性、可比性及易取性等原则，选取相应的可比指标进行比较评述。基于可操作性及现实可行性等原因，本文选择了专家易于介入、形式简单、处理方便的特尔斐（Delphi）法来确定权重。

特尔斐法又称专家打分法，是一种常见的技术测定方法，它能客观地综合多种专家经验与主观判断的技巧，充分发挥信息反馈和信息控制的作用，使分散的评估意见逐渐收敛，最后集中在协调一致的评估结果上[44]。区域经济包括经济、社会、自然等多方面的因素，在对区域发展状况进行量度时，必须把定性因素量化，与定量因素纳入统一体系。特尔斐法测定可满足这一要求。它根据决策者主观重视程度，按各指标的重要性确定其权重，总和为1。经过专家征询和轮询确定权重，从而对西峡县经济情况进行参考量度。虽然特尔斐法集中了专家和学者的集体意见，但主观性不可避免。本文主要从宏观上大体来反映西峡县县域经济的总体水平，特尔斐法基本上能满足比较需要，故最终选用。

3.2.2.2　评价模型的建立

由于各县（市）的情况千差万别，经济发展很不平衡。为综合评价西峡县经济发展水平，本文在选定几个主要经济指标的前提下，对河南省 2005 年 108 个县市经济实力进行了综合测评，以期寻找西峡县的经济发展水平定位。

对各县（市）的综合实力进行评价，首先要建立一套比较科学和完整的指标体系。指标体系建立的原则是：①应能够真实反映县域经济发展水平，既采用总量指标如国内生产总值、地方财政收入、全社会固定资产投资完成额；又采用相对指标如人均国内生产总值、人均地方财政收入、人均居民储蓄存款余额等。②要考虑县域经济发展的实际情况，农业是县域经济的主业，农民收入是县域经济综合实力的一个重要反映，所以选取了农民人均纯收入作为一个衡量指标。基于以上两个原则，在参考了国家农调总队百强县评价和 2006 年河南省统计局县（市）综合实力评价指标体系等研究成果的基础上，经过综合比较研究，建立了以国内生产总值、人均国内生产总值、地方财政收入、人均地方财政收入、全社会固定资产投资完成额、人均居民储蓄余额和农民人均纯收入等为主要指标的综合测评指标体系，并运用这一体系对河南省各县（市）的经济实力进行测算，定位西峡县县域经济发展水平。

具体的方法是，首先选取能够反映经济发展水平的七个经济指标为：2005 年 GDP 总额（k_1）、2005 人均 GDP（k_2）、地方财政收入（k_3）、人均地方财政收入（k_4）、全社会固定资产投资完成额（k_5）、人均居民储蓄余额（k_6）、农民人均纯收入（k_7）。其次，将各县市单元七个指标的数值进行标准化处理，本文选用极大值标准化方法以消除量纲的影响。再次，按照特尔斐法来确定各项指标的权重。所给的权重为：$k_1 = 0.3$，$k_2 = 0.2$，$k_3 = 0.1$，$k_4 = 0.1$，$k_5 = 0.05$，$k_6 = 0.05$，$k_7 = 0.2$。最后建立综合指数计算模型如下：

$$Y_i = \sum W_k X_{ik}(i = 1, 2, 3, \cdots 108, k = 1, 2, 3, \cdots 7)$$

X_{ik} = 第 k 项指标值/第 k 项指标最大值

式中：Y_i 为第 i 个县域样本单元的综合指数值；

X_{ik} 为第 i 个样本第 k 项指标的标准化数值；

W_k 为第 k 项指标的权重值；

i 为 1~108，表示河南省县域经济单位。

3.2.2.3　综合经济实力分析结果

根据 2006 年河南省统计年鉴的统计数据[45]，借助 Excel 工具对全省 108 个县（市）2005 年经济综合指数进行了测算，并依据综合指数对县（市）综合经济实力进行了排序，结果如表 5.1 所示。

表5.1 2005年河南省108个县市区主要经济指标综合实力排序表

县市	综合指数	位次	县市	综合指数	位次	县市	综合指数	位次
巩义市	0.9564	1	长垣县	0.3471	37	嵩县	0.2329	73
偃师市	0.7002	2	西峡县	0.3455	38	罗山县	0.2329	74
新郑市	0.6974	3	宝丰县	0.3455	39	淮阳县	0.2264	75
新密市	0.6957	4	唐河县	0.3455	40	上蔡县	0.2259	76
荥阳市	0.6955	5	项城市	0.3432	41	睢县	0.2257	77
登封市	0.5937	6	尉氏县	0.3330	42	汝阳县	0.2256	78
新安县	0.5775	7	陕县	0.3249	43	夏邑县	0.2248	79
义马市	0.5622	8	固始县	0.3105	44	兰考县	0.2231	80
沁阳市	0.5482	9	获嘉县	0.2992	45	太康县	0.2224	81
禹州市	0.5384	10	内乡县	0.2937	46	商城县	0.2223	82
长葛市	0.5142	11	孟津县	0.2900	47	南乐县	0.2222	83
灵宝市	0.5069	12	淅川县	0.2861	48	西华县	0.2214	84
伊川县	0.4978	13	濮阳县	0.2849	49	舞阳县	0.2193	85
博爱县	0.4922	14	潢川县	0.2845	50	确山县	0.2191	86
孟州市	0.4872	15	杞县	0.2791	51	洛宁县	0.2190	87
林州市	0.4741	16	汤阴县	0.2751	52	息县	0.2189	88
栾川县	0.4711	17	西平县	0.2729	53	民权县	0.2170	89
渑池县	0.4493	18	浚县	0.2728	54	沈丘县	0.2146	90
中牟县	0.4489	19	滑县	0.2706	55	汝南县	0.2131	91
永城市	0.4430	20	鹿邑县	0.2704	56	郸城县	0.2101	92
镇平县	0.4393	21	通许县	0.2703	57	泌阳县	0.2075	93
新乡县	0.4384	22	南召县	0.2702	58	社旗县	0.2065	94
修武县	0.4374	23	延津县	0.2670	59	正阳县	0.2064	95
温县	0.4343	24	卫辉市	0.2636	60	封丘县	0.2052	96
安阳县	0.4227	25	方城县	0.2617	61	原阳县	0.2046	97
许昌县	0.4218	26	开封县	0.2594	62	平舆县	0.2037	98
汝州市	0.4133	27	叶县	0.2550	63	扶沟县	0.1995	99
武陟县	0.4114	28	清丰县	0.2494	64	范县	0.1961	100
舞钢市	0.4023	29	郏县	0.2459	65	新蔡县	0.1941	101
辉县市	0.3994	30	新县	0.2447	66	鲁山县	0.1914	102
邓州市	0.3943	31	遂平县	0.2446	67	商水县	0.1855	103
鄢陵县	0.3925	32	桐柏县	0.2420	68	台前县	0.1779	104
淇县	0.3922	33	内黄县	0.2417	69	淮滨县	0.1779	105
临颍县	0.3716	34	宜阳县	0.2416	70	柘城县	0.1769	106

县市	综合指数	位次	县市	综合指数	位次	县市	综合指数	位次
新野县	0.3652	35	光山县	0.2368	71	卢氏县	0.1748	107
襄城县	0.3526	36	虞城县	0.2366	72	宁陵县	0.1647	108

由表 5.1，结合下表 5.2 与表 5.4 可知，2005 年末全县生产总值、地方财政一般预算收入、工业总产值等主要经济指标与"九五"末比均实现翻番，增速均居全市第一。综合经济实力由"九五"末的全省第 41 位前移到 2004 年的第 37 位①。另据统计资料显示，西峡县三次产业比重由"九五"末的 31.8:45.2:23 调整为 2006 年的 23.6:58.8:17.6。工业化率达到 52.9%，比"九五"末提高了 13.6 个百分点。特色农业产值占农业总产值的比重达到 54%，旅游综合收入年均增长 45%[46~50]。综合经济实力逐步增强。

将西峡县与河南省其他县级市进行比较发现：2005 年综合经济指数为 0.3455，综合经济实力位居河南省第 38 位，整体经济实力比较靠前。在南阳市辖区内仅有镇平县、邓州市、新野县居于其前。同本省内与西峡县同样具有区位优势的灵宝市（综合经济指数为 0.5069）相比差距仍然较大，与同为山区县的栾川县（综合经济指数为 0.4711）尚有一定的差距。

3.3　西峡县县域经济发展变化情况

2005 年全县生产总值完成 55 亿元，比上年增长 23%，居全市第一，分别比全国、全省、全市增速高 14 个、9 个、9.7 个百分点，是 10 年来增速最快的一年。其中一、二、三产业增加值分别完成 12 亿元、30 亿元、9 亿元，分别增长 8%、32.2%、12%。地方财政一般预算收入完成 1.95 亿元，增长 53.9%，绝对数跃居全市第二，增幅居全市第一；财政收入中税收占 84.3%，居全市第一。城镇居民人均可支配收入 7130 元，增长 13.5%。农民人均纯收入 3250 元，增长 22.8%。全社会固定资产投资完成 19.5 亿元，增长 55%。金融机构各项存款余额达到 32.5 亿元，增长 21.8%，增幅居全市第一；人均储蓄余额 4712 元，居全市第一；各项贷款余额 22.9 亿元，增长 9.8%。全县社会消费品零售总额 13.9 亿元，增长 15%。经济发展增速提效。

3.3.1　不同时期主要指标的变化

进入 90 年代以来西峡县经济发展速度明显提高，尤其是 2000 年以来，主要经济指标呈现快速发展势头[51~53]。如表 5.2 所示，生产总值增速达 120.3%，远远高于河南省全省 71.58% 和南阳市 71.97% 的增速；财政收入增速尤其明显，达 138%，显著高于河南省 73.97% 和南阳市 42.67% 的增速；农民人均纯收入和城镇居民人均可支配收入增速也都超过 50%，高于同期全省和全市发展速度[54~55]；只有粮食产量出现下滑趋势，这主要是由于 2000 年以来该县着重发展特色产业，逐步减少粮食播种面积，不断加大中药材与林果品种植面积的结果。

---

① 河南省统计局 2006 年统计年鉴所显示的，对全省各县市经济数据统计排序中所采用的经济指标包括：GDP、人均 GDP、财政一般预算收入、人均财政一般预算收入、居民储蓄存款余额、人均居民储蓄存款余额、农民人均纯收入、全社会固定资产投资完成额、人均固定资产投资、财政收入占 GDP 比重、新增储蓄存款占 GDP 比重、规模以上工业利税占规模以上工业增加值的比重、工业增加值占 GDP 的比重，共 13 项。本文在考虑重要性和绝对指标与相对指标合理搭配的基础上仅选取其中七个指标，计算结果与河南省统计局所示结果尽管有所差异，但基本符合实际，属合理运用。

表 5.2　西峡县不同时期主要经济指标

指标	单位	各年指标值						2005 比 2000 增	年均递增（%）
		2000	2001	2002	2003	2004	2005		
生产总值	万元	231 843	259 068	288 329	341 667	420 804	553 751	120.3	17.1
工业总产值	万元	302 429	346 317	391 310	500 918	695 595	92 118	168.2	21.8
农业总产值	万元	125 016	138 063	150 219	161 741	194 802	215 363	58.5	9.7
粮食总产量	吨	101 616	111 154	109 332	85 420	90 593	93 798	−7.7	−1.6
财政收入	万元	8 194	7 258	7 296	8 661	13 313	19 519	138.2	19
农民人均纯收入	元	1 938	1 975	2 136	2 271	2 646	3 004	55	9.2
城镇居民人均可支配收入	元	4 133	4 488	5 098	5 510	6 283	7 130	72.5	11.5
社会消费品零售总额	万元	73 991	82 702	93 383	103 975	120 731	140 922	90.5	13.8
全社会固定资产投资	万元	53 076	60 529	69 322	95 788	125 781	195 510	268.4	29.8
城乡居民储蓄存款余额	万元	112 558	112 945	130 367	143 548	166 590	202 647	80	12.5

3.3.2 各指标在不同比较区域内的变化

近年来西峡县县域经济取得了长足的发展不仅仅表现在其自身的发展过程中，就是在全国范围内这种快速进步也是显而易见的。全国每年一度的县域竞争力综合评价结果显示（如下表 5.3 与图 5.1 所示），2000 年至 2005 年间，西峡县县域经济总体上呈现快速增长势头，尤其是 2003 年以来，综合实力位次前移近百位，综合竞争力等级一举实现从 D 级到从 C 级的跨越，达到了由量变到质变的飞跃。同样，在南阳市范围内，2003—2005 年的主要经济指标显示，人均生产总值增长 60%，财政收入增长 1.24 倍，增幅在区域内位居首位，远超其他县市；城镇居民人均收入与在岗职工平均工资绝对值与增幅也居于前列，仅有农民人均纯收入相对值增幅不大，绝对值也比较偏低。如表 5.4 所示。

表 5.3　西峡县县域竞争力全国历届位序一览表

届次	评价年度	全国排序	位次变化	竞争力等级
第一届	2000	638	0	D
第二届	2001	704	−66	D
第三届	2002	716	−12	D
第四届	2003	614	102	D
第五届	2004	556	58	C
第六届	2005	462	94	C

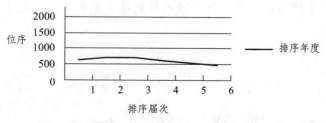

图 5.1　西峡县县域竞争力全国历届位序变化图

表 5.4　西峡县 2003—2005 年主要经济指标南阳市区域内变化表

县区	人均生产总值				城镇居民人均收入				农民人均纯收入				财政收入				在岗职工平均工资			
	2003	2004	2005	2005比2003增长(%)	2003	2004	2005	2005比2003增长(%)	2003	2004	2005	2005比2003增长(%)	2003	2004	2005	2005比2003增长(%)	2003	2004	2005	2005比2003增长(%)
南阳市	6814	8370	9826	44	6108.98	6919	7831	28	2122.03	2495	2894	36	132871	137997	189580	43	8774	10164	11820	35
宛城区	12384	14637	16925	37	6876.48	7780	8603	25	2454.2	2779	3153	28	8369	8096	10183	22	8416	8976	9924	18
卧龙区	8745	11015	12056	38	6876.48	7798	8713	27	2212.7	2536	2956	34	9258	10162	12785	38	7010	8244	9768	39
南召县	6269	7987	9239	47	5169.94	5909	6760	31	1621.09	2100	2448	51	6122	8769	11636	90	7230	8304	9204	27
方城县	4172	5303	6067	45	5476.99	6177	7026	28	2060.12	2296	2685	30	11153	10287	13870	24	7471	8532	9636	29
西峡县	7975	9773	12762	60	5510.1	6283	7130	30	2270.62	2646	3004	32	8722	12699	19519	1.24	8473	9528	11016	30
镇平县	8889	10803	13362	50	5520.81	6144	6931	26	2468.38	2800	3281	33	11105	10858	17319	60	6567	7980	9312	42
内乡县	6317	7803	9047	43	5507.06	6249	7100	29	2264.8	2603	2955	30	10623	10474	13931	31	7125	8496	10044	41
淅川县	5365	6869	8510	59	5216.97	6006	6798	30	1537.89	2015	2356	53	10782	12362	17518	62	7053	7908	9312	32
社旗县	3780	4995	5973	58	4857.06	5514	6294	30	1556.97	1976	2290	47	5128	5203	7092	38	6766	7956	8580	27
唐河县	4838	6318	7268	50	5338.63	5988	6874	29	2322.5	2723	3189	37	16686	13537	18516	11	7116	8424	9396	32
新野县	7625	9783	11878	56	5559.99	6298	7206	30	2388.61	2810	3240	36	10460	10373	13899	33	6833	7572	8952	31
桐柏县	6772	8280	9612	42	5260.25	5917	6772	29	1510.89	1701	1929	28	6831	8686	12033	76	7959	9204	9960	25
邓州市	5940	7282	8394	41	5646.98	6354	7294	29	2219.84	2658	3104	40	17632	15996	21216	20	7482	8760	10032	34

3.3.3 产业结构变化

调查发现，西峡县产业结构由 1990 年的 42∶30∶28 快速跃进至 2005 年的 23∶57∶20，产业结构由一二三型转变为二一三型，呈现逐年优化、日趋合理的趋势。以 2005 年为例，全年完成 GDP 总量 553 751 万元，三次产业的数值分别是：125 879 万元、316 257 万元、111 615 万元，其中：第二产业由工业与建筑业组成，工业产值为 271 579 万元，建筑业产值为 44 678 万元，工业中采掘业产值达 51 239 万元，制造业产值达 215 950 万元，而制造业中以农副产品加工业、医药制造业、非金属矿物制品加工为主导，产值分别为：46 654 万元、21 373 万元、91 323 万元。如表 5.5、图 5.2 、图 5.3 所示，第二产业的进一步做大做强表明其对 GDP 总量的贡献不断增加且居于主导地位，显示出该县的经济发展具有一定的实力；进一步的分析表明，西峡县第一产业比例下降过缓，这是由于第三产业比例增长过缓和第一产业出现结构性变化所致。近年来该县大力实施农业产业结构调整，逐步缩减粮食种植面积，不断加大林副产品等经济作物的种植面积，大力发展"菌果药"种植，有意识地为本地农副产品加工业和中医药制造业提供原料品，以此拉大产业链条，增加农产品的附加值，以期扩大农民收益。2005 年该县二三产业比例大致相当，与省市内外同类发达县市相比较，第三产业产值比例相对较低。因此，整体上看该县产业结构尚欠合理，亟须进一步调整改善。

表 5.5　西峡县 1990—2005 年产业结构构成一览表

年份	第一产业比	第二产业比	第三产业比
1990	42	30	28
1991	39	33	28
1992	34	38	28
1993	28	44	28
1994	28	42	30
1995	33	42	25
1996	29	45	26
1997	33	43	24
1998	35	42	23
1999	35	42	23
2000	32	45	23
2001	31	46	23
2002	31	47	22
2003	28	51	21
2004	27	52	21
2005	23	57	20

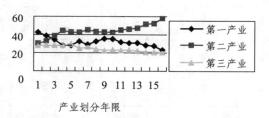

图 5.2　西峡县 1990—2005 年三次产业比变迁图

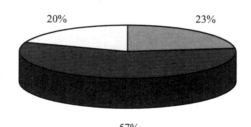

图 5.3 西峡县 2005 年三次产业结构图

3.3.4 农民人均纯收入变化

借助表 5.1、表 5.4，通过全省、全区范围内的比较分析知道，2005 年西峡县农民人均纯收入 3 004 元，位居全省第 40 位，即使在南阳市辖区内也位列第 6 位，同其位居全省第 20 位的人均财政收入和第 26 位的人均 GDP 相比，存在明显的落差。这一方面说明农民涉足较少的第二产业在经济发展中的作用举足轻重，同时又表明了农民增收任务迫在眉睫。

由这些发展概况我们可以看出，西峡县作为一个山区县，其县域经济发展既具有值得研究借鉴的发展模式探讨，同时，又面临着发展位次下降的趋势和压力。因此，我们不但要分析其发展模式为广大欠发达山区县提供参考，又要分析影响其进一步发展的因素。

4 西峡县县域经济发展模式界定

4.1 西峡县与条件相近的县域发展比较

4.1.1 同区内条件相近的县域发展模式点评

在南阳市区域内与西峡县条件相近的当属桐柏县，该县区位优势也比较明显，自然资源也较为丰富，并且是有名的红色特区。近年来，该县牢牢抓住矿产资源开发和生态与红色旅游两个主题，县域经济发展有了一定的成就。但在工业企业做大做强与农业产业化发展方面，龙头企业偏少，未形成产业集群效应，整体经济规模难以实现实质性突破。2005 年整体经济实力位居河南省第 69 位。

4.1.2 本省内同类或相近县域发展模式点评

河南省内与西峡县县域经济条件相类似的当属共同处于内陆山区的栾川县。栾川由一个交通闭塞的山区县，迅速走向全国，由一个封闭的小山村，融入了现代文明的潮流，实现了资源开发与环境保护、经济增长与社会进步、物质文明与精神文明的协调发展。旅游业是栾川新的支柱产业，优化了经济结构，对县域经济的拉动作用日益增强，旅游扶贫成效显著。其推行的依靠市场运作、全民参与、办大旅游、不断提升旅游产业化水平的做法，已成为业内推崇的"栾川模式"。西峡县拥有可与栾川县相媲美的自然资源"伏牛山世界地质公园"和超越栾川县的人文景观的"恐龙遗迹文化"，其旅游产业的潜力值得期待。

4.1.3 省外同类或相近县域发展模式点评

纵观河南省外与西峡县县域经济类似的内陆山区县不胜枚举，其发展模式主要有工业推动、农业主导、旅游拉动等几种形式。但实际运行侧重点各不相同，只有充分结合自身区位比较优势，针对资源特色，找准产业发展扶持方向，制定适当的发展规划目标，扎实推进，不断调整，才能最终形成适于自身情况的可持续县域经济发展模式。

4.2 西峡县县域经济发展的独特之处

4.2.1 坚持依托本地资源，培育发展特色产业

针对该县山林资源和矿产资源丰富的特点，在整合原有产业和要素的基础上，重点培育了五大特色产业[56]。一是依托山林资源，培育特色农业。突出"独、优、新、绿"，筛选了市场需求量大、经济效益好的山茱萸、香菇、猕猴桃等重点培育，形成了"药、菌、果"为主的特色农业。二是依托中草药资源，培育特色制药业。充分发挥张仲景故里传统医药文化和中草药资源丰富的优势。三是依托周边矿产资源，培育特钢及冶金辅料产业。四是依托原有机械加工业，培育特色汽车配件业。五是依托山水资源，培育特色旅游业。2005年，五大特色产业增加值比2003年增长86%，占全县生产总值的比重达到76.6%，已经成为名副其实的支柱产业。发展特色产业，不仅增强了全县综合经济实力，还扩大了农村就业机会，增加了农民收入。目前，全县11万农户中有8.5万户从事特色产业，农民人均纯收入中的新增部分，93%来自特色产业。

4.2.2 集群化产业布局，集中治理，节约环境保护成本

坚决避免某些已发展地区出现的以环境恶化换取经济发展的悲剧出现。第一是严格执行工矿业环保措施。近年来，全县关停搬迁了13家企业，将可能对环境产生污染的企业，依据集群化布局原理，统一规划迁入指定区域，并制定更为严格的控制排污措施。位于境内的南阳汉冶钢铁公司先后投资6 000万元，配套安置了烟、尘、水、噪音和固体废弃物等环保设备，生产废水全部实现零排放；公司还配备了10多辆洒水车，使厂区24小时处于清洁生产状态[57]。第二是大力提倡循环经济，坚持发展生态农业，避免毁林生产，土壤污染。

4.2.3 宏观管理科学规范，适时调整产业结构，增强经济发展后劲

西峡县县域经济发展迅速，成效显著，得益于多年来历届西峡县政府的不懈努力与积极进取。改革开放以来，特别是近年来，西峡县围绕建设"经济强县、生态大县、旅游名县"的奋斗目标，本着职能定位准确、管理宏观科学的原则，采取一系列措施，充分发挥政府的服务与指导职能。按照精简、统一、效能的原则和决策、执行、监督相协调的要求，深化行政管理体制改革，大力推进政企分开、政事分开、政资分开、政府与市场中介组织分开。不断深化行政审批制度改革，进一步清理、减少行政审批事项，规范行政审批行为。积极转变政府管理经济方式，做好经济调节和市场监管，着力为市场主体创造公平竞争环境和提供良好服务；更加注重履行社会管理和公共服务职能，把政府工作的着力点更多地放在发展社会事业和构建和谐社会上。加强行政效能监察，严格执行问责制，提高政府执行力。完善政府责任目标考评制度，引导各级政府及领导干部树立正确的政绩观，多做打基础、管长远的工作，防止急功近利，力戒心浮气躁，克服官僚主义和形式主义。强化目标责任，创新工作机制，加强督促检查，狠抓工作落实，提高行政效能，确保圆满完成各项目标任务。全面贯彻《行政许可法》，转变政府职能，规范行政行为。认真落实廉政建设责任制，建立健全教育、制度、监督并举的预防和惩治腐败体系，政府廉政建设得到加强。

自 90 年代末期经济得到长足发展之后，西峡县的决策者们没有原地踏步或贸然选择更为激进的发展方式，而是紧紧把握国家"中部崛起"、发展循环经济的战略机遇，在工业上依托龙头企业推行产业集群战略，农业上寻找原料替代品调整发展方向，探索新型"菌—果—药—沼"生产模式，第三产业上开发旅游业，寻求新的经济增长点[58]。

4.3　西峡县县域经济发展模式界定

从西峡县 GDP 总量及第二、第三产业的构成分析可以发现，西峡县是一个以依托本地资源优势，通过尝试生态农业而发展循环经济以优化第一产业结构，同时大力发展中医药制造、农副产品加工、非金属矿物制品加工和采掘业、汽车配件业等产业集群，初步成功开发旅游业而日趋工业化的经济较强县。因此，用一句话来概括西峡县经济发展的模式：即遵循县域经济特色化、特色产业集群化的原则，成功地探索出了一条依托本地资源，实施农业主导、工业拉动、城乡联合的山区型县域经济发展道路。

5　制约西峡县县域经济进一步发展的因素及成因分析

5.1　制约西峡县县域经济进一步发展的因素

5.1.1　产业结构与布局不尽合理，农业产业化水平亟待调整

2003 年一、二、三产业产值分别为：94 620∶176 817∶70 230；2004 年一、二、三产业产值分别为：113 868∶222 557∶86 424；2005 年一、二、三产业产值分别为：125 879∶316 257∶111 615。从上述近三年产业构成分析，第二产业比重不断上升，产业结构虽处于不断优化过程中，但第三产业比例仍未能超出第一产业，依旧不高，从表 5.5 可以看出，第三产业所占比例逐年下降，存在着继续迈进的必要。面对大量的丰富的初级农产品，其加工仍然处于低级阶段，深加工意识、技术等条件尚不充分，与发达地区相比农业产业化龙头企业在数量和规模上都亟待调整。

5.1.2　产业集群化程度不高，集群效应未能充分发挥

产业集群规模不大，数量偏少且产业集群的发育程度不高，聚集度偏低。统计表明，全县四大产业群中限额以上工业企业只有 54 家，年产值超亿元的集群企业有 7 家，且大部分企业在高端领域缺乏自有知识产权，各企业间网络关系尚不成熟，尚未形成充分的集群内共融共享氛围。

5.1.3　城镇化水平不高，中心城镇辐射带动能力有限

西峡县县城即城关镇辖区，作为县域内最大的中心城镇，2005 年 56 013 人，占县域总人口的 12.89 %。按照一般规律，县城总人口应占全县总人口的一定比例，才能起到较强的中心辐射作用。其他的城镇如：丹水镇、回车镇、五里桥乡、西坪镇等中心城镇规模相对又小一些，且有的交通比较落后，都不能满足区域增长极发展需要，相对单一的城市功能及相对薄弱的经济实力致使中心城镇带动力较弱，中心城市进一步建设与发展的任务迫在眉睫。上述不足的存在，致使中心城镇城市化水平不高，对周边乡村应有的辐射带动作用弱化。

5.1.4　乡镇间差异明显，区域协调能力不足

西峡县特殊的山区地形对县域经济的发展形成了制约，一部分未处于交通便利位置的乡

镇和自然资源相对缺乏的乡镇，经济基础相对较差，乡域经济实力较为薄弱，致使县域经济整体上存在发展不平衡问题，县域内各经济区域相互间协调不够充分，资源配置缺乏足够的合理性。同时，西峡县各乡镇间也存在着较大的不平衡。因此，笔者仍然采用特尔斐法，选取工农业总产值、财政收入、限额以上乡镇企业产值、社会消费品零售总额、农民人均纯收入五项指标，权重依次为 0.3、0.2、0.2、0.1、0.2，得出各乡镇的经济发展指数，建立2005 年西峡县各乡镇竞争力水平位序表，如表 5.6 所示，经济水平指数最高的城关镇为 1，最低的陈阳乡仅为 0.258 1，两者差距显而易见。若以均值法可分为四个层次类型①，并据此绘出西峡县经济发展指数空间分布图，如图 5.4 所示，其中处于经济发展水平第一层次的仅有城关镇 1 个区域，五里桥、回车、双龙 3 个区域位于第二层次，丁河、西坪等 9 个区域位于第三层次，田关等 5 个区域居于第四个层次。从各层次的数量和地域范围上均显示出，经济发展在空间分布上存在不均衡性[59~60]。这种空间分布的不均衡，使出现强弱融合的非理想几率大增，再加上历史与自然条件的先天不足，乡镇间区域协调能力不强，甚至出现日趋下降也就难以避免。

表 5.6 2005 年西峡县各乡镇竞争力水平位序表

乡镇	工农业总产值	财政收入	限额以上乡镇企业产值	社会消费品零售总额	农民人均纯收入	经济水平指数	位序
城关镇	216 110	1297	194 451	62 753	3 550	1	1
双龙镇	78 106	313	146 647	12 147	3 216	0.574 5	2
回车镇	102 226	470	34 701	5 923	3 102	0.485 4	3
五里桥乡	76 969	719	14 357	7 112	2 900	0.433 5	4
丁河镇	54 691	45	3 255	7 083	3 186	0.363 3	5
西坪镇	51 448	135	1 980	7 667	3 068	0.353 4	6
丹水镇	54 214	123	5 538	7 623	2 785	0.338	7
桑坪镇	34 779	42	3 013	4 443	3 086	0.322 5	8
阳城乡	29 968	75	3 349	3 000	3 052	0.313 5	9
重阳乡	46 514	78	893	5 343	2716	0.309 5	10
太平镇乡	24 231	62	2 052	1 875	3 065	0.302 5	11
二郎坪	21 632	32	8 860	1 527	3 052	0.302	12
米坪镇	33 503	56	560	4 343	2 876	0.301 4	13
田关乡	35 939	104	2 606	4 062	2 680	0.293 5	14
军马河	23 121	61	628	2 651	2 889	0.285 8	15
石界河	11 808	15	1 568	1 843	2 889	0.266 2	16
寨根乡	11 030	18	1 167	1 527	2 850	0.261 2	17
陈阳乡	8 808	54			2 860	0.258 1	18

---

① 因各乡镇发展水平指数差距较大，在层次类型划分时对指标值按照相对集中、直观表达原则，划分为四个区段，即 0.0000~0.3000、0.3001~0.3999、0.4000~0.5999、0.6000~1.0000。

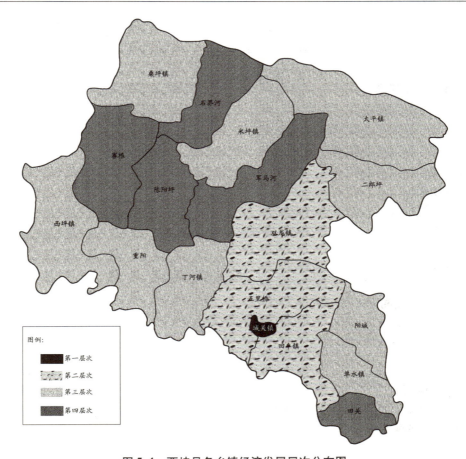

图5.4 西峡县各乡镇经济发展层次分布图

5.1.5 资源开发与环境保护矛盾伴生存在，可持续发展前景堪忧

西峡县县域经济成就瞩目，但在发展县域经济的过程中，人为的或无意识的资源浪费与环境破坏随之伴生，尽管政府部门已经意识到了这一点，并已着手采取措施予以遏制，但资源开发与环境保护的矛盾依然存在，县域经济的良性可持续发展前景值得关注。一是西峡县的支柱产业矿产采掘业，采掘中对资源的开发利用和对土地的恢复与保护是无法避免的两个问题；二是特色产业旅游开发业，如何保护好原始森林植被地貌免遭破坏与旅游资源的进一步开发成为日益困扰决策者的又一问题[61]；三是工业制造业排污的持续达标与污染最小化问题。这三方面的问题是诸如西峡县这类新兴区域经济体在崛起过程中始终无法回避，而又必须予以面对的问题。作为南水北调中线工程的水源涵养区，随着国家南水北调工程的启动实施和县域经济的飞速发展，水源保护区的工作压力必将日益加大。

5.2 成因分析

5.2.1 历史传统形成

西峡县县域境内绝大部分区域为深山区，地理环境条件较差，历史经济基础相对薄弱，改革开放初期被定为国家贫困县，人口多、可耕地少、底子薄。近年来经过西峡人的不懈努力，到1988年底，安溪县基本上消除了贫困，实现了小康。至2000年经济开始飞速发展，虽取得了一定的成绩，但经济起步较晚，相对于经济基础雄厚地区，在经济发展中存在着诸如社会制度、生产方式、科教文化等方面的制约，工业化水平低，农业经济弱，致使其经济整体水平相对偏低，在南阳市下辖的 13 个县市区中，由过去的中等水平发展至居于前列。

5.2.2 区位条件影响

地理条件的差异造成西峡县发展的不平衡性。西峡县大多数乡镇属于中山地貌，地势陡峭、坡度大，平均海拔在 500 米以上，而且交通条件相对较差，因此工商业发展缓慢，经济落后、结构单一，农民主要依靠林果业或中草药材为生。西峡县大多数落后乡镇、村相对集中在深山区。少数几个乡镇处于浅山丘陵地带，地势相对开阔平缓，平均海拔在 400 米以下，而且交通发达，有利于发展工商业，经济发展起步早，相对较快，西峡县主要的工业重镇和工业区相对集中在这些地方。按照增长极理论与点轴开发理论的解释，优先发展起来的乡镇与其他乡镇的发展水平差距日益扩大，再加上地理条件的差异所造成的历史上的交通不便，进一步影响了各乡镇的连通及对外交流，致使城镇体系联动作用弱化。

6 西峡县县域经济进一步发展的对策分析

6.1 产业结构布局与调整对策

6.1.1 农业产业结构的布局与调整

多方采取措施，进一步加大农业产业结构调整的力度与步伐。一是对直接关系农民群众温饱问题的基础性产业，例如粮食、蔬菜产业，以"稳"为本，稳定面积，稳定产量，稳定质量，进而稳定农民的"粮袋子"和"菜篮子"，稳定农村大局。二是对高投入、低产出，高消耗、低效益和国家政策限制发展的产业，例如木材加工、白肋烟种植等，采取"限"的方针，或令其停工转产，或限定其生产规模，从而避免这些产业盲目发展，以防止劣势产业与优势产业争资源、争资金、争劳力[62]。三是对有一定群众基础和市场空间但不容易形成规模和优势的产业，例如畜牧业等，采取"放"的办法，放手让农民自主发展，能发展多快就让它发展多快，能发展到什么程度就让它发展到什么程度，使之成为农村产业群体的必要补充，弥补农民收入。四是对既有资源优势，又符合市场需求和国家产业政策的优势产业，坚定不移依托生态农业走循环经济发展道路，采取大"抓"、大发展的方针，收缩战线，主攻强项，重点发展，使之成为县域经济的支柱性产业。

6.1.2 工业产业结构布局与调整

紧紧依托资源优势，注重特色化、专业化、集群化，突出利用现代科技手段，力争实现自主知识产权，从规模、数量、质量上加速推进四大产业集群，大力创造"一村一品""一镇一业"的局面。细化分工，加强协作，以特色产业园推动集群升级发展。同时，以农业产业化为导向，以农林产品深加工为纽带，加强区域内的经济联系，优化产业结构，调整区域经济框架，形成合理的生产力布局，促进经济总量的增加与质量的提高。加强与发达地区的联系，主动接受发达地区的产业转移，促进经济结构的调整与优化。

6.2 农业产业化发展对策

要在坚持和完善家庭经营的基础上，创立现代农业生产方式和经营方式。一是园区示范，法人经营。通过创建示范场和特色农业示范园，建设一批集实验、示范、培训、推广于一体的高标准示范工程，使之成为有较强辐射带动功能的高产、高质、高效"三高"产业基地。二是培训"三专",集约经营。按照"一乡一业""一村一品"的要求,大力培育特色农业专业乡、专业村和专业大户,对"三专"尽可能给予政策倾斜和资金扶持,对重点乡镇、重点村和重点户,实行定点扶持和跟踪指导,抓点带面,推动农业生产向专业化、集约化迈进[63]。三是股份合作,多方经营。该县按照股份合作制的要求兴办农业企业,政府、单位、集体、个人一齐上,采取资金入股、资源入股、设备入股、技术入股、劳动力入股等多种形式,合理配置生产要素,实现优势互补,结成利益共同体,发展股份合作经济。四是统分结合,双层经营。对一些农业项目采取双层经营的形式,宜统则统,宜分则分,有统有分,统分结合,不搞"一刀切"[64]。

6.3 城镇化水平提升对策

一是高层次规划城镇。强化县乡村三级规划意识,一切建设活动必须坚持规划先行。借助国内高层智力和技术,按照县城和每个集镇的发展定位,进行科学规划,体现城镇特色,提高城镇品位。二是高速度发展集镇。继续按照"科学规划、产业支撑、基础先行、特色兴镇"的原则,对集镇发展实施分类指导[65~66]。拉大县城框架,以现代化的城市建设标准来建设县城。对集镇规模大、特色产业明晰、进入全市小城镇50强的双龙、丹水、西坪、太平镇、桑坪、米坪、丁河,进一步完善基础设施建设,做好市场和小区建设,加快农村人口向集镇集聚;对集镇有一定基础、产业有一定特色的二郎坪、重阳、回车、五里桥等乡镇,要发展壮大特色产业,培育龙头企业,用产业集群的理念来发展小城镇加快基础设施建设;对集镇基础较差、产业特色不明显的乡镇,要加快培育特色产业,多渠道筹措资金,做好集镇规划和建设。

6.4 区域协调发展对策

根据自然禀赋、产业优势、发展基础和发展潜力,将全县划分为四大经济区域:把城关、回车、五里桥和西坪、丹水的工业园确定为生态工业区,打造生态工业聚集带;把312国道沿线乡镇确定为生态农业区,重点布局以猕猴桃为主的特色产业,打造特色农业生产基地;把太平镇、二郎坪、双龙、军马河四个乡镇确定为生态旅游区,重点布局旅游景区和服务业,打造旅游胜地和旅游接待中心;把桑坪、石界河、米坪、寨根确定为生态保护区,做好自然生态保护。根据区域发展定位,对不同区域进行分类指导,对同一区域进行资源整合,发挥比较优势,发展特色经济,努力构建区域特色鲜明、产业布局合理、板块经济凸现、区域优势互补、共同协调发展的格局,做活乡域经济,壮大县域经济[67~69]。制定专门政策,对经济条件较差的乡镇在人力、财力等实施适当政策倾斜,鼓励龙头企业和外来企业入户落后乡镇。

6.5 环境与可持续发展对策

加强生态建设,开展造林绿化,坚持依法治林,严格林木资源管理。加强国土资源管理,加大矿山生态环境整治力度,严格控制林木限额采伐计划,打击违法占用山体林地、乱采滥挖行为。严格执行"三同时"制度,治理工业污染,实行清洁生产。加快污水处理厂、垃圾处理厂建设,逐步提高城市污水、垃圾处理能力。大力发展循环经济,争创国家级生态示范县。要坚持可持续发展的原则,重视环保产业的发展。必须从经济和生态两个角度分析县域主导产业的发展前景，通过产业结构的调整，实现经济发展与环境保护的双赢。

7 结 论

近年来，县域经济的发展得到了各级政府与专家学者的关注。县域经济作为国民经济的基本单元，是国民经济健康发展的动力源泉，是建设社会主义新农村的重要依托。县域经济的增长不仅关系到我国经济增长的长远后劲，也涉及"三农问题""贫困问题""新农村建设问题"，其经济与社会意义深远而厚重。西峡县地处我国内陆山区，历史上经济落后，信息闭塞。改革开放后，经济发展迅速，由落后穷县，一举成为全省经济综合实力较强县，并成功跻身中国中部百强县，其经济发展的经验值得我们学习研究，经济发展的模式需要我们认真探究。本文在研习前人关于县域经济发展理论的基础上，从西峡县经济发展的现状入手，运用特尔斐等经济数学分析法对西峡县近几年来的经济运行轨迹进行了剖析，总结了其经济发展的特点，界定了其经济发展的模式，思考了影响经济发展的若干因素，并阐述了产生这些问题的原因；同时就这些问题的解决提出了个人的对策建议，为促进西峡县县域经济的可持续发展，并对其他类似的县域经济发展提供指导与借鉴。

分析发现，西峡县近年来紧紧依托本地资源，通过尝试生态农业而发展循环经济以优化第一产业结构，同时大力发展中医药制造、农副产品加工、非金属矿物制品加工和采掘业、汽车配件业等产业集群，初步成功开发旅游业，成为日趋工业化的经济较强县。本着县域经济特色化、特色产业集群化的原则，成功地探索出了一条依托本地资源，实施农业主导、工业拉动、城乡联合的山区型县域经济发展道路。但是由于历史原因和区位因素的影响，西峡县县域经济仍然存在着产业结构不够合理、城镇化建设滞后、区域协调发展不足、资源开发与环境保护矛盾尖锐的发展中的困惑。因此，加速推进农业产业化，进一步优化产业结构，进行工业产业布局调整，提升城镇化水平，促进区域协调发展，实现环境与可持续发展是西峡县县域经济今后需要着力解决的问题。

由于种种原因，研究仍存在不足。如在经济状况分析中在数学方法运用上可进一步丰富与尝试；在探析城镇空间差异分布问题中可更多地应用诸如 GIS 等强大的空间分析功能；在数据搜集上应进一步详细。期盼在以后的研究中进一步深入。

参考文献

[1] 国务院研究室编写组. 十届全国人大五次会议政府工作报告学习问答 [M]. 北京：中国言实出版社，2007.

[2] 中共中央国务院关于积极发展现代农业扎实推进社会主义新农村建设的若干意见. 人民网，http：//npc. people. com. cn/GB/28320/78072，2007.01.29.

[3] 中国县域经济基本竞争力评价说明. 中国县域经济网，http：//www. china－county. org/xian yupingjia7/jieguo－001. htm，2006.9.16.

[4] 杨荫凯. 中国县域经济发展论——县域经济发展的思路与出路 [M]. 北京：中国财政经济出版社，2005.

[5] 王怀月. 中国县域经济发展实论 [M]. 北京：人民出版社，2001.

[6] 闫天池. 我国县域经济的分类发展模式 [J]. 辽宁师范大学学报（社科版），2003，26

（1）：22 - 24.

［7］陈栋生. 中国区域经济新论［M］. 北京：经济科学出版社，2004.

［8］陆立军，等. 区域经济发展与欠发达地区现代化［M］. 北京：中国经济出版社，2002.

［9］王彦武. 发展县域经济的分析与思考［J］. 江汉论坛，2004（8）：36 - 39.

［10］刘再兴. 中国区域经济：数量分析与比较研究［M］. 北京：中国物价出版社，1993.

［11］中国县域经济网，http：//www. china - county. org/xianyupingjia.

［12］刘再兴. 区域经济的理论与方法［M］. 北京：中国物价出版社，1996.

［13］Rosenfeld, Stuart A. 1995. Industrial Strength Strategies：Regional［J］Business Clusters and Public Policy. Aspen Institute.

［14］郝寿义. 区域经济学［M］. 北京：中国人民大学出版社，1999.

［15］陈秀山，张可云. 区域经济理论［M］. 北京：商务印书馆，2004.

［16］厉以宁，等. 区域发展新思路［M］. 北京：经济日报出版社，2000.

［17］徐胜. 我国区域经济发展战略研究［J］. 西北大学学报，2004（1）：7 - 9.

［18］王青云. 县域经济发展的理论与实践［M］. 北京：商务印书馆，2003.

［19］Porter, Michael. New Strategies for Inner - City Economic Development. Economic Development Quarterly, 11（1）：11 - 27.

［20］仇保兴. 小企业集群研究［M］. 上海：复旦大学出版社，1999.

［21］邱成利. 制度创新与产业集聚的关系研究. 中国软科学，2001（9）：46 - 48.

［22］何静，农贵新. 我国发达地区产业簇群发展模式及推广前景［J］. 经济纵横，2003，（8）：41 - 44.

［23］吴晓军. 论产业集群对欠发达地区跨越发展的意义［J］. 江西社会科学，2003，（8）：123 - 126.

［24］NGF. YEATS A. major trends in east Asina：what are their implications for regional occperation and growts？［J］. World Bank Policy Research Working Paper，2003（6）.

［25］李小建，李二玲. 中国中部农区企业集群的竞争优势研究——河南省虞城县南庄村钢卷尺企业集群为例［J］. 地理科学，2004（2）：136 - 143.

［26］李小建. 河南农村工业发展环境研究［M］. 北京：中国科学技术出版社，1993.

［27］王缉慈. 创新的空间：企业集群与区域发展［M］. 北京：北京大学出版社，2001.

［28］文娉，李小建. 非正式因素影响下的中小企业网络学习与区域发展［J］. 人文地理，2003，18（3）：73 - 76.

［29］吴德进. 产业集群论［M］. 北京：社会科学文献出版社，2006.

［30］杨洪亮. 云南省县域经济发展模式研究［D］. 昆明理工大学硕士学位论文，2003.

［31］吴天君. 以市场为导向发展县域经济［J］. 中州学刊，2000（6）：23 - 25.

［32］黄新建. 江西县域经济可持续发展的理论探讨［J］. 农业经济，2000（3）：7 - 9.

［33］陆斌. 对现阶段发展县域经济的几点认识［J］. 广西大学学报，1996（3）：26 - 29.

［34］胡恩生. 中国县域经济应对 WTO 的几点对策［J］. 社会科学辑刊，2003（16）：174 - 177.

[35] 朱舜. 县域经济学通论 [M]. 北京：人民出版社，2001.

[36] 王长远. 县域经济发展战略 [M]. 北京：中国经济出版社，1993.

[37] 传志福. 加快县域经济发展研究 [M]. 重庆：重庆大学出版社，1999.

[38] 曾康霖. 论县域金融制度变迁与创新 [J]. 金融研究，2003 (6)：17-19.

[39] 刘小龙. 中国县域经济论纲 [J]. 辽宁师范大学学报，2003 (1)：23-26.

[40] 万军，高宏彬，邹昊，等. 县域经济发展模式研究 [J]. 生产力研究，2006 (3)：116-117.

[41] 赵书山. 特色农业是农业经济增长的根本选择——透视西峡农业结构调整模式 [J]. 中山大学学报论丛，2002 (6)：59-62.

[42] 随刊记者. 西峡县着力打造科技生态经济大县 [J]. 河南林业，2003 (5)：61.

[43] 刘朝瑞. 小城镇是实现县域经济振兴的重要动力 [J]. 小城镇建设，2000 (11)：34-35.

[44] 陈泽军. 广西县域经济发展问题研究 [D]. 广西大学硕士学位论文，2003.

[45] 河南省统计局. 河南统计年鉴2006. 北京：中国统计出版社，2006.

[46] 南阳市统计局. 南阳统计年鉴2001. 北京：中国统计出版社，2001.

[47] 南阳市统计局. 南阳统计年鉴2002. 北京：中国统计出版社，2002.

[48] 南阳市统计局. 南阳统计年鉴2003. 北京：中国统计出版社，2003.

[49] 南阳市统计局. 南阳统计年鉴2004. 北京：中国统计出版社，2004.

[50] 南阳市统计局. 南阳统计年鉴. 2005. 北京：中国统计出版社，2005.

[51] 西峡县统计局. 西峡经济统计年鉴（2003年）. 西峡；天开印务有限公司，2003.

[52] 西峡县统计局. 西峡经济统计年鉴（2004年）. 西峡；天开印务有限公司，2004.

[53] 西峡县统计局. 西峡经济统计年鉴（2005年）. 西峡；天开印务有限公司，2005.

[54] 河南省统计局. 河南统计年鉴2004. 北京：中国统计出版社，2004.

[55] 河南省统计局. 河南统计年鉴2005. 北京：中国统计出版社，2005.

[56] 曹淑惠，杨风禄. 资源依赖型小区域（县域）经济发展模式的转变 [J]. 山东社会科学，2006 (6)：15-18.

[57] 刘朝瑞. 突出经济结构调整，推进工业经济发展 [J]. 决策探索，2001 (1)：14-15.

[58] 赵金文. 西峡县调整农业生产结构的探索与实践 [J]. 河南政报，2000 (1)：46-47.

[59] 李二玲. 中国南北区域经济差异研究 [J]. 地理学与国土研究，2002 (4)：76-78.

[60] 国家统计局课题组. 我国区域发展差距的实证分析 [J]. 中国国情国力，2004 (3)：34-37.

[61] 新安溪走出脱贫致富路，人民网，2003.

[62] 莫少颖. 论农业产业集群与西部农村城镇化 [J]. 特区经济，2006 (1)：230-231.